U0918441

华中语学论库(第四辑)

邢福义 主编

本书为教育部人文社会科学重点研究基地
华中师范大学语言与语言教育研究中心成果

Duō Shì Jiǎo Yǔ Fǎ Bǐ Jiào Yán Jiū

多视角语法比较研究

徐 杰 匡鹏飞 主编

华中师范大学出版社
2011年·武汉

新出图证(鄂)字 10 号

图书在版编目(CIP)数据

多视角语法比较研究/徐杰,匡鹏飞主编.—武汉:华中师范大学出版社,2011.12

ISBN 978-7-5622-5318-1

Ⅰ.①多… Ⅱ.①徐…②匡… Ⅲ.①汉语—语法—研究 Ⅳ.①H14

中国版本图书馆 CIP 数据核字(2011)第 270671 号

多视角语法比较研究

主编:徐 杰 匡鹏飞

责任编辑:向 力 责任校对:刘 峥 封面设计:罗明波

编辑室:文字编辑室 电话:027-67863220

出版发行:华中师范大学出版社

社址:湖北省武汉市洪山区珞喻路 152 号

电话:027-67863040(发行部) 027-67861321(邮购)

传真:027-67863291

网址:http://www.ccnupress.com 电子信箱:hscbs@public.wh.hb.cn

印刷:武汉理工大印刷厂 督印:章光琼

字数:445 千字

开本:787mm×960mm 1/16 印张:28

版次:2011 年 12 月第 1 版 印次:2011 年 12 月第 1 次印刷

印数:1-1500 册 定价:40.00 元

欢迎上网查询、购书

目　录

序

邢福义

随着历史的发展，社会的进步，科技的发达，语言学在整个世界范围内越来越展示出强大的活力和能量。中国语言学是世界语言学的重要组成部分。为了对中国语言学事业有所推动，我们组织撰写“华中语学论库”。作为专用名称，这里的“语学”主要指汉语语言学，近期的15年时间里以现代汉语语法专题研究为重点。“语学论库”，这是汉语语言学研究的一个系统工程，如果将来主客观条件具备，在研究范围上可以不断扩大，在研究时间上可以无限延展，在研究队伍上可以辈辈交接，代代传承。“华中”一词，既跟研究队伍的华中群体相关，又跟华中师范大学出版社的名称相关。

汉语语言学源远流长。千百年来，特别是《马氏文通》出版以来，尤其是20世纪70年代之后，由于一代代学者的不懈努力，汉语语言学沿着“创业——拓新——发展”的轨道不断推进。目前，汉语语言学所统括的汉语语法学、汉语语音学、汉语方言学、汉语词汇学、汉语语用学等等学科，都已出现了初步繁荣的喜人局面。

但是，初步繁荣并不意味着已经成熟。对于语言学这样一门社会科学来说，成熟与不成熟的突出标志，应该是学派或流派是否已经形成。在这一点上，科学跟艺术情况相同。比方说，我国的京剧表演艺术已经达到了成熟的高峰，最基本的表现就是形成的这“派”那“派”，只要一提到“梅派”和“程派”，稍有京剧表演艺术知识的人就会知道这是两个具有各自特点的著名流派。又比方说，我国的书法艺术早已达到了成熟的高峰，最基本的表现就是形成了这“体”那“体”，只要一提到“颜体”，稍有书法艺术知识的人就会知道它是不同于“柳体”和“欧体”等的有独特风格的书写体，甚至还会知道颜真卿打破了“书贵瘦硬”的传统书风，开创了二王体系之外的新体。然而，汉语语言学的各门学科，即使是其中发展速度最快的现代汉语语法学，仍然缺乏显示成熟的任何标志，距离真正成熟实际上还十分遥远。

当今的汉语语言学，面临的主要问题是“二求”：一求创建理论和方法，二求把事实弄清楚。这是互补互促而又互成因果的两个问题。没有理论和方法的成熟，一门学科不可能是成熟的。而理论和方法的创建，是学者们长期深入研究的成果，是有效地进行群体性思考、独立性思考和开拓性思考的结晶。因此，必然带有鲜明的个性，带有学派的印记，反映一派学者的思想体系、研究特点和总体成就。另一方面，没有对事实的清楚了解，理论和方法的创建便成为空中楼阁。以现代汉语语法研究来说，之所以至今尚未成熟，自成体系的理论和方法之所以尚未创立起来，最根本的原因还是对事实的了解基本上仍然处于朦胧的状态。真正适合于我国语言文字的理论和方法，最终只能产生在我国语言文字的沃土之上。因此，应该强调“研究植根于汉语泥土，理论生发于汉语事实”。不然，我国的汉语语言学在世界语言学中就可能永远处于附庸的地位，就永远不会有跟国外理论对等交流的时候。

学术派别的产生，起码应该具备三个条件：第一，有特定的学术领地，提示标志性的理论和主张；第二，有鲜明的治学特点，形成一套自己的研究方法；第三，有良好的学风，形成一支富有活力的队伍。近年来的研究状况表明，我国的学者们已经或多或少地显示了各自的风格特点，但是，顶多只能说其中孕育着某些派别意识，或者顶多只能说预示了某种派别意识的萌芽。汉语语言学的真正成熟，需要经历很长很长的历史阶段，有赖于众多的学者群策群力，更有赖于一辈一辈的学者发扬愚公移山的接力精神。我们华中研究群体人数很少，力量单薄，起点不高，功力不足，对于汉语语言学的发展起不了多大的作用，但是，我们愿意跟在前辈学者的后头，跟在全国各地学者的后头，尽心竭力地做点力所能及的工作。如果把建设富于特色的汉语语言学比作建筑一座大厦，那么，我们组织撰写“华中语学论库”，便是想为这座大厦的建筑献上几根钢筋几块石头。通过参加大厦的建筑，使我们这支小小的队伍受到训练，这是我们的最大愿望。各部著作在内容上具有独立性，但我们希望，在出版了以上二十部之后可以看到研究风格上的某些特色和理论方法上的某种网络。

“华中语学论库”的撰写和出版，得到华中师范大学出版社的大力支持。年初，出版社社长朱峰先生和中文编辑室主任陈昌恒先生到我家，鼓励我牵头编写一套关于汉语语言学的丛书，要我拟订一个初步的计划。不久之后，新上任的总编辑王先霈先生了解了有关情况，立即审定计划，并且从内容到选题都提出了好些中肯的意见。他们为发展学术事业所作的决策，他们在出版事业上的决心、魄力和历史责任感，不管是对我个人还是对华中语言研究群体的所有成员，都是极为有力的鞭策。

千里之行，始于足下！

贵在努力，贵在坚持！

1996年5月4日

从研究成果看方言学者笔下双宾语的描写*

邢福义

研究成果表明，方言学者笔下的双宾语显现出一个突出特点，这就是双宾语具有离析性。

所谓“离析性”，是指两个宾语具有独自活动性能，两者之间不存在特定的结构关系，它们可以离析开来。这有两个方面的表现：一方面，就动词和宾语的联系来说，两个宾语都同动词相对待，可以分别形成动宾结构，并且可以分别用“谁”和“什么”来提问。比如：给他一本书→给谁？给他。给什么？给一本书。另一方面，就句法组造的状态来说，可以出现“前后换位”、“同义分管”、“后续动词”等形式。比如：给他一本书→给一本书他|给一本书给他|给一本书给他看。由于句法组造状态最能反映方言特色，后一方面的内容在方言学者的笔下自然较为多见。

本文是一篇调查报告，以两部文献作为调查对象。一部是黄伯荣主编的《汉语方言语法类编》，该书录载关于双宾语的方言现象共23处；另一部是李荣主编的《现代汉语方言大词典》(综合本)，该书的描述涉及42个地区的方言，由于是词典，语法问题只在概述部分稍有涉及，其中关于双宾语的共有8处。这两部文献，后边分别简称为“类编”和“大词典”。

一 前后换位

所谓“前后换位”，是指假设指人宾语和指物宾语分别记为宾A和宾B，那么，“宾A宾B”的位次可以变易为“宾B宾A”。“宾A宾B”是普通话的常见说法，而“宾B宾A”通常是方言说法。

(一)方言里动词后边的双宾

好些方言里，动词后边的双宾是“宾B宾A”。方言语法学者们描写

* 本文已发表于《语言研究》2008年第3期。

有关事实时，采用了三种表述办法。

第一，直截了当地肯定。即：指出某种方言的双宾就是如此。下面列举部分情况。所列情况，按在“类编”和“方言大词典”两书中出现的先后顺序排列。在表述或体例上略有变动，但不会变动原义。

1. 河南新县话

如：给本书我。给我一本书。（类编“9.12.3 河南新县话的双宾句”）

2. 湖北话

湖北西南官话中的双宾句与普通话刚好相反，前一个表物，后一个表人。

如：我送几个鸡蛋他。（类编“9.12.4 湖北话的双宾句”）

3. 湖南衡阳话

如果把受事宾语称为间接宾语，把所授的东西称为直接宾语的话，那就是普通话直接宾语在后，间接宾语在前。衡阳话刚好相反，直接宾语在前，间接宾语在后。

如：回头得钱你。回头给你钱。|你明日买来，我就得钱你。你明天买来，我就给你钱。（类编“9.12.15 湖南衡阳话的双宾句”）

4. 鄂南话

普通话的双宾句，是指人宾语在前，指物宾语在后，而鄂南话相反，是指物宾语在前，指人宾语在后。（类编原按：这现象几乎遍及湖北全境，并不只在鄂南有。）

如：留张电影票我。给我留张电影票。|把本书我。给我一本书。|送支笔她。送她一支笔。|每月交五十块钱他妈妈。每月给他妈妈五十块钱。（类编“9.12.17 鄂南话的双宾句”）

5. 广东海康话

普通话一般以指人宾语为近宾语，指物宾语为远宾语，海康话刚好与此相反。

如：伊乞本书我。他给我一本书。（类编“9.12.21 广东海康话的双宾句”）

6. 柳州方言

双宾语可以把直接宾语（指物）放在前面，间接宾语（指人）放在后面。

如：借杆笔我。|给张票他。|送两瓶酒你们爸。|还十块钱阿陈。|

分五个指标我们。（“柳州方言”，大词典 69 页）

7. 长沙方言

双宾语的直接宾语可以放在间接宾语之前。

如：把本书我。|借十块钱你。|派个助手我。（“长沙方言”，大词典 180 页）

8. 南宁平话

双宾语结构中，间接宾语放在直接宾语后面。

如：许本书我。给我一本书。|借一张凳渠。借给他一张凳子。|送把菜渠。送他一把菜。（“南宁平话”，大词典 216 页）

9. 广州方言

动词后若有双宾语，指物宾语在前，指人（或其他）宾语在后。

如：买件衫我。给我买一件衣服。|寄封信佢。寄一封信给他。|递杯茶我。递给我一杯茶。（“广州方言”，大词典 227 页）

第二，指出有某种条件。即：指出在什么条件下会如此。下面列举部分情况，所列情况中，加横线的语句为“某种条件”。

1. 河南罗山话

罗山南部方言中，祈使句的直接宾语在间接宾语前。

如：给一本书他。给他一本书。|给一个馍我。给我一个馍。（类编“9.12.2 河南罗山话的双宾句”）

2. 宁夏固原话

有指人宾语在后、指物宾语在前的句式，但范围较小，指人宾语多为第一人称代词“我”。

如：给支钢笔我。|借本书我。|拿块肥皂我。|给个碗我。|拿件衣服我。（类编“9.12.8 宁夏固原话的双宾句”）

3. 下江官话

有一个限制条件：V 是“给”类动词。

如：我给书他。|厂长要送点纪念品小王了吧。|胡老板塞那昧心钱你小子了？|学校分配几个研究生我们中文系。——有一个跟“给”字全面相当的词“把”。凡使用“给”义动词的地方都可以换用“把”字。上面双宾语句的例子皆然。如：县里把那么高的荣誉那个不争气的家伙。（类编“9.12.9 下江官话的双宾句”）

4. 浙江金华话

在祈使句里，一律是直接宾语先于间接宾语。

如：尔送本书佢。你送他一本书。（类编“9.12.13 浙江金华话的双宾句”）

5. 南京方言

表示给予义的双宾语句，如果两个宾语都比较简单，它们在动词后的位置可以互换。

如：你给一支笔他。你给他一支笔。|送两张票他。送他两张票。|退十块钱小张。退小张十块钱。（“南京方言”，大词典 47 页）

6. 娄底方言

双宾语句中，直接宾语有时可以放在间接宾语的前面。

如：拿钱我呢？|拿笔你啊？（“娄底方言”，大词典 184 页）

第三，指出二式同用。即：指出“宾 A 宾 B”和“宾 B 宾 A”的说法都存在。下面列举部分情况，所列情况中，加横线的语句直接表明或间接表明可以“二式同用”。

1. 吴语

“我给你一本书”，在吴语中有如下的说法。上海话：我拨一本书侬。|义乌话：我约一本书你。|温州话：我□（左“贝”，右“甘”）一本书你。|奉化话：我剥一本书你。各地吴语既有直接宾语在前的形式，也有在后的形式。但是南片吴语以直接宾语在前为常，越靠北部受北方话影响越大，间接宾语在前的语序也渐渐多见。（类编“9.12.10 吴语的双宾句”）

2. 江苏丹阳话

常常是直接宾语在前，间接宾语在后。

如：把点铜钿我。（类编“9.12.11 江苏丹阳话的双宾句”）（邢按：“常常”表明有时可以采用另一种形式。）

3. 上海话

一种语序跟普通话相同：拨我一支笔。|送伊一袋糖。|骂伊戆大。|赢师院两场球。一种语序跟普通话不同，其中的动词限于表示“给予”意义：拨张纸头我。|赔一本新书侬。|还五块洋钿小王。|拨回音侬。——这种格式多用于老派，新派基本不用。（类编“9.12.12 上海话的双宾句”）

4. 湖南湘乡话

在某些场合，双宾语可以随语意而变换位置。

如:普通话“给我钱”这句话,湘乡话既可以说成“狭我钱”,语意强调钱;也可以说成“狭钱我”,语意强调我。(类编“9.12.16 湖南湘乡话的双宾句”)(邢按:两种格式同用,语用价值有所不同。)

5. 浙江金华话

在陈述句里,当动词前后还有别的成分(如助词、补语、连动句的第一动词等),并且直接宾语是一种看得见摸得着的具体东西时,双宾语的顺序往往可以互换,其中直接宾语先于间接宾语的顺序比较常用。

如:我还十块洋钿佢罢。|我还佢十块洋钿罢。(都表示:我还他十块钱了。)但如果直接宾语比较抽象,仍只能是间接宾语先于直接宾语。如:我划算问尔点儿事干。我想问你一点事儿。(类编“9.12.13 浙江金华话的双宾句”)

6. 崇明方言

表示给予意义的一类动词,它们的双宾语位置可以有两种:[A]拨(给)十块钞票我。|还三升米你。|赔一件衣服夷(他)。[B] 拨(给)我十块钞票。|还你三升米。|赔夷(他)一件衣服。(“崇明方言”,大词典 132 页)

以上三种表述办法的分列,根据的是“类编”和“方言大词典”两部文献所作的描写。实际上,没有指出条件的,不一定是无条件;没有指出两式同用的,不一定不存在同用现象。不过,这没关系,不会影响本文的基本认识。

(二)方言里动词前边的双宾

临夏话的双宾句,大都把双宾前置,后面仍保留一个直接宾语的情况少见。前置的两个受事的先后位置也是自由的。

如:我你[nia]钱(哈)给了。我给了你钱了。|你东西我[□a]还给!你把东西还给我!(类编“9.12.1 甘肃临夏话的双宾句”)

这是一种相当罕见的情况,仅见于甘肃临夏话。然而,能说明一个重要事实:双宾语的结构,即使转移到了动词前边,两个宾语仍然可以前后换位。

二 同义分管

所谓“同义分管”,是指“宾 B 宾 A”两个宾语可以不连在一起,而是由两个同义形式分别管带，成为分立现象。假设两个同义形式是 V1 和 V2，那么，“V 宾 B 宾 A”便成为“V1 宾 B V2 宾 A”的同义分管形式。这里所说的 V1 和 V2，不一定都是动词。它们的词性归属，本文不讨论。

（一）同形同义分管

V1 和 V2 采用同一形式，或者基本采用同一形式。两部文献中，学者们提到了下列现象。

1. 南京方言

表示给予义的双宾语句，假如宾语比较长，常在指物宾语后用“给”引出指人宾语，放在指物宾语之后。

如：他给了一半家产给两个儿子。（“南京方言”，大词典 47 页）

2. 梅县客家话

普通话双宾句式与梅县话不同。试比较：给他一本书。（普）|分一本书分佢。（客）（原书编者按：江西泰和话也如此。）（类编“9.12.18 广东梅县客话的双宾句”）

3. 武汉话

“给”在武汉话里是“把”。下面这种格式是武汉话固有的格式：他把一本书把得我。|你莫把钱把得他吵！|请把一点水把得我。——其特征是直接宾语在前，间接宾语在后，间接宾语之前还要用一次“把”，“把”后还有助词[tə]，这里姑且写成“得”。第二个“把”之前有一个小小的语音停顿，这个停顿不能延长。这种句式中的“把”不能用“给”代替。（类编“9.12.6 湖北武汉话的双宾句”）

（二）异形同义分管

V1 和 V2 形式有异，但基本意思相同，都有“给”的意思。两部文献中，学者们提到了下列现象。

1. 淮阴话

动词含有“给与”意义的双宾语句，淮阴方言是指物宾语在前，指人宾语在后，在指物宾语与指人宾语之间用“给”连接起来。

如：过年我们把四瓶酒给你家。|送套茶具把你。|你能不能借十块钱把我。——各例中的“把”都是“给与”义，并不是介词。比较起来，淮阴方言的这种句式倒像是连谓句。（类编“9.12.7 江苏淮阴话的双

宾句”)

2.湖南酃县客家话

如果前一动词带指物宾语,后一动词带指人宾语,还可以用连动句式说。

如:□(左“亻”,右“厓”)拿一本书□[tei35]佢。我给他一本书。——[tei35]相当于“给”,有时也用“分”[pən35],但常用[tei35]。(类编“9.12.19 湖南酃县客家话的双宾句”)

3.南京方言

表示给予义的双宾语句,假如宾语比较长,常在指物宾语后用“给”引出指人宾语,放在指物宾语之后。要是前边的 V1 不是“给”,便成为同义异形格式。

如:我送了整整十盆兰花给那个亲戚。|学校里头奖一面锦旗给高二(3)班。(“南京方言”,大词典 47 页)

4.杭州方言

杭州话动词带双宾语,既可以指人的在前,也可以指人的在后。指人在后的,也可以有两个动词。

如:借五十块洋钿拨我。(“杭州方言”,大词典 155 页)

5.广州方言

动词后若有双宾语,指物宾语在前,指人(或其他)宾语在后。

如:买件衫我。给我买一件衣服。|寄封信佢。寄一封信给他。|递杯茶我。递给我一杯茶。在两个宾语之间加上“过”或“畀”,也是同样意思。例如:买件衫畀我。给我买一件衣服。|递杯茶过我。递给我一杯茶。(“广州方言”,大词典 227 页)

6.湖北鄂东话

以浠水县方言为例,两种句式都能成立。

如:我送了她女儿三块钱盘缠。|我送了三块钱盘缠(得)他女儿。——后一例是“宾 B 宾 A”。“宾 A”前能出现一个不影响句意的“得”。“得”念轻声,有给予义,与给予的对象(指接受者)联系。(类编“9.12.5 湖北鄂东话的双宾句”)

必须指出,有的方言里两种分管形式都存在。上面已经提到的南京方言就是如此,再看上海话:

上海话里,当间接宾语后置的时候,最常见的格式是在间接宾语前

头加上"拨"。例如:赔一本新书拨侬。|还两只照相机拨小李。|拨张纸头拨我,让我写封信。|拨把扇子拨我,让我扇个扇。|拨张条子拨王平。(邢按:前两例是异形同义分管,后三例是同形同义分管。)还有一种旧时常用的格式"动+直接宾语+拉+间接宾语",例如:送三四只粽子拉伊。|借一间房间拉侬。|拨茶拉我。(邢按:这是异形同义分管。)(类编"9.12.12上海话的双宾句")

除了"类编"和"方言大词典"中涉及的方言,在其他方言土语里,同义分管形式并不罕见。比如湘南土语:掇本书du[13]给你(东安花桥)|掇本书掇我(东安石期)(邓永红2005)。"掇"表示给予的动词义,前一例为异形同义分管,后一例为同形同义分管。

三 宾后续动

所谓"宾后续动",是指在"动+宾B宾A"后边续上一个动词(或动词短语),成为"动+宾B宾A+动",形成特殊兼语式。普通话为"动+宾A宾B+动",仍然是特殊兼语式。此时,两个宾语中的一个,被离析为特殊兼语式中动词前边的受事或施事。从这一点看,方言中的现象仍然跟普通话相对应。

(一)方言中的宾后续动格式

方言中,宾后续动的状况为:"动+宾B宾A"→"动+宾B宾A+动"。两部文献中,学者们提到了下列现象。

1.河南新县话

有"给烟我吸"(给我烟吸)的说法。(类编"9.12.3河南新县话的双宾句")

2.湖北武汉话

由于固有的格式当中,直接宾语在前,间接宾语在后,所以双宾兼语句也是如此。如:他把馒头我吃。|他把钱我用。这么一来,兼语靠近动词"吃、用",比普通话的双宾兼语句更像一般的兼语句。(类编"9.12.6湖北武汉话的双宾句")

3.下江官话

"S+V+宾B宾A"(邢按:原书标记为"S+V+DO+IO")作为一个

线性序列也是可以延伸的。

如：我给书他看。（类编“9.12.9 下江官话的双宾句”）

4. 浙江金华话

在兼语句里，只能是直接宾语先于间接宾语。

如：佢寄两块洋钿我用用罢。他寄了几块钱给我用了。|我约点儿饭鸡吃吃哦？我拿点儿饭给鸡吃吧？（类编“9.12.13 浙江金华话的双宾句”）

5. 湖南长沙话

有间接宾语是后面另一动作的施事的用法。这是为了使语句更精炼、更紧凑。如：送咯支钢笔你用。把这支钢笔送给你用。|借咯本书我看下看。把这本书借给我看看。|把一块钱我买肉去。给我一块钱买肉去。|赶快喂饭他吃啰。赶快给他喂饭吃吧。|把一点我试下味看。给我一点尝尝。（类编“9.12.14 湖南长沙话的双宾句”）

异形同义分管现象后边，同样可以续上动词。比如湖南湘乡话：

落雨哩，借把伞狭他打下。（类编“9.12.16 湖南湘乡话的双宾句”）

（二）普通话中的宾后续动格式

普通话中，宾后续动的状况为：“动＋宾 A 宾 B”→“动＋宾 A 宾 B＋动”。

20 多年前，龚千炎《由“V 给”引起的兼语句及其变化》一文，专题研究过这一格式。例如：我给你一件东西看。（曹禺《雷雨》）|决不给下人臭东西吃。（老舍《骆驼祥子》）

在被认为用普通话写作的文艺作品中，也可以见到“动＋宾 B 宾 A＋动”的说法。龚文指出，这个格式方言里甚多，普通话里过去没有，近年来用普通话写的文学作品里渐渐出现了，只是数量很少。如：我给个东西你看看。（古华《美丽崖豆杉》）|都是他娘，我一到家，就塞给鞋底我纳。（高晓声《水东流》）|就是要给点颜色他们看看。（楚良《没有“负荷”的电》）

通过对现当代文学作品语料库的检索，证明龚文的结论是正确的。现当代文学作品中较为多见的是：“动＋宾 A 宾 B＋动”格式，补充几例：老中医叫人给老东山水喝，给他包扎急救。（冯德英《迎春花》）|是我朱延年收留了他，给他事做，给他饭吃，讨了老婆，成了家，立了业。（周而复《上海的早晨》）|啵，给你本小书看看。（宗璞《红豆》）|是公公不好，给

你赔不是啦。公公给糖糖你吃。(金庸《神雕侠侣》第1回)这一格式,不仅用于肯定句,也用于否定句:结果把花子关到厢房里,几顿不给她饭吃。(冯德英《苦菜花》)|有几次一天多不给我一口东西吃……(冯骥才《一百个人的十年》)这一格式,不仅用于陈述句,也用于疑问句和祈使句:谁给你饭吃?(王朔《我是你爸爸》)|给我口水喝吧!(梁斌《红旗谱》)相对而言,"动+宾B宾A+动"的说法也能检索到,不过很少,可以看作是方言说法偶尔进入普通话。例如:什么时候给姜醋我吃?(欧阳山《苦斗》)|你回家等着,我送酒你喝。(冯德英《迎春花》)应该注意的是:用了"动+宾B宾A+动"说法的作者,比方欧阳山和冯德英,他们在作品中也会同时使用"动+宾A宾B+动"的说法。如:她叫醒了那孩子,给了他一杯茶喝,又给了他两个油香饼吃。(欧阳山《三家巷》)|妈,快给我饭吃吧!(冯德英《迎春花》)

四 笔者的认识

普通话和方言双宾语的不同,主要表现为句子意思相同,两个宾语的句法组造状态却有所不同。两种不同的句法组造状态,分别显示了普通话和方言双宾句类型的基本面貌。然而,"普—方"的双宾句类型并非完全对立,而是互有浸润,互有交叉。这正好反映了"整体汉语"中两者的既有差别又有联系的亲缘关系。

从历时平面看,两者互有浸润。一方面,方言不断接受普通话的影响,年轻人的说法同老辈人的说法会有所不同。比如,武汉方言学者指出:武汉话的双宾句有两种形式,一种是吸收普通话用法而形成的格式。如:他把我一本书。|你莫把他钱哕?带双宾语的最重要的动词"给",在武汉话中很少用到,最近30年用的比以前多,也是受普通话的影响。(类编"9.12.6 湖北武汉话的双宾句")又如,吴方言学者指出:南片吴语以直接宾语在前为常,越靠北部受北方话影响越大,间接宾语在前的语序也渐渐多见。(类编"9.12.10 吴语的双宾句")

另一方面,用普通话写作的文学作品,由于受到作者母方言的影响,自然会偶尔带进方言说法。现当代文学作品中,近代白话文作品中,都可以见到方言用例。比如:房子租给了人家,大安的父母就用租金接济水生上了学。水莲父母也总给些粮食大安家,平素锅里碗里也就不那么

分彼此的。(赵金禾《请你吃咸菜》)|匡超人叩辞别知县,知县又送了二两银子他。(《儒林外史》第16回)

从共时平面看,两者互有交叉。一方面,方言里不一定没有"动+宾A宾B"。比如,上文已经提到,一些方言里可以两式同用。另一方面,普通话里不一定没有不属于方言说法的"动+宾B宾A"。比如:温家宝总理"六一"节前夕复信中国聋儿康复研究中心的孩子们。(《人民日报》2006年6月1日)|香港有一位居民,致电本埠影视及娱乐事务管理处,指责一家报纸刊登了一首"粗口歌"。(《人民日报》2006年1月14日)这两个例子中,前宾语指物,后宾语指人。这一用法,动词和指物宾语都只有一个音节,带书面语色彩,如果认为其中的"复信、致电"之类是动宾式合成动词,后边的名词语充当这个合成词的宾语,此说很难成立。同类说法,自古有之。以"致书某人"来说,请看几个例子:致书宰相,乞分司洛阳……(刘昫《旧唐书》卷一百六十九列传第一百一十五)|致书诸籓,请谋王室之难。(欧阳修、宋祁《新唐书》卷一百九十八列传第一百一十)|乃致书王镕,使通于全忠。(司马光《资治通鉴》卷第二百六十一唐纪七十七)|汝可致书宋太后,使汝名传中国。(毕沅《续资治通鉴》卷第三十五宋纪三十五)|致书宋主,诘其稽留郝经之故。(宋濂《元史》卷五本纪第五世祖二)显然,分析古代汉语语法结构,不能说"致书某人"中"致书"是一个动词,"某人"是"致书"的宾语。

总起来看,典型的双宾语在"普—方"之间可以互译、互补又互证。方言语法学者们都熟悉普通话语法学者的论说,但是,他们在描写方言双宾语时,都不约而同地把主要精力集中在"给"义双宾上面,而采用这种或那种方式避开或基本避开了"取"义双宾。这是为语言事实所决定的。这从一个侧面表明,就"整体汉语"而言,具有离析性的双宾语,最为大家所认可,是在宾语使用上凸显汉语特色的句法结构。

还需要说明两点。

第一,"给"义双宾也好,"取"义双宾也好,都只是突出代表字的说法,两者并非任何时候都是对立的。比方"赏"和"罚",有时"赏"有给义,"罚"有取义。例如:

赏他一辆宝马轿车

罚他一辆宝马轿车

前例等于说"赏给他一辆宝马轿车",后例等于说"罚取他一辆宝马轿车”。但是，在动词和宾语的联系上，两例都具有离析性，都是带双宾语的说法。例如：

赏谁？赏他。赏什么？赏一辆宝马轿车。

罚谁？罚他。罚什么？罚一辆宝马轿车。

跟“罚他一辆宝马轿车”同类的例子，还有“榨他三根金条、赢了他一盘棋”以及本文第一部分里提到上海话时列出的“赢师院两场球”等。可见，有离析性的双宾语，有的跟“给”义和“取”义并不存在绝对的必然的联系。然而，“赏他一辆宝马轿车”可以说成“赏一辆宝马轿车他”，“罚他一辆宝马轿车”却不等于说“罚一辆宝马轿车他”，而“赢师院两场球”根本就不能说成“赢两场球师院”。由此又可见，这种“取”义双宾的离析性在句法组造的状态上受到了限制。还有，本文第一部分里提到的“买件衫我”、“拿件衣服我”，虽跟取得意义无关，但也不能说成“买我件衫”、“拿我件衣服”。相关现象有多少？有哪些？规律何在？一下子还说不清楚。

第二，上面采用“典型双宾语”的说法，意味着还有其他双宾语。其他双宾语范围多大，还有哪些，疑难问题很多，笔者无力解决。这里只能指出：判定双宾最好有一个统一的标准。类比一下：把哪些动物判定为猫科动物，把哪些动物判定为犬科动物，都有统一标准。那么，判定双宾语的同一标准是什么呢？笔者读过几篇论证应该承认“取”义双宾的文章，感到言之成理，有说服力。然而，要较为理想地解决双宾问题，恐怕还需要在揭示各类双宾的共性特征上作更多的努力，给出简单明了的可以作为标准来判定双宾的格式或框架。

陆俭明先生(2002)提出，可以用“一共＋V＋N1＋多少＋N2”的框架来把所有双宾语都统起来。但是，正如笔者《归总性数量框架与双宾语》一文所指出的，对于认定“双宾”，这一框架不足为据。因为，这一框架的容纳面过大，不仅包含双宾现象，还包含有复指结构及其他现象。再举个《归总性数量框架与双宾语》一文中没有的例子：谷三木口口声声……他的家人，他家人一共只有老父幼弟二人，这些话显然是从他老父口中转传而来。(古龙《金刀亭》第二十八章。)(邢按：经在网上查证，此部小说实由上官鼎代笔。)其中，“一共……二(两个)……”是归总性数量框架，但“老父幼弟”和“二人”的组合不是双宾结构，而是复指结构，再说，动词“有”也不可能带双宾语。打个比方：凡是鸟都有翅膀，都会飞，这是毫无疑义的。但是，有翅膀、会飞的动物范围大于鸟，像蜻蜓、蝴蝶、苍蝇、蚊子等等，它们肯定不是鸟。如果用“有翅膀、会飞”作为判定鸟的标准，便不准确。然而，无论如何，陆先生作了可贵的努力，他的研究思路是领先的，他的研究步伐是迈在队列前头的。他的研究启示我们，双宾语的共性特征是什么，这个问题还有待于作进一步的探索。

以上只是个人领悟。限于能力，所说的不一定就说到了点子上，而且可能根本就没说到点子上。然而，可以肯定的是，这么多方言学者，涉及这么多方言，却不约而同地聚焦于离析性很强的一类现象，其深层的心理原因，其深层的理论性蕴含，是很值得引起我们去思索、去发掘的。

鲁国尧(2007)指出：“作为上世纪五六十年代受过语言学高等教育的学人，在自己研究音韵学和方言史的学术生涯中，我对历史文献考证法和历史比较法一律尊礼膜拜，矢志将两者结合之，努力体现于自己的实践研究与理论撰述之中。”“现代学者不可能死守一种方法，因为我们生活在自然科学、人文社会科学都在迅猛发展的时代。”“岳飞说过：‘运用之妙，存乎一心。’(《宋史·岳飞传》)一个古代的杰出军事家不肯搬用阵图而主张灵活作战，一个现代的有头脑的汉语学者当然也不会依据方法的分类死守某种现成的教条。”鲁先生结合研究实践总结出自己的见解，具有鲜明的个性，但是，不管对研究哪一方面的学者来说，都可以得到启示，从而多动脑筋，多想办法，多找出路。中国语言学的发展，需要“引进提高”和“自强自立”(刑福义 2005)的互补！

参考文献：

[1]黄伯荣.方言语法类编[M].青岛：青岛出版社，1996.
[2]李荣.现代汉语方言大词典：综合本[M].南京：江苏教育出版社，2002.
[3]邓永红.湘南土话的被动标记和处置标记[J].汉语学报，2005(4).
[4]龚千炎.由“V给”引起的兼语句及其变化[J].中国语文，1983(4).
[5]张振兴.方言研究与对外汉语教学[J].语言教学与研究，1999(4).
[6]陆俭明.再谈“吃了他三个苹果”一类结构的性质[J].中国语文，2002(4).
[7]邢福义.归总性数量框架与双宾语[J].语言研究，2006(3).
[8]鲁国尧.论汉语音韵学的研究方法和我的“结合论”[J].汉语学报，2007(2).
[9]邢福义.语言学科发展三互补[J].汉语学报，2005(2).

(邢福义　华中师范大学语言与语言教育研究中心)

OV型藏缅语连动结构的类型学特征*

戴庆厦　邱　月

○　引　言

连动结构(Serial Verbs Construction)是一个以语义语法范畴为链条组成的结构。从语义上看，是指同一主体发出的一个以上的动作行为；从语法上看，是指一个句子有一个以上存在连用关系的动词。连动结构描述的是完整的一个事件(one event)，一个事件可能由一个以上的次事件组成，是对可以概念化为彼此关联的、按一定顺序结合的若干次事件进行编码。

按照类型学的观点，句子的基本语序与句法结构特点及其演变之间存在着蕴含关系。连动结构的特点依语序类型而异，OV型藏缅语族语言(下文简称为"藏缅语")与同语系的VO型语言的连动结构特点不尽相同。本文就连动结构的句法关系类型、与宾语的制约关系、受否定副词的限制以及语法化等几方面，研究OV型藏缅语连动结构的类型学特征。

在研究范围上，有两点要说明。一是连动结构的动词有两个和两个以上的，本文主要分析两个连动动词的结构；二是连动结构有紧密相连无插入成分的，也有中间加连词或其他助词等插入成分的，由于有插入成分的连动结构范围可大可小，涉及的问题很多，本文主要分析无插入成分的连动结构。

---

* 本文已发表于《汉语学报》2008年第2期。本文曾在华中师范大学主办的"语法比较"国际学术研讨会上宣读(中国武汉，2007年10月27日—29日)。写作过程中黄成龙、胡素华、周毛草、李泽然等民族语言专家热情为我们提供有关语料，特致谢意。

一 连动结构的句法关系类型

1.1 关于连动结构与并列、修饰、补充、支配等短语结构的关系，学术界有两种观点：一种认为是在一个层面上的，属于一个系统，连动与并列、修饰等关系是并行的。另一种认为，连动是从动词的连用关系来分析语言结构的，与其他几种关系不在一个层次上，但相互间有交叉。我们持后一种观点。

1.2 藏缅语的连动结构，是指多个动词在句中连用形成的结构关系。它是一个偏重于语义的语义语法范畴。这种偏重语义的连动，实际上包括多种句法关系。其中主要有：并列关系、修饰关系、补充关系和支配关系。由于连动结构偏重于语义，因而与这些句法关系不在同一个层面上。但它们之间有交叉关系，或称嵌套关系，即连动包含了各种句法关系。这是藏缅语大多数语言的共性。

1.3 下面具体分析藏缅语连动结构不同类型的句法关系。

1.3.1 并列关系：并列的次序按动作先后排列。藏缅语大多数语言都有这个特点，这是由人的认知共性决定的。例如：

(1)景颇语：naŋ^{33} ʃat^{31} wan^{33} mi^{33}ʃap^{31}ʃa^{55} u^{ʔ31}！

你 饭 碗 一 盛 吃(句尾)

你盛碗饭吃吧！

连动的动词之间结合可松可紧，紧的不加虚词。但为了强调动作的先后，也可以加上表示动作先后的连词。如上例可以加连词 n^{31} na^{55}(之后)，说成 ʃap^{31} n^{31} na^{55} ʃa^{55}。

1.3.2 修饰关系：修饰成分在被修饰成分之前。两者结合紧密，一般不能加虚词。但形态发达的语言如羌语，在修饰成分后面有后缀标志。例如：

(2)羌语(荣红)：tɕile χuakua ɦe-sue-ɲi dzəʴ.

我们 黄瓜 方向-削-状语标志 吃：1复

我们削黄瓜吃。

1.3.3 补充关系：补充成分在被补充成分之后。大多数语言，两者结合紧密，不能加虚词。在藏缅语族语言里，补充关系的连动结构有许多是由“自动词＋使动词”构成的。例如：

(3)景颇语：ma^{31} phe^{ʔ55} khje^{55} ʃ ^{31}pʒo̱ ^{55}u^{ʔ31}ai^{33}.
孩子(宾助) 救　　使出　(句尾)
他救出了孩子。

(4)波拉语：ŋai^{35}　va^{31}　jaŋ^{31}　ai^{55} tʃ ɔ̄^{35} pɛ ^{31}kha　^{55}vɛ^{55}.
我的　爸爸(施助) 水筒　打　使破(助)
我爸爸把水筒打破了。

藏缅语的补充关系一般不加“得”。但有少数语言，有的是受汉语影响，可以在补充成分和中心成分之间加助词“得”。这种加“得”的句式，应该视为单纯ɔ的动补结构，不是连动结构。例如：

(5)土家语：t　he^{21}pi^{35} xa^{21} mo^{21} phi^{21} liau^{21}.
碗　　打(助词)破 (助词)
碗打破了。

1.3.4　支配关系：其语序是支配语在后，被支配语在前。这种关系的连动结构结合较紧，相互之间一般不加虚词。多出现在用“会”、“能”、“敢”等能愿动词构成的连动结构里。例如：

(6)藏语(玛曲)：khər　gi　li　i　ə.
他　(施事)做　会
他会做。

(7)仙岛语：ŋ̊jaŋ^{31} phak^{31}khuai^{31} kjɔ^{31} kai ^{55}se^{51}.
他　鱼腥草　吃　敢(助)
他敢吃鱼腥草。

(8)羌语(荣红)：t　ile　zə　ue-k　ə-d　e　.
我们　鱼　钓一去　方向-商量:1复
我们商量去钓鱼。

(9)藏语(玛曲)：khər　gi　t　hoŋ walə sa　na　ndot ko kə.
他 (施事)梨　　吃(虚词)　　想
他想吃梨。

如例(9)，藏语支配关系的连动结构，也可以插入虚词。藏语的并列、修饰、补充三种连动结构，一般要在连动动词之间插入一个表示顺承或关联的虚词 ni，口语中依前一音节韵尾而常常发生相应的音变(变式有 na，ji，ri 等)。这与其他藏缅语有些不同。例如：

(10)khər　gi　si tok　hki　ji　si taŋ zək.
他 (施事)水果　偷 (虚词)吃　了
他偷吃了水果。

以上四种关系的连动结构，出现频率最高的是并列关系的，其次是补充关系的，修饰关系和支配关系出现的最少。

二 连动结构与宾语的制约关系

OV 型语言的宾语有单宾语和双宾语之分。单宾语的使用频率比较高，本文主要分析单宾语句的连动结构，也提及双宾语句和兼语句中的连动结构。

2.1 单宾语句的连动结构

OV 型语言的连动结构作谓语时，都在主语宾语之后，构成“S＋O＋$V_1(VP_1)+V_2(VP_2)+\cdots\cdots+V_n(VP_n)$”的格式。由于连动结构的不同动作行为都是由同一个主体发出的，主语是施事者，所以从这个意义上说，连动结构的谓语与主语的关系比较单纯。但与宾语的关系则比较复杂。大致可分为两种：一种是 V_1 与 V_2 共同与宾语构成支配结构，V_1 与 V_2 之间有并列、补充、修饰等三种关系（无支配关系）（如图一）。另一种是 V_1 先与宾语构成支配结构，V_2 再与该支配结构构成并列和支配两种关系（如图二）。但也有少量是 V_2 先与宾语构成支配结构，V_1 再与该支配结构构成并列关系（如图三）。

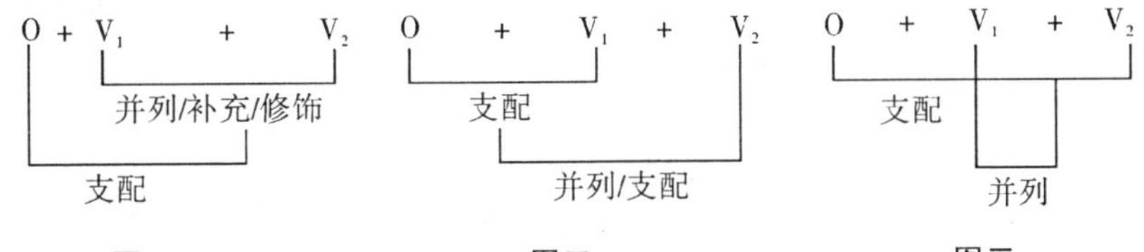

图一 图二 图三

图一的 V_1 和 V_2 虽然与宾语都有关系，但又有两种不同的情况。一种是两个动词都能直接支配宾语；另一种是只有其中的 V_1 支配宾语，V_2 是 V_1 的补充成分，两者构成补充结构，带宾语。

现分别叙述、举例如下：

2.1.1 V_1 与 V_2 共同作宾语的谓语

这种句子，连动结构中不同动词的次序是按动作先后排列。一般是，先出现的动作在前，后出现的动作在后。

V_1 与 V_2 是并列关系。这种类型比较常见。

(11)喀卓语：ŋa^{33} tsh ^{31}o^{31}z ^{323}tsa^{31}.

我们 菜 炒 吃

我们炒菜吃。

(12)彝语(凉山):ŋo^{31} dza^{33} mu^{44} dz ^{33}.

我们饭 做 吃

我们做饭吃。

V_1与V_2是补充关系:

(13)景颇语:ma^{31} phe ^{55}k ^{31}jat^{31} tʃ ^{31}khʒit^{31} ai^{33}.

他(宾助) 打 使怕 (句尾)

他为了吓唬而打孩子。

(14)载瓦语:ja̱ŋ^{51} thu ^{55}pat^{21} kho ^{55}pɛ^{51}.

他 竹筒 打 使裂(已行体谓助)

他把竹筒打裂了。

V_1与V_2是修饰关系:

(15)勒期语:ŋjaŋ^{33} khjo^{33} tʃaːŋ^{55} sɔː^{55}.

他 路 绕 走

他绕路走。

(16)羌语(荣红):theː gueː o-su- i ke.

他 路 方向-绕-状语标志 去

他绕路走。

2.1.2 V_1与宾语组成支配结构,V_2再与该支配结构构成并列、支配两种关系。

V_2与V_1组成的支配结构是并列关系:

(17)彝语(禄劝):ŋʊ^{33} thi^{21} ʊ^{33} li^{21}.

我 他 找 去

我去找他。

(18)哈尼语:a^{31}jo^{31} xɔ^{55} gɔ^{31} a^{33} mi^{31} kho^{31} xe^{31} li^{33}.

他 山(助词) 柴 砍 去

他去山里砍柴。

V_2与V_1组成的支配结构是支配关系:

(19)纳西语:th ^{33}ba^{33} la^{33} ^{55}mu^{31} sər^{33}.

他 衣服 新 穿 喜欢

他喜欢穿新衣服。

(20)嗒卓语:ŋa^{33} kha^{55} tso^{31} t hi^{31} a^{31} li^{323}.

我 嗒卓 话 说 会

我会说嗒卓语。

2.1.3　V_2与宾语组成支配结构，V_1再与该支配结构构成并列关系。这类结构出现频率较低。例如：

(21)景颇语：ŋai^{33} lai^{31} ka　^{33} sa^{33} thi^{55} n^{31} ai^{33}.

我　书　去　念（句尾）

我去念书。

(22)勒期语：a^{33} phou^{55} khɔm^{55} tɔ　^{31} phaŋ^{53}.

爷爷　门　上来　开

爷爷上来开门。

2.1.4　使用频率较高的"来"、"去"，其语序与其他动词不同。藏缅语"来"、"去"在连动结构中有两种语序：一种是"来"、"去"如前所述按动作出现前后的次序排列的；另一种是不按动作出现前后的次序排列，放在另一动词后面。但不同语言的情况有所不同。如哈尼语的"来"、"去"只能放在另一动词的后面。这就违反了"动作居前位置居前"的原则。例如：

(23)ŋa^{55} ja^{33} xø^{31}　^{55} li^{33}.

我 烟　买　去

我去买烟。

如果在两个动词之间加上连词 a^{55} ne^{33}（之后），就不会违背上述原则，但语义有差异。例如：

(24)ŋa^{55} ja^{33} xø^{31}　^{55} a^{55} ne^{33} li^{33}.

我 烟　买　（连）去

我买了烟后去。

哈尼语由"来"、"去"构成的连动，还能通过动词的变调表示动作顺序的不同。例如：

(25)o^{31} tshø^{31}　^{31} li^{33} 去背菜　　o^{31} tshø^{31}　$^{31/55}$ li^{33} 背菜去

菜　背 去　　菜　背　去

类似哈尼语的语言还有喀卓语、载瓦语、彝语、纳西语等。例如：

(26)喀卓语：ŋa^{33} i^{33} tsh　^{31} vu^{24}　i^{33}.

我　他们　叫　去

我去叫他们。

(27)载瓦语：ŋo^{51} thaŋ^{21} xo^{51} e̠^{51} le^{51}.

我　柴　找　去（谓语助词）

我去找柴。

(28)彝语(凉山):ŋo^{31} d ^{44}t ho^{33} s__^{33} ^{31}bo^{33}.

我们 一起 柴 找 去

我们一起去找柴。

(29)纳西语:th ^{33} i^{55}ly^{31} xə^{31}.

他 戏 看 去

他去看戏了。

景颇语的情况有些不同。景颇语的 sa^{33}(去、来)和 wa^{31}(回来)大多用在别的动词之前,但两者的用法有所不同。sa^{33}(去、来)与别的动词结合,放在前面的为常见,但也可以放在后面,表示动词行为先于别的动词。当 sa^{33}带助动词补语时,由于结构复杂化,只能放在别的动词之后。例如:

(30)ŋja̱u^{33} wan^{31} sa^{33} tha ^{31}ai^{33}.

猫 火 去 取 (句尾)

猫去取火。

(31)khʒu^{33}tu^{31} phe ^{55} kjam^{33} sa^{33} wa^{31} ai^{33}mak^{31} khju^{31}ʒe^{51}.

斑鸠 (宾助) 猎取 去 (助动) 的 猎人 是

是去猎取斑鸠的猎人。

但 wa^{31}的情况不同。若位于别的动词前,表示“回来”义,而位于别的动词之后,成为助动词作补语,意为“起来”,这就是另外一个词了。例如:

(32)ŋje ^{55}a ^{31}sum^{31}ʒi^{31} sum^{31}tam^{33}wa^{31}khje^{55}ai^{33}.

我 的 生 命 来 救 (句尾)

他来救我的性命。

(33)ʃi^{33}k ^{31}lo^{33}wa^{31} sai^{33}.

他 做 起来(句尾)

他做起来了。

2.2 双宾语句的连动结构

如果宾语是双宾语,连动结构一般由两个动词组成,在语义上一个指向直接宾语,一个指向间接宾语。其顺序是指向直接宾语的动词在前,指向间接宾语的动词在后。在两个动词之间一般不能加虚词。

例如：

(34)景颇语：

ʃi^{33} ka^{31}ʃa^{31} ni^{33}phe^{55} lai^{31}ka̱^{33} ka^{31}ʒan^{55}ja^{33}ma^{55}nu^{55}ai^{33}.

他　孩子　们(宾助)书　分　给　(句尾词)

他分书给孩子们。

(35)羌语(荣红)：

qɑ theː fɑ a-pai zə-pə i de-laː.

我　他　衣服　一件　方向-买-状语标志　方向-给:将行体:1单

我买一件衣服给他。

在汉语里，这种带双宾语的连动结构有两种形式。一种是像藏缅语一样两个动词连用，另一种是分开后分别与直接宾语、间接宾语构成支配结构。例如：

(36)a. 我送给弟弟一件衣服。

b. 我送一件衣服给弟弟。

(37)a. 弟弟分给他一个苹果。

b. 弟弟分一个苹果给他。

2.3　兼语句中的连动结构

在汉语研究中，兼语式是不是连动结构，存在不同的意见。有的学者认为兼语式是连动结构，有的则认为兼语式与连动结构是两种不同的句型①。汉语兼语式的不同动词不能连用，中间要插入兼语，但藏缅语的兼语式由于OV语序决定了不同动词大都是连在一起的。虽然不同的动词连在一起，但连动结构内不同动词的语义不都是属于主语的，而是一个属于主语，一个属于宾语。但属于宾语的动作与主语有间接的语义关系，是主语发出的动作引起的。这类特点不同于上面几类，是连动结构中一种特殊的类型。所以我们主张把兼语式的不同动词也视为连动结构。例如：

(38)载瓦语：ja̱ŋ^{31} ts^{31}saŋ^{51} le^{55} khje^{55}tho^{51}lo^{55}.

他　孩子　(宾助)　救　出　来

他救孩子出来。

(39)勒期语：ŋo^{53} ŋjaŋ^{33} le^{55}m^{33}khɔn^{55} khuːn^{55} mɔ̱ː^{55}pjɛ^{33}.

我　他　(宾助)　歌　唱　教　了

我教他唱歌。

但在少数语言里，当兼语的谓语又带宾语时，两个动词被该宾语隔开。例如：

(40)土家语：ŋa^{33} pha^{21}phu^{55}t iau^{21} tshã^{21} kā^{55}.

我 爷爷 叫 场 赶

我叫爷爷赶场。

这种句子在别的语言里，要加连词连接动宾结构。例如：

(41)哈尼语：ŋa^{33} a^{31}bo^{55} jɔ^{55} ga^{55}dz ^{33}dzu̱^{33} le^{55} gu^{55}.

我 爷爷 （宾助）街 赶 （连词）叫

我叫爷爷上街。

三　连动结构受否定副词的限制

3.1　藏缅语的否定副词限制连动结构时有两种语序：一种是在整个连动结构的前面，如拉祜、勒期、羌等语言；另一种是在连动结构的中间，如彝、纳西、怒苏等语言。这两种语序以前者为多。这种结构是把连动当作一个整体来看待的。例如：

(42)拉祜语：ta^{53} xe^{21}tshi^{33} zɔ^{53} ma^{53} te^{33} ga^{53}.

事情 这 他 不 做 肯

这事情他不肯做。

(43)勒期语：ŋo^{53}ŋjaŋ^{33} le^{55} a^{33} te̱i^{53} ɔːŋ^{33}.

我 他 （宾助）不 说 赢

我说不过他。

(44)波拉语：jɔ̄^{31} ja̱m^{55} a^{31} ka̱m^{35} la^{35}.

她 家 不 愿 回

她不愿意回家。

(45)仙岛语：ŋɔ^{55} kjɔ$^{55/31}$ n^{31} kjɔ$^{31/51}$ lau^{55}.

我 饭 不 吃 想

我不想吃饭。

(46)羌语（荣红）：qɑ d e mo-x u-ɑ.

我 说 不-敢-1 单

我不敢说。

否定副词出现在连动结构中间的。例如：

(47)彝语：tsh ^{33}te^{31} i^{33}h ^{31}a^{31} ^{33}.

他 电影 看 不去

他不去看电影。

(48)纳西语：t h ^{33} i^{33} xa^{31} mə^{33} b ^{33}.

今天 买 不 想

今天不想买。

3.2 以上两种形式的差异，反映了不同语言对连动结构不同的认知观点。否定副词放在连动结构之前的，是把连动结构看成是紧密相连的单位，不能分隔开；否定副词插入两个动词之间的，反映说话人把连动结构看成是一个松散的、可以隔开的单位。

四 连动结构的语法化

4.1 连动结构是一个常用的语法单位，在使用过程中两个动词会因并立而出现强弱之分，产生语义的不对称，其中变弱的就会出现语法化。

4.2 藏缅语连动结构的语法化，在几种语法关系中主要出现在动补关系的后一个动词上。这是因为动补关系的连动结构，重心在前一个动词上，所以后一个动词常出现语法化。特别是“来”、“去”作补语时，更易于语法化。

如景颇语，属于动补关系的连动结构，若作补语的是动词，则大多出现语法化现象，虚化为助动词。语法化后的意义与原义已有区别。例如：

(49)tʃoŋ^{31} ma^{31} ni^{33} khom^{33} tʃa̠i^{31} ŋa^{31} ma ^{31}ai^{33}.

学生 们 走 玩 正 （句尾）

学生们随便走走。

tʃa̠i^{31}原为实义动词“玩”，用在“走”之后，语法化为助动词，表示“随便”义。

4.3 哈尼语的 dza^{33}（吃），常放在另一个动词后，构成连动关系。但 dza^{31}（吃）已语法化，没有“吃”的意义，强调动作行为的获得。例如：

(50)ŋa^{55} tie^{24} zi^{33} xu^{33} dza^{31} a^{55}.

我 电影 看 吃 （助）

我看电影了。

哈尼语的“来”、“去”可以放在动词后构成连动，但动词义已语法化，表示动作发生发展的情态。例如：

(51)i^{55} me^{55} tha^{31} e^{55} mi^{31}，a^{31}jo^{31}ts __^{31} pe̱^{33} li^{33} ŋa^{33}.

这样 不要 说 （助） 他 生气 去 （助）

不要这样说，他会生气的。

怒苏、勒期、纳西、基诺等语言也有这种现象。例如：

(52)怒苏语：i^{55} va^{53} va^{53} la^{35} ga^{31}.

桃花 开 来 （助词）

桃花逐渐开了。

“看”在藏缅语里如果用在另一动词之后，也大多语法化为“尝试”义。例如：

(53)彝语：n ^{33}nd a^{55}nd ^{31}mu^{33} tsh ^{31}lɔ^{33}ŋo^{31}h ^{44}.

你 好 好 （助） 一下 想 看

你好好地想想看。

(54)门巴语(仓洛)：ai^{55} pa^{13}t im^{13}kot^{13}ke^{55}.

咱们 问 看 （助）

咱们问问看。

4.4 景颇语还有一种在藏缅语中少有的语法化现象，即泛指动词与其他实义动词连用时，若居于实义动词之前，而且前面还有状语，就容易语法化为状语的后缀。这种语法化的条件有二：一是在实义状语之后，二是在实义动词之前。例如：

(55)ka̱p^{55} ka̱p^{55} ti^{33} m ^{31}kap^{31} to̱n^{31} u ^{31}!

紧贴状(泛指动词) 贴 （助动） （句尾）

你紧紧地贴上吧！

4.5 总之，语法化是藏缅语连动结构的一个演变趋势。语法化的成分大多居于连动结构的后一动词上。

五 结论

综观藏缅语连动结构的特点，大致可以得出以下几点认识。

5.1　连动结构是句法结构中的一个独立单位，与并列、修饰、补充等句法结构不在一个层次上，两者有交叉。

对 VO 型汉语连动结构在句法结构中是否独立的问题，学术界存在不同的认识。有些人认为它是一个独立的结构系统，如赵元任(1979)说："连动式是介乎并列结构和主从结构之间的一种结构，但更接近后者。"吕叔湘(1979)也认为："一直有人要取消它，也一直没取消得了。""看样子连动式怕是要终于赖着不走了。"[2]有些人则认为连动结构没有独立存在的必要。如张静(1977)首先列出了代表各家关于连动式(包括异名同实的)分类的 18 个例句，根据各种结构类型特有的语法意义和语法形式特点，对这 18 个例句逐项加以分析批驳，最终全部否定它们是连动句。他批评连动式"是一个包罗万象的大杂烩"，"'连动式'的存在完全是多余的，对语法分析有害无益"。

从藏缅语的语言实际看，由于 OV 型语序的原因，连动结构出现的频率大大高于 VO 型语序的汉语。不同动词构成了系统的连动语法关系，这就决定了藏缅语连动结构独立存在的必要。

5.2　藏缅语的连动结构能够大面积地存在，这是由 OV 型语言的内部机制所决定的。OV 型语言，动词谓语都在主语、宾语之后，构成了"两大板块"，不像 VO 型的汉语的连动结构，随时可以被宾语隔开。藏缅语的动词谓语由于处于后一板块中，因而允许不同的动词连用。如景颇、勒期等语言不但有两个动词连用，还有两个以上的动词连用。例如：

(56)景颇语：ʃan^{55} the^{33}　tsu̱n^{33}　k　^{31}lo^{33} ʃa^{55} lom^{31} ma　^{33}ai^{33}.

他们　围鱼　做　吃　参加　(句尾)

他们参加围捕鱼。

(57)勒期语：ŋo^{53}　khun^{55} min^{31}　mo^{33}　lɔː^{55} lam^{55} naːu^{53}.

我　昆　明(方所助词)　去　玩　想

我想去昆明玩。

而且，OV 型藏缅语连动结构的各种结构关系，紧密度比较高，在句中是作为一个整体充当句子成分的，可受否定副词的限制。除少数连词外，一般不能插入实词成分。这一特点与 VO 型的汉语不同。汉语连动式的结合度相对较松，如果有宾语的话，还可以放在连用的动词之间；如果哪个动词要表示时态，时态助词还可以根据语意表达的需要或放在两个动词之后，或放在两个动词之间。例如：

(58)我盛了碗饭吃。/我盛碗饭吃了。

5.3 藏缅语连动结构的词序先后与认知特点有关，但无绝对的蕴含关系。并列关系、修饰关系、补充关系的连动结构大多是先出现的动作居前，后出现的动作居后。但也有反例。主要是一些语言居后的“来”、“去”，则表示动作先行。(例见上文)而支配关系的连动结构，先发生的动作支配语在后，不符合上述规则。(例见上文)

附注：

①朱德熙先生(1985)认为，“兼语式的形式是 V_1+N+V_2”，“把兼语式看成是跟连动式对立的结构是不妥当的。连动式可以按照其中的 N 和 V_2之间的不同的关系分成若干小类，兼语式只是其中的一类，即 N 是 V_2的施事的那一类”。李临定先生(1986)认为连动句型与兼语句型是相互独立的两种句型。

②赵元任先生(1979)还认为，“连动式类似并列结构在于能逆转而仍然合乎语法，但是跟并列结构不同在于逆转之后极可能改变意思”(参见吕叔湘 1979)。

参考文献：

[1]戴庆厦.景颇语的连动式[J].民族教育研究(动词研究专辑):增刊,1999.

[2]戴庆厦,李泽然.哈尼语的“来”、“去”[J].民族语文,2000(5).

[3]戴庆厦,徐悉艰.景颇语语法[M].北京:中央民族学院出版社,1992.

[4]李临定.现代汉语句型[M].北京:商务印书馆,1986.

[5]吕叔湘.汉语语法分析问题[M].北京:商务印书馆,1979.

[6]马庆株.汉语动词和动词性结构:二编 [M].北京:北京大学出版社,2007.

[7]沈家煊,吴福祥,马贝加.语法化与语法研究:二 [M].北京:商务印书馆,2005.

[8]石毓智.语法化的动因与机制[M].北京:北京大学出版社,2006.

[9]徐杰.汉语研究的类型学视角——第一届肯特岗国际汉语语言学圆桌会议论文集[M].北京:北京语言大学出版社,2005.

[10]张静.“连动式”和“兼语式”应该取消[J].郑州大学学报:哲学社会科学版,1977(4).

[11]赵元任.汉语口语语法[M].北京:商务印书馆,1979.

[12]朱德熙.语法答问[M].北京:商务印书馆,1985.

[13]中国少数民族语言简志丛书编委会.中国少数民族语言简志:有关藏缅语的分册[M].北京:民族出版社,1980—1990.

(戴庆厦、邱月 中央民族大学中国少数民族语言文学学院)

现代汉语与维吾尔语致使句型比较*

邢　欣

[致使]范畴具有跨语言特征，在类型学中与主动句、被动句并列为三种主要句型。关于[致使]的定义，不同的人有不同的解释。邢欣(1995、2004)认为"致使意义"是一类动词的概括抽象意义，并用[＋致使]和[－致使]来区分两类动词。[＋致使]作为一类动词的共同义项，含义相当于英语里的[＋cause]含义。它除了有"致使"意义外，还有"引起某种结果"、"导致某种局面"的意思。他把[＋致使]限定为：由一类动词的作用而致使、引起、导致另一类动词的出现，并成为前一类动词的结果，前一类动词则具有[＋致使]特征；典型的致使句是汉语中的兼语式。何元建(2007:147)把汉语使役句分为两类，一类是使动句，一类是使役句。其中使动句的含义与邢欣(1995)相同，使役句则指零形式的动词或形容词使动用法句，包括含"V-得"句和动结式动词补语句。Huang C-T(1988)也将"V-得"类归入使役句。熊仲儒(2004)虽然也专门论述了汉语中的致使句，但他所说的致使句主要指使役句，并未涉及使动句。按照何元建(2007:161)的介绍，使役句用来表达"某人或某物致使某种行为或过程的实施"，在类型学上有三种基本表达方式：词的使动用法、派生词句和使动句。从类型学上看，汉语的使役表达以使动句(兼语式)为主，属于句法表达，在形态上属于零形式，而典型的"使/让"等只是句法上的复制形式，因此构成特殊的双动句。而维吾尔语是具有显性派生词句(谓词＋使役形态)的语言，[致使]范畴用轻动词表达(参见力提甫·托乎提 2004)。从类型学上看，这两种语言在[致使]范畴表达上恰好属于两种不同的表达类型。

---

* 本文已发表于《汉语学报》2008 年第 2 期。

一　汉语致使意义的表达

1.1　汉语兼语动词和致使意义

兼语式 V_1 中带有使令意义，这是许多论著都提到过的。李临定(1986)将 V_1 分为两类：a. 单纯使令义；b. 多义使令义。a 类包括“使、叫、让、令、要”几个只表示“致使”的动词；b 类有“命令、请、逼、催”等。实际上，a 类动词最典型的特点是必须带有 V_2 构成兼语式才能表示出“致使”意义。去掉 V_2，a 类或者不成句，或者词义有所变化。例如：

(1)a. 他的话使大家满意。→* b. 他的话使大家。

(2)a. 韩德来叫老伴沏水来。→b. 韩德来叫老伴。(表示“喊叫”)

a 类动词一般只能构成兼语式，这是兼语式里最基本的一类动词，b 类动词是依据 a 类动词构成的框架类推出的兼语动词。所以，由 a 类动词构成的兼语式最能体现框架特点。

a 类动词主要特点有二：一是不能单独作谓语，二是其后一般不带后附成分，如“着”、“了”、“过”等。据此，张静(1981)曾把此类归入介词，而依据石毓智(1995)对多动词句中带时间信息“着”、“了”、“过”的动词的划分，这一类似乎更像“次要动词”。我们发现致使动词 b 类大部分在兼语式中也不带“着”、“了”、“过”等后附成分，因此，将 a 类和 b 类都归入动词类，并把这种特点看作是兼语式的框架特点。致使意义的动词在现代汉语里一般指构成兼语式的一类动词，即典型的“使、叫、让”一类动词。这类动词是确立兼语式句型的重要一类，成为兼语式存在的基础动词。在兼语式结构中，第一个动词带使令意义，第二个动词是第一个动词引起的结果(为简便起见，第一个动词可称为 V_1，第二个动词可称为 V_2)。例如：

(3)父亲不让我听这些话。

(4)她平静的口气使我惊愕。

上两例中的 V_1 是“让”和“使”，表示致使。例(3)的 V_2 部分(包括动词短语)“听这些话”和例(4)的 V_2“惊愕”表示由 V_1 引起的结果。

由于致使意义如此重要，以至于在确定兼语式句型时，大部分人首先考虑动词 V_1 在语义上是否有致使意义，其次才考虑所谓宾语兼主语的兼语成分。兼语式句型在早期至目前的语法分析中，主要的确定标准一般有两条：一是句型中存在着“兼语”成分，黎锦熙（1924：22）称为“兼格”，赵元任（1952）提出“宾兼主”的“兼语”之说。二是确定 V_1类动词为使令动词，并将 V_1 和 V_2 部分分析为谓语，王力（1944：189）称为“递系式”，吕冀平（1956）称为“复杂谓语”。在这两条标准中，真正重要的定类依据是 V_1为使令动词这一条，而“兼语”成分的标准是附加在使令动词基础之上的。典型的兼语式以“使、叫、让、请”一类带使令意义的动词构成。没有使令意义的非兼语动词或使令意义不明显的 V_1类动词在构成句型时，有些也可以分析出“兼语”现象，但在定类时往往引起争议，有些则根本不归入兼语式，如有些小句作宾语句、双宾语句及复句与兼语式同构，仅由于 V_1不是使令动词而不归入兼语式。例如：

(5)小强请你原谅。

例(5)中的 V_1“请”除“请求”之义外，还有“使”的含义，在归类时归入兼语式中。

兼语式句型的形式可以归纳为：

(6)$N_1+V_1+N_2+V_2$

能够填充进这一形式中的句型不仅有兼语式，还有连动式、小句作宾语句、双宾语句等。兼语式与其他句式的区别一般认为有两点：一是 V_1带有致使意义，二是 N_2兼为 V_1的宾语和 V_2的主语。但实际上，第一点是确定兼语式的基础。在句型上 V_1没有致使意义时，尽管 N_2可能兼宾语和主语，仍然不算作是兼语式。例如：

(7)人们告诉我必须有百折不回的毅力和决心。（双宾语句）

(8)我有个桌子，三条腿。（定语后置）

(9)他买了个冰箱，是坏的。（复句）

通过例(7)—(9)的分析，可以说明在句型定类时人们并非把“兼语”作为首要的唯一的标准，而是在确定了使令动词构成的兼语式后，以此为典范，再考虑所谓带“兼语”的其他几类动词的归属。可见，“致使”意义实际上是一类动词的共同语义特征，成为动词的语义标志。

1.2 汉语[+致使]特征的形式标志

[+致使]特征的动词最典型的一类是“使、叫、让”这一类。其他动词的[+致使]特征可以通过扩展成带“使”的句式凸显出来。在扩展中，

[＋致使]特征可以通过显性形式体现，在句型扩展后，原单句形式变化为复句形式。例如：

(10)上级分配我搞旅游。→上级分配我，让我搞旅游。

(11)首长命令士兵停止前进。→首长命令士兵，让士兵停止前进。

(12)(辛大妈)高高兴兴地招呼她进里屋……→(辛大妈)高高兴兴地招呼她，让她进里屋……

在以上的例句对比中，我们可以总结出[＋致使]动词可以用扩展法表示[＋致使]意义。[＋致使]意义除了可以通过扩展法显现外，还可以通过替换法显现出来，即有些动词不宜扩展成复句形式，这时可以替换成“使、叫、让”句来显示[＋致使]意义。例如：

(13)这迫使他做了最后的决定。→这使他做了最后的决定。

通过扩展法和替换法，我们可以将[＋致使]动词与非致使意义动词区别开来。带有[＋致使]特征的动词能扩展成复句或替换成“使、叫、让”句。带有[－致使]特征的动词则不能这样扩展或替换。用这种方法，还可以区别出兼语式与非兼语式句型。在以上的举例中，我们所举的 V_1类动词都是带有[＋致使]特征的动词。带有[－致使]特征的动词则不能进行扩展或替换。例如：

(14)小护士提醒他该打针了。

→* 小护士提醒他，让他该打针了。

→* 小护士让他该打针了。

还有一些动词，在目前的语法分析中，都归入兼语式动词，如“称……为”，“选……当”，“喜欢、恨”等。实际上这些动词都没有[＋致使]特征，在句型上不能进行如上那样的扩展或替换，所以不应放在致使动词类里，也不构成兼语式。例如：

(15)我提名魏锦星为优秀教师。

→* 我提名魏锦星，让他为优秀教师。

→* 我让魏锦星为优秀教师。

1.3 汉语带有[＋致使]特征的动词分类

在带有[＋致使]特征的动词，即致使类动词中，可以分出以下几个小类。

1.3.1 单纯致使动词

这一类动词是封闭类，包括“使、叫、让、令、要”几个。例如：

(16)那瘦弱的身影，使他不由得涌起一片怜悯之情。

(17)他们要小锡匠答应不再走进黄家的门……

1.3.2　多义[＋致使]类动词

这一类动词除含有“致使”意义外，还有各自的词汇意义。在数量上，这类动词属于开放类。这类动词有“命令、禁止、强迫、催、派、鼓舞、请、请求、介绍”等。其例句如：

(18)领导派小王去边疆。

(19)县里召集各村村长去开会。

例(18)“派”含有“派遣”之义。例(19)“召集”含有“集合”的意思。这几例中的 V_1 虽有各自的词汇意义，但其中都含有共同的“致使”含义。

在结构上，这类动词带有[＋致使]特征时，一般构成兼语式。有时也可以不出现兼语的成分，直接带 V_2 作宾语。例如：

(20)学校允许上课了。

“允许”后直接带了 V_2“上课”作宾语。

1.3.3　歧义[＋致使]类动词

这一类动词[＋致使]意义不如前两类明显。随着[＋致使]意义的强弱变化甚至消失，这类动词在构成句型时也会产生同形异构现象，有时还会产生歧义现象。这类动词有“陪、帮、扶、送、带”等。这类动词构成的同形异构式有三种：

A. 当[＋致使]意义较强时，构成兼语式。例如：

(21)(我)帮助教师们提高业务水平。

(22)我接他回北京工作。

B. 当[＋致使]意义较弱时，构成与兼语式和连动式都有所不同的句式。在这种句式中，V_2 部分的施事成分既包括 N_1，又包括 N_2。例如：

(23)你明天带我们上山……

V_2“上山”的施事包括“你”和“我们”。

C. 当不具有[＋致使]特征时，这类动词构成连动式句型，即 V_2 的施事同 V_1 的施事都是 N_1。例如：

(24)学生按俗例送酒食请先生吃。

V_1“送”和 V_2“请”的施事都是“学生”，句子属于连动式。

此外，当不清楚[＋致使]特征的有无时，这一类还会构成歧义句。

例如：

(25)我马上带您去吃饭。

这可能是A类句，即兼语式，说明“吃饭”的只是“您”，而“我”不去。也可能是B类句式，表示“我”和“您”都去“吃饭”。

有个别例句还可能有三层意思。例如：

(26)你帮我改了多少篇稿子……

这一例有三种理解。一是指“我改了稿子”，二是指“你与我合改了稿子”，三是指“你改了稿子”。

1.3.4 特殊[+致使]类动词或形容词

这一类是古汉语使动用法的遗留句式。在现代汉语中，这一类动词极少，形容词也是较为有限的。在特点上体现为不及物动词或形容词带宾语上。这种宾语是动词或形容词带有[+致使]特征后的产物，因此不同于其他宾语。有人称为“使动宾语”(马庆株 1992)，也有人称为“作格动词”和“宾格动词”。(王玲玲、何元建 2002)这类词有“绿化、端正、繁荣、明确、纯洁、丰富、热、严肃”等。例如：

(27)我们要繁荣经济。

例中的“经济”是“繁荣”的使动宾语。这种“致使”特征可以通过变换为“使”字，让兼语式显现出来。例(27)可变换为：

(28)我们要使经济繁荣。

二 维吾尔语句型中致使意义的表达

2.1 致使的范畴含义

维吾尔语中的典型致使含义属于语法范畴，主要用使动语态词尾来表达。一般在谓语动词词根后附加表示致使意义的词尾“t”、“dur/tur”等表示，这种语态有致使含义。此外，还有一种双重强制态，在上述致使态后再加“guz/ uz”等表示。在词根加致使词尾后还可以再附加时态、人称和数或体助词结束语句(哈米提·铁木尔 1987)。

2.2 主要的使动语态的构成形式(与词根结尾语音有关)

2.2.1 加“t” 构成，如动词：

(29) Baʃla+ t→baʃlat- iʃlæ + t→iʃlæt

带 带领 干(活) 使干

2.2.2 加 gyz/kyz/ uz/quz 构成,如动词:

(30)Bær + gyz→bærgyz

给 使给

2.2.3 加"ur/yr"构成,如:

(31)Piʃ + r→pixyr

熟 使熟

2.2.4 加"dur/tyr/tur/dyr"构成,如:

(32) Kij+dyr→kijdyr

穿 让穿

2.2.5 强致使语态(双重致使)形式是用上述 2.2.1、2.2.3、2.2.4 加 2.2.2 构成。如:

(33)Bil + dyr + gyz →bildyrgyz

知道 使 使 让别人使得知道

2.3 致使动词

含有强致使意义时,也可以用致使动词"ewett-/tʃakir-"谓语句来表示。

三 汉语致使动词的句型

动词带有[+致使]特征后,常常构成以下几种句型。

3.1 兼语式

致使类动词构成的句型中,最典型的是兼语式。在兼语式句型中,单纯类致使动词是量最多、最能体现[+致使]意义的基本句型,其次是多义类致使动词,也构成兼语式,还有歧义类致使动词,在带有致使意义时也构成兼语式。例如:

(34)它们都让你觉得它们是泰山的天然主人……

(35)我们要鼓励他们积极学习。

3.2 复句句型

带有[＋致使]特征的动词，为了强调[＋致使]含义，可以在兼语式基础上扩展成复句句型。例如：

(36)他们两个也愿意帮着燕燕，叫她重跟小进好起来。

(37)一个唯一的希望鼓舞着行人，让行人在这困难的环境中挣扎。

3.3 形容词或不及物动词带宾语句

形容词和不及物动词一般不能带宾语，但由于古代汉语使动格式的影响，有些形容词或不及物动词带有[＋致使]特征后，可构成带使动宾语的句型。例如：

(38)我们要绿化祖国！

(39)厂里更新了设备。

3.4 特殊补语句

这一类是指动词带有[＋致使]特征后，构成带"得"的补语句型。这种"得"字补语句型实际上其[＋致使]意义可以通过变换成"得"后加"使"的形式显现出来。例如：

(40)万绿中拥出一丛樱，淡红娇嫩，惹得人心醉。→……惹得使人心醉。

(41)听了叶老的话，感动得我眼睛有点潮润了。→……感动得使我眼睛有点潮润了。

3.5 动词短语作宾语句

这类动词也是[＋致使]特征的动词，在构成动词句型时，往往是由于"兼语"成分在语境中省略或用"把"提前，有些是作了话题，结果 V_2 动词短语直接作了 V_1 的宾语。这类句式是兼语式的变式句。例如：

(42)可支书让发言，大伙总得有个说的……

(43)谁让发明了火车呢？

(44)(科长、厂长)把她派去纸袋库……

除了省略式外，还有些[＋致使]动词后的受事是泛指或任意指，在结构中可以不出现，V_2 直接作致使动词的宾语。例如：

(45)禁止说话！

(46)这里不许喧哗。

四 汉语、维吾尔语致使句型比较分析

4.1 典型致使意义的句型构成

汉语的典型致使意义主要用单纯兼语动词句型表示，其致使含义靠兼语式表示，由此构成汉语特殊句式。维吾尔语典型致使意义靠使动语态词尾表示，这些词尾附加在谓语动词后，在句型上构成使动句型。

4.2 一般致使意义句型构成

一般致使意义汉语可以用多义兼语动词句型、歧义兼语动词句型、形容词或不及物动词带宾语句和“得”字句等来表示。维吾尔语也用专门的表示致使意义的动词作谓语来表示。不过在句型构成上与汉语不同。汉语中有“兼语”现象，而维吾尔语中没有“兼语”。在句型上，汉语的“兼语”在维吾尔语里是附加宾格，说明是宾语。从这种对比中可以看出，兼语式是汉语中的特殊句式，而维吾尔语的使动语态也是一种特殊形态标志。

4.3 强致使句构成

汉语中没有典型的强致使句，只有下列句式可以跟维吾尔语相配：

(47)让他明白。

4.4 例句类型比较

(48)U a liq (ni) z orni (a) otur(uz)(di).
他 病人 宾格 自己 凳子 向格 坐 使得
第三人称单数过去时

汉语：他让病人自己坐在凳子上。（说明：“病人”用宾格，“凳

子”用方向格。)

(49) Biz mærjæm (gæ) naxʃa (省略宾格) ejt(quz)(duq)

我们 玛丽亚 向格 歌 (宾格省) 唱 使

第一人称复数过去时

汉语:我们让玛丽亚唱了歌。(说明:“玛丽亚”用向格,“歌”用宾格。)

(50) U tʃiraq (ni) aj(dur)(di).

他 灯 宾格 点 使 第三人称过去时单数

汉语:他点灯了。(不是兼语句)

(51) Mæn u(ni) wuxan (a) æwætt(im).

我 他宾格 武汉 向格 派(拿加去合成一个词)

第一人称单数过去时

汉语:我派他去武汉。(兼语句)

(52) U mang(a) ojni(sun) di(di).

他 我 向格 玩 祈使语态 说

第三人称单数过去时(非致使句)

汉语:他让我去玩。

(53) U (ni) bil (dyr)(gyz)(di).

他 宾格 知道 使 使 第三人称单数(双重致使句)

汉语:让他明白。(兼语句,可理解成:将“知道”变为致使动词“明白”再加“明白”。)

五 结 论

汉语中的轻动词致使范畴[+cause]是空语类,所以可以用不同的句型表达,主要有兼语式、致使复句、特殊补语“得”字句,形容词/不及物动词带宾语句、动词短语宾语句等句型表达。其中兼语动词句只是一种表达式,兼语动词的[+致使]特征是动词虚化(语法化)后的一种映射标记,不是轻动词本身。

维吾尔语是形态丰富的黏着语,轻动词都有显性标记,因此[+致使]范畴是显性语法范畴标记,不是映射标记。

通过对比可以看出，汉语属于轻动词用空语类表达的语言，维吾尔语属于轻动词用显性语法形态表达的语言。这不仅局限在［＋致使］轻动词上，还可以体现在其他轻动词范畴上。

参考文献：

[1]哈米提·铁木尔.现代维吾尔语语法[M].北京：民族语文出版社，1987.
[2]何元建.生成语言学背景下的汉语语法及翻译研究[M].北京：北京大学出版社，2007.
[3]黎锦熙.新著国语文法[M].北京：商务印书馆，1955.
[4]李临定.现代汉语句型[M].北京：商务印书馆，1986.
[5]力提甫·托乎提.轻动词理论与维吾尔语动词语态[J].民族语文，2004(6).
[6]吕冀平.两个平面　两种性质——词组和句子的分析[J].学习与探索，1956(4).
[7]马庆株.汉语动词和动词性结构[M].北京：北京语言学院出版社，1992.
[8]石毓智.时间的一维性对介词衍生的影响[J].中国语文，1995(1).
[9]王力.中国语法理论：上[M].北京：中华书局，1954.
[10]王玲玲，何元建.汉语动结结构[M].杭州：浙江教育出版社，2002.
[11]邢欣.现代汉语特殊句型研究[M].乌鲁木齐：新疆科技卫生出版社，1995.
[12]邢欣.现代汉语兼语式[M].北京：北京广播学院出版社，2004.
[13]熊仲儒.现代汉语中的致使句式[M].合肥：安徽大学出版社，2004.
[14]张静.汉语句法结构的基本类型[J].中国语文，1981(4).
[15]赵元任.汉语口语语法[M].李荣，译.上海：开明书店，1952.
[16]Huang C-T. Wo pao de kuai and Chinese phrase structure[J]. Language，1988(64).

（邢欣　中国传媒大学对外汉语教育学院）

日语和汉语叙述基点转换情况比较*

——以由整体与部分充当的叙述基点为例

杉村博文

○ 前 言

本文拟就下面两个句子所反映出来的一些句法问题，从日语和汉语对比的角度进行分析。

(1)女人似乎怕老头听见她们的谈话，声音压得更低了。（袁山山《幸福像花开放》）

(2)王二贵吓得一愣，手机差点儿从手里掉下来。（张平《十面埋伏》）

如果按照日语的思路改写这两个例子，很有可能被改写成(1’)和(2’)的样子：

(1’)女人似乎怕被老头听见她们的谈话，把声音压得更低了。

(2’)* 王二贵吓得一愣，差点儿把手里的手机掉下去。

例(1)还有可能被改写成下面(1’’)的样子：

(1’’)女人似乎为了不让老头听见她们的谈话，把声音压得更低了。

例(1)和例(2)都由两个分句组成，但把两个分句整合为语义完整的一句话，并不是靠严格意义上的句法形式，而是靠存在于两个分句句法成分之间的语义关系。说得具体些：(一)前、后两个分句之间都存在着因果关系，并且都被按照时间顺序原则先因后果地排列起来；(二)前、后两个分句开头成分（以下称为“叙述基点”）之间存在着整体与部分的关

---

* 本文已发表于《汉语学报》2009年第1期。本文主要内容曾在东亚语言比较国际研讨会上宣读过（上海师范大学，2006年12月25日—27日）。

系。这些语义关系和语序都为把两个分句整合为一句话起了关键作用，而像整体与部分这种整合因素，语用学上叫做词汇衔接（lexical cohesion）。词汇衔接是相对于句法衔接（syntactical cohesion）而言的。当我们把分句整合和词汇衔接相结合，再把汉语和日语相比较时，就不难发现，汉语比日语更深刻地依赖于词汇衔接，来维持分句之间的语义联系。正如上面的汉、日比较所显示，日语叙述基点的句法辖域比汉语叙述基点的句法辖域大，较之汉语更为严格地控制着分句的句法组织，而汉语的叙述基点则只是把语义辖域延伸到后续分句而已，并不严格控制分句的句法组织，因此与日语相比，可以相对容易地在后续分句中另立一个叙述基点。比如在例（2）后一分句中，汉语句法不仅允许“手机”摆脱掉先于它而建立起来的第一个叙述基点“王二贵”的支配，作为一个新的叙述基点独立出来，而且甚至尽管“手机”离开“王二贵”而去，但不说“掉下去”，却说“掉下来”。依我们看，这些现象应视为汉语叙述基点句法辖域的窄域性所致。

一　部分的扩张

为了便于展开讨论，在这里我们先简要介绍一下整体与部分关系的扩张情况。

乍一看，例（2）“王二贵”和“手机”之间似乎不存在任何一种保证词汇衔接得以实现的语义关系，但我们却可以轻而易举地把例（2）前、后两个分句整合为语义完整的一句话。这是怎么回事儿呢？常识（亦即“恒久性认知环境”）告诉我们，“手机”一般都是被人带在身上，而且很多时候被拿在人手上的。例（2）中的“手机”就是通过“被人带在身上，而且很多时候被拿在人手上”这样一种语义特点和“王二贵”发生整体与部分的语义关系的。请注意句中有“从手里”，如译成英语就是 from his hand。例（2）出现的具体语言环境如下：

（3）王二贵打开手机正在惊慌失措地通话：“……”

“……谁的电话？”何波等王二贵讲完了，关了手机，冷不丁地问了这么一句。

王二贵吓得一愣，手机差点从手里掉下来。“何……何处长，你醒了？”

朱德熙(1987)指出:"'被'字句里的动词如果带名词宾语,名词所指往往是主语的不可分割的(inalienable)部分,例如人的肢体:他被爆弹炸断了腿|我被太阳晒脱了皮。"而正如例(3)所示,人穿戴或携带在身上的事物很容易扩张为人的一部分。请看:

(4)我背着背包沿着……绿色栅栏……大步走着,冷不丁被人拽住了背包……(刘毅然《摇滚青年》)

(5)一转身,正好看见那被我踩了新鞋的小伙子,才想起这儿还有一场未了的纠纷。(王蒙《冬雨》)

(6)"说!"一个鬼子突然抓住夏威夷的衣领。夏威夷被抓了衣领,火就上来了,刺刀进嘴里还没这么烦人呐……(陈应松《东方红》)

(7)楼梯口惊恐的侍应生被尖叫奔逃的小姐撞翻了托盘。(《重案Ⅵ组》第二部)

最后一个例子正好拿来跟例(2)作比较。常识告诉我们"侍应生"经常手上托着一只"托盘"穿梭于店里的顾客之间,因此即使不用"手上的",也可以让"侍应生"和"托盘"之间实现词汇衔接。

在接下来的讨论中,我们对"部分"的定义取广义的,不仅包括诸如肢体、零部件等典型的部分,有时还包括像"拿在手里的手机"、"背在背上的背包"这种临时性部分。

二 词汇衔接和句法衔接

比较下面两个例子:

(8)说到这里,姑娘向四周看了看,(把)声音压得低低的。(万寒《不漏的网》)

(9)说到这里,姑娘向四周看了看,把窗帘拉得严严的。

例(8)可以不用"把"(原文用了"把"),因为"声音"是必定有其发出者的,只有发出者("整体")这一参数与之共现,"声音"("部分")的语义结构才得以"饱和"[①]。因为整体和部分之间存在着这种语义关系,所以部分就可以通过扩散性激活(spreading activation)的认知机制,成为一种由整体最容易被激活的信息,在保证两个叙述基点之间的语义衔接得以实现的同时,还允许自己在语境中第一次出现就充当叙述基点[②]。

与例(8)不同,例(9)一定要用"把",因为"姑娘"和"窗帘"之间不存在任何一种能够保证词汇衔接得以实现的语义关系,所以必须使用句法手段(用"把"字)才能把两个分句整合为一句话。与例(8)、(9)相类似而更加被压缩的现象有:

(10)a. 胡新民(把)胡子刮得青青的。

b. 胡新民(把)胸脯挺得高高的。

(11)a. 胡新民把砖头扔得远远的。

b. 胡新民把杠铃举得高高的。

例(10)两句可以不用"把",例(11)两句一定要用"把",而两者之间的差别仅在于"胡新民"和紧接在其后面的成分是否构成整体与部分的关系而已。再比如:

(12)a. 他笑了。她在黑暗中似乎看见了他白白的牙齿。(张承志《北方的河》)

b. "看你……你说哪儿去了……"舒丽长长的眼睫毛微微颤动了一下。(张抗抗《情爱画廊》)

(13)a. 我抢过她(那)并不沉重的手提包,一直帮她提到了家。(刘心武《爱情的位置》)

b. ……小马躺在一片青青的草地上。他(那把)带血的战刀横放在身旁,(那支)短短的芦管,也落在他的衣袋外面……(王汶石《挥起战刀的炮手们》)

例(12)"他"和"白白的牙齿"、"舒丽"和"长长的眼睫毛"可以直接结合在一起组成一个体词性句法结构,而例(13)"她"和"并不沉重的手提包"、"他"和"带血的战刀、短短的芦管"则必须依靠"那(+量)"的承接作用才能组成一个合法的体词性句法结构[③]。

从以上分析可以看出,"部分"是具有一定的组织句法结构的能力的,而这种能力无疑就是"整体"这样一个完形认知(gestalt)在汉语句法上的反映。

三 叙述基点的转换

在这一节里,我们针对例(1)前、后两个分句所反映出来的句法问题,从汉、日对比的角度进行分析。先看后一分句所包含的问题:

(14)女人似乎怕老头听见她们的谈话,声音压得更低了。=(1)

此例后一分句"声音压得更低了"无疑是"女人"的自主行为所致。从语义上说,"女人"是施事者,"声音"是受事者。但从形式上看,例(14)不仅没有把这一层施受关系如实地反映出来,反而允许"声音"摆脱掉"女人"的支配,作为一个新的叙述基点独立出来。换言之,从形式上看,例(14)的后一分句,整体("女人")已受到抑制隐身为背景,随之部分("声音")受到凸显成为前景。

例(14)不能直译成日语。下面的译文虽然不好说一定是错的,但是听起来非常别扭。

(14') ?Onna wa ……koe wa/ga osaerare sarani hikuku natta.
女人 TOP ……声音 TOP/SUB 压被动 更 低 成为过去

因为 koe 作为新的叙述基点独立出来之后,一句话中就有了两个不同的叙述基点和与之相应的两个不同的叙述,结果使得两个分句间的句法衔接受到了严重破坏。我们曾要求大阪外国语大学汉语专业二年级23名学生将含有例(14)的短篇小说《幸福像花开放》翻译成日语,结果所有的学生无一例外地把例(14)后一分句翻译成了"koe o sarani hikuku osaeta",相当于"把声音压得更低了"。

如果后一分句没有用 osaerare 这个由施事者(onna)控制的动词,句子的合法性就又变得没有问题了。这时后一分句已不表示任何动作,只是客观地对情况的变化进行描绘。两个分句间的衔接则需要靠 onna 和 koe 之间的整体—部分关系来维持。

就日语的表达方式而言,第一个叙述基点("女人")不仅自始至终一直占据着叙述者视野的中心,而且依然保持其施事者的语义角色控制着后一分句的句法组织。而在汉语中,当叙述一延伸到部分("声音")时,叙述的基点很容易从整体转移到部分上来,在致使整体变成背景的同时,淡化其作为施事者的语义角色,使其放弃从语义角色的角度对后一个分句的句法组织施加影响。请看:

(15)"哥,"弟弟坐到我床上,眼睛睁得很大,开门见山地问我……(刘心武《立体交叉桥》)

(16)居委会主任劝他用这屋换另外的住处,他执意不从,脑袋摇得像个拨浪鼓似的。(聂鑫森《天街》)

(17)我低头猛吃,嘴张得过大,牵动了下巴的伤口……(王朔

《橡皮人》)

(18)那天,我抱住他火热的肩膀,脑袋扎在他怀里哭了。(苏叔阳《旋转餐厅》)

(19)你母亲年轻时,身体被还乡团弄残了,终生不育。(朱苏进《轻轻地说》)

(20)她正要抽出钱来,手被她丈夫按住了。(映泉《同船过渡》)

(21)我觉得我的机会来了,正要混入人群溜掉,肩膀被一个人抓住……(王朔《橡皮人》)

(22)他……刚刚走出商店,站在路边,眼睛突然被人从身后蒙住了。(海岩《便衣警察》)

这些例子,无论是受事主语句还是被字句,都不能直译成日语。必须把"部分"编码成宾语,才有可能直译过去。试比较:

(23) Langdon looked at the image. The close-up photo revealed the glowing message on the parquet floor. The final line hit Langdon like a kick in the gut. (The Da Vinci Code)

(24)a. 后一行字让兰登觉得肚子像是被踹了一脚。(尤傅丽译,时报出版)

b. 看到最后一行,兰登感觉像是腹部被踹了一脚。(朱振武等译,上海人民出版社)

(25)最後の行を読んで、ラングドンは腹を蹴られた気分になった。(越前敏弥译,角川文库)

英语原文是一个以无生命的事物 The final line 作为施事主语的主动句,而汉语译文和日语译文则都采用了以有生命的人 Langdon 作为感事主语的主动句。英语和日语、汉语的这种差别已有很多人注意到并做过专门研究,在此无须赘述。值得我们特别注意的是汉语和日语的被动句组织方式的不同(下加横线部分)。汉语的被动句是以部分"肚子"或"腹部"作为叙述基点组织起来的,而日语的被动句则把部分"腹"放到宾语位置上去,整体"兰登"叙述基点的地位始终维持不变。下面例(26)是把日语句子例(25)直译成汉语的,翻译得非常别扭[④]。

(26)看到最后一行,兰登感觉像是被踹了一脚腹部/踹了腹部一脚。

当部分成为某种动作行为直接作用的对象时,汉语句法既可以把它编码为叙述的基点放在主语位置，也可以把它编码为作用的对象放在宾语位置。但总的来讲，汉语句法更多地采用以部分作为叙述基点的编码方式。例如：

(27)鲁四凤：不，不！已经到了半夜，我的衣服都脱了。（曹禺《雷雨》）

(28)站台上，两男一女三个旅客神色慌张地跑到一个身穿警服的民警面前。女的说："警察同志，我们的钱被人偷了。八万，整整八万！"（王仲刚《喋血大动脉》）

像这种情况，日语一般不允许用无生命受事作叙述基点，只允许它作宾语。除此之外，从日语的角度看，值得特别注意的是，虽然句中"衣服"和"钱"的存在都已经被暗含在语言环境里了（"未上床睡觉时，人都穿着衣服"、"出远门的旅客身上带有一定的钱"），但它们都未成为言谈所关注的焦点，所以突然将其作为叙述的基点放在句首就有违反信息编排"从旧到新"的原则之嫌。

现在我们来看一下"女人似乎怕老头听见她们的谈话，声音压得更低了"这个句子前一个分句所包含的句法问题。

"女人似乎怕老头听见她们的谈话"是套叠两个SVO结构形成的：[女人$_S$似乎怕$_V$[老头$_S$听见$_V$她们的谈话$_O$]$_O$]。这种套叠有可能导致形成一种花园幽径句（garden path sentence）。也就是说，当我们根据线性结构分析到"女人似乎怕老头"时，有可能以为这已经是一个完整的SVO句了。"老头"是动词"怕"的宾语。但是当我们继续往下分析，分析到另外一个动宾结构"听见她们的谈话"时，才发现"老头"原来不是"怕"的宾语，而是"听见她们的谈话"的主语，整个主谓结构"老头听见她们的谈话"才是"怕"的宾语。从结构上看，这个句子的情况与英语中的花园幽径句 The student forgot the solution was in the back of the book. 相似。Pinker(1994:214)介绍 Trueswell 等的研究说："在读到 was 的时候，被试的眼睛就在那儿停留了一下便又扭头往回看了（lingered and hopped back）。"正是因为需要进行这种回溯处理（backtracking）才能得到正确的结构分析而严重影响信息处理效率，所以花园幽径句本来是应该尽量避免使用的。但在汉语中，主谓结构经常作宾语，可见对于汉语这种SVO语言来说，套叠两个SVO形成的[SV[SVO]]结构的幽径度（garden path degree）并不很高，不会给信息处理带来太大的麻烦[5]。

日语是 SOV 型语言，对于这种语言来说，套叠的后果会更严重一些。因为如果 O 由一个 SOV 结构充当，那么 SOV 的线型结构就要成为 S_1-S_2-O-V_2-#-V_1[⑥]。很显然，这种结构容易导致形成"紧接性"花园幽径句，应该尽量避免使用[⑦]。"紧接性"指的是，进行回溯处理时并不是听完整个结构之后再往回寻找正确的结构分析，而是听到下一个成分马上就要推翻根据前一个成分所做的结构分析，根据新的结构信息重新进行回溯处理。拿例(14)的日译文来说，我们听到 S_1("女人")之后满以为接下来就能听到以它为基点，并由其扮演某种特定语义角色的叙述，但紧接着听到 S_2("老头")之后就发现根本不是那么回事儿，这就需要马上推翻原来的分析，重新进行分析[⑧]。也许是为了避免产生"紧接性"花园幽径句，与"女人似乎怕老头听见她们的谈话"相同的意思，日语句法更倾向于采用被动句(如"女人似乎怕被老头听见她们的谈话")或使役句(如"女人为了不让老头听见她们的谈话")，把被包孕的 SOV 编码成非 SOV 形式。

四　话题的句法辖域和部分的主体化

以日语为母语的人很难造出像下面例(29)这种句子来：

(29)王二贵吓得一愣，手机差点从手里掉下来。=(2)

问题主要有两点：

其一，后一分句"手机差点从手里掉下来"，虽然不是施事者"王二贵"的自主行为，但是日语句法一般把它看成一种由施事者发出的高及物性行为来进行表述。因此，例(29)就要被编码成以"王二贵"为施事者，"手机"为受事者的主动句。日语句法的思路大概是这样的：既然手机拿在王二贵手里，王二贵就对它具有足够大的支配能力，而现在王二贵竟然失手让手机从自己手里掉下去了，因此王二贵就对事情的发生负有不可推卸的责任。这样，本来无意而为之的事情变成了有意而为之的事情[⑨]。

其二，"手机"是离开"王二贵"而去的，因此如果"王二贵"作为叙述基点占据着叙述视野中心的话，那么"手机"的运动轨迹应该被描写为"掉下去"，而绝非"掉下来"。如果用这个例子做填空练习，日本学生一定会百分之百地填上"去"。因为日语句法不给部分的运动轨迹赋予直指视点——即加 kuru(“来”)或 iku(“去”),即便是出于某种修辞上的需要赋予直指视点,也不会把部分看成独立自主的运动体给它赋予直指视点,而是要把它看成受整体支配的隶属运动体来赋予视点。而在汉语中,部分就经常作为一个独立自主的运动体,自己给自己的运动轨迹赋予直指视点。

与这种对立相对应,日语 kuru 和 iku 的功能偏重于描写观察到的运动体向叙述基点接近还是从叙述基点处离开。而汉语“来”和“去”则不仅表示叙述基点和运动体之间的直指视点,而且具有像摄像机似的追踪运动体的位移,描写出现在说话人的视野中或从视野中消失的功能。比如:

(30)他……在耳边叮咛:“嗳嗳,你看,已经两点钟了,我该送你回去了。”女人一愣,像没听清似的,手臂从他脖子上掉下来了,呆呆地仰起脸来看着他……(徐坤《厨房》)

(31)烟头上长长的烟灰掉了下来,洒了马林生一腿,他连忙扑落。(王朔《我是你爸爸》)

(32)她的肩膀很圆。如果没有乳房阻挡,这筒状的裙子会不会掉下去?(刘恒《黑的雪》)

(33)那位两腿颀长,长着一张玩偶般脸的女运动员再次向横杆发起冲击。她在上升、上升、上升,横杆扣人心弦地颤动了一下、两下、三下……掉下去了。(周永年《南极风景象》)

“部分从整体的支配下摆脱出来成为一个新的叙述基点”和“部分离开整体而去,却说‘来’不说‘去’”,这两种现象应该说是同一个现象的两个侧面。也就是说,由于作为叙述基点的整体的句法辖域的窄域性,部分获得了行为主体的地位,开始我行我素了。

综上所述,我们可以得出如下的结论:日语叙述基点的句法辖域比汉语叙述基点的句法辖域大,较之汉语更为严格地控制着分句的句法组织;而汉语的叙述基点则一般只是把语义辖域延伸到后续分句而已,并不严格控制分句的句法组织,因此与日语相比可以相对容易地在后续分句中另立一个叙述基点。因此,对于汉语句法来说,像上面例(32)、例(33)这种表达方式完全不足为怪:

(34)(对前面并排着走的学生)同学们,楼梯比较窄,上下的人又多,请你们不要并排走。这两位同学手里还拿着东西呢,路被你

们挡住啦！（上海教育出版社《学校礼貌语言》）

(35)出了什么事？循着同学的目光，转过身子，低头一看，那位穿黑色T恤衫的男孩儿，正弯着腰，一把透明的尺子竖在我的鞋跟旁，正量着我那鞋跟的高度！（王周生《星期四，别给我惹麻烦》）

“路”一定是“两位同学”将要走的路，“路被你们挡住啦”又是发生在这“两位同学”身上的事情；“一把透明的尺子”无疑掌握在“穿黑色T恤衫的男孩儿”手中，“一把透明的尺子竖在我的鞋跟旁”又是“穿黑色T恤衫的男孩儿”有意识地做出来的事情。如此密切相关的事件和参与者（施事者或受事者），不把它们编进一个句法关系明朗的结构里，反而把它们编码成结构上不即不离的两个成分。汉语的这种编码方式和日语形成鲜明的对立。在日语句法中，“路”和“尺子”都只能作宾语，不可能成为新的叙述基点。让日本学生造句，例(34)和例(35)就很有可能被写成如下：

(34')这两位同学手里还拿着东西呢，却被你们挡住了路啦！

(35')那位穿黑色T恤衫的男孩儿，正弯着腰，在我的鞋跟旁竖起一把透明的尺子……

五　结语——从对比语言学的角度看语言类型学

按照 Li & Thompson(1976)的分类，汉语和英语分别属于注重话题的语言和注重主语的语言。比较：

(36)a. 女人似乎怕老头听见她们的谈话，声音压得更低了。=(1)

b. The woman seemed to worry that the old man would overhear their conversation, and lowered her voice even more.

(37)a. 她给王老师写了一封信，信写得很短，内容只有两点。

b. She wrote a letter to Mr. Wang which had two main points and was written very concisely[10].

汉语例(36a)是两个主谓结构，两个不同的叙述基点；例(37a)由三个主谓结构组成，三个不同的叙述基点一个接着一个出现[11]。而英语译文则无论是例(36b)还是例(37b)都只有一个叙述基点出现。我们把这种对立归之为是注重主语还是注重话题的句法后果，大概没有问题。

日语被 Li & Thompson(1976)分在了既注重主语，又注重话题的语言里边。那么在这种语言中，话题及主语的句法表现到底像注重话题的汉语呢，还是像注重主语的英语？仅就本文所讨论的现象而言，日语更像英语。其实，从对比语言学（contrastive linguistics）的角度来说，不要说是话题和主语，就连述语和宾语的实际情况每种语言都不尽相同，这才是本文的，也是语言类型学研究所面临的最为关键的问题所在。

三上章（1960）指出，话题一方面划定述题（comment）所能涉及的语义内容，一方面要求述题完成陈述。换言之，日语话题的句法辖域是要一直延伸到句末的⑫。与此相对应，日语的话题（及主语）有形式标志，谓词有终止形（即“完句形”）和非终止形之别。这一现象是否会关系到日语进行叙述基点的转换比汉语难的问题？汉语的主语和话题都没有形式标志，谓词也没有终止形和非终止形之别。虽然它们在各自的语法体系里被命名为同一个名称，但是有形式标志的和没有形式标志的，能否对其一视同仁呢？

金子亨（1994）指出：“一种语言里的每一个语法范畴本来都是由该语言整个语法系统内部的功能价值来决定的。因此，没有考虑到有可能因语言而易的这种相对价值，就把一种语言里的某一个语法范畴比附为另一种语言里的某一个语法范畴，这种做法绝对不能说是一个合理的比较方法，通过这种方法当然就不可能找到真正可靠的类型学意义上的语言共性（universals）。”可见，语言类型学研究能否取得进一步深化，就取决于我们能否从语法的系统性角度出发，进一步完善比较、分类的方法。而在此过程中，深入细致的对比研究将是不可或缺的一部分。

附注：

①关于一个名词的“饱和”和“非饱和”，详见西山祐司（1993）。袁毓林（1994）把部分规定为一种一价名词，指出：必须给它配上整体这一配价成分才能描绘出一个完整的“原型场景”（prototype sense）。

②关于扩散性激活及其在汉语句法研究中的应用，参见袁毓林（1994）。至于整体和部分谁激活谁的问题，我们认为应该是整体激活部分，而不是相反。有这样一个句子：“把你的自行车借我用用，我的车让人给拔了气门了……”（谈歌《年底》）如果是部分激活整体的话，那么我们把句中“气门”改成“前两天刚换的气门”也应该没有任何问题。可是，实际上“我的车让人给拔了前两天刚换的气门了。”这个句子却听着非常别扭。究其原因，恐怕就是整体（“车”）虽然可以激活保持着本来状态的部分（“气门”），但很难激活已经不是本来状态的部分（“前两天刚换的气门”）。

③关于本节围绕例(10)—(13)所进行的讨论,详见杉村博文(1976、1997、2007)。

④几年前流行一首歌曲叫《我被青春撞了一下腰》。很多人都觉得这个曲名起得很别扭,远不如说“我的腰被青春撞了一下”自然、通顺。

⑤“女人似乎怕老头听见她们的谈话”这个句子算不算花园幽径句就取决于动词“怕”的宾语的优先性。如果“怕”优先要求体词性成分作宾语,其次才要求谓词性成分作宾语,那么这个句子就算是一个花园幽径句。如果优先性相反的话,就不能算是花园幽径句了。但即便如此,我们还有办法硬把它弄成一个花园幽径句,就是在“老头”和其后面的谓语之间放一个较大的停顿:“女人似乎怕老头……听见她们的谈话。”其实,“女人似乎怕老头听见她们的谈话,声音压得更低了”这一复句的整个结构也可以看成一种花园幽径句。当我们读完第一个分句“女人似乎怕……”时,很有可能以为这是一个以“女人”为叙述基点,尚未煞住的 SVO 句。但当我们读到第二个分句“声音压得更低了”时,才发现又出来一个新的叙述基点“声音”。这样,原来的 VO 谓语句就需要重新分析成 SP 谓语句了。关于汉语花园幽径句的分析,详见冯志伟(2003)。冯文举的汉语的典型花园幽径句为:“小王研究鲁迅的文章发表了。”

⑥#号处要出现一个使包孕句 S_2-O-V_2 名物化的成分。

⑦因为“选择语义上的施事和语用上的话题作主语是一种语言普遍现象(linguistic universal)”(袁毓林 1996),所以如果 S 由施事者充当的话,理论上 S_1-S_2-O-V_2-#-V_1 就有可能实现为 T_1-T_2-O-V_2-#-V_1。但,也是因为语用上的原因,话题较难出现在包孕句(embedded sentence)中,所以在实际语料中 S_1-S_2-O-V_2-#-V_1 和 T_1-T_2-O-V_2-#-V_1 都很少。经常可以看到的是 S_1-S_2-O-V_2-#-V_1 实现为 T_1-S_2-O-V_2-#-V_1。

⑧本文暂且不考虑整体和部分紧挨着出现,且部分和谓语优先结合的情况。参看上文有关例(10)两句的分析。

⑨这是一种有标志的“有意而为之”,因此经常带着“shimau”出现。“shimau”是一个虚化的动词,用来表示“事情已经发展到无可挽回的地步”的意思。关于将“无意而为之”理解为“有意而为之”的思路在汉语“把”字句中的反映,详见杉村博文(1998)。

⑩例(36)、(37)的英译文均由 Paul Sinclair 博士提供,谨致谢意。

⑪按照《主语与主题》的意思,这里的“主谓句”应该称为“话题—述题”句。只是因为汉语语法学界对于如何看待“话题”尚未达成共识,至于如何看待“述题”更没有提到议事日程上来,所以我们仍沿用“主谓句”这一传统的术语。

⑫参看三上章(1960)关于日语话题标记“は(wa)”的研究。

参考文献:

[1]阿部純一.人間の言語情報処理——言語理解の認知科学[M].日本:サィエンヌ

社,1994.

[2]大河内康憲.複句における分句の連接関係[J].中国語学,1967(176).

[3]大津由纪雄,等.岩波講座 言語の科学 11 言語科学と関連領域[M].日本:岩波書店,1998.

[4]方经民.现代汉语空间方位参照系统认知研究[D].上海:上海师范大学博士学位论文,2002.

[5]冯志伟.花园幽径句的自动分析算法[J].当代语言学,2003(4).

[6]金子亨.言語類型論の方法[J].月刊言語,1994(9).

[7]井上京子.もし「右」や「左」がなかったら[M].日本:大修館書店,1998.

[8]三上章.象は鼻が長い[M].日本:くろしお出版,1960.

[9]森田良行.日本語の視点[M].日本:創拓社,1995.

[10]杉村博文."他课文念得很熟"について[J].中国語学,1976(223).

[11]杉村博文.名詞性連体修飾語と構造助詞"的"[C]//中国語学論文集.日本:東方書店,1997.

[12]杉村博文.现代汉语表"难事实现"的被动句[J].世界汉语教学,1998(4).

[13]杉村博文.从日语的角度看汉语被动句的特点[J].语言文字应用,2003(2).

[14]杉村博文.从功能主义的角度论现代汉语的话题化[J].励耘学刊:语言卷,2005(1).

[15]杉村博文.多層"的"構造における"的"の脱落現象について[J].現代中国語研究,2007(9).

[16]王惠.从及物性系统看现代汉语的句式[M]//《语言学论丛》编委会.语言学论丛:第十九辑.北京:北京大学出版社,1997.

[17]徐杰.主语成分、"话题"特征及相应的语言类型[J].语言科学,2003(1).

[18]袁毓林.一价名词的认知研究[J].中国语文,1994(4).

[19]袁毓林.话题化及相关的语法过程[J].中国语文,1996(4).

[20]张伯江.被字句和把字句的对称与不对称[J].中国语文,2001(6).

[21]朱德熙.现代汉语句法研究的对象是什么[J].中国语文,1987(5).

[22]Li C N,Sandra A. Thompson. Subject and Topic:A New Typology of Language[J].李谷城,译.国外语言学,1984(2).

[23]Lindsay J W. Introduction to Typology—The Unity and Diversity of Language[M].London:Sage Publications,Inc.,1997.

[24]Pinker S. The Language Instinct[M]. New York: W. Morrow and Co.,1994.

(杉村博文　日本大阪大学)

语义类型相配论与多种语言形名结构之研究

黄师哲

一　引言：汉语形容词的简单形式和复杂形式

朱德熙先生（1956、1961、1983、1993）曾提出形容词应该分为简单形式和复杂形式：

甲组：简单形式

大、红、好、窄、贵、脏、干净、伟大

乙组：复杂形式

(a) xy→xxyy：老实→老老实实；干净→干干净净

xy→x-li-xy：糊涂→糊里糊涂；古怪→古里古怪

(b) x→x-烘烘：乱→乱哄哄；臭→臭烘烘

x→x-不溜秋：灰→灰不溜秋

(c) 附加表示强调的前置成分：冰凉、通红、喷香

(d) 附加程度副词或是并列式：很好、又高又大

朱先生指出甲组为性质形容词，乙组为状态形容词。为叙述方便起见，我们暂且采用下面的公式：

甲组＝性质形容词＝简单形式＝SA

乙组＝状态形容词＝复杂形式＝CA①

---

* 本文已发表于《汉语学报》2008年第2期。谨以此文纪念我的父亲李先焜先生八十寿辰。本文有关内容曾在湖北大学哲学系举办的“全国语言逻辑与符号学学术研讨会”（2006年10月25日—27日）和在华中师范大学语言与语言教育研究中心主办的“语法比较国际学术研讨会”（2007年10月27日—29日）上宣读，2007年3月15日曾在北京大学汉语语言学研究中心作了题为“谈谈形容词简单形式和复杂形式的分布规律”的学术报告。在此对三次与会的各位学者表示感谢。

二 汉语形名结构

朱先生关于形名词组的一个重要观点就是：在修饰语位置上的状态形容词(即CA)必须加“的”变为名词性成分。朱德熙(1993)通过大量的方言语料和历史语料证明这个分析的正确性。其中最为令人折服的例句是六大方言区中十种方言如下的组合：CA+ 的$_2$+ 的$_3$+ Noun。这十种方言的特点就是“的$_2$”和“的$_3$”具有不同的语音形式，因此我们可以很清楚地看到带有“的$_2$”的CA如果出现在修饰语的位置上就必须加上“的$_3$”。我们举两例说明：

(1)广州话：的$_2$[tei](哋)；的$_3$[kɛ](嘅)

a.呢个演员肥肥哋(谓)。这个演员肥肥胖胖的。

b.新鲜嘅(主)都有。新鲜的也有。

c.我要揾个肥肥哋嘅演员。我要找一个肥肥胖胖的演员。

(2)大冶(金湖)话：的$_2$[ta](嗒)；的$_3$[ko](个)

a.这块板子糙不罗锯嗒(谓)。这块板子太糙。

b.讨米个(主)饿不煞。讨饭的饿不死。

c.厚巴嗒个布。很厚的布。

以上例句证明，正如朱先生分析的那样，“的$_2$”和“的$_3$”各自具有不同的功能。带“的$_2$”的词组是表状态的，可以出现在谓语位置上；带“的$_3$”的词组是名词性的，所以出现在主语宾语位置上。这种分工虽然在北京话等诸多方言中已经消失，但是在朱先生等考察过的六大方言区中仍在使用。这些方言分布如下(朱德熙1993:85)：

大方言区	代表性方言
官话	山西文水话
粤语	广州话、广西平南白话
闽语	福州话
赣语	大冶(金湖)话
吴语	温州话、福建浦城(南浦)话、湖州话
客家	福建连城(新泉)话、福建永定(下洋)话[②]

两个问题：

问题一：为什么修饰语必须先名词化？就我所知，前人，包括朱先生，对此没有做过探讨。

问题二：如果状态形容词加上“的”作修饰语是名词性的，那么不带任何标记的简单形式的形容词(SA)是否也是名词性的呢？朱先生似乎没有直接提出过这个观点。比如，朱先生曾认为“白纸”中的“白”是形容词，“白的纸”中“白”首先因与“的”结合而转化成名词性成分，然后修饰后面的名词(朱德熙 1993：92)。可见他并不认为形容词简单形式直接修饰名词时是名词性的。

我认为这两个问题是有内在联系的，答案也一定有内在联系。寻求答案的第一步应该是统一概念。何谓名词性？朱先生的定义是：

(a)有所指；(b)可以用在主语和宾语的位置上。

这也是汉语语法学界常用的一个定义，我们可以称之为狭义定义。不过“名词性”这个提法含有“词”这个概念。这源于汉语的光杆词可以直接出现在主语和谓语位置上。我们可以跳开词与句法的框架，纯从语义角度来扩充这个狭义定义。

Chierchia 的定义(1984、1985)[③]：

凡是充当论元 (argument)的语法成分在语义上都是个体类型(type e)。

一个句子谓语的主要论元就是主语和宾语。柯尔克亚的定义虽然表面上与狭义定义的(b)相似，但是有本质的区别，我们称之为广义定义。广义定义以句中关系为唯一条件[④]，既不要求个体类型具体的有所指，也不要求与某种词或短语相对应。广义定义已经远远超过了名词这一概念。第一，在句法上与论元相对应的是短语结构，而不是词。第二，根据 Chierchia 的性质论，不仅仅是名词词组，任何一个成分，只要是充当了一个谓语的论元，就是语义上的个体(type e)。第三，谓语的论元不仅是主语和宾语，还可以是谓语必须带有的任何成分。按照这个定义，我们不难看出汉语的名词和形容词的简单形式都可以属于个体类型。

汉语的光杆名词可以用在论元位置上，因此是个体类型[⑤]。

(3)a. 女孩看见了男孩。　　　b. 松鼠爱吃玉米。

SA 可以用在论元位置上，因此是个体类型。例如：

主语位置上的 SA(见 b 例)：

(4)a. 她很勤奋。　　　b. 勤奋是一种美德。

宾语位置上的 SA：

(5)a. 他们那个地区很贫穷。 b. 我们要战胜贫穷。

SA 用于其他位置上[⑥]:

(6)a. 老师夸我聪明。 b. 她嫌我脏。

c. 我希望你幸福。

SA 可以由“和”连接。我们知道汉语“和”字只可用来连接名词性成分,但不可用来连接动词性成分。(Huang Shizhe 1996:70;2005)

(7)我喜欢张三和李四。

(8)a. 我们吃了饭,也洗了澡。

b. *我们吃了饭和洗了澡。

(9)a. 张三打排球,但是李四游泳。

b. *张三打排球和李四游泳。

(10)a. 打排球和游泳对身体有好处。

b. 我们今天下午打算打排球和游泳。

下面看看形容词与“和”字的连用:

(11)a. 张三很谦虚,也很勤奋。

b. *张三(很)谦虚和(很)勤奋。

c. 谦虚和勤奋是值得提倡的美德。

由此可见,由“和”字相连的两个 SA 是个体类型。

事实上,很早就有学者提出形容词的简单形式(SA)具有名词性。陆志韦先生就先于朱先生提出过名词词组的修饰语主要是名词成分。此一观点见于朱德熙(1980:26)。从朱先生引用的例子来看,陆先生把形容词的简单形式也看作是名词性的。张志公先生在《语法教学》中也注意到形容词的简单形式可以出现在主语和宾语位置上。此一观点也见于其他一些著作(参见朱德熙 1980:11)。如果我们把朱、陆、张三位先生的观点加在一起,同时采用广义定义,那么我们可以说名词词组中的修饰语都是个体性的。

以上就是我们对问题二的回答。与之相关的问题是,为什么一个名词的修饰语也应该是名词性的?这也就是我们前面提过的问题一。下面我们来回答这个问题。

本文的主要观点:a. 修饰语和被修饰语必须具有相同的语义类型。b. 修饰语和被修饰语之间的关系是一种合取式的(conjunction),或者说是交叉式的(intersection)关系。这种关系使得修饰语必须和被修饰语在语义上是同类型的。需要强调的是，修饰语应为何种语义类型，取决于被修饰语的语义类型。我们可以把以上的观点称为语义类型相配论。

那么形容词的复杂形式属于什么语义类型呢？答案比较复杂一点。通常来说，CA是典型的性质函项，也就是说是type ⟨e，t⟩。这个可以从它们在句中的分布看出来。Huang Shizhe(1997)指出了简单形式与复杂形式形容词的对立与互补性：

在修饰语位置上：

简单形式	复杂形式
脏水	*很脏水/很脏的水
红房子	*很红房子/很红的房子
高档车	*很高档车/很高档的车
漂亮衣服	*很漂亮衣服/很漂亮的衣服[7]

在主谓语位置上：

简单形式	复杂形式
*衣服新[8]。	衣服很新。
*学生聪明。	学生很聪明。

在次谓语位置上(关于次谓语请查看 Huang C-T，1987：243；1988)：

简单形式	复杂形式
*学校来了一个老师用功。	学校来了一个老师很用功。
*他教过一个学生聪明。	他教过一个学生很聪明。
*他们跳得累。	他们跳得很累。

以上例句表明形容词的简单形式和复杂形式的分布正好对立而且互补[9]。SA的语义类型是个体，所以在句中不能作谓语；与SA相反，CA的语义类型是type ⟨e，t⟩，所以可以在句中直接作谓语。正因为如此，CA不能直接用来修饰名词，因为两者的语义类型不相配，所以当出现在修饰语位置上时，得加上“的”。这就是我们对问题一的回答。

小结：a. SA可以出现在修饰语位置上；b. CA不可以，在修饰语位置上CA需要加上“的”；c. SA不可以独立出现在谓语位置上，SA需要某种标记，譬如“很”可以；d. CA可以独立出现在谓语位置上。

三　关于“很”字和“的”字

下面提出两个相关问题：

第一个相关问题是：形容词的简单形式加上了“很”就变成了复杂形式。而简单形式和复杂形式的分布对立且又互补，那么“很”的语义功能是什么呢？为什么能说“很淑女”？（邢福义 1962、1997）

回答：“很”字的语义功能就是它能使一个个体（type e）转变为性质函项（type ⟨e,t⟩）。“很”字的语义类型就是：⟨e,⟨e,t⟩⟩。“淑女”同形容词简单形式都属于（type e），所以它们同“很”字的语义关系是一样的。

很（⟨e,⟨e,t⟩⟩）聪明（e）＝ 很聪明（⟨e,t⟩）

很（⟨e,⟨e,t⟩⟩）淑女（e）＝ 很淑女（⟨e,t⟩）

有道是：“很淑女”貌似“淑女”，此淑女非彼淑女也。此话怎讲？答曰：“很淑女”并非普通的名词词组，“淑女”在此处并不受“很”修饰。这是邢福义先生早已得出的结论。从语义角度说，“很”在此唯一的语义功能就是制造出一个性质函项。我们的分析演示了邢福义先生（1962、1997）和李宇明（1996）得出的一个结论：“‘很’＋ 名词”已经成为一个制造新的形容词（CA）的模式。这种模式的创造力来源于“很”字的语义功能。

第二个相关问题是：为什么 CA 是 type ⟨e,t⟩，而“CA＋的”就是 type e 了呢？“的”字在修饰语和被修饰语之间的语义功能是什么？（这里说的“的”是朱德熙先生的“$的_3$”，不包括“$的_2$”。）

回答：“的”字的语义功能与“很”字相反，它能使一个性质函项具有相对应的个体。“的”字的语义类型就是⟨⟨e,t⟩,e⟩。定语从句是典型的性质函项，属于 type ⟨e,t⟩，就像 CA 一样，因此两者与“的”字的关系相同：

很脏（⟨e,t⟩）的（⟨⟨e,t⟩,e⟩）＝ 很脏的（e）

她买（⟨e,t⟩）的（⟨⟨e,t⟩,e⟩）＝ 她买的（e）

“很”和“的”在类型论中叫做类型转换算子（type shifter）。英文中一个典型的类型转换算子是定冠词“the”[10]。

我们已经知道 SA 是个体（type e），而 CA 是性质函项（type⟨e,t⟩）。

（12）a. *张三高。（高（张三）为不合法的逻辑式，因为“高”是个体（type e），而不是性质函项（type ⟨e,t⟩），所以不能带论元）

b. 张三很高。（很高（张三）为合法的逻辑式，因为“很高”是性质函项（type⟨e,t⟩），可以带论元）

谓语位置需要性质函项很容易理解，否则谓语和主语论元发生不了关系。

四 理论探讨以及英语和俄语的形名结构

那么究竟如何定义修饰语与名词的语义关系呢？西方语义学界对形容词修饰语与名词之间究为何种关系一直持有争论。一种观点认为是函数式运作(functional application)，英语形容词修饰语的语义类型是type 〈〈e,t〉,〈e,t〉〉，运作于名词之后的结果是〈e,t〉。

(13) smart (〈e, t〉,〈e, t〉) student (〈e, t〉) = smart student (〈e,t〉)

另一种观点则认为是一种合取式的(conjunction)，或者说是交叉式的(intersection)关系[11]。我们认为我们对汉语材料的分析即支持了后一种理论，也解决了汉语研究中长期困惑我们的一些基本问题。

英语名词的语义类型是〈e,t〉，因为英语普通光杆名词不能直接出现在论元位置上。英语形容词修饰语的语义类型也是〈e,t〉，与英语名词的语义类型相配。因为合取之后的结果还是〈e,t〉，因此这个合取式还是不能直接作论元。

这里有两点需要强调一下：

a. 语义类型相配论要求修饰语和被修饰语具有相同的语义类型，但这并不等于说凡是语义类型相同的成分就可以形成修饰与被修饰的关系。

b. 语义类型相配论已经超出了西方语义学界原有的讨论。在语义学界，对英语形名结构讨论的焦点是：作为修饰语的形容词是〈e,t〉类型还是〈〈e,t〉,〈e,t〉〉类型，无需讨论的是作为形名结构的核心词的名词，因为名词是〈e,t〉已有定论。

汉语语言材料显现的规律是，作为核心词的名词是什么语义类型，修饰语就得是什么类型，重要的不是要让修饰语一定是〈e,t〉。因此可以说，语义类型相配论既给英语形名结构的讨论中相对来说较弱但是愈来愈被更多人接受的一个分析提供了更有利的证据，又把原有的讨论上升到在理论上更有概括性。这种概括性就在于它不仅能够涵盖英文和中文，同时也能解释别的语言，比方说俄文。

俄语的情形与汉语有类似之处。俄语没有冠词，所以一个光杆名词可以直接用于论元位置。比方说，“dom”同“房子”一样，也许是“一栋房子”，也许是“那栋房子”的意思(Wade 1992:33)。俄语的形容词具有两种形式:短形式和长形式。短形式只能出现在谓语位置。长形式主要用于修饰语,出现在名词前面。长形式形容词本身也可出现在论元位置(Wade 1992:167)。按照 Chierchia 的性质论,俄语的名词和长形式形容词都可视为个体类型。而俄语的短形式形容词是性质函项,属于〈e,t〉类型[12]。以下是它们的分布规律:

俄语名词:可以直接出现在论元位置。

俄语短形式形容词:用作谓语,不能出现在论元位置。

俄语长形式形容词:主要用作修饰语出现在名词前面;也可出现在论元位置。

由此,我们可以预测俄语中带有修饰语的名词词组的特征:

	修饰语	被修饰语	例子
a. 句法结构	长形式	光杆名词	novaja kniga(新书)
语义类型	e	e	
b. 句法结构	短形式	光杆名词	* nova kniga
语义类型	〈e,t〉	e	类型不相配

五 结 论

我们通过语义类型论，尤其是 Chierchia 的性质论,对汉语形容词和名词的组合作出了新的理论分析。我们认为在带有修饰语的名词词组(形名结构)中，修饰语和被修饰语之间是两个集的合取/交叉关系，这个关系决定了两者必须具有相同的语义类型。因为汉语的名词是个体类型，所以它的修饰语也必须是个体类型。英语的名词是性质函项，所以它的修饰语也必须是性质函项。俄语的名词同汉语的名词一样,也是个体类型，因此俄语的修饰语必须是个体类型的长形式，而不是具有性质类型的短形式。

附注:

①本文讨论中我们主要采用“很＋SA”这种 CA 作为例句。

②这些方言中“的$_2$”的使用提醒了我们,在分析北京话以及其他北方方言中“的”字的使用时,朱先生关于“的$_2$”和“的$_3$”的划分是有道理的。我们应该可以确定在“这片麦地绿油油的”这个句子中,句尾的“的”字是“的$_2$”,而不是“的$_3$”。它是谓语性的标志,诚如方言例句中显示的那样。

③我们运用的理论框架:在语义理论中,类型论(Type Theory) 把语义单位全部建立在两个最小的单位上,一为个体 (type e),一为真值 (type t)。其他所有的语义单位则由这两个基本类型的不同组合而产生。譬如表性质/属性/描述的语法成分(predicative elements,如英文的动词和名词)为 type 〈e,t〉,也可叫性质函项(predicate function)。譬如,定冠词"the"是 type 〈〈e,t〉,e〉,与名词 "student"(type 〈e,t〉) 相结合,由此产生的名词词组"the student" 是(type e)。类型论有一个分支,这就是 Chierchia(1984、1985)的性质论(Property Theory)。

④这一点与马建中、黎锦熙、邢福义关于词类划分的观点,如:"依句辨品,离句无品"(《马氏文通》),"入句显类,入句变类"(邢福义 1996),有相似之处,但是也有重要的区别。对于这个问题我们将另有专文叙述。

⑤如前所述,英文的名词不是个体类型 ,因此英语的光杆名词不能直接用在主语或宾语位置上。这是因为英语的名词表性质,属于描写性的,所以属于性质函项(type 〈e, t〉)。如:

a. * Girl saw boy.

b. The girl saw the boy.

⑥例如,下例中打横杠的成分虽然分别是动词的不定式和-ing 形式,但是按照 Chierchia 的广义定义,这两者均为谓语"like"的论元:

a. John likes <u>to sing</u>.

b. John likes <u>singing</u>.

⑦我们在修饰语和被修饰语的位置上各选择了单音节和双音节的词,所以有四组组合:单—单、单—双、双—单、双—双。这样做是为了避免音韵方面的问题(参见 Feng Shengli 2003)。

⑧用 SA 作谓语时,主语或形容词不能带重音,否则具有对比性。在排比句中,也会带有对比意义。带有对比意义时这种句式一般都可接受(朱德熙 1980:26;Feng Shengli 2003)。此处讲的是一般语气和简单句式。

⑨沈家煊(1997:242)将这一现象概括为有标记与无标记的对立。

⑩类型论(Type Theory)是数理逻辑中的一个理论。类型论有两个最小的单位,一为个体 (type e),一为真值 (type t)。其他所有的类型则由这两个基本类型的不同组合而产生。以自然语言为例,表性质(或属性)的语法成分(predicative elements,如英文的动词和名词)为 type 〈e,t〉,也可叫性质函项(predicate function)。任何一个函项都有一个输入项和一个输出项。性质函项的输入项是个体类型 e,输出项是真值 t,因此它本身的类型是〈e,t〉。如果一个函项的输入项是〈e,t〉,输出项是真值 t,那么这个函项的类型是〈〈e,t〉,t〉。类型论的创始人罗素允许函项逐级递增,也就是说输入项可以是个体,也可是性质函项等等。与此相应的函项就是一阶、二阶或更高阶。Chierchia(1984、1985) 的性质论是一种反传统的类型论。他

主张在自然语言中，一个函项的输入项永远是个体，因此他的类型论（他称之为性质论）是一阶逻辑。他的理论有以下几个特点：

a. 类型论假设有两大基本类型：个体（type e）和表性质（property）的函项（type 〈e，t〉）。在此基础上，他提出一个观点，认为 property 本身以两种形式出现：即 type 〈e，t〉 和 type e。前者我们已经称为性质函项，我们可以把后者翻译成性质个体。这一观点源自于弗雷格（Frege）。

b. 性质函项带上论元（逻辑学界翻译成主目）便组合成命题。性质个体虽表性质，但是已经失去了带论元的功能，因此不能组成命题。

c. 性质函项和性质个体的对立和统一由两个函项来完成：pred（x），nom（P），前者我们翻译成性质化函项，它可使任何个体转变成性质函项；后者我们翻译成个体化函项，它可使任何性质函项转变成个体。这两者也叫做类型转换算子。

d. 柯氏性质论的一个重要结果就是：性质化函项 pred（x）和个体化函项 nom（P）会使句法中出现如下现象：外延表性质的词组（如英文的动词词组和形容词词组）可以出现在谓语的位置上。在这个位置上这些词组的语义特征是性质函项。这些词组也可以出现在论元的位置上（通常有一些标记，在这个位置上这些词组的语义特征是性质个体）。

e. 另一个重要结果就是：柯氏的性质论的逻辑一定是一阶逻辑。柯氏认为，高阶逻辑是没有必要的。比方说在传统逻辑中，一个谓词，因为它的论元的不同，便被看作是一阶谓词，或是二阶谓词，甚或是更高阶的谓词。请看例句：

（1） This flower is red.

（2）Red is a color.

（3）Color doesn't add much to this landscape painting.

这三个例句中的主语分别是一阶、二阶、三阶，因此这三个句子中的谓词相应的是二阶、三阶、四阶。柯氏认为此种递增法没有必要。他认为，只要是出现在论元位置上的词组都是个体（type e），所以这三个例句中的主语都是个体类型，因此三个句子中的谓语都是一阶。

f. 柯氏性质论的语境范围中（domain of discourse）有四种个体：singular individuals （standard assumption）—单数个体；plural individuals （Link 1983；Landman 1988；Chierchia 1998a、b）— 复数个体；kind individuals （Chierchia 1998b）—类型个体；"states"，"acts"，etc.，as the individual images of predicates （Chierchia 1984、1985、1998a）—性质个体。

⑪关于这两种观点的介绍及讨论请参看 Huang Shizhe （2006）。

⑫长形式形容词有时也可以出现在谓语位置（Wade 1992：164；Lunt 1958：120）。长形式形容词充当的谓语通常表达事物的一般性质而不是特定状态。Muffy Siegel 对这一现象的分析是这时出现在谓语位置的还是名词短语，只是后面的名词被省

略了(Siegel 1976:34)。感谢 Sharon Bain 给我提供了俄语语料。

参考文献:

[1]范继淹."的"字短语代替名词的语义规则[J].中国语文通讯,1979(3).

[2]黄师哲,李艳惠.形名结构语义研究中的一个新问题:手稿.2008.

[3]李先焜.语言、符号与逻辑[M].武汉:湖北人民出版社,2006.

[4]李宇明.非谓形容词的词类地位[J].中国语文,1996(1).

[5]马佩,王维贤,李先焜,等.英汉逻辑学词汇[M].成都:四川人民出版社,1988.

[6]沈家煊.形容词句法功能的标记模式[J].中国语文,1997(4).

[7]汪国胜.大冶金湖的"的"、"个"和"的个"[J].中国语文,1991(3).

[8]萧父.名词性词组中"的"字的作用[J].中国语文,1956(3).

[9]邢福义.关于副词修饰名词[J].中国语文,1962(5).

[10]邢福义."很淑女"之类说法语言文化背景的思考[J].语言研究,1997(2).

[11]袁毓林.谓词隐含及其句法后果——"的"字结构的称代规则和"的"的语法、语义功能[J].中国语文,1995(4).

[12]朱德熙.现代汉语形容词研究[J].语言研究,1956(1).

[13]朱德熙.说"的" [J].中国语文,1961(12).

[14]朱德熙.北京话、广东话、文水话和福州话里的"的"字[J].方言,1980(3).

[15]朱德熙.自指和转指——汉语名词化标记"的、者、所、之"的语法功能和语义功能[J].方言,1983(3).

[16]朱德熙.从方言和历史看状态形容词的名词化兼论汉语同位性偏正结构[J].方言,1993(2).

[17] Chierchia G. Topics in the Syntax and Semantics of Indefinites and Gerunds [D]. Amherst: University of Massachusetts,1984.

[18] Chierchia G. Formal Semantics and the Grammar of Predication[J]. Linguistic Inquiry,1985(3).

[19] Chierchia G. Plurality of Mass Nouns and the Notion of Semantic Parameter[C]// Rothstein S. Events and Grammar. Dordrecht:Kluwer Academic Publishers,1998.

[20] Feng Shengli. Prosodic Structure and Bare Adjectives in Chinese[J]. Journal of Beijing Normal University,2003.

[21] Heim I, Kratzer A. Semantics in Generative Grammar[M]. Mass.: Blackwell Malden,1998.

[22] Huang C-T, James. Existential Sentences in Chinese and (In)definiteness[C]// Reuland E,Meulen A. The Representation of (In)definiteness. Cambridge: The MIT Press,1987.

[23] Huang, C-T. wo pao de kuai and Chinese Phrase Structure[J]. Language, 1988 (64).

[24] Huang Shizhe. Predication and Quantification in Mandarin Chinese: A Case Study of Dou [D]. Philadelphia: University of Pennsylvania, 1996.

[25] Huang Shizhe. Some Remarks on Adjectives in Mandarin Chinese [R]. The Netherlands: The International Association of Chinese Linguistics, 1997.

[26] Huang Shizhe. Adjectives and Nouns and a Type Matching Constraint on Their Semantic Types [R]. Joint Session of the International Association of Chinese Linguistics—10 & North America Conference on Chinese Linguistics—13, 2001.

[27] Huang Shizhe. Universal Quantification with Skolemization as Evidenced in Chinese and English[M]. New York: The Edwin Mellen Press, 2005.

[28] Huang Shizhe. Property Theory, Adjectivesand Modification in Chinese[J]. Journal of East Asian Linguistics, 2006(15).

[29] Landman F. Groups, Plural Individualsand Intensionality [C]//Groenendijk J, Stokhof M, Veltman F. Proceedings of the Sixth Amsterdam Colloquium. Amsterdam: ITLI, 1988.

[30] Larson R. Events and Modification in Nominals [C]//Strolovitch D, Lawson A. SALT VIII, 1998.

[31] Li C, Thompson S. Mandarin Chinese: A Functional Reference Grammar [M]. Berkeley: University of California Press, 1981.

[32] Link G. The Logical Analysis of Plurals and Mass Terms: A Lattice Theoretical Approach [C] //Bauerle R, Schwarze C, Stechow A V. Meaning, Use and Interpretation of Language. Berlin: De Gruyter, 1983.

[33] Lunt H G. Fundamentals of Russian[M]. New York: Norton, 1958.

[34] Partee B. Noun Phrase Interpretation and Type Shifting Principles[C] //Groenendijk J, Stokhof M. Studies in Discourse Representation Theory and the Theory of Generalized Quantifiers (GRASS 8). Dordrecht: Foris, 1987.

[35] Siegel M. Capturing the Adjective[D]. Amherst: University of Massachusetts, 1976.

[36] Sproat R, Shih C. Prenominal Adjectival Ordering in English and Mandarin[C] // Proceedings of NELS, GLSA. Amherst: University of Massachusetts, 1988.

[37] Wade T. A Comprehensive Russian Grammar[M]. Cambridge: Blackwell, 1992.

（黄师哲　美国翰府大学）

汉英因果复句顺序的话语分析与比较

宋作艳　陶红印

〇 引　言

复合句的研究一直是话语分析和语法研究中的一个重要问题。早期的话语分析一般是从独白式叙事体出发，考察主句和从句在篇章中的作用（例如其分别在表达前景和背景信息中的作用，参看 Longacre 1985；Thompson 1987；Diessel 2001 等）。近年来，对于复句的研究逐步扩大到对话语体中。其中以 Ford 的研究影响最大。在 Ford 考察的各类复合句中，我们较为感兴趣的是因果复句（causal clause）的用法，因为这个格式跟汉语里的现象有诸多平行的地方，值得我们进行比较。

在以往的汉语研究中，偏正复句中的状语从句（adverbial clause）前置一直被看作是默认顺序，表原因的从句自然也不例外（赵元任/Chao 1968）。如例（1）中，由"因为"引导的原因从句就出现在表结果的主句之前。

（1）因为下雨，所以不来了。（Chao 1968：113）

也有部分学者注意到了原因从句后置的现象（Li and Thompson 1981），但一般认为这类用法是事后补充（afterthought，Chao 1968），基本上对了解汉语整体的语法格局无关宏旨。Chao（1968）还进一步强调说，前置从句通常出现在有准备的文本（planned texts）中，后置的则通常出现在较少准备的文本（less planned texts）中。沿着这种思路，有些学者进一步把原因从句前置的现象提到了更高的层面，即跨文化交际中的话语

* 本文已发表于《汉语学报》2008 年第 4 期。在本文的写作过程中，宋作艳得到中国国家留学基金的资助，陶红印得到加州大学及美国教育部研究项目的资助。感谢徐杰教授对本文写作的支持和鼓励。

策略上。例如，Young(1982、1994)指出汉语母语者在说英语的时候，倾向于把原因放在主要观点前面，并据此推断说话人是受了母语中原因前置的谈话模式的影响。Kirkpatrick(1993)考察了汉语母语者说汉语时的情况后，也得出了相同的结论。

与以往的观点截然不同，毕永峨(Biq 1995)通过考察真实语料得到了完全相反的结论。她发现，原因从句后置在汉语口语中占绝对优势(82%，会话)，在书面语中也是优势顺序(69%，新闻报道)。如例(2)所示，“因为”引导的原因从句②就出现在主句①后面。

(2) 反正是原来呢，没有好好学①，因为画画比较忙啊②，当然也是经常想偷懒。(Biq 1995，例 3)

此后，蔡美智/Tsai(1996)、苏以文/Su(2002)和王庾芳/Wang(2002、2006)等学者的研究进一步证实了这一观点。从整体上看，这些学者的结论与英语、日语中的发现基本上是一致的(Ford 1993；Ford and Mori 1994)。

比较前人的研究，我们会发现一个有意思的问题。如果毕永峨等学者基于语料库得出的结论是可信的，那么原因从句后置就是汉语中的优势语序，为什么“前置说”却一直十分流行？而且很可能如 Young(1994)所观察到的，在说英语时，汉语母语者比英语母语者更倾向于原因从句前置。如何解释这里的矛盾现象？毕永峨(1995)给出了一些解释，认为除原因从句外，很多其他类型的状语从句是前置的，如条件从句和让步从句；有些由书面语意味较强的连词(如“由于”)引导的原因从句通常也是前置的；同时，在书面语中，原因从句前置的比例也不小(31%)。这些因素加起来构成了“前置说”的基础。在我们看来，这些因素肯定起到了一定的作用，但上述解释似乎意味着人们的语感主要是受特殊因素的影响，而跟更为普遍的日常语言现象无关。这似乎有点不合常理，需要有进一步的研究来证实。就研究方法而论，我们当然可以限制在只从汉语本身看问题，但是我们发现，普通语言学界对其他语言已经从话语分析方面进行了比较透彻的研究，因此，通过比较的手段可能更容易说明一些问题，所以我们这里打算采用比较的方法，尤其是跟 Ford 等人的发现进行比较。汉语原因从句在话语中的其他相关问题我们已有另文阐述(Song and Tao，即出)。

Ford(1993、1994)在考察英语中的因果复句时发现，在英语会话中，

because 引导的原因从句几乎总是出现在表结果的主句之后。Ford 认为，原因从句之所以后置是因为交际中的互动结构（interaction structure）。按照她的说法，后置原因从句主要是用来消除可能的争议（contestability），比如说话人之间产生了分歧（disagreement）或者说话人给出了消极的回答（dispreferred response），为了避免引起争议，说话人会马上用一个原因从句来说明原因，使谈话能够继续顺利进行下去。此后 Ford 又进行了两项比较研究，其中 Ford 和 Mori（1994）比较了英语和日语口语中的因果复句，结果表明因果复句的顺序在两种语言中呈现出很大的相似性：大部分原因从句是后置的，而且后置原因从句都伴随着非预期（dispreference）因素。Ford（1994）则进一步考察了美国英语口语和书面语中的小类，包括自然会话（casual conversations）和经过编辑的书面文本（edited texts）。结果发现，书面文本中的底层规则与自然会话中是一样的，即原因从句通常出现在非预期的表达语境中。

这样看来，英语和汉语的原因从句在实际用法上有很多相似的地方，尤其是对后置原因从句的偏爱，但学者们所用的解释不尽相同。如何对话语语法现象做出统一的解释？汉语和英语的内在语用规律一致吗？不同之处是什么？有鉴于此，本文拟对汉语中“因为”[①]和英语中 because 引导的原因从句进行比较研究。首先，我们会基于语料库的材料对汉英因果复句的顺序进行比较，并通过汉英双语语料来证实，然后进一步比较后置原因从句在会话和书面语中出现的上下文语境。我们希望通过考察汉英原因从句使用的差异，为深入了解话语语法和语言共性提供有价值的线索。

一　汉英因果复句的顺序比较

1.1　汉语语料库中的原因从句

我们首先考察两个汉语语料库的用例。第一个语料库是兰卡斯特现代汉语语料库（Lancaster Corpus of Mandarin Chinese，LCMC，McEnery and Xiao 2004）。这个语料库是一个有 100 万词左右的现代汉语书面语平衡语料库，其中包括新闻报道、小说、学术文章、幽默笑话等 15 种文体。第二个是一个电话谈话语料库（CallFriend）。这个语料库包括正式公布的60个(再加上我们自己转写的40个)电话会话,共23万3千多个词。每个会话从5到30分钟不等。说话人都是来自中国大陆的汉语母语者(Canavan and Zipperlen 1996)。

从LCMC和CallFriend两个语料库中,我们共找到了1003个由“因为”引导的原因从句,包括会话中的466个和书面语中的537个(见表一)。

表一 原因从句在LCMC和CallFriend中的分布

语料库	前置	后置	总数
CallFriend(电话会话)	81 17%	385 83%	466 100%
LCMC(书面语)	172 32%	365 68%	537 100%
合 计	253 25%	750 75%	1003 100%

$\chi^2(df=1, N=1003)=28.381, p<0.0001$

从表一中我们可以看出,总的来说,后置原因从句与前置原因从句的出现比率接近3∶1,后置原因从句的优势在会话中更显著(比率接近4∶1)。这进一步证实了Biq(1995)、Wang(2002、2006)等学者的结论,在统计上也是非常显著的。

单从会话看,汉语后置原因从句的出现比例(83%)远没有英语中那么高(后者几乎是100%,参看Ford and Mori 1994)[②]。另外,英语中引导原因的because基本上不能与引导结果的so连用,而汉语的“因为”却可以和“所以”连用。在我们找到的前置原因从句中,有近一半是采用“因为……所以……”的模式(见表二)。

表二 “因为……所以……”模式在前置原因从句中的比例

	因为……所以……	其他前置原因从句	总数
CallFriend (电话会话)	40 49%	41 51%	81 100%
LCMC (书面语)	72 42%	100 58%	172 100%
合 计	112 44%	141 56%	253 100%

如果把“(正)因为……就/才/而[③]”等也包括进来,我们会发现,与英语大不相同,绝大部分前置原因从句都出现在这样的表因果关系的框架中,也就是说,汉语中的前置“因为”从句通常与引导结果的连词成对出现。这种连词连用的现象不难理解,因为从功能方面考虑,已有研究表明,前置原因从句与后置原因从句很不相同,前者主要是为理解后续话

语提供一个框架(framework)或者确定一个方向(orientation)(Diessel 2001:448),换句话说,就是提供背景知识。整个因果复句是在论证一个观点或论证一种因果关系,“因为……所以……”等模式可以使因果关系更加突显、明朗。而后置原因从句的功能主要是对前面主句内容做解释和说明。如例(3)的前置格式是在陈述一种因果关系,而例(4)中的后置格式则是对前面的主句进行解释。

(3)正是因为股票买卖具有以上所列举的魅力,所以它才能够吸引成千上万的投资者。

(4)他把汇款单退了回去,因为汇款单上没有注明这笔钱的来由。

至此,我们可以得到一些初步的结论:虽然汉语和英语中的原因从句在整体上都倾向于后置——这是与一般所接受的观点很不一致的地方,汉语中前置原因从句的比例更大一些;在前置原因从句格式中,“因为”通常和引导结果的“所以”、“才”、“就”等连词连用,强调一种因果关系的论证,与此相反,英语中的 because 基本上不和 so 搭配,这是汉英前置原因从句的一个重要不同之处。

1.2 汉英双语语料库中的证据

为了进一步证实上文所给出的结论,我们还考察了北京大学汉英双语语料库中的情况。这个语料库包括 600 多万汉语词,近 400 万英文词,既有汉译英,也有英译汉,语体包括口语和书面语,文体包括应用文、新闻和文学,内容涉及政治、科技、体育、社会文化、工商、艺术和电影。

从理论上说,汉英对译中原因从句的位置对应关系应该有四种可能:1)汉语和英语原因从句都前置;2)汉语原因从句前置,英语后置;3)汉语和英语原因从句都后置;4)汉语原因从句后置,英语前置。按照我们初步的结论,汉语有更强的原因从句前置的倾向,而英语更倾向于原因从句后置,那么汉语中前置的原因从句翻译成英语可能有一部分是后置的,英语中后置的原因从句翻译成汉语可能有一部分是前置的。相反的情况,即汉语中后置的翻译成英语前置的,或英语中前置的翻译成汉语后置的,则不大可能。由此可以推知,在排除了汉语和英语都有原因从句后置的主要倾向之后,第二种情况的用例应该比其他类型的多,而第四种情况的用例应该很少。我们的统计结果证实了这一推断(见表三)。

表三 汉英原因从句对译情况

汉语	英语	数量	百分比
前置	前置	68	4.3%
前置	后置	110	6.9%
后置	后置	1416	88.6%
后置	前置	5	0.3%

如表三所示,在我们找到的1599个对译的例句中,无论是在汉语语料还是在英语语料中,原因从句后置都是优势语序;汉语中原因从句前置的,有一大半在英语中是后置的;而汉语原因从句后置的,只有5例在英语中是前置的,而且这5例中有4例是强调句型,在汉语中是"(之所以)……(就)是因为……"句型,对译英语中的强调句型"It is because... that...",这两个句型中原因和结果的顺序恰恰相反。如例(5)所示。

(5)去年和前年,我们多收了一点农业税,就是因为抗美援朝要用钱。(It was because the war required money that we collected a bit more in agricultural tax last year and the year before.)

下面是不表强调的一例:

(6)每个人都在奔波,因为谁也没有藏身之地。(Because you can't hide,everybody runs.)

汉语原因从句前置的例子大多数都出现在"(正)因为……所以/就/才/而"等模式中。例(7)、(8)是英语中后置的例子,例(9)是英语中也前置的例子。

(7)因为以前着过火,所以,这房子不是很贵。(Oh,well,we got a good price on it because they had a sort of a fire.)

(8)别因为自己还单身,就不尊重我。(Don't disrespect me just because you're alone.)

(9)因为生产落后,许多毕业学生无就业之望。(Because production is backward,many graduates have no hope of employment.)

汉语中整个因果复句作单句的句子成分时,通常是"前因后果"的顺序,而英语中恰恰相反。例(10)中的因果复句"因为必须找蛋就讨厌复活节"作定语,原因前置,不能颠倒顺序说"一个讨厌复活节,因为必须找蛋的男孩子”；而英语句子中的原因从句则必须后置。

(10)一个因为必须找蛋就讨厌复活节的男孩子（a boy who hated Easter because he had to find eggs）

二 汉英后置原因从句出现的语境比较④

在上一节中，基于语料库的统计分析，我们从总体上比较了汉英因果复句顺序上的异同，发现在两种语言中原因从句后置都是优势语序，但相对而言，汉语比英语有更明显的原因从句前置的倾向。其实，即使都有把原因从句后置的趋势，这种格局在两种语言中出现的语境也有差异。下面我们就把注意力集中在原因后置这个强势格式上，不再讨论前置句式，而分别对汉英会话和书面语中后置原因从句出现的语境以及功能进行分析。

2.1 后置原因从句在汉英会话中的比较

为了分析会话中 because 的作用，Ford 和 Mori(1994)引用了会话分析学派(Conversation Analysis，CA)中的一个重要概念：“偏爱组织模式”(preference organization)。意思是在会话中，说话人通常会本着合作的原则，彼此会努力达到意见一致，而避免产生分歧。分歧如果产生，就有了影响交际的消极因素，会妨碍谈话顺利进行，因此必须给出一定的解释和说明。换句话说，就是说话人之间会更愿意不断地进行协商，以达成共识和相互理解。如果消极的因素不可避免，就需要做出一定的解释。从“偏爱组织模式”的角度分析，Ford 和 Mori(1994)发现 because 主要出现在两个位置：

1)说话人 A 意识到自己的话可能不被说话人 B 认同，于是用 because 引入一个句子进一步说明自己的观点，希望能得到 B 的认同。

2)说话人在给出了消极或负面的回答后，用 because 引入一个解释。

通过分析 CallFriend 中的语料，我们发现汉语中的“因为”从句也用在类似的环境中。在例(11)中，B 让 A 把自己的信看两遍，这显然是一个超乎寻常的要求，很可能会引起 A 的疑惑或者反对，B 已经意识到这一点，为了说服 A 给出自己期望的答复，B 用“因为”追加说明了提出这样“奇怪”的要求的理由，即 A 常常没弄懂自己信上的意思，还进一步给出了例证。

(11)B:你把我的信啊,看个两遍,好不好? 因为你有的时候,把我信上的意思啊,没闹懂。我跟你说白是研究生,第一封信,就说了的。

A:好了,哦哟。

除了要使听话人认同,只要是可能引起听话人疑惑的地方,都需要说话人做出解释说明,以消除说话人的疑惑,使交流得以顺利进行。如说话人提出了一个问题或者开启了一个新的话题,与当时的语境不相符,可能会让听话人不解,在听话人提出疑问之前,说话人就会用“因为”给出解释。如在例(12)中,A 突然问 B 所在的位置,这样的问题是比较反常的,会让 B 奇怪为什么这么问,于是 A 用“因为”给出了解释。

(12)A:诶,你现在哪儿呃,呃,说话? 你是在房间里面,还是在厅里啊?

B:在厅里。

A:哦,哦,哦。

B:嗯。

A:因为我还想问你些事儿吧,嗯。

B:没事儿,他们在房间里看电视在。

下面两个例子中的“因为”属于第二种情况,即跟答话有关。例(13)中,B 问 A 还要不要中药,B 的预期是 A 会做出肯定的回答,但 A 却做出了否定的回答,然后马上用“因为”引出了一个解释。

(13)B:还想要吗? 还想要吗?

A:不要,现在还不要,因为现在还好。

B:哦,哦,哦。

下面的例句中,A 希望 B 能同张莉商量一下,B 却并没有给出 A 期望的答复,于是 B 马上用“因为”来说明这样答复的理由。其实在正式回答以前,B 的一个“诶”已经显示出了他/她的犹豫,预示着 B 要给出的很可能不是一个 A 预期的答复。

(14)A:你最好定出一个时间,然后跟张莉商量一下。

B:诶,现在张莉我不知道我能不能联系上她,因为她给我只是她那个地址,就是一个酒店里房间的号码。

但是,与英语不同的是,汉语中还有一些例子代表了相反的情况,即听话人不是给出了消极的回答，恰恰相反，听话人给出了说话人期待的回答，不仅如此，听话人还用“因为”进一步说明了赞同说话人的理由，而这些理由本来是应该由说话人自己给出的。这类例子充分说明了说话人和听话人之间的默契、不谋而合，是最大程度的合作会话状态。如在例(15)中，B认为修车很贵，因此建议A还是买一个新车。A不但接受了这个建议，而且还补充了理由。A被打断的两个“所以——”说明，A早在B提出建议之前，就已经与B意见一致了。

(15)B：车买大约要二百，车{笑}光修一修两三百。

A：{笑}对啊，所以——

B：诶，这修X车是很贵。

A：——嗯，所以——

B：反(正)你们还是买一个新车吧，我看。

A：是，是，因为你长期使用，其实是买新车合算。

B：诶，是[⑤]。

下面例(16)中的B不仅给出了A期望的回答，而且还提供了更多的信息，进一步说明了“为什么现在有时间”。

(16)A：你再帮我忙看看怎么弄嗯，然后呐，

B：嗯，嗯，

A：那个你你——

B：嗯，

A：你怎么样？能弄出时间吗？

B：我时间现在是有，因为我有公休假。

可见，汉语的“因为”除了出现在非预期或非偏爱的语境中，用于消除负面因素使谈话得以顺利进行之外，还与某些正面因素相关，能出现在预期的或受偏爱的语境中，积极地推进交流，充分体现了对话者之间的互动合作。这种现象在Ford(1994)等著述中是没有提及的。

我们猜测，这种似乎是超越常规的用法可以看作是听话人的一种会话“修辞”手段：越是违反常规的用法越能够造成强烈的效果。由于这里听话人提供的是积极的信息和支持的态度，而且是听话人主动提供和表达的，这种表面上违反常规的用法就更能让谈话双方接受。由此可见，汉语说话人有时可能比英语说话人更加积极，使得原因从句这一类的格式不只是被动地在交际上用来预防裂缝或填补疏漏，而且还可以更主动

地加固双方之间交际的纽带。

2.2 后置原因从句在汉英书面文本中的比较

Ford(1994)研究发现，从自然会话到经过编辑的书面文本，从对话式的话语到独白式的话语[⑥]，英语中 because 的作用都是相似的，即都是用来消除负面因素，做出解释和说明，以期达成共识。不同的是，在会话中，交流和协商是面对面的、直接的，听话人一旦听到感到疑惑或超出自己预想的内容，就会直接或间接(通过停顿、叹词等)反馈给说话人。汉语会话中的情况也是一样。在例(17)中，B 的话出乎 A 的意料之外，A 直接提出了自己的疑问，B 通过“因为”给出了拿掉蚊帐的理由。

(17)B:啊，蚊帐你走你走的当天，我就搞掉了。

A:蚊帐拿掉？干吗啊，不怕蚊子啊？

B:我因为就希望，希望那个，希望电风扇吹吹不就算了吧{笑声}。

这样直接的反馈在经过编辑的书面文本中是不可能的，因为“对话”不是直接的。作者基本上是在独白，不可能跟读者面对面协商，也不可能马上从读者那里得到反馈。作者只能在可能会引起读者疑惑或与读者期望不一致的地方，用原因从句做出解释。例(18)就是最好的证明：作者自己提出疑问，然后用“因为”做出解释。

(18)现在回想起来，我觉得非常幸运。为什么呢？因为一个人做研究工作最幸运的是你在创导一个新领域。

绝大多数情况下，这个“为什么”并不出现。Ford(1994)进一步指出，because 一般出现在超出读者预期、可能引起读者疑惑的话语语段后面。这样的语段通常以三种特征为标志：对比(contrast)、否定(negation)和强烈的评价(strong evaluation)。

我们的语料显示，汉语后置原因从句中的“因为”情况类似。由“因为”引导的原因从句通常也出现在这三种语境中。

1)“因为”出现在否定性语段后面，一般以否定副词“不”、“没有”等为标志。这不难理解，因为否定往往表示不好的情况，与人们的期望是相反的。在例(19)中，“绝大多数股票都不是真正的股票”是出乎读者意料的，所以作者紧接着用“因为”做出了解释。

(19)我国现在股票市场上流通的“股票”只有极少一部分是真

正的股票，绝大多数都不是股票，因为发行“股票”的企业都不是规范的股份制实体。

2)“因为”出现在表对比的话语语段后面，通常以转折词“但是”、“却”等为标志。如例(20)中，“我”被送到彰化女中，自然的结果应该是被收留，事实却是被拒收，这超出了读者的常规预期，所以，需要“因为”引入一个解释。

(20)我被送到彰化去了，彰化在台湾南部，离台北好遥远。但是，彰化女中却拒绝收留我，因为初三是毕业班，他们不收转学生。

3)“因为”出现在强烈的表达语句后面，这些语句通常以程度副词“很”、“非常”⑦、“最”以及语气副词“绝对”等为标志。强烈的评价或表达通常是超常规的，自然需要给出理由。如例(21)中，作者对“普及教育”的重要性给予了很高的评价，读者很可能有不同的观点，难以认同，所以就需要“因为”给出理由。

(21)普及教育是最重要的发展目标，因为这可挖掘很多人的潜力。

除了与英语的 because 相同的上述三种情况，我们发现，汉语中“因为”引导的后置原因从句还经常出现在另外两种特征后面，即比较结构和情态表达式。

4)“因为”出现在表比较的话语后面，通常以“比”、“更”等为标志。有比较就有高下之分，有高下之分就容易引发分歧，需要给出理由，如例(22)和(23)中的“因为”分别给出了“生活更需要感谢”和“测量更准确”的理由。

(22)这得要感谢家庭的熏陶、朋友的帮助、恩师的指点……然而更重要的，这得要感谢生活。因为，生活是诗的土壤。

(23)测量比观测更准确一些，因为观看引起的不同时性光学效应会抵消洛伦兹收缩。

5)“因为”出现在带有情态表达的话语后面，如义务情态词“应(该)”、“必须”和知识情态词“可能”、动态情态词“希望”等。如：

(24)当时我曾想，不但人人应该学点心理学，治国者似乎也应钻钻这门学问。因为归根到底，心理就是士气和民心。

(25)这时听者可能会揣测说话人的愿望或意图，因为这句话也许表达了说话人希望关窗这一个间接的请求。

(26)作者希望年轻的母亲们能够尽早地带孩子到植物园去,因为宽阔的原野、苍郁的大森林,对孩子们来说是当之无愧的"美"。

情态表达一类所占的比例很大,这也不难理解,在对话中,说话人往往直接用祈使句表达自己的请求和建议,如例(11),为了让听话人接受,用"因为"给出理由。在书面文本中,作者的请求和建议并不是当面对"治国者"和"年轻的母亲们"提出的,作者面对的是读者,因此就需要情态词。无论是请求、建议还是"可能"的情形,其实都是作者在表达自己的观点。表明自己的观点和立场,自然需要给出理由来支持。所以,"因为"也常常出现在带有"认为"、"觉得"的句子后面。如例(27),"因为"给出了凯诺所持观点的理由。

(27)另一方面,凯诺认为应激反应对机体是有害的。因为它破坏了生理和情绪的平衡,引起了疾病。

另外,上述几种特征会共现,也就是说一个句子可能同时满足一个以上的多类特征。如例(28)中,"但是"和"必须"同在,既是对比也是情态表达。例(29)则同时满足三个特征:"但是"表示对比,"丝毫"表示强烈语气,而"不"则表示否定。

(28)实现上述目标,任务艰巨,但是必须完成,因为这是实现第二步战略目标农村工作必须达到的要求。

(29)譬如,在现阶段,由于社会经济发展水平的局限,一般家务劳动还比较繁重,致使夫妇双方都要贡献出一定的精力,这也是特定的社会生活条件下所派生的一种角色期待。但是,这丝毫不是什么男性的"雌化",因为家务劳动并非是妇女的"专利"。

书面语语料库 LCMC 中 365 个后置原因从句中超过一半的例句呈现出一个或多个上述特征(有关特征的具体分布情况见表四)。

表四 书面语中与后置格式相关的特征的分布

	单独出现	与别的特征共现	总数
否 定	59	76	135 40%
情 态	38	44	82 24%
对比和比较[⑧]	23	40	63 18%
强烈的表达	38	24	62 18%
合 计	158	184	342 100%

由上表可知，在由“因为”引导的后置原因从句中，否定是最重要的一个特征，其次是情态表达。Ford(1994)没有提及英语的 because 经常出现在比较、情态这样的表达格式后面，这很可能是汉英书面语中的一个不同点。这也提示我们，影响汉语书面语中原因从句后置的因素多于英语。

三 讨论与结论

基于汉语口语、书面语和汉英双语语料库的统计对比分析，我们发现汉语中“因为”引导的原因从句和英语中 because 引导的原因从句有许多相似之处：

1)总的来说，在汉语和英语中，原因从句后置都是优势语序，这是由语言交际中的互动、协调等根本因素所决定的。(详情参看 Biq 1995; Song and Tao，即出)

2)原因从句的功能相似：前置原因从句主要是为因果关系的论证提供背景知识；后置原因从句主要是对前文做出解释说明，消除负面因素，使得交流可以顺利进行。

同时，两种语言也展现出许多差异：

1)汉语中前置原因从句显示出大大超出英语的倾向，这一点在单语和汉英双语语料中都得到了证实。

2)汉语中前置原因从句绝大多数都以“(正)因为……所以/就/才/而”等固定模式出现，而英语中的 because 和 so 一般不能成对出现。

3)从后置原因从句出现的具体语境看，在会话中，英语中 because 引导的原因从句主要是用来消除负面因素，使交谈得以顺利进行；汉语中“因为”引导的原因从句除了用来消除英语里提到的那些负面因素之外，还与一些比较积极正面的因素相关，即可以出现在肯定性的回答后面，推进交谈。在书面语中，because 一般出现在否定、对比、强烈表达等特征后面；除此之外，汉语的“因为”还经常出现在情态、比较等特征后面。

汉英话语语法在原因从句上的表现给了我们下述启示。

首先，不同的语言可以在话语策略上有相似性，比如互动因素的影响导致对后置句式的偏爱。从整体上我们还看到，这种共同性的程度还可能是相当高的，这说明语用互动因素对语言结构具有巨大的影响

(Ford and Mori 1994 对英、日语的对比研究也说明了这一点)。

其次,不同的语言结构特征可能导致话语表现细节上的不同。这里就表现为,汉语里关联词及其结构上的搭配造成后置句式比英语中的出现频率略低,以及比较句式和情态表达在书面语里也能增多原因从句的使用等。但是整体上看,这种差异相对于人际互动等因素来说应该是居于比较次要的地位的。

最后,不同语言里相似格式使用的功能范围可以不尽相同。这种不同在汉语里主要表现为后置格式所具有的积极的话语功能。我们认为这种超常规的用法是有一定的交际理据的。因为它跟积极的信息和支持的态度密切相关,因而很容易让谈话双方接受。这也说明汉语说话人在使用原因从句时有更为积极的一面。

据此,我们可以看到,汉语中原因从句的使用格式是比较复杂的。以往汉语研究者绝大多数认为原因从句前置是汉语的默认语序,也有人因此认为汉语母语说话者在讲英语的时候更倾向于把原因从句前置。这种与实际语料不尽相符的看法需要给予解释。我们认为这其中的原因可能跟下述事实有关:汉语中原因从句前置的比例比英语大得多,而且这些前置原因从句多数有固定的模式,句子相对比较简短,比较容易被记忆,所以在语感中比较突显。Bod(1998)认为,在某种语言的使用过程中,通过与这种语言的不断接触和对固定模式的识别,母语者会建立起一个心理语料库(mental corpus)。Gabrielatos(2005)进一步指出,人们的语感就来自这个心理语料库,是对这个心理语料库随意分析的结果。由于人的记忆力是有限的,与实际语料库(actual corpus)相比,这个心理语料库的容量显然是较小的,那些简短、特征明显的语料可能最容易浮现在语感中——尽管它们与事实有较大的出入。这就说明,语感有时候是不可靠的,需要借助实际语料来验证,尤其是复合句的研究,往往涉及更大的上下文语境,更需要语料库的支持;反过来,语料库中的语料也会证明语感中那些比较合理的部分,并使我们有可能给予它们比较恰当的解释。

附注:

①本文考察的语料不包括下列情况:重复的“因为”;难以找到主句的原因从句,尤其在会话中;“因为”作介词。另外,这里考察的后置原因从句也包括“因为”出现在

完句标点(如句号、问号)后的情况,因为这种现象在口语中并不少见。

②尽管在英语会话中,并非绝对没有原因从句前置的情况,但确实极少。

③有时候"才"、"就"、"而"前没有逗号,形式上是单句,为了便于跟英语比较,本文都考虑在内,可以看成一种紧缩复句。如果排除这一类,前置性从句的比例更小,不影响我们的结论。

④因为我们是拿汉语的语料与 Ford(1994)等著述的研究结果进行比较,而没有考察实际的英语语料,所以某些结论只是倾向性的。有些现象可能不是英语中没有,而是 Ford 没有注意到或没有提及。

⑤口语转写格式一般沿用语料库原文,其中标点符号代表的是停顿单位,"一"代表切断单位,单位大小与通常意义上的语法单位并不一一对应。非言语成分或特殊成分用不同的括号标示,例如{笑}、X 表示声音不清、声音失真等。引用例句时修正了原文一些明显的文字错误,也去掉了或改写了一些不相关的符号,下同。

⑥会话中也会有大段的独白式叙述,书面文本中也有对话,如小说和幽默笑话中,只是相对来讲,书面语中独白式的叙述更常见。

⑦与英语不同,汉语中的形容词一般不能单独作谓语,所以程度副词"很"、"非常"等除了表达程度高以外,还用来满足语法结构的完整性,不可或缺。因此,有时候难以判断这些程度副词是否表达了超常规的强烈程度,本文没有加以区分。

⑧比较和对比有时候难以区分,所以统计时放到了一个大类中。

参考文献:

[1]Biq Y-O. Chinese causal sequencing and *yinwei* in conversation and press reportage [J]. Berkeley Linguistic Society,1995(21).

[2] Canavan A, George Z. CALLFRIEND Mandarin Chinese-Mainland dialect[M]. Philadelphia:Linguistic Data Consortium,1996.

[3]Chao Y R. A grammar of spoken Chinese[M]. Berkeley: University of California Press,1968.

[4]Diessel H. The ordering distribution of main and adverbial clauses:A typological study [J]. Language,2001(3).

[5]Ford C E. Grammar in interaction:Adverbial clauses in American English conversation [M]. Cambridge:Cambridge University Press,1993.

[6] Ford C E. Dialogic aspects of talk and writing: *Because* on the interactive-edited continuum[J]. Text,1994,14(4).

[7]Ford C E,Junko M. Causal markers in Japanese and English conversations: A cross-linguistic study of interactional grammar[J]. Pragmatics,1994,4 (1).

[8]Gabrielatos C. Corpora and language teaching: Just a fling or wedding bells? [J].

TESL-E J,2005,8(4).

[9] Kirkpatrick A. Information sequencing in Modern Standard Chinese in a genre of extended spoken discourse[J]. Text,1993,13(3).

[10] Longacre R. Sentences as combinations of clauses[G]//Shopen T. Language typology and syntactic description. Cambridge:Cambridge University Press,1985.

[11]Li C N,Sandra A. Thompson. Mandarin Chinese: A functional reference grammar [M]. Berkley and Los Angeles: University of California Press,1981.

[12]McEnery A, Xiao Zhonghua. The Lancaster Corpus of Mandarin Chinese: A corpus for monolingual and contrastive language study[R]. Lisbon: Proceedings of the Fourth International Conference on Language Resources and Evaluation (LREC), 2004.

[13] Song Zuoyan, Tao Hongyin. A unified account of causal clause sequences in Mandarin Chinese and its implications[J]. Studies in Language, [forthcoming].

[14]Su L I-W. A cognitive exploration of Chinese connectives[C]//Su I-W,Lien C, Chui K. Form and function: Linguistic studies in honor of Shuanfan Huang. Taipei:Crane Publishing Co. ,Ltd. ,2002.

[15] Thompson S A. "Subordination" and narrative event structure[C]//Tomlin R. Coherence and grounding in discourse. Amsterdam and Philadelphia: John Benjamins,1987.

[16]Tsai M-c. A discourse approach to causal sentences in Mandarin Chinese[R]. Seoul: Proceedings of the 11th Pacific Asia Conference on Language, Information and Computation (PACLIC 11),1996.

[17]Wang Yufang. The preferred information sequences of adverbial linking in Mandarin Chinese discourse[J]. Text,2002,22(1).

[18]Wang Yufang. The information structure of adverbial clauses in Chinese discourse [J]. Taiwan Journal of Linguistics,2006,4(1).

[19]Wailing Y L. Inscrutability revisited[C]// John J G. Language and social identity. Cambridge:Cambridge University Press,1982.

[20]Wailing Y L. Crosstalk and culture in Sino-American communication[J]. Cambridge: Cambridge University Press,1994.

（宋作艳　北京大学中文系；陶红印　美国洛杉矶加州大学）

基于语料库的英汉假设性条件句比较

姚双云

引　言

英语中典型的假设性条件句是 if 句(if-sentence),常称之为条件句(conditional)。汉语中与 if 句相当的是“如果”句,有学者统称这一类句子为“条件句”(王力 1985;范晓 1998;Su 2005;张丽丽 2006),或“假设条件从句”(陆俭明、沈阳 2004)。汉语学界一般区分为“假设句”和“条件句”两大类(吴为章、田小琳 2000;刘月华等 2001;邢福义 2002;徐阳春 2002 等)。本文对这些术语不作细致区分。

研究中使用了两个语料库。一个是 Brown 语料库,该语料库收集了 60 年代有代表性的美国英语语料,考虑了各种不同文体的平衡,总词数约为 100 万个。另一个是笔者加工的“现代汉语语料库”,总词数也在 100 万个左右(约 1765825 字),收集了有代表性的现代汉语语料,覆盖了小说、政论文、电影文学等各种文体[①]。两个语料库大小相当、性质接近,具有一定的可比性。

一　If 句和“如果”句的类型及其分布特点

英语中对 if 句的类型有多种分法。Palmer(1978:131—143)区分为“预言性条件句”、“含意性条件句”和“相关性条件句”;Quirk et al(1985:33—37)分为直接和间接两大类;Sweetser(1990)从内容域、认知域、言语域方面对条件句进行分类;Athanasiadou 和 Dirven(1997:61—62)区分为事件过程条件句(course of events conditionals)、假设条件句(hypothetical conditionals)、语用条件句(pragmatic conditionals);Wierzbicka(1997:26)

将条件句分为四类：否定性反事实句（negative counter-factuals）、肯定性反事实句（affirmative counter-factuals）、假设句（hypotheticals）和条件句（conditionals），其中前两类统称为反事实条件句；章振邦（1997：1228—1244）将条件句分为真实和非真实两大类，再对真实条件句细分；冯春灿（1999）的分类更细致，总共概括了十九类，如因果性条件句、预告性条件句等等；徐李洁（2005：64—69）将条件句分为真正条件句和非真正条件句，其中非真正条件句又分为推论条件句、言语行为条件句和元语篇条件句。

汉语学界对条件句也提出了不同的分类方法。邢福义（2001）依据句子的用途区分为推知、应变、质疑、祈使、评说与证实六类；沈家煊（2003）参照 Sweetser（1990）的分法将条件句分为行域、知域和言域三类；白兆麟（1998）根据结果分句的性质区分为必然性结果、可能性结果、应付性结果、反诘、疑问、判断、表主观意愿、点明原因、表达誓愿九类；黎平（2003）根据前后分句间的语义关系区分为因果、隐含、同理、视角、按断、让步六类；等等。

条件句的分类可谓林林总总，分法上见仁见智，但始终未能形成一个统一的标准。我们认为这正好反映了条件句的复杂性。不同的分类标准可以从不同的角度反映条件句的句法、语义特点，揭示条件句的生成机制。

Athanasiadou 和 Dirven（1997：61）将条件句区分为三种类型：（1）事件过程条件句（course of events conditionals）；（2）假设条件句（hypothetical conditionals）；（3）语用条件句（pragmatic conditionals）。分别简称为 CEC、HC 和 PC。先看三个例子：

（1）If there is a drought like this year, the eggs remain dormant.（CEC）

（2）If the weather is fine, we'll go for a swim.（HC）

（3）If you are thirsty, there's beer in the fridge.（PC）

上面三例分别属于事件过程条件句、假设条件句和语用条件句。汉语的“如果”句也可以作类似的划分。请看：

（4）如果每年春末夏初的山洪，没有咆哮着把这些垃圾冲干净的话，那么，一到干燥的刮风天气，垃圾就飞扬起来……（CEC）

（5）如果当时我没下手，我爹我妈准能活到今天，看到今天。

(HC)

(6)如果需要在这些地方育苗的话,在播种前将土壤翻晒数次,或用药剂如漂白粉或福尔马林进行土壤消毒。(PC)

Athanasiadou 和 Dirven 认为这三类句子有明显的差异,CEC(例1、例4)中,包含两个共现的事件,一个事件依赖于另一个事件。HC(例2、例5)中,结果分句在某种程度上是根据先行语预测得到的。PC(例3、例6)中,相互依赖的关系就更间接了:说话人给出一个暗示,提醒听话人解决问题的办法。

Athanasiadou 和 Dirven (1997:63)考察了 if 句的分布情况,从 Cobuild、Brown、Lob、Drama 和 Lund 等5个语料库选出509个 if 句。统计结果是:HC 最多,占总数的42%,其次是 CEC,占30%,最少的一类是 PC,占28%。

为了便于比较,本文按照 Athanasiadou 和 Dirven(1997)的分类法,从"现代汉语语料库"中随机选择了106个"如果"句进行分类统计,然后与英语 if 句对比,结果如表一:

表一 英汉假设性条件句的类型分布情况对比

假设条件句 / 语料库	句子数量 个	事件过程条件句(CEC) N	%	假设条件句(HC) N	%	语用条件句(PC) N	%
Brown 等 5 个语料库	509	151	30%	212	42%	146	28%
现代汉语语料库	106	25	23%	59	56%	22	21%

比较表一可以发现,英汉假设条件句的类型分布大体上相同,HC 类数量最多,PC 类数量最少,居于中间的是 CEC 类。

Athanasiadou 和 Dirven(1997)的研究还表明,英语 if 句的分布体现出语体的差异。在所考察的5个语料库中,Lund 语料库收集的是自然口语语料,PC 所占比例是27%,Drama 语料库收集的是现代英语戏剧语料库,PC 所占的比例是25%。PC 在另外三个语料库中的数量明显低一些。结果分别为:Cobuild 语料库(13%),Brown 语料库(15%),Lob 语料库(19%)。这些数据充分说明,口语体中 PC 的使用频率普遍高于书面语体。

二 “如果”和 if 的句法位置

2.1 “如果”和 if 在子句中的位置

连词 if 和“如果”在英汉两种语言中都是一个虚拟标记，表达一种虚拟范畴(the subjunctive category)。徐杰(2006)认为，虚拟是一种属于全句的功能范畴。虚拟是全句所表达的整个命题而非其中某个成分的虚拟，虚拟范畴可以通过在句首和句尾添加虚词的方式来实现表达，也可以在谓头这个句子中心成分位置通过“添加”或“移位”来实现表达。姚双云(2007)考察了汉语与汉语以外的语言，得到类似的结论。概括地说，虚拟标记只能出现在句首、谓头和句尾三个位置之一。具体到某一个标记，其句法位置可能有个体的差异，比如，虚拟标记“要是”可以位于句首或谓头，“的话”只能位于句尾，等等。下面作简要分析。

汉语中的“如果”可以占据分句句首或谓头的位置。例如：

(7)**如果**调剂一下，对于转变作风，树立新的气象，都有好处。(句首)

(8)你的那首诗**如果**登在报纸上，一定会引起轰动。(谓头)

“如果”可位于分句句首，也可位于谓头，但是语料库显示前者的使用频率远远高于后者。

英语的 if 经常位于子句句首的位置。例如：

(9)**If** man is actually the product of his environment and **if** science can discover the laws of human nature and the ways in which environment.(句首)

当 if 后面出现插入语的时候，if 被插入语隔开了，它在形式上并没有处于条件子句的句首，汉语中则不会出现这种情况。请看：

(10)These never ceased to suggest that **if**, in the eyes of Marx and Lenin full communism was still a very distant ideal, the establishment of a Communist-society had now, under Khrushchev, become an immediate and tangible reality.

有时候，if 还可以在同一个分句中两次出现，形成所谓的“内孕型”条件句，就是条件句中又包含一个条件句。汉语中没有对应的用法。

请看：

(11)**If** there will be trouble **if** we attend the meeting, we'd better stay at home. (Declerck 1991:215)

2.2 "如果"分句和 if 子句在整个条件句中的位置

条件句一般都包含一个"条件小句"(protasis)和"结果小句"(apodosis)，典型的条件句式是"如果……那么"或者 if... then。

汉语条件句的优势语序是"条件小句＋结果小句"，少数情况下也采取相反的语序。如：

(12)他一定会原谅你的，如果你真诚地向他道歉的话。

英语条件句的优势语序也是"条件小句＋结果小句"。不同的是，与此相反的语序("结果小句＋条件小句")英语比汉语更加普遍。请看：

(13)It is not much better if he meets with old classmates.

本文对 Brown 语料库进行了穷尽性的统计，总共 1036 个 if 句，其中 329 例属于"结果小句＋条件小句"的构式，所占比例高达 31.8%。然而在"现代汉语语料库"中，总共 579 个"如果"句，只有 1 例属于此类构式，所占比例仅为 0.17%。

三 "如果"句与 If 句的语义约束及其句法实现

3.1 假设性条件句的语义约束

条件句的分类、句法和语义问题的研究一直备受关注。Greenberg(1986)和 Comrie(1986)等讨论了条件句的类型，并对条件句的语义问题进行了比较细致的研究。国内学者也针对条件句式的语义作了比较细致的研究(舟丹 1958；尹世超 1984；邢福义 1985、2001；王克仲 1990；周刚 2002；李晋霞 2005；罗进军 2007；等等)。不过，以上研究均未涉及条件句的语义约束问题。考察表明，汉语条件句的构成受到语义的约束：条件标记出现在分句中时，需要借助一定的语言形式对后续分句形成语义上的约束，才能实现语义上的和谐。请看：

(14)如果他们能说清楚这一切，将来就不会再遭罪。

(15)如果艺术和思想都是上品，那么这就是双料的醇酒。

上述二例，是汉语里典型的假设性条件句。仔细分析其内部组合，不难发现，结论小句中分别有一个对应的关联性词语与前面的假设标记呼应，构成句法限制关系，形成了“如果……就”和“如果……那么”一类稳定的搭配格式。

条件句的这一句法特点，有学者早已注意到了。周刚(2002:237)认为，汉语假设条件连词不能单个使用，必须有后续连词或后续的关联副词接应才行。周文的价值在于揭示了假设句的倾向性规律，对认识假设句的句法特征有相当重要的意义。不过，该结论也还有需要修正的地方。研究表明，结论分句中用后续连词或后续关联副词接应只是假设句一个重要的句法手段，但并非必有的手段。本文考察了30余万字的作品，发现结论分句有后续关联词的只占总数的57.2%。没有后续连词或关联副词的占总数的42.8%。也就是说，有将近一半的假设句并不需要后续连词或关联副词，由此可见，后续连词或关联副词并非假设句必有的句法手段。

假设标记对其后的结果分句有语义上的约束，要求结果分句携带[+主观性](subjectivity)的特征，才能构成语义上的和谐。这一句法要求与其本身的语义特点密切相关。假设标记是一个虚拟范畴，携带了[+主观性]的语义特征。而结果分句又是依据假设分句做出的推论，因此，也是虚拟的，应该携带[+主观性]的语义特征。苏以文(2005:672)注意到了汉语假设句主观性的语义特点，他指出，结论句的推理过程主要依靠说话人的主观推断，其中的一个证据就是经常使用情态动词“可能”。

3.2 语义特征的句法实现

结果分句要想携带[+主观性]的语义特征，就必须采用相应的句法手段。杨彩梅(2007:3—4)认为，汉语句子主观性的实现手段有三个：语音调节(phonological modification)、句末语气词(sentence-final particles)和情态副词(modal adverbs)。于康(1996:27)也持类似的观点，他认为情态(modality，于文称为“主体表现”)除了由句子整体的语气来表现外，还可以由词和语调来表现。我们发现这三种句法手段在假设句中全部得到了合理的使用，此外，假设句还运用心理动词(mental verbs)来实现句子的主观化。请看：

(16)如果他真的病了,你去不去照顾他? ↗(特殊语调)

(17)这如果真有个外宾在场,影响多坏啊!(句末语气词)

(18)如果继续围攻,他们顶多能坚持到天黑。(情态标记)

(19)如果有机会,我想和他聊聊。(心理动词)

例(16)、例(17)分别利用特殊语调和句末语气词实现句子的主观化。例(18)使用了适度标记“顶多”传递了主观信息(参看鲁川 2003:324—328)。例(19)使用心理动词“想”传达主观信息。

前文提到,有超过半数的假设句要求有后续连词或关联副词接应,这在本质上也是为了使句子携带[+主观性]的语义特征,是促使句子主观化的句法手段。假设标记常接的后续连词或关联副词主要有“就”、“那么”、“也”、“还”、“那就”、“那”等等。这些词语中,“还”与“也”是表“常规”的情态标记,传达的主观信息是“认为事件仍然按照常规”(鲁川 2003),“就”、“那么”、“那”在假设格式中表示做出判断或得出结论(参看《现代汉语八百词》和《现代汉语词典》),词汇固有的意义决定它们也能使句子携带[+主观性]的语义特征。

英语 if 句与汉语的“如果”句在语义上有一个共同的特点,结果分句具有主观性。对英语 if 句来说,实现主观化的主要手段是使用 would、could、can、should、ought to、might、may、will、must 等情态助动词,其中,使用频率最高的是 would。张道真、温志达(1998:862)持类似的看法,他们认为,在虚拟条件句的主句中,谓语通常都必须包含有 would、should、could、might 这类助动词。

我们从 Brown 语料库中随机抽出 120 个 if 句,统计结果表明,有 93 个 if 句在结果分句中使用了 would、could、can、should、ought to、might、may、will、must 等情态助动词,占总数的 78%。还有些句子虽然没有使用情态助动词,但是运用了其他的词汇手段。请看:

(20) But it also briefly suggested the possibility of a meeting with Mr. Khrushchev before the end of the year if the international climate were favorable and schedules permitted.

(21) It is not much better if he meets with old classmates.

上述两例,结果分句中分别使用了“可能标记”(possibility)和“适度标记”(much),使句子携带了[+主观化]的语义特征。

四 结 论

英汉条件句中，假设条件句(HC)所占比例最高，语用条件句(PC)也不少。可见在语言运用层面，对“条件”关系的理解并不一定受到逻辑学上三种条件的干扰。实际语用中，一些事件条件句(CEC)尚可用逻辑上的条件关系进行解释，但是，假设条件(HC)、语用条件句(PC)并不具备逻辑学上条件的真值关系。可见，英汉条件句的构成并不需要真正逻辑上的条件，条件关系的实现更多地依靠人类的生活经验进行语意上的推理，从而在人的心智空间建立起条件结果的认知框架。

英汉两种语言的优势语序都是“条件小句＋结果小句”，这与人类认识事物固有的因果观念以及常规的思维模式是一致的。同时，英汉条件句也都有“结果小句＋条件小句”的语序，但是两种语言中表现出很大的差异，这种语序在英语中的比率超过 31%，而在汉语中的比率却不足 0.2%。这种句法现象反映了英汉两种语言语序类型的特点。英语是修饰语后置的语言，汉语是修饰语前置的语言，“结果小句＋条件小句”的语序与英语修饰语后置这一大句法特点是平行、和谐的。

英汉条件句中，条件标记 if 或者“如果”与所呼应的结果分句有语义上的约束关系，一般要求结果分句携带[＋主观性]的语义特点。在实现主观化的手段上，两种语言有一些共同的语言形式，但是也表现出一定的差异性。汉语主要通过语音调节、句末语气词、情态副词和心理动词等语言形式实现结论分句的主观化，英语则更多地依靠情态助动词。这种句法上的差异主要是由英汉语言情态表达上的整体差异性带来的。

附注：

①本语料库包括余华《活着》、张承志《北方的河》、王朔等《编辑部的故事》、《邓小平文选》(第一卷)、方富熹等《儿童心理》、郁秀《花季》、路遥《人生》(电影文学剧本)、张贤亮《绿化树》、王小波《未来世界》、冯骥才《一百个人的十年》、陈世旭《将军镇》以及《人民日报》2001 年 2 月份的 50 篇文章。

参考文献：

[1]白兆麟.《左传》假设复句研究[C]// 郭锡良.古汉语语法论集.北京：语文出版社，1998.

[2]范晓.汉语的句子类型[M].太原:书海出版社,1998.
[3]冯春灿.试论英语 IF 条件句的类型及其使用[J].外国语,1999(4).
[4]黎平.《论衡》假设复句的假设关系[J].贵州大学学报:社会科学版,2003(3).
[5]李晋霞.论话题标记"如果说"[J].汉语学习,2005(1).
[6]刘月华等.实用现代汉语语法[M].北京:商务印书馆,2001.
[7]鲁川.语言的主观信息和汉语的情态标记[C]// 中国语文杂志社.语法研究和探索:十二.北京:商务印书馆,2003.
[8]陆俭明,沈阳.汉语和汉语研究十五讲[M].北京:北京大学出版社,2004.
[9]罗进军.有标假设复句研究[D].武汉:华中师范大学博士学位论文,2007.
[10]沈家煊.复句三域"行、知、言"[J].中国语文,2003(3).
[11]王力.中国现代语法[M].北京:商务印书馆,1985.
[12]王克仲.意合法对假设义类词形成的作用[J].中国语文,1990(6).
[13]吴为章,田小琳.汉语复句研究[M].北京:商务印书馆,2000.
[14]邢福义.复句与关系词语[M].哈尔滨:黑龙江人民出版社,1985.
[15]邢福义.汉语复句研究[M].北京:商务印书馆,2001.
[16]邢福义.语法问题献疑集[M].北京:商务印书馆,2009.
[17]徐杰.句子的中心与助动词占据的谓头语法位置[J].汉语学报,2006(3).
[18]徐李洁.IF 条件句分类再研究[J].四川外语学院学报,2005(2).
[19]徐阳春.现代汉语复句句式研究[M].北京:中国社会科学出版社,2002.
[20]杨彩梅.关系化——一种识别句子主观性语言实现的形式手段[J].现代外语,2007(1).
[21]姚双云.假设标记的三个敏感位置及其语义约束[J].暨南大学华文学院学报,2008(4).
[22]尹世超.说"如果$_2$(说)……那么……"[J].中国语文通讯,1984(2).
[23]于康.命题内成分与命题外成分[J].世界汉语教学,1996(1).
[24]张道真,温志达.英语语法大全[M].北京:外语教学与研究出版社,1998.
[25]张丽丽.从役使到条件[J].台大文史哲学报,2006(65).
[26]章振邦.新编英语语法[M].上海:上海教育出版社,1997.
[27]舟丹."如果"新例[J].中国语文,1958(5).
[28]周刚.连词与相关问题[M].合肥:安徽教育出版社,2002.
[29] Athanasiadou A, Dirven R. Conditionality, hypotheticality, counterfactuality[G]// Athanasiadou A, Dirven R. On Conditionals Again. Philadelphia: John Benjamins Publishing Company,1977.
[30] Comrie B. Conditional: A typology[G]// Traugott E, et al. On Conditionals. Cambridge: Cambridge University Press,1986.

[31]Declerck R. Tense in English[M]. London/NewYork:TJ Press Ltd. ,1991.

[32]Greenberg J. The realis-irrealis continuum in the classical Greek conditional[G]// Traugott E, et al. On Conditionals. Cambridge:Cambridge University Press,1986.

[33]Palmer E R. The English Verb[M]. London:Longman Group Limited,1978.

[34]Quirk R S,Greenbaum G L, Svartvik J. A Comprehensive Grammar of the English Language[M]. London:Longman Group Limited,1985.

[35]Su L I-W. Conditional Reasoning as a Reflection of Mind[J]. Language and Linguistics, 2005(6).

[36]Sweetser E. From Etymology to Pragmatics: Metaphorical and Cultural Aspects of Semantic Structure[M]. Cambridge:Cambridge University Press,1990.

[37]Wierzbicka A. Conditionals and counterfactuals: Conceptual primitives and linguistic universals[G]// Athanasiadou A, Dirven R. On Conditionals Again. Amsterdam / Philadelphia: John Benjamins Publishing Company,1997.

（姚双云　华中师范大学语言与语言教育研究中心）

汉英反问句比较*

殷树林

〇 汉英反问句的内涵和外延

0.1 汉语反问句的内涵和外延

在汉语中,"反问句"这个概念已经使用多年了,探讨反问句的论著也为数不少,但汉语反问句的内涵和外延仍然不十分明确。学者们习惯于对反问句性质特征等的描述,很少有人给反问句下一个真正意义上的定义。比如,吕叔湘(1942)说:"反诘和询问是作用的不同,在句子基本形式上并无差别……反诘实在是一种否定的方式:反诘句里没有否定词,这句话的用意就在否定;反诘句里有否定词,这句话的用意就在肯定。"刘月华等(1983)说:"反问是表示强调的一种方式。陈述句和各种疑问句都可以加上反问语气构成反问句。反问的作用是对于一个明显的道理或事实用反问的语气来加以肯定或否定,以达到加强语势的目的。反问句的特点是:以否定形式出现的句子用来加强肯定的表述,以肯定形式出现的句子用来加强否定的表述。"对此,冯江鸿作了积极的努力。冯江鸿(2004)在提出了反问句的四项个性特征之后,给反问句下了定义:反问句是一种间接陈述并通过诱导受话人接受或遵从其隐含意义来实施各种断言和指令行为的问句。我们认为该定义可以揭示反问句的本质属性,但也存在一定的问题。首先,该定义不简洁明了,有些冗长并使用了甚至比反问句更难理解的"断言"、"指令"等言语行为理论的术语。其次,也是更重要的,该定义定义项的外延大于被定义项的外延,一

---

* 本文已发表于《汉语学报》2009 年第 2 期。

种明显的情况就是诘醒句。

诘醒句是指下面这类句子：

(1)可是这怪谁？你把人家骂了，人家一气，当然就把我们辞了。

(2)(不平地)你是冲弟弟的母亲么？你这样说话。

这类句子和反问句的关系是相当密切的：两者都是无疑而问，说话人无意获得信息；两者语气相近；两者拥有共同的形式和作用。但这类句子不应被视为反问句，因为它们不符合反问句“反”的要求。也正因为如此，我们称之为“诘醒句”。

其实，在研究汉语语法的文献中，这类句子也曾被涉及。比如吕叔湘(1942)就指出，这类句子“语气近于‘反诘’，但是‘诘’而不‘反’”。他认为这类句子“其事甚明”，把这类句子与设问句等并列，明确指出这类句子不属于反问句。郭继懋(1997)在探讨反问句的语义语用特点时也曾提到这类问句，他称之为“准反问句”。看来，诘醒句不是反问句，对此学界的看法还是基本一致的。但诘醒句是符合冯江鸿的上述定义的，因此我们觉得冯江鸿的定义仍需改进。

殷树林(2006)对汉语反问句的性质特征和定义作了专门的探讨。他认为汉语反问句有三个基本特征：无疑而问、不需要回答、反问表示否定。在此基础上，他给反问句所下的定义是：反问句是形式和意义存在着肯定和否定对立的无疑而问的问句。我们觉得这个定义可以较准确地揭示汉语反问句的内涵和外延。

0.2 英语反问句的内涵和外延

就我们了解的情况看，英语反问句有狭义和广义两种理解。根据狭义的理解，英语反问句是具有疑问的形式但表达断言的意义并且存在否定颠倒的句子(interrogative form with assertive meaning and inversion of the negation)。Quirk R 等(1972)所持的就是与之类似的狭义观点：与感叹疑问句是有感叹句效果的疑问句一样，反问句(rhetorical question)是有加强的陈述效果的疑问句。更确切地说，肯定的反问句像强烈的否定句，而否定的反问句像强烈的肯定句。下面是作者举的例子：

(3) Is no one going to defend me? (Surely someone is going to defend me.)

(4) What difference does it make? (It makes no difference.)

很明显,汉语反问句与狭义的英语反问句在概念的内涵和外延上是基本一致的。

英语反问句最初是被作为一种修辞术看待的,从修辞的角度来认识英语反问句有悠久的传统。英语反问句是一种提出问题但不需要回答的修辞术(the rhetorical tactic of "posing questions that expect no answer")。这是广义的英语反问句。广义理解和狭义理解的差别在于:广义的英语反问句包括诘醒句,而狭义的英语反问句则不包括诘醒句。就我们所查阅的资料看,似乎持广义观的学者更多一些。比如,Pope (1976)明确指出,特指型反问句有两种情况:一种是疑问词有一个明确的答案,另一种是答案是一个否定的名词短语——空集。下面是她举的例子:

(5) Q: Who brought you into this world, anyway? Who taught you everything you know, took care of you, worked her fingers to the bone for you?

(A: You, Mama.)

(6) Q: What can you do with an idiot like that?

(A: Nothing.)

例(5)是诘醒句,例(6)是狭义的英语反问句。

为了能更集中地显示汉英反问句的异同,本文对英语反问句持狭义的理解。

一 汉英反问句的句法结构

1.1 汉语反问句的句法结构

在很长一段时间里,人们似乎认为汉语反问句在句法结构上与一般的疑问句没有什么区别。在这种看法中,吕叔湘(1942)的说法颇有代表性:"反诘和询问是作用的不同,在句子的基本形式上并无分别,以前讲各类问句时所举的例句很有些不是真正的询问而是反诘。"直到 20 世纪 90 年代前后,才陆续有学者明确指出反问句和询问句在句法结构上的异同,如徐思益(1986)、李宇明(1990)等。这些研究有的只针对特定的句法结构，有的虽试图作出总结，但疏漏不少。

1.1.1 汉语反问句特有的句法结构

根据我们的调查，汉语反问句特有的句法结构有15大类。下面分别举例介绍。

A.“岂”、“哪”（副词）类。如：

(7)……我心里就想，要是不去，岂不叫您大兄弟不愿意？

(8)不行，你们太了解我们底细了，哪能留着你们？得灭口。

B.“好（助动词）”、“V得C”、“好意思（动词）”类。这3个词语或结构否定性很强，如果它们出现在肯定句中（“好”还要求是问句），那么该句一般是反问句。如：

(9)一来他是我父亲的好友，二来我做着报界的事，怎好得罪他，去吧！大生！

(10)四嫂自己的东西弄湿了还好说，弄湿了活计，赔得起吗！

(11)你看你，哪有这么说话的？太太叫二少爷亲自送来，这点意思我们好意思不领下么？

C.“不得”、“不比”类。如：

(12)可是为这点功劳，你不得另有份意思吗？

(13)姑娘人家少说话，四嫂不比你知道得多！

D.“不就（也、还、又、正、简直、几乎等）”类。如：

(14)结婚还不就是开学校，张大哥？

E.“能（会、肯等）不（没有）……”类。如：

(15)余德利：“能没有么？咱找的是谁？就掐着饭点儿摸去。”

F.“不是……吗（么、嘛）？”类。如：

(16)谈心，哼，你们那儿的戈玲小姐不是想知道我选择怎么个死法吗？

G.“何”类。“何”类包括“何必”、“何不”、“何曾”、“何尝”、“何啻”、“何妨”、“何苦”、“何况”、“何须”、“何止”、“何至于”等。如：

(17)你这是何苦！过去的事你何必说呢？叫弟弟一生不快活。

H.“焉”类。如：

(18)王德心里不知怎么夸赞小山好。有钱的人而能体谅没钱的，要不是有学问，有涵养，焉能有这样高明的见解。

I.“谁”类。“谁”类包括“谁知道（……）”和“谁叫＋小句＋

呢?”。如:

(19)李东宝:“谁知道敌杀死是什么味儿,谁喝过呀?我们是想回来让大伙出个主意,待会儿马上就折回去。”

(20)她叹了一口气。“可是呀,这又说回来,谁叫咱们是女人呢;女人天生的倒霉就结了!……”

J.“什么”类。“什么”类包括“A+什么”、“V+什么+V”、“有+什么+AP(VP)+(的)+(呢)”。如:

(21)李东宝:“你又没杀人,你紧张什么?”

(22)拉包月而惹了祸,自己又有什么可说的呢?

K.“以为(当)+陈述小句?”类。如:

(23)哦,你以为我会哭哭啼啼地叫他认母亲么?我不会那样傻的。

L.“陈述小句+(还)+(是)+怎么着?”类。如:

(24)“得得,你别说了,你还非要再给人说哭了怎么着?”高晋说……

M.“不X,还不Y?”类。这是一个让步关系的复句结构。如:

(25)大嫂,你先别跟他闹,不看别的,还不看这俩孩子?

N.确认反问假设复句类。该结构中前一部分是由“不”否定的结构,后一部分是仿前一部分的肯定结构,且必须包含疑问词。如:

(26)男人嘛,不争个酒色财气,争什么?

O.其他。有些词语单个用可以表示反问也可以不表示,但当它们和某些词语组合到一起后一般就只能表示反问了。常见的这类组合有:还怎么、怎么可能、又怎能、又怎肯、又怎么样、又有什么(呢)、怎么还能、怎么就、怎么敢、谁还能等。

1.1.2 汉语反问句在句法结构上的限制

在现代汉语中还有些句法结构排斥反问语气,只能形成询问句。这样的句法结构主要有两类:“吧”字问句和附加问句[①]。这两类问句排斥反问语气可能与它们的疑问程度有关。徐杰、张林林(1985)曾把疑问程度分为四等:高、次高、次低、低。从作者研究的结果看,同一句法结构常可以拥有不止一种的疑问程度,比如特指问句的疑问程度可以是高和次低,正反问句的疑问程度可以是次高和低。在作者的归类中,“吧”字问句和附加问句的疑问程度都只能是低。也就是说,这两类问句具有强烈的倾向性。反问句是要对原有形式实施否定的，两类问句强烈的倾向性与反问句的否定作用相冲突。

除了“吧”字问句和附加问句，还有一些结构也不能形成反问句，比如包含“到底”、“究竟”的结构、“V＋什么＋NP(AP)＋吗?”、疑问词独立发问(“哪里”、“哪儿”除外)、由“怎么样”发问的句子(作谓语除外)等。这里就不再细说了。

1.2 英语反问句的句法结构

1.2.1 英语反问句在句法结构上的特征

与汉语反问句相比，英语反问句在句法结构上的特征就很少了。根据 Brown 和 Levinson(1978)的研究认为，“just”、“even”、“ever”等能帮助问句形成反问语气。如：

(27) How could they just sign like that, without consulting me?

(28) But why? … so why won't you even let me come and offer my help?

(29) Could your mother ever have done as much for the two of you?

除此之外，带有“the devil”、“in heaven's name”、“the dickens”、“in thunder”等的问句也较容易形成反问句。如：

(30) How the devil do I know what will become of you?

(31) What'll you teach, in heaven's name?

另外，由“how dare”、“what right”等发问的句子也常是反问句。如：

(32) Who do you think you are? How dare you speak like that?

(33) What right have you to say such things about Dahai?

当然，在英语中上述词语并不是反问句特有的，只是含有它们的句子较容易形成反问句而已。

1.2.2 英语反问句在句法结构上的限制

英语反问句的句法结构特征较少，可是形成英语反问句的句法限制却较多。首先请看下面的几个句子：

(34) Well, it's because the room's haunted, isn't it?

(35) Master Chong brought it in person, so I couldn't very well refuse it, now, could I?

(36) Ha! So you still think I came here purposely to blackmail you, don't you?

(37) You mean you can't forgive a young man for going wrong in a moment of folly?

(38) You keep out of this! So you have complete confidence in the other representatives who came with you, eh?

英语中的附加疑问句共有六种情况,例(34)、例(35)、例(36)代表了其中的三种情况;例(37)是陈述疑问句;例(38)是叹词疑问句。这几类问句都排斥反问语气,并且它们的疑问程度也都很低。这与汉语的情况很相像。

下面是两例带有极性词语的句子:

(39) Who is far more powerful than this fiend?

(40) Didn't she give a damn about Jone?

例(39)中的"far more"是肯定极性词语,例(40)中的"give a damn"是否定极性词语。因此上述两例就不可能是反问句,因为反问句所要求的否定颠倒会导致下面的回答不合英语语法:

(41) * Nobody(is far more powerful than this fiend).

(42) * Yes, she gave a damn about Jone.

由此可见,在英语中,如果肯定问句包含肯定极性词语,否定问句包含否定极性词语,那么它们一般不可能是反问句。

在英语中,肯定极性词语一般也不能出现在否定问句中,否定极性词语一般也不能出现在肯定问句中。因此,虽然下面两例的答语符合反问句的要求,但问句本身是有问题的。

(43) * Did he arrive until 5:00? (No, he didn't arrive until 5:00.)

(44) * Doesn't it never rain? (Yes, it never rains.)

有些极性词语似乎可以突破上面的限制而出现在反问句中,尽管这样的句子可接受性差一些。如:

(45) ? Doesn't it rarely rain? (Yes, it rarely rains.)

(46) ? Did you have very much fun? (No, I didn't have very much fun.)

在英语中,带有义务情态动词(deontic modal verbs)的句子在表示请求或祈使时,一般也不能形成反问句,因为它们同样没有相应的陈述式。如：

(47)May I have it?（* No，you may not have it.）

(48) Would you leave me alone?（* No，I wouldn't leave you alone.）

除了上面讨论的情况，英语反问句还有其他的句法结构的限制，比如由“what time”发问的句子就不可能是反问句，因为“No time”是不存在的。我们这里就不多说了。

二 汉英反问句的语用价值

2.1 关于汉语反问句语用价值的看法

就我们所查阅的资料看，在汉语学界首先明确指出反问句语用价值的是王力。王力(1943)说：“凡无疑而问，为的是加重语意，或表示责难，叫做反诘语气。”此后，类似的看法在汉语学界一直广为流传。我们开头引用的刘月华等(1983)的看法也是如此。这类说法我们统称为“强调”说。

近些年来，陆续有人(常玉钟 1992；邵敬敏 1996；郭继懋 1997；刘松江 1998；冯江鸿 2004 等)对这种传统的“强调”说提出质疑，或提出不同说法②。邵敬敏、刘松江、冯江鸿等各自提出了自己对反问句语用价值的看法。邵敬敏提出，反问句的语用意义大体有六种：困惑义、申辩义、责怪义、反驳义、催促义、提醒义。刘松江认为说话人流露的情绪才是他要表明的深层的含义，也是听者要搞清楚的言外之意。冯江鸿认为反问句的功能包括：陈述、断言、否认、抱怨、抗议、责备、指责、批评、斥责、嘲弄、辩解以及请求、命令、催促、威胁、警告等。

我们认为上述看法存在一个共同的问题，就是把语境所产生的作用当作反问句本身的作用。比如，刘松江(1998)觉得下面的反问句带有“为他人辩解”的情绪：

(49)他还是个孩子，哪懂那么多大道理呀！

可是如果我们把该反问句换为下面相应的陈述句，“为他人辩解”的情绪仍然存在：

(50)他还是个孩子，不懂那么多大道理呀！

由此可见，“为他人辩解”的情绪其实与反问语气无关，而是语境使然。

常玉钟(1992)提出反问句的语用价值不仅在于加强语势，还在于它有隐含的意义。他的这个看法得到了郭继懋的系统发挥。

郭继懋(1997)指出，使用反问句需要有一定的语义语用条件。这些条件是：

条件一：发生了一个行为——X，而且有人认为X对，说话人认为X不对。

条件二：存在一个预设——Y，即说话人说话时认为明显为真的一个命题，由于是明显为真的，所以他设想听话人也认为是真。

条件三：说话人认为行为X与Y明显地——由于是明显地，所以他设想听话人肯定知道X与Y——具有如下逻辑关系：

a. 如果Y真，那么X不合乎情理，是错的。

b. X只在Y的否定命题为真时才合乎情理，才对。

a和b也具有预设的性质。

这三个条件在形成反问句时大致是这样起作用的：有条件一，即当发生X，且有人认为X对而说话人认为X不对时，如果说话人想表示X不对，就可以使用反问句。据条件三b要说明X不对，需先说明Y的否定命题不真。有条件二，说话人如果问Y的否定命题真否，就可以间接说明(或者说"激活")Y的否定命题不真——Y真，据条件三a，Y真可间接表示"X不合乎情理"这一意义。

这种操作对有些反问句是适合的，但在分析下面的反问句时遇到了困难：

(51)"好了，小赵，拿笔写下来！""还用写下来，这点屁事？难道我的话不像话是怎么着？"

(52)"坐吧。"李东宝请他坐下，"让我想想，您家里一定是坏了什么东西，商品质量有问题？"中年人坐下说："不错，您说气人不气人？花不少钱买一堆破烂儿。这种坑害消费者的行为该不该批评？"

根据郭继懋的看法，"不用写下来，这点屁事"是预设，而根据上文老李的要求看，老李显然是不认同小赵的这个看法的，因此"不用写下来，这点屁事"的预设身份是不能成立的。如果认为X的实施者是厂商的话，那么例(52)中两个反问句的预设同样存在问题。而且，如果像郭继懋总结的那样，反问句隐含的意思是厂商的行为是不合情理的，那么句中为什么出现"您说"呢？也就是说中年人为什么要李东宝表态呢？这不太好理解。

以上两个反问句都不存在交际双方共知的预设。没有了预设，也就无所谓条件三a和条件三b了。由此可见，郭继懋的分析只适用于一部分的反问句。这部分反问句的特点是：它们的意思对交际双方而言是共知的，是一种预设。许多反问句的意思只是说话人所主张的，受话人未必知道或认同。

除了片面以外，这种分析还存在其他一些问题。比如，条件三a——如果Y真，那么X不合乎情理，是错的。郭继懋本人认为它也具有预设的性质。可是下面的反问句不能用相应的直陈句替换：

(53)二春，你疯啦？女人家上工厂！

(54)*二春，你没疯，女人家上工厂！

造成这种情况的原因恰恰就在于受话人难于在直陈式和自己的行为之间建立起有效的关联。这说明条件三a绝不是预设。那为什么同样的意思用反问句来表达，受话人一般就能如说话人期待的那样在反问句与受话人行为之间建立起有效关联呢？回答了这个问题也就回答了反问句的语用价值。由此可见，郭继懋的分析并没有真正揭示出反问句的语用价值。

通过上面的分析我们可以看出，传统的“强调”说是有问题的，但近来的各种非“强调”说仍然没能很好地解决汉语反问句的语用价值问题。既然这样，我们就暂时把这个问题放在一边，看看英语反问句的情况。

2.2 关于英语反问句语用价值的看法

英语学界似乎也有“强调”说。我们在前面介绍的Quirk的看法就是这样。Frank也说：

> I point out, and emphasize, that if this line of analysis is accept, one of the most valuable functions that RQ's perform is that they enable speakers to make stronger statements, with greater implications, than would be possible if they had made straightforward assertions. This conclusion is supported by prior psychological research which reports the persuasive effects of RQ's (…) or compare the persuasive effectiveness of questions to assertions(…). (Frank 1990:729)

Frank的推理多少有些问题，因为心理研究和对比研究的成果只是证明反问句有很强的说服作用，而这一点并不能为“反问句相当于一个更有力的陈述句”提供支持。也正是因为这样，才导致她产生反问句既是一个强烈的断言同时又是一个弱化的批评（both strengthen assertions and soften criticisms）的困惑。

前面提到，在西方反问句最初是被当作一种修辞术看待的。在古希腊和古罗马时代，人们就意识到反问句是为说话人的交际目标服务的。比如，Aristotle 认为③：

> The object of this [form of interrogation] is to enforce an argument; or to take the adversary by surprise and extract from him an unguarded admission; or to place him in an awkward dilemma... It [the rhetorical question] may be made in this way subservient to proof.

如果我们给 Aristotle 的观点作总结的话，那就是说服（persuade），反问句是一种有效的说服手段。这一点在许多论著中都可以找到。关于反问句的说服作用，Zilman (1972)、Anzilotti(1982)有详细的论述，我们这里不赘述。

Brown 和 Levinson(1978)集中探讨了语言使用的礼貌现象。作者在探讨了肯定面子和否定面子之后，探讨了“离题(off record)”交际行为：

> A communicative act is done off record if it is done in such a way that it is not possible to attribute only one clear communicative intention to the act... he cannot be held to have committed himself to just one particular interpretation of his act. Thus if a speaker wants to do an FTA, but wants to avoid the responsibility for doing it, he can do it off record and leave it up to the addressee to decide how to interpret it. (1978:276)

作者列举了 15 种离题的交际行为，其中第 10 种就是使用反问句。作者认为离题交际行为违反了格赖斯“合作原则”中的“质的准则”，因为说话人无疑而问，是不真诚的。他们把反问句看作是减少对对方面子威胁的礼貌策略。

2.3 诱导说服和礼貌

以上，我们简单介绍了西方学者关于反问句语用价值的看法。“强调”

说是有问题的，汉语是这样，英语也是这样。至于把反问句看作是一种说服手段和礼貌策略，我们觉得可以成立。我们认为，不论是汉语、英语还是其他别的语言，反问句的语用价值都是一样的，即诱导说服和礼貌。

礼貌无需多谈。那么诱导说服能否解决上述郭继懋的分析所产生的问题呢？

我们认为交际双方的关系会对反问句的语用价值产生影响。如果交际双方在看法、主张等上是对立的，那么说话人使用反问句的目标就是诱导说服受话人接受他自己的看法、主张、行为等是不合适的；如果交际双方在看法、主张等上尚未构成对立，那么说话人使用反问句的目标就是诱导说服受话人接受说话人的看法、主张、行为等。诱导说服的内容有两种：一种是指向条件（看法、主张、行为等只有在该条件下才是合适的，而这个条件的否命题却是预设），另一种是指向看法、主张、行为本身。如果我们用X表示看法、主张、行为的话，诱导说服的内容和目标可以用图一来表示：

反问句
- 内容
  - a. 指向X的条件
  - b. 指向X本身
- 目标
  - a. 诱导说服受话人接受其X是不合适的（交际双方关系在X上对立）
  - b. 诱导说服受话人接受说话人的X（交际双方关系在X上尚未对立）

图一

从图一可以看出，如果把内容和目标组合起来的话，将会产生四种情况：A. 内容a＋目标a；B. 内容a＋目标b；C. 内容b＋目标a；D. 内容b＋目标b[4]。下面依次各举一例：

(55)大家今天看到我拄着双拐走向了我们的舞台，这个双拐是我的一个工具，它也有优越性，但它能替代我今天站在这里辩论吗？

(56)曾瑞贞：你真的相信爹就不会回来么？

愫　方：（微笑）天会塌么？

(57)鲁四凤：他才懒得管您这些事呢！——可是他每月从矿上寄给妈用的钱，您偷偷地花了，他知道了，就不会答应您！

鲁　贵：那他敢怎么样。（高声地）他妈嫁给我，我就是他爸爸。

(58)这样一个“无辜”的剧本为一群“无辜”的人们来演，都会惹起一些风波，我又怎肯多说些话让这些可怜的演员们受些无侫之灾呢？

现在，我们再来看看前面在分析郭继懋的观点时所指出的问题。我们认为例(51)、例(52)中的预设分析之所以有问题，是因为这两例诱导说服的内容是指向X本身的，而不是指向X的条件。例(52)中之所以出现“您说”是因为说话人的目标不是诱导说服受话人接受其X是不合适的，而是诱导说服受话人接受说话人的X。而例(54)之所以在可接受性方面出现问题也很好解释：把反问句换成相应的直陈式也就丧失了反问句诱导说服的语用价值，增加了受话人在预设和X之间建立有效联系的难度。

三　汉英反问句使用的个案对比

我们选用的《雷雨》和《卖花女》都是英汉对照本，前者是汉译英，后者是英译汉。我们对这两本剧作中汉英反问句的使用情况作了全面的调查。下面是我们调查的结果。

《雷雨》中汉语反问句有224例，英译反问句有120例。其中，对译的汉英都是反问句的有113例，有111例汉语反问句的英译句不是反问句(其中包括未译的2句)，有7例英译句是反问句而汉语原句不是(包括英译增补的1例)。

汉英对译的113例反问句的具体情况如表一：

表一

	肯定	否定	是非	特指	选择	正反
汉语	64	47	46	55	1	1
英语	63	48	42	59	2	0

111例没有对应英译反问句的汉语反问句的具体情况如表二：

表二

	肯定	否定	是非	特指	选择	正反
汉语	66	45	74	37	0	0

这111例反问句的情况我们再进一步说明一下。这111例汉语反问句有2例没有相应英译句，其余99例对应的是英译句。

《卖花女》中，英语反问句有99例，汉译反问句有133例。其中，对译的英汉都是反问句的有98例，有1例英语反问句的汉译句不是反问句，有35例汉译句是反问句而英语原句不是(包括汉译增补的3例)。

英汉对译的98例反问句的情况如表三：

表三

	肯定	否定	是非	特指	选择	正反
英语	89	9	22	75	1	0
汉语	89	9	23	74	1	0

35例没有对应的英语反问句的汉译反问句的情况如表四：

表四

	肯定	否定	是非	特指	选择	正反
汉语	18	17	23	12	0	0

从上面调查的数据看，至少可以得出以下几点认识：

A. 从使用频率方面看，汉语反问句的使用频率比英语反问句要高[5]。《雷雨》中约是2∶1，《卖花女》中约是1.3∶1。2∶1应当更符合实际情况，因为《卖花女》中英语反问句的使用频率低，汉语译文中的反问句的使用频率自然也就低一些。

B. 从反问句的结构类型方面看，在汉语中是非型反问句比特指型反问句略多，在英语中是非型反问句却比特指型反问句少得多。《雷雨》中，汉语是非型反问句有120例，特指型反问句有92例；《卖花女》中英语是非型反问句有22例，特指型反问句有76例。在两种语言中，选择型反问句和正反型反问句都较少见。

C. 从肯定、否定方面看，虽然汉语中肯定的反问句也比否定的反问句多，但英语中肯定的反问句比否定的反问句多得多。《雷雨》中肯定的汉语反问句有132例，否定的汉语反问句有92例；《卖花女》中肯定的英语反问句有90例，否定的英语反问句有9例。

四 结 语

本文从反问句的内涵和外延、反问句的句法结构、反问句的语用价值等三个方面对汉英反问句作了对比分析，并进行了汉英反问句使用的个案对比。主要得出以下几点认识：

A. 汉语反问句是形式和意义存在着肯定和否定对立的无疑而问的问句。在汉语学界，一般认为诘醒句不属于反问句。在英语学界，反问句有狭义和广义两种理解，广义的英语反问句包括诘醒句。

B. 在句法结构上，汉语反问句有鲜明特征的结构较多，受到的句法限制较少；英语反问句有鲜明特征的结构较少，受到的句法限制却较多。

C. 已有的“强调”说和各种非“强调”说都不能准确揭示汉语反问句的语用价值。我们认为，汉语反问句和英语反问句的语用价值是一样的，即诱导说服和礼貌。

D. 汉语反问句的使用频率比英语反问句要高，前者约是后者的两倍。

E. 就反问句的结构类型看，汉语中是非型反问句比特指型反问句略多，英语中是非型反问句却比特指型反问句少得多。在两种语言中，选择型反问句和正反型反问句都较少见。

F. 从肯定、否定方面看，虽然汉语中肯定的反问句也比否定的反问句多，但英语中肯定的反问句比否定的反问句多得多。

附注：

①下面的这类带“不是”的附加问句除外：

“小米……你看看，把我也带过去了不是。”戈玲拉过椅子让米继红坐下。

②我们也不认同“强调”说。一个对“强调”说明显不利的证据是反问句可以后接同义的直陈句。如：

你扯哪儿去了？别打岔，这儿说正事呢。不过倒是，搁我也经不住几句软话更别说吃请了。

一般认为“别打岔”是对前面反问句意思的加强。如果把反问看作一种强调的方式，那么上述情况就不好理解了。而如果从诱导说服的角度看就不难理解了：说话人这里使用反问句主要是为了利用反问句的诱导说服功能，在诱导之后再明确地亮出自己的观点、要求，就使观点、要求得到了加强。

③转引自冯江鸿(2004)。

④这样的分析同样适用于英语。另外，汉语中还有一种很特殊的专门用来表示提醒的反问句，请参看郭继懋(1987)的分析。

⑤我们前面已经探讨了汉英反问句的使用价值，认为汉英反问句的使用价值都是诱导说服和礼貌。那么汉英反问句使用频率的差异是否能说明中国人和西方人性格的差异呢？一般认为，中国人倾向于内敛、含蓄，而西方人则倾向于奔放、率直。Alleton(1988)也注意到，在汉语中反问句的使用非常广泛，而在西方反问句则主要用在法庭上或选举活动中。她认为这是社会文化的因素造成的，在汉语中反问句主要是传递一种力(intersubjective pressure)，而在西方人们使用反问句则主要是体现其对真理的坚信(adhesion to some proposition as truth)。

参考文献：

[1]常玉钟. 试析反问句的语用含义[J]. 汉语学习，1992(5).

[2]冯江鸿. 反问句的语用研究[M]. 上海：上海财经大学出版社，2004.

[3]郭继懋. 表提醒的“不是”[J]. 中国语文，1987(2).

[4]郭继懋. 反问句的语义语用特点[J]. 中国语文，1997(2).

[5]李宇明. 反问句的构成及其理解[C]//余志鸿. 现代语言学. 延边：延边大学出版社，1990.

[6]刘松江. 反问句的交际作用[J]. 语言教学与研究，1989(2).

[7]刘月华，等. 实用现代汉语语法[M]. 北京：外语教学与研究出版社，1983.

[8]吕叔湘. 中国文法要略[M]. 北京：商务印书馆，1942.

[9]邵敬敏. 现代汉语疑问句研究[M]. 上海：华东师范大学出版社，1996.

[10]王力. 中国现代语法[M]. 北京：商务印书馆，1943.

[11]徐思益. 反问句特有的表达式[J]. 锦州师范学院学报，1986(4).

[12]徐杰，张林林. 疑问程度和疑问句式[J]. 江西师范大学学报，1985(2).

[13]殷树林. 反问句的性质特征和定义[J]. 阜阳师范学院学报，2006(6).

[14]殷树林. 现代汉语反问句应答系统考察[J]. 语言教学与研究，2008(3).

[15]Alleton V. The so-called “rhetorical interrogation” in Mandarin Chinese[J]. Journal of Chinese Linguistics，1988，16(2).

[16]Anzilotti G I. The rhetorical question as an indirect speech device in English and Italian[J]. Canadian Modern Language Review，1982(38).

[17]Brown P，Levinson S. Universals in Language Usage：Politeness Phenomena[G]//Goody E. Questions and Politeness. Cambridge：Cambridge University Press，1978.

[18]Frank J. YOU CALL THAT RHETORICAL QUESTION? — Forms and Functions of Rhetorical Questions in Conversation[J]. Journal of Pragmatics，1990(14).

[19]Pope E N. Questions and Answers in English [M]. The Hague-Paris：Mouton，1976.

[20]Quirk R，et al. A Grammar of Contemporary English [M]. London：Longman，1972.

[21]Schmidt-Radefeldt J. On so-called “rhetorical” questions[J]. Journal of Pragmatics，1977(1).

[22]Zilman D. Rhetorical elicitation of agreement in persuasion [J]. Journal of Personality and Social Psychology，1972(21).

引例来源书目:《曹禺选集》,曹禺著,人民文学出版社,2004 年;《老舍选集》(上、下),老舍著,山东文艺出版社,2003 年;《编辑部的故事》,王朔等著,沈阳出版社,1992 年;《玩的就是心跳》,王朔著,云南人民出版社,2004 年;《紫禁城论剑——第四届全国大专辩论会辩词实录》,余培侠主编,西苑出版社,2005 年;《雷雨》,曹禺著,王佐良、巴恩斯译,外文出版社,2001 年;*Pygmalion*(《卖花女》),[英]George Bernard Shaw 著,杨宪益译,中国对外翻译出版公司,2002 年。

(殷树林　黑龙江大学文学院)

汉英小句宾语的对比研究

王文格

引　言

语言间的差异和共性研究是普通语言学研究的重要内容之一。“汉语与英语可比性的提出，是建立在人类语言共性的基础上……语言是思想的表现，所以语言和思想之间有着内在的联系。研究语言规律是语法的任务；既然语言与思想之间存在着内在的联系，那么语法与逻辑之间也自然存在着内在的联系。”[①]无论是汉语中的小句宾语，还是英语中的宾语从句，指的都是在谓语动词后面作宾语的小句，两者所表达的逻辑意义相近，结构形式也有相对应的规律可循。但是，汉语句子中充当宾语的主谓短语（或其他的谓词性短语）是否小句却是人们争论的焦点，也就是说，对于如何断定处于句子宾语位置上的主谓短语（或其他谓词性短语）是小句，人们一直拿不出一个可操作的办法。本文首先探讨小句宾语的判断标准，解释小句宾语的语义特征，然后与英语宾语从句对比，以揭示这两者在句法和语义上的异同。

一　汉语中的小句宾语

小句宾语是指在句子中充当宾语的小句。小句宾语最早出现在吕叔湘翻译的赵元任的著作《北京口语语法》中。在这部著作中，赵元任多次使用“小句宾语”的说法，但没有证明出现在他的例句中的主谓短语为什么就是小句。吕叔湘先生也在《现代汉语八百词》中直接使用小句宾语的名称而未加说明。这样就容易造成一个错觉：凡是出现在宾语位置上的主谓短语都是小句。实际上，只有一部分主谓短语可以成为小句。

所以，我们有必要首先探讨一下小句问题。

1.1 小句

1.1.1 句子、单句、复句、分句与小句

"句子"这个概念无论在英语里还是在汉语里，都是很模糊，很难定义的。通行语法著作关于"句子"的定义不下几十种，归纳起来，主要有"意思完整"和"有一定的语调"两个方面的内容。汉语的句子分为单句和复句。对于这两者的定义，语法界比较一致，没有什么分歧。单句由带上一个句调的短语或词构成。复句是由两个或两个以上分句组成。但是，语法界对于分句的认识却有不同的看法，分歧出现在分句有无语调上。朱德熙(1982:214)认为分句是"抽象化了的句子，即去掉了作为一个独立的句子时前后的停顿和句调以后剩余下来的东西"。邢福义(2003:348)认为："构成复句的各个分句可以使用相同的语气，也可以使用不同的语气。"黄伯荣、廖序东认为："分句是类似单句而没有完整句调的语言单位。"黄、廖的说法，既承认了分句有语调，但是，又认为分句的语调不完整，这是符合分句的实际情况的。因为句子的句终语调的出现给人这个句子就要结束的信息，但是每一个分句后面的停顿都没有停顿到足够长的时候，下一个句段就又开始了，给人信息未完的感觉。所以，分句在构件成分上与单句一致，在语调问题上又与单句不同。那么，小句与这些概念有什么关系呢？

最早注意小句层面的吕叔湘先生(1979:23)在讲到小句与句子的关系时说："小句是基本单位，几个小句组成一个大句即句子。这样就可以沟通单句和复句，说单句是由一个小句组成的句子……"注意到小句层面，指出小句是基本单位，并运用小句把独立的单句和复句中的分句统一处理确实是合理的，也是符合汉语事实的。那么，小句究竟是什么性质的语法单位呢？

1.1.2 小句的性质

吕叔湘先生(1979:23)在总结小句和句子的关系时，认为小句是语言的动态单位。史有为(1994、1996)认为小句是句法分析的基本单位。邢福义先生(1995、1997)在前人的基础上，发展了小句理论，提出了"小句中枢说"，强调了小句在语法体系和语法分析中的关键作用，认为："小句是最小的具有表述性和独立性的语法单位。"也就是说，在具有表述

性的语法单位中，小句是最小的语法单位。随后，储泽祥(2004)认为小句是汉语语法基本的动态单位，全面而简明地说明了小句的性质。那么，小句的范围是什么呢？

1.1.3 小句的外延

吕叔湘先生曾经指出，小句起到了沟通单句和复句的作用，单句就是一个小句构成的句子。单句就是指能够单说的句子，所以，无论在意义上还是在形式上，都具有很强的独立性，是“独立小句”。

吕先生(1980:23)指出，含有几个小句的句子是复句。那么，吕先生的小句还应当是包括分句的。但是，分句虽然与单句很类似，因为分句未完句只是一个句子的组成部分，分句之间，在意义上互相关联，在形式上互相依存，又没有完整的语调，所以只能是“半独立小句”。因此，小句的外延首先应当包括单句和分句。这是吕叔湘先生和邢福义先生所认定的小句范围。

吕叔湘先生和邢福义先生的小句都不包括充当句子成分的主谓短语。然而，许多学者不同意这种处理方法，越来越多的学者主张把充当句子成分的主谓短语也看作小句。例如：屈承熹(1994)认为主谓结构都可以看作小句，邓思颖(2005)认为作为句子成分的主谓短语也应该算作小句。陆镜光(2006)认为，“小句可以是独立的，也可以是半独立或不独立的，可以出现在不同位置，担当不同的角色”。储泽祥(2004)也主张在小句中枢说的基础上扩大小句的范围。我们在此同意储泽祥先生的主张，认为充当句子成分的一部分主谓短语确实具有动态性，是小句。这样的小句因为受到其前后词语的语义的制约，嵌入在句子中，成为特定的句法成分，在某种程度上丢失了句子单用时所具备的各种特征，如语气、情态、时体标记等，不能独立使用，降格为“内嵌小句”，所以，“内嵌小句”是“不独立小句”。

那么，究竟什么样的主谓短语可以成为小句，什么样的主谓短语不能成为小句呢？

1.1.4 不独立小句的判断标准

不独立小句因为在某种程度上要丢失掉小句在单用时所具有的句子特征，所以它的判断标准要以独立小句标准为参照。

1.1.4.1 独立小句的判断标准

独立小句就是单句。单句的判断标准基本可以确定。构成单句的两个必有成分：一是具有实在意义的基本的构件单位（词或短语），二是要有一个语调。

单句作为句子，除了具有表述功能之外，还有交际功能。所以，单句还附带有句子的其他特征：体标记、认知情态、独立语等。

体标记附着在谓语动词后，表示事态发展的正在进行性、完成性和经验性等，如：着、了$_1$、过等。

认知情态体现了说话者对句子的命题内容在多大程度上可能为真所作的判断。外部世界的内容进入大脑以后，人们首先要进行判断，判断之后要通过言说活动表现出来，在语言层面上就通过一些表示情态的词体现出来，如：可能、或许、必须等。

独立语是句子交际性的体现。句子是语言交际的基本单位。在交际活动中，独立运用的句子往往带有称呼语、某些插入语、感叹语等，以提示听话者注意。

交际只有在言说活动中实现。因此，只有在言说活动中，句子才带有体现交际性的独立语和语气词。

1.1.4.2 不独立小句的判断标准

上面讲过，不独立小句指嵌入在句子内部，充当句子成分的内嵌小句。

一个独立的句子是由语法、语义和语用三方面的标准共同规定的。语法标准要求句子结构合理；语义标准要求句子意思完整，成分之间的意义关系符合逻辑事理；语用标准要求句子能够在具体的语言环境中独立完成交际使命。任何一个能单独运用的句子，都要受到这三方面的协同作用的制约。

但是，不独立小句是充当句子成分的，它嵌入在句子内部，不受语用环境的制约，只受句内环境的制约，也就是只受句内前后词语的语义制约。因此，对于一个不独立小句来说，它的构成成分主要由语法和语义两个标准来规定，要丧失语用范畴中的全部或一部分特征，最重要的是，它丧失了语调。

语调指说话时声音音调（pitch）的变化所造成的旋律模式，它是句子作为言语交际基本单位来使用时，必然携带的某种功能语气（陈述、疑问、祈使、感叹）的表现形式，体现在句子末尾，在书面上用句终点号来表示。

因此，充当句子成分的不独立小句体现不出任何一种功能语气，也就丢掉了语气的表现形式——语调。

根据以上论述，不独立小句的判断标准是：在功能上能体现一个相对完整的意思，在形式上主谓短语的核心动词要带有齐全的论元（谓词在谓核结构中所联系的强制性语义成分）。这是主要的标准。

不独立小句虽然丢失了语调，不等于说它要丢掉所有的语用成分。人在表述意思时，必然要描述事情发生的时间，要对事情进行判断、评判，所以不独立小句也有体标记和认知情态。这是附带的特征。

1.2　小句宾语的判断

下面，我们通过例句来讨论究竟哪些主谓短语可以成为小句宾语。

1.2.1　小句宾语的判断标准

因为小句宾语是不独立小句，所以用上面讲到的不独立小句的判断标准来断定。

1.2.2　小句宾语

首先我们来讨论处于宾语位置上的主谓短语是否是小句。看下面的句子：

(1)姜维估计魏国的兵马夜里可能要来踹营。

(2)消息灵通的人士透露今年年底每个员工的工资大概能上涨百分之十左右。

这两句的宾语各自含有一个表示推测语气的副词，反映出了说话者的认知情态，而且中心动词不缺少论元，有着完整的语义，可以断定它们都是小句。

(3)村里的人都很羡慕巧巧考上了大学。

(4)中学生们抱怨他们过着比驴子还辛苦的生活。

这两句的宾语虽然没有独立语、语气词，也没有反映认知情态的副词，但是它们都带有体标记，论元结构完整，表示了一个完整的语义，所以，这两个句子的主要动词所带的也是小句宾语。

(5)党的纪律禁止领导干部的子女配偶进行商业活动。

(6)你不能断言他给她的所有信件都是有步骤的引诱。

可以看出这两个句子的宾语丢失了不止一个语用特征，不仅没有独立语、语气词和体标记，也没有反映出认知情态。但是，它们的中心动词该带的论元都带了，结合本句谓语动词的语义，它们表示的语义相对完整，因此它们也是小句，只不过单说起来有些困难。

根据以上的讨论，我们可以看出一部分主谓短语在宾语位置上由于核心动词所带的论元齐全，能表述一个相对完整的意思，有些还带有一个或几个语用特征，因而具有一定的动态性，可以断定这些主谓短语可以句化为小句。

1.2.3 小句宾语的主语省略现象

在此，要注意小句宾语中的主语省略。例如：

(7)老通宝打算∅再多赊几担桑叶来。

这句的宾语“再多赊几担桑叶来”中的动词“赊”的施事主语与主句的主语同指，并且在句子的表层形式中强制性缺省，也就是说，宾语位置上仍是一个主谓短语，由于小主语与大主语所指相同，小主语不可补出。所以，“赊”所带的论元仍然是齐全的。也就是说，画线部分仍然是一个小句宾语。

这样的谓词性短语可以看作主谓短语的缩略形式，受主句谓语动词的语义影响，它也是小句。

但是，并不是处于宾语位置上的主谓短语都是小句。

1.2.4 小句宾语与主谓短语作宾语的区别

汉语中处于宾语位置上的主谓短语并不都是小句。例如：

(8)你提出的问题值得大家探讨。

这句是主谓短语作宾语，而不是小句宾语。显而易见，宾语部分没有独立语和语气词，也没有认知情态。主谓短语的动词的受事论元被指派作了主句的主语，使得宾语的论元结构不完整，整个宾语部分不能表述一个完整的语义，从而失去了作为内嵌小句的最基本的特征，故而，这是主谓短语作宾语，它和其他的谓词性短语两句宾语部分的主谓短语不是小句。

通过分析，我们可以看出宾语位置上的主谓短语，有的可以被句化为小句，成为小句宾语，有的只能是主谓短语作宾语。这是为什么呢？我们说能否成为小句宾语，取决于主句的谓语动词的语义，即主句谓语动词的语义制约着该动词所带宾语的结构类型，关于这一点与本文要讨论的主题相去甚远，在此就不再深究。

二　英语中的宾语从句

从句，在英语中使用的单词是“clause”。在《现代语言学词典》中，“clause”被译为“小句”，指的是“小于句子但大于短语、词或语素的语法结构单位”。在《语言学及应用语言学辞典》中，“clause”的定义是这样的：“a group of words which form a grammatical unit and which contain a subject and a finite verb. A clause forms a sentence or part of a sentence and often functions as a noun, adjective, or adverb.”“clause”被翻译为“子句”。翻译为汉语，它的定义是：“含有一个主语和限定动词的一组词所构成的语法单位。小句可以构成句子或句子的一部分，其功能相当于名词、形容词或副词。”《语言学及应用语言学辞典》进一步指出：“子句分为从属句和独立句。”这里的“子句”实际上就是指“小句”。例如：

(9)I hurried home.（我赶紧回家。）

这是一个单独使用的小句，就是人们通常所说的简单句。

(10)I know that he is a famous singer.（我知道他是一个著名的歌唱家。）

主句“I know”和从句“that he is a famous singer”分别是一个小句。其中，“that he is a famous singer”是一个宾语从句。

因此，宾语从句就是指在句子中充当宾语的小句(clause)。

三　小句宾语与宾语从句的对比

3.1　小句宾语与宾语从句的概念对比

无论是小句宾语还是宾语从句都是指处于宾语位置上的小句。英语是从结构的角度对小句进行定义的，它说明了宾语从句各成分的组合关系。汉语虽然对小句没有一个明确的定义，但是从上面的分析中，我们也可以看出，汉语的小句宾语在结构上也是包含一个主语和一个谓语。

“现代认知语言学的研究表明，句法结构都是有其认知基础的。”[②]“不同的句法完成不同的功能，反映不同的认知。”[③]既然汉语和英语都有小句宾语和宾语从句这样类似的语言结构，说明它们有着相同的认知基础。小句宾语和宾语从句的认知基础是人们对所经验过的外在事件的整体反映。主语就是经验体，谓语动词是经验过程，小句宾语和宾语从句则是经验内容。这样的“认知基础”是基于人类认识世界的“人类中心说”，这是认知语言学的重要观点。由于人类本身在认识世界、谈及客观事物的时候，总是以自身为中心。由于人类的这种认知特点，我们在描述中会形成一些描述时间的固定角度，并形成固定的模式，这就是事件图式。又因为人类生活在客观世界中会有各种各样的经验（或称“体验”），包括身体的、社会的、文化的，等等，从而形成“体验图式”。人类总是通过体验过程或是言说过程将体验图式反映出来，即将一个事件描述出来。这就是小句宾语和宾语从句的认知基础。有这样的认知基础，必然有相应的语言结构来表述这种概念意义，即由小句宾语和宾语从句来表现这种“体验图式”的意义。对于生存在同一地球上的人类来说，既然这种认知基础是相同的，那么，表达同一概念的语言结构也应是相同的。从上面的分析可以看出，小句宾语和宾语从句都是由一个主语和一个谓语部分构成，都表示对主句主语所体验到的外在事件的描述。可见，这两种句式几乎具有同样的语法结构。所以，对英汉这两种句式的句子结构进行对比分析，可以帮助我们更好地理解这一语言现象。

3.2 小句宾语和宾语从句的表层结构对比

通过对句式概念的分析可以发现，这两种句式有共同的认知基础。“正因为植根于共同基础的人类各个具体语言之间有着普遍的共同性，才使不同语言间的交流成为可能。所以，我们说，语言共性是语际对比的基础和前提，没有语言共性，就没有可比性。”④语言的可比性首先应表现在表层结构上。语言表层结构可以直观地反映出语言之间的共性与差异。

3.2.1 表层结构的差异

3.2.1.1 标句词的有无

汉语小句宾语和英语的宾语从句所表现出的表层语法结构最明显的差别，就是汉语的小句宾语没有标句词，而英语的宾语从句有标句词。标句词指英语中的分句标记，如 that。在分句作句子成分时，通过标句词可以很容易判断分句的起始位置。例如：

(11)a. 他终于知道书本知识只有与实践发生联系才有用处。

b. He came to know that book knowledge can be useful only when it is linked with practice.

小句宾语和宾语从句虽然都是对一个事件的陈述，但是小句宾语没有标句词来表明它的起始位置；而宾语从句则带了标句词 that 来标示后面分句已经开始。在这个宾语从句中，标句词 that 不作句子成分，在口语或正式文体中可以省略。

3.2.1.2 疑问词的位置不同

小句宾语和宾语从句都可以是疑问小句，表示提出特定的问题。宾语从句用来表示问题的疑问词是标句词，在句中可以担任不同的句子成分；小句宾语的疑问词的位置由其在小句中担任的句法成分而定。例如：

(12)a. 他问你刚才在跟谁在讲话。

b. He asked who you spoke to just now.

“谁”在汉语小句宾语中作介词宾语，跟在介词后面；“who”在宾语从句中作介词宾语，但因为宾语从句要有词来引导，所以经过移位，放在了宾语从句的前面，作了标句词。

3.2.1.3 时态呼应的有无

无论在何种情况下，宾语从句中动词的时态都受主句与从句之间时间关系的制约，即从句的时态须与主句的时态保持合理的时间关系。小句宾语与主句之间当然也存在有时间关系，但是汉语动词没有时态的形态变化，因而无须考虑前后时态的呼应。小句宾语与主句的时间关系是通过助词、时间词或语境来表达的。例如：

(13)a. 他们说他们要在这儿建一座工厂。

b. They said that they would construct a factory here.

小句宾语通过助动词“要”来表示小句中的动作发生在主句动作之后，还尚未发生；宾语从句通过使用动词“construct”的过去将来时态的形式来与主句的谓语动词“said”保持时态上的一致。

3.2.1.4 主语的省略问题

在 1.3 节中，我们讲到汉语小句宾语中的主语可以省略，但宾语从句不行，一旦少了主语，就不合语法而成为错误的句子。例如：

(14)a. 他计划在下雨打雷时将风筝放到空中。

→他j计划在下雨打雷时,∅j将风筝放到空中。

(∅表示论元在表层形式中删除后留下的空位;∅与主句具有相同的下标j,表示两者所指相同)

→*他j计划在下雨打雷时,他将风筝放到空中。

小句宾语的主语不可补出,但是依然是合法的句子。宾语从句则不行:

b. He planned that he would fly a kite into the sky when it thundered.

→ * He planned that would fly a kite into the sky when it thundered.

该句中的宾语从句省略了主语"he",是一个不合法的句子。

3.2.2 表层结构的共性

尽管小句宾语和宾语从句在表层结构上存在着种种差异,但是共性还是主要的,那就是两者都包含一个主谓结构。正是这种表层结构的共性反映出两者相同的认知基础。

3.3 小句宾语和宾语从句深层结构的一致性

生成语法认为,如果把个别语法看成是整个人类语言的表层结构,那么普遍语法则可以看成是语言的深层结构。语言是要表现意义的,而意义的表现可以采取不同的表层结构。这样看来,深层结构也可以说是人脑内部语言存储的一种内在机制,是普遍语法机制。它体现的是意义,而不是具体的语言形式。人类对意义的表征是相同的,因此广义上讲表达同一意义,不同的语言就是不同的表层结构。意义是以命题的形式储存的。

我们通过例句来探讨两者在深层结构上的一致性:

(15)a. 她建议我们应当制定一个度假计划。

b. She suggested that we should make a holiday plan.

这两个例句的宾语各自包含一个命题,表示如下:

制定(我们,一个度假计划) make(we,a holiday plan)

上述命题指的是同样的意义,不分具体语言形式。该命题式体现了命题主项与谓项之间的关系,这两个命题中的主项与谓项是主动宾关系,体现了对于一个事件的描述。在表层结构上,小句宾语和宾语从句的核心动词都带有两个题元,指派了施事和受事两个题元角色,都满足了核心动词对题元数目的要求。从命题式来看深层结构的意义体现,可以发现由核心成分组成的小句宾语和宾语从句表现的都是同一个命题，但表层结构选择的具体方式不同。可见，汉语的小句宾语和英语的宾语从句在深层结构的意义表现是一致的。

通过对比，我们发现汉语的小句宾语和英语的宾语从句在表层结构上存在着某些差异，但是句子的基本结构是一致的，这基于共同的认知基础。在深层结构上，两者所体现的意义也是一致的。

四　结　论

本文通过对比研究，发现汉语的小句宾语和英语的宾语从句在深层结构上存在着共性。汉语的小句宾语和英语的宾语从句都可以表述相同的概念，都是对于客观世界中一个外在事件的描述。这种概念的表达是建立在“人类中心说”这一共同的认知基础之上的。小句宾语和宾语从句的深层语义结构相同，体现了一致的语法关系和语法意义。

在表层结构上，汉语的小句宾语和英语的宾语从句存在着较大的差异性。英语的宾语从句有标句词，汉语的小句宾语则没有标句词；英语的宾语从句要求从句与主句的时态一致，汉语的小句宾语则没有这一要求；英语宾语从句中的疑问词要移位，汉语小句宾语中的疑问词则在原位置。汉语的小句宾语有主语省略现象，这种省略在句子中留有语迹，根据深层结构可以补出，而英语则不存在主语省略的现象。上述这些差异性是由于英汉语言都有各自的特点，因此在语法结构和形式上，表现出了各自的特性。

因为小句宾语在汉语中还是一个有着很多争论的问题，所以本文花了较大的篇幅来论证它的存在性，但这还很不够。小句宾语为什么存在，以及小句宾语同其他的谓词性宾语具体有哪些形式上的区别等问题都是值得探讨的。在与宾语从句的对比方面，也存在许多遗留问题，诸如小句宾语和宾语从句在主语的语类选择方面是否一致，在语气表达方面有何不同，小句末尾的句调问题等，也都值得深入探讨。

附注：

①岑麒祥：《语言学史概要》，北京大学出版社，1988 年，第 72 页。

②张伯江：《名词的指称性质对动词配价的影响》，见袁毓林、郭锐主编：《现代汉语配

价语法研究》(第二辑),北京大学出版社,1998 年,第 155 页。

③赵艳芳:《认知语言学概论》,上海外语教育出版社,2001 年,第 134 页。

④丁金国:《汉语对比研究中的理论原则》,《外语教学与研究》,1996 年第 3 期。

参考文献:

[1]吕叔湘.汉语语法分析问题[M].北京:商务印书馆,1979.

[2]吕叔湘.现代汉语八百词[M].北京:商务印书馆,2006.

[3]赵元任.汉语口语语法[M].北京:商务印书馆,1979.

[4]邢福义.汉语语法学[M].长春:东北师范大学出版社,1996/1997.

[5]朱德熙.语法讲义[M].北京:商务印书馆,2006.

[6]储泽祥.小句是汉语语法基本的动态单位[J].汉语学报,2004(2).

[7]黄伯荣,廖序东.现代汉语:下[M].北京:高等教育出版社,2002.

[8]邢福义,吴振国.语言学概论[M].武汉:华中师范大学出版社,2002.

[9]何善芬.英汉语言对比研究[M].上海:上海外语教育出版社,2002.

[10]潘文国.汉英对比纲要[M].北京:北京语言文化大学出版社,1997.

[11]袁毓林,郭锐.现代汉语配价语法研究:第二辑[M].北京:北京大学出版社,1998.

[12]李福印.语义学概论[M].北京:北京大学出版社,2006.

[13]赵艳芳.认知语言学概论[M].上海:上海外语教育出版社,2001.

[14]岑麒祥.语言学史概要[M].北京:北京大学出版社,1988.

[15]王艾录.汉语成句标准思考[J].山西大学学报,1990(4).

[16]杨成凯.关于短语和句子的构造原则的反思[J].汉语学习,1993(2).

[17]贺阳.汉语完句成分试探[J].语言教学与研究,1994(4).

[18]缪俊.现代汉语句嵌结构研究[D].上海:华东师范大学博士学位论文,2007.

(王文格　南阳师范学院文学院)

现代汉语自反结构的跨语言察看*

朱俊阳

一　问题的提出

人类语言有两种表达反身的策略：一些语言利用人称代词上的变化来实现，如英语和海地语（Haitian）①；而另一些语言则是充分利用动词的变化来实现，如西班牙语和俄语。生成语法主要关注第一种现象，研究人称代词的照应规则，而本文则是关注第二种现象。现代汉语中存在这样一类动词，它的施事和受事都是同一个实体（通常是人），即动作的发出者和动作的接受者相同，动作是作用于自身。为了区别于以往的反身代词结构，我们把这样的动词形成的结构称为自反结构。例如：

（1）我昨天洗澡了。

（2）她匆匆忙忙地打扮起来。

（3）他正在挠痒。

汉语中这样的动词并不多，一般都和人的起居生活相关，所以形成的自反结构也很少得到人们的重视。本文从动词入手来探讨汉语中自反结构的形式和语义特征，并结合其他语言揭示汉语自反结构的类型学意义。

二　自反动词

2.1　自反动词的类型

自反动词既然作为动词的一类，那么每一个自反动词都应是一个词

---

* 本文已发表于《汉语学报》2009年第2期。

位。自反动词在语言类型上有两种基本表达方式:一种是词汇型,如上面三例的动词,这类动词词汇义中就易于表达反身的事件,其他语言也有同样的语义认知框架,一般是作用于自我身体的动作,如英语的 shave(刮胡子)、wash(洗)、soap up(用肥皂洗自己)、bathe(洗澡)、showered(淋浴)、scratch(挠痒)、button up(扣紧)、dress(穿衣)等。这类动词除了可以表达自身动作以外,还可以通过句法形式来引出非自身的对象。如汉语用介词"给、为、替"引出非自身的对象,英语则无需采用任何语法手段,像其他及物动词一样在后面直接加上受事对象,试比较:

(4)我给/为孩子洗澡。

(5)她匆匆忙忙地给/为演员打扮起来。

(6)他正在给/为我挠痒。

(7)I shaved him.(我给他刮胡子。)

(8)She bathed children.(她给孩子们洗澡。)

显然,仅靠这些词汇型的自反动词,很难确定它在语言学中的意义,因为它和非自身动词一样,可以加上不同的受事,甚至可以加上和主语指称相同的宾语,但我们所以把它独立出来,是因为自反意义已经固化到该动词中,在不出现宾语时,动词表示的动作一定作用于主语。再如海地语(Haitian):

(9)a. Jak benyen m de fwa pa jou.(海地语)

bathe 1sg two times per day

Jak bathes me twice a day.(Jak 一天给我洗两次澡。)

b. Jak benyen de fwa pa jou.

bathe two times per day

Jak bathes twice a day.(Jak 一天洗两次澡。)

c. Jak benyen [kò l] de fwa pa jou.

bathe body 3sg two times per day

Jak bathes himself [all by himself] twice a day.(Jak 一天给自己洗两次澡。)

另一些语言,即使这些动作作用于自身,自反义也没有固定到动词中,还必须加人称标记,例如萨波蒂克语(Yatzachi Zapotec):

(10)a. a. ø-c in˙-a x̂ic R-bo(萨波蒂克语)

pot-comb-I head of-3f

I will comb his hair.（我将给他梳头。）

b. ø-c in˙ə x^ic R-a

pot-comb head of-me

I will comb my hair.（我将梳头。）

可见，这种少量自反词汇型性语言还是属于第一种策略，即人称代词的变化表达自反含义，只是人称代词省略而已，或者说是被动词吸收而已。

另一种是形态型，即在一般动词上添加某种形态标记以表达自反含义，如大部分的斯拉夫语(Slavic)都是形态型的。这又分为两类：加前缀和加后缀。第一类如西班牙语和法语加 se-：

(11)a. Matilde quemó la cena.（西班牙语）

Matilde burned the dinner

Matilde burned dinner.（Matilde 烧晚饭。）

b. Matilde se-quemó.

Matilde herself-burned

Matilde burned herself.（Matilde 烧自己(自焚)。）

(12)a. Jacques regarde la télé.（法语）

Jacques watches the TV

Jacques watches TV.（Jacques 看电视。）

b. Jacques se regarde.

Jacques himself watches.

Jacques watches himself.（Jacques 看自己(照镜子)。）

西班牙语的 se 黏着性比较强，法语中的 se 虽然已经独立出来，但如果没有 se，动词词义发生改变，如：se lever(起床)、s'endormir(入睡)，如果没有 se 意思变为“拎起”、“让某人睡觉”，这也说明法语 se 还是和动词共同构成一个词位。即“自反代词＋动词”＝代词式动词。

第二类如葡萄牙语加-se，俄语加-sja，波兰语(Polish)加 si：

(13)a. A ma～e *lavou* o *rapaz*.（葡萄牙语）

The mother washed the boy.

The mother washed the boy.（妈妈给男孩盥洗。）

b. A ma～e lavou-se (*a* si mesm*a*).

The mother washed herself (the mother).

The mother washed herself.（妈妈(给自己)盥洗。）

(14) a. Boris uml¨vát[j] d[j] et[j]-oj.（俄语）

Boris wash child-Pl：Acc

Boris washes the children.（Boris 给孩子们盥洗。）

b. Natás˘a uml¨vát-sja.

Natasha wash-Refl

Natasha washes (herself).（Natasha(给自己)盥洗。）

(15) a. Mania czyta at ksia ˆź k.（波兰语）

$\text{Mania}_{\text{Nom}}$ read_{Fem} this book_{Acc}

Mary read this book.（Mary 读这本书。）

b. Te samochody prowadza ˆ si atwo.

These cars_{Nom} $\text{drive}_{\text{3pl}}$ Refl easily

These cars drive easily.（这些车开起来很容易。）

有些语言则存在真假形态自反动词，王阳(1983)提到过这种情况，德语真自反动词 sich beeilen(急急忙忙赶)、sich begeben(前往)、sich entschlieβen(决定)、sich erholen(休息)等就是这样的单个词位。假自反动词主要是因为中动结构和无标记被动结构的干扰，这在后面自反结构的分析中会详细谈到，以及“sich＋动词”还没有变成一个词位。例如：

(16) a. Der Schlüssel hat sich gefunden.（德语）

the keys have themselves find

The keys have been found.（钥匙找到了。）

b. Die Apfelsine schält sich schlecht.

the orange peel itself bad.

The orange peels badly.（柑子皮不好剥。）

c. In dem Sessel sitzt es sich bequem.

in the armchair sits it itself comfortably.

The armchair sits comfortably.（这沙发坐着舒服。）

(17) a. Die Mutter wäscht das Kind.（德语）

the mother wash the children

The mother washes the children.（母亲给孩子盥洗。）

b. Die Mutter wäscht sich.

the mother wash herself

The mother washes herself. (母亲在盥洗。)

c. Die Mutter wäscht sich und das Kind.

the mother wash herself and the children

The mother washes the children and herself. (母亲在盥洗她自己和孩子。)

例(17)之所以是假反身动词,是因为德语把第四格宾语和 sich 并列起来,所以 sich 已经成了一个单独的词位,这也说明 sich 的黏着性越来越弱。

形态型的自反动词是在动词上加标记,即自反动词相当于一般动词来说是有标记的,然而有一类语言正好相反,自反动词是无标记的,非自反动词是有标记的,例如 Atsugewi 语是在自反动词上加上一个受益的词缀,表示非自反的动作:

(18) a. instrumental prefix^{+} (Atsugewi 语)

verb root: -cu-spal- comb the hair

inflectional affix-set: s-'-w--^{a}, I-subject

/s-'-w-cu-spal-^{a}/→[scusp l]

I comb my hair. (我梳头。)

b. instrumental prefix^{+}

verb root: -cu-spal- comb the hair

benefactive suffix: -iray for another

inflectional affix-set: m-w- -isahk I-subject, thee—object

/m-w- cu-spal-iray-isahk/→[mcuspal^{ə}ré · sahki]

I combed your hair. (我给你梳头。)

我们发现: Atsugewi 语和 Yatzachi Zapotec 语形成鲜明的对比, Atsugewi 语是在动词上加词缀, Yatzachi Zapotec 语是在名词上加词缀。

2.2 汉语的自反动词

汉语的自反动词有四种构成方式:

第一种是靠动词本身的自反意义,这种动词并不多,因为大部分动词的对象都不是动作的发出者。这一种又可以分为两类:一类是后面不能再加宾语，如“打扮”、“化妆”、“挠痒”、“撤退”、“梳头”、“翻身”等等，另一类是后面可以加宾语，只是宾语通常是身体的一部分，或是处所宾语，如“扭(头/身体)”、“招(手)”、“伸(手)”、“抬(头)”、“眨(眼)”、“卖弄(自己)”、“躲藏(在树林里)”等等，这类动词的宾语渐渐地被动词吸收，向不及物动词方向发展。显然这属于词汇型自反动词。

第二种是在动词词根上加词缀“自”或者“自我”，这种方式是汉语中最常见的方式，如“自爱、自傲、自拔、自白、自保、自暴自弃、自卑、自裁、自残、自测、自查、自嘲、自称、自持、自肥、自焚、自豪、自毁、自检、自荐、自尽、自咎、自疚、自救、自觉(自己觉得自己)、自夸、自理、自律、自勉、自欺、自杀、自首、自卫、自刎、自问、自我标榜、自我吹嘘、自我解嘲、自我批评、自我陶醉、自我作古、自信、自省、自诩、自许、自己、自以为是、自娱、自誉、自怨自艾、自责、自制(自我控制)、自尊(动词)”等，“自”或者“自我”已经成为动词的一部分，不管主语是第几人称，“自”都不能随便改成其他人称再加“自”，这类动词同样不能再加宾语。例如：

(19)*他自暴自弃他/自己/他自己。

魏培泉(1991)指出：先秦时期“自”只能作状语，在它的最小句范畴内复指前一个前行词，可强调行为由主语主动发出，是“自主”的，也可表示行为发于主语，相当于“反身”的用法。如：

(20)故明主使法择人，不自举也。(《韩非子·有度》)

(21)有乌获之劲，而得人助，不自举也。(《韩非子·外储说左下》)

前一例表“自主”，相当于现代汉语的“亲自”。后一例表“反身”。董秀芳(2002)则着重考察了“自”的照应用法，认为表照应的“自”不同于表强调的“自”，它是作动词的宾语，如例(21)，再如：

(22)彼必释赵而自救。(《孙子·吴起列传》)

现代汉语也有两个“自”，表照应的就是我们上文举到的“自”类自反动词；表强调的是动作由自己发出，并非外力使动的，如“自备、自爆、自产、自筹、自吹自擂、自忖、自得(自己感受到或体会)、自得其乐、自费、自奉、自负、自负盈亏、自告奋勇、自供、自纠、自立、自留、自流(放任自流)、自满、自鸣得意、自修、自学、自找、自制(自己制造)、自作自受”。这也证明了现代汉语“自”类反身动词的来源，由于双音节化影响，“自”成为动词的前缀，黏着性越来越强。其他语言的自反动词有时也只有“亲自”的意思，如德语的 sich beeilen（急急忙忙赶），sich begeben（前往），sich entschließen（决定）等。同时这两个“自”有时很难分开，特别是表示状态或者感觉的如“自满、自疚、自鸣得意”等等，所以《现代汉语规范词典》是作为一个义项列出的。这种“自”类自反动词的构成方式属于形态型，而它又与形态型有所区别，即不管主语是第几人称，“自”或者“自我”都不会随人称的改变而改变。对比汉语和法语：

(23) a. 我廉洁自持，无私奉献。

b. *你廉洁你持，无私奉献。

c. *他廉洁他持，无私奉献。

(24) a. 遇到什么不好的事，我一向自我解嘲。

b. *遇到什么不好的事，你一向自你解嘲。

c. *遇到什么不好的事，他一向自他解嘲。

(25) a. Je me lève.（法语）

I myself get up.

I get up.（我起床。）

b. Tu te lèves.

you yourself get up.

You get up.（你起床。）

c. Il se lève.

he himself get up.

He gets up.（他起床。）

这是因为印欧语系形态比较发达，而汉语本来就是缺乏形态的语言，所以汉语的形态型自反动词比其他的更为凝固。需要注意的一点是：虽然法语的自反代词随着主语人称的变化而变化，但是自反代词必须依附在动词上和动词共同构成一个词位，如果否定的话，也只能对整体否定，而不能只对动词或者自反代词否定。汉语自不必说，例如，法语的否定是用 ne pas 夹注被否定的动词，对例(25)的否定是：

(26) a. Je ne me lève pas.（我不起床）（法语）

b. Tu ne te lèves pas.（你不起床）

c. Il ne se lève pas.（他不起床）

可见，se lève 是一个词，而不是词组。提到“自”，自然会想到“己”，然而现代汉语中“己”还没有达到词缀的功能，虽然它比“自”更具有黏着性，但作为词缀的能产性比较弱，一般出现在成语中，如“克己奉公、身不由己、先人后己”，如果能构成自反结构也应属于词汇型。古代汉语的“己”是一个词，所以构成的反身结构是采用句法的策略。例如：

(27)人人各自以为孟尝君亲己。(《孟尝君列传》)

(28)胡君闻之，以郑为亲己而不备郑。(《老子·韩非列传》)

比较例(27)和(28)，两句都是宾语从句，例(27)的“己”是和从句中的主语同指，是真正的反身结构，例(28)的“己”是和主句中的主语同指，并不是反身结构。

汉语“自”类自反动词在其他语言中也能找到佐证，例如日语。日语是采用“zi＋词根”构成自反动词。例如：

(29)zi-man-suru 自夸　zi-san-suru 自赞　zi-ritu-suru 自立(日语)

zi-tyoo-suru 自嘲　zi-kyoo-suru 自首　zi-ai-suru 自爱

zi-ten-suru 自转　zi-nin-suru 自认　zi-satu-suru 自杀

zi-sei-suru 自控　zi-kai-suru 自裁　zi-baku-suru 自爆

(30)Hannin-ga　bankoo-o　zi-kyoo-sita

criminal-Nom　crime-Acc　Refl-confessed

The criminal confessed (his) crime.(罪犯自首了。)

第三种是在动词词根上加词缀“反”，这类没有“自”多，如“反躬自问、反剪、反口、反求诸己、反身、反思、反省”等，两个成语的“反”可能还是和“自”和“己”相关，暂时放进来。这类动词比“自＋词根”少得多，动词后面有时可以有宾语，通常是人体的部位名词。例如：

(31)他反省*他/自己/他自己呢。

(32)他反剪着双手在花园散步。

“反”类也是属于形态型。“反身”在《周易》中就有：

(33)象曰：山上有水，蹇。君子以反身修德。

(34)象曰：威如这吉，反身之谓也。

其他各词至先秦两汉都很少见。“反”类自反动词的能产性也是相当薄弱的，处在“自”和“己”之间。第二种和第三种都是通过加“前缀”，这也符合汉语是 SVO 型的前置词语言。

第四种是离合词，如“睡觉，站岗、洗澡、游泳”等等，这类动词都可以分开，中间加上动量词，从而把动词部分名词化了。分开时，我们一般也不把后面的词看作宾语，而认为是典型的不及物结构。“离合词”的自反动词在类型学上属于词汇型。用动词名词化表示自反含义的，也不只是汉语，如英语 have/take a bath（洗澡）、get lost（迷路），在动词前加一个轻动词，动词完全变为同根的名词，韩语里也有类似的现象，用 ha-da，相当于 have/take。例如：

(35) Nae ka　　mok-yok el　　ha-da.（韩语）
　　I -nom　　a bath-acc　　take.
　　I take a bath.（我洗澡。）

三　自反结构

3.1　自反结构的形式特征

现代汉语以上四类动词构成的结构就是自反结构，自反结构从形式上看是“主语＋动词”，而同样句法形式的还有不及物动词结构、中动结构、作格结构和无标记被动结构。那么，它们到底有些什么不同呢，或者这些结构在类型学上是否有用自反动词来表示的呢？这些问题都值得我们去考察。

首先看不及物动词结构。杨素英（1999）提到：不及物动词包括自主的动词，如“学习”、“工作”、“跳”、“哭”、“笑”等；有意愿控制的动词，如“喵”、“汪”等；部分有意愿控制的动词，如“休息”、“睡觉”、“咳嗽”等，这三类如果从自反动词的语义上考虑，自主的和部分由意愿控制的部分动词可以进入自反结构，如汉语中两种词汇型的自反动词，就是比较典型的不及物动词，这主要是受自反动词的自主含义的影响，加上都没有宾语，动作作用于自身也一时很难说清，所以就有了自反结构表示自主或部分由意愿控制的不及物动词结构。我们也可以说这两种自反结构是不及物动词结构的一种特例，在形式上，与不及物动词结构相同。如图一所示：

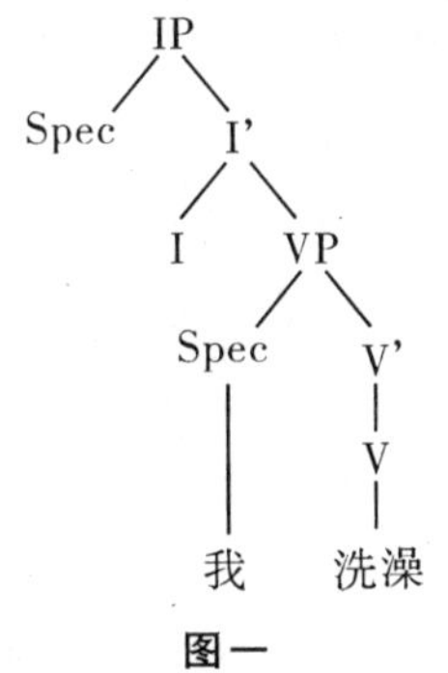

图一

其次是所谓的中动结构和无标记被动结构，中动结构在汉语中界定比较复杂，这里我们只取得到认可的几例。例如：

(36)这本书读起来很容易。(中动结构)

(37)这些政府贿赂起来容易。(中动结构)

(38)钥匙找到了。(无标记被动结构)

(39)信写完了。(无标记被动结构)

中动结构和无标记被动结构的主语虽然是动作作用的客体，但动作并不是由主语发出，这是和自反结构最大的不同。然而有的语言确是用形态式的自反动词构成中动结构和无标记被动结构，例如波兰语(16b)。再如法语和西班牙语：

(40) La vache se vend. (法语)
the cow is sold.
The cow is sold. (母牛被卖了。)

(41) Se vendó el esclavo. (西班牙语)
is sold the slave
The slave sold itself/the slave was sold/ (some) one sold the slave. (奴隶被(自己/别人)卖了。)

还有德语假自反结构。说它假，是因为它和自反动词的定义相矛盾，且除去“sich”的动词是及物动词。我们认为这可能跟这类句子的主语都比较泛化有关，以致动作发出者不明，从而可以用自反结构来表示。汉语中的自反动词不能表示中动结构和无标记被动结构。

最后我们看一看作格结构。这几年关于作格结构的讨论也很多，就明确的定义看，作格结构的主语是动词的深层宾语，根据“Burzio 原则”

(Burzio's Generalization)即“只有那些能够指派主语名词‘施事论旨角色’的动词才能指派宾语名词‘宾格’”，所以它在宾语上得不到格，只能体现为主语。而自反结构的动词是能够指派主语名词“施事角色”的，所以它能给同指宾语附格，除非宾语被动词完全吸收了。那么形态标记的自反结构的自反代词有没有得到格呢？我们认为它和作格结构一样，也没有得到宾格。至于为什么没有得到，我们以汉语的形态性自反结构为例，汉语的“自”类自反动词最为典型。前文我们已经说过董秀芳(2002)认为照应的“自”和强调的“自”不同，因为前者作宾语，后者作状语。但是这个结论也是值得怀疑的，因为根据魏培泉(1991)的考察：先秦中“自”只能作状语，这个作宾语的“自”是怎么来的呢？“自杀”我们可以理解“自”是宾语，但是理解成状语也未尝不可。如果是状语，那么它是附加到动词上的，这和“前缀”是中心语又有点矛盾。从语序类型学上看，汉语是前置词语言，前缀是要统辖后面词根的，根据这一点我们有一个想法，如果词法也能纳入到句法，那么自反动词的前缀(自反代词)不是宾语，而是主语，如图二所示：

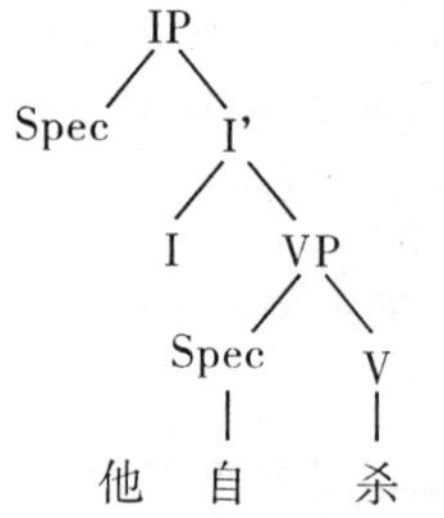

IP
Spec I'
I VP
Spec V
他 自 杀

图二

图二和图一也有异曲同工之处，既然作为同一的自反结构，形式上不免应该可以统一，词汇型的是通过形态型的提升而来，同时我们也就有理由把它和通过代词变化的反身结构区分开，因为它们有本质的不同。当然这也只是针对前缀的语言而言，至于像葡萄牙语、俄语等加后缀的语言还有待进一步考察。

3.2 自反结构的语义特征

自反结构从类型学上说，一般有自反义、相互义、被动义和绝对义。自反义是自反结构的基本语义，而相互义是当主语是复数时演化出来的语义。例如：

(42) Les deux amis se regardent.（法语）

the two friends Refl see

The two friends see each other.（两个朋友遇见了。）

汉语的自反结构没有相互义，即使主语是复数，也只表示自反含义，而不表示相互义。汉语中有专门的一组词表示相互义，如“相爱、相伴、相比、相称（互相称呼）、相遇、相成、相持、相斥、相处、相待、相得益彰、相等、相抵、相对（面对面）、相逢、相辅相成、相干、相隔、相顾、相关、相合、相会、相见、相交、相较、相接、相近、相距、相看、相连、相联、相恋、相邻、相配、相亲、相让、相扰、相容、相商、相识、相视、相熟、相通、相投、相望、相违、相偕、相依、相映、相遇、相约、相悦、相知、相持、相撞、相左”等和“互爱、互补、互动、互访、互换、互惠、互见、互利、互谅、互勉、互派、互让、互市、互通、互译、互助”等。可以看出汉语的相互动词和“自”、“反”类自反动词构成相似，也是形态型的动词，如果按其他语言的处理，把相互结构归入自反结构也未尝不可。

被动义在上一节的形式比较中已有所涉及，如例(40)。汉语的被动义一般不采用自反结构，而是采用被动结构，因为被动结构有自己的形式标记“被”，并且可以作为一个独立的结构而存在。根据邓思颖(2004)和潘海华、韩景泉(2006)的作格研究，认为“短被动结构”和作格结构同构，都是抑制宾语的出现。而上面我们也已经比较了作格结构，作格结构的底层结构还是有宾语的，而自反结构的底层结构是没有宾语的，所以短被动结构汉语中是不采用自反结构的。即使没有标记“被”，汉语中也不用动词的变化来表示，而是采用语序，这也跟形态不发达有关。

关于绝对义，是指形态词缀是一个固有的成分，算作词缀可能不妥，即这类自反动词必须有自反代词，否则不是词，如法语的 se souvenir(想起)、se rende compto(意识到)和 se trouve(位于)等，意义固定，不能从组成成分推导出来。具体来看：

(43) Où se trouve la station de métro?（法语）

Where lie the station of subway?

Where is the station of subway?（地铁站在哪?）

我们主要考察了“自”类自反动词，这类动词除去“自”一般都可以成词，且整个词的意思完全可以从词根上推导而出，所以汉语的自反结构没有绝对义。当然这也与本文的出发点有关，我们先从意义上确定了自反动词，最后又回到这些自反动词形成的结构意义，所以很难有其他的三种意思。但是为什么像法语、西班牙语等其他语言结构就有其他几种意思呢？从中我们也可以看出动词和结构是互动的，动词义影响结构义，反过来结构义也能影响动词义。

从动词的配价看，自反结构既然只能联系一个成分，那么是一个一元谓词结构，而从语义上说它实际联系两个。每一种语言都有调整语义角色和语法关系之间关系的操作，包括增价、减价和重置（rearrange）价。这些操作改变核心论元的数目或语义角色。语言可以通过形态、词汇和分析的形式来减少动词的价。最普遍的形态减价操作是反身、相互、被动和反被动，所以说自反结构其实是语义角色和语法关系调整的结果，通过合并进行的减价操作。

四 结 论

本文从自反动词的类型角度考察了现代汉语的自反动词和自反结构，认为汉语的自反动词也有词汇型和形态型。汉语的形态型自反动词比典型的形态型更加凝固，句法上更是作为一个整体来出现，由自反动词构成的自反结构句法上不宜体现为及物的动词结构，当自反动词是词汇型时，就是典型的不及物动词结构；当自反动词是形态型时，就适合分析为 S+（S+V）的不及物动词结构，S 和 V 构成一个词位。自反结构语义上也比较单纯，一般不表示其他的含义。

附注：

①海地语的人称代词变化如下例：

a. M wk m.	b. Ou wk w.	c. Nou wk n.
lsg see lsg	2sg see 2sg	1/2pl see 1/2pl
I saw myself.	You saw yourself.	We saw ourselves/each other/you (pl.). OR You (pl.) saw us.

参考文献：

[1]董秀芳.古汉语中的“自”和“己”[J].古汉语研究，2002(1).

[2]邓思颖.作格化和汉语被动句[J].中国语文,2004(4).

[3]李润.论"相+动词+宾语"结构与"相"的词性[J].古汉语研究,2007(2).

[4]潘海华,韩景泉.显性非宾格动词结构的句法研究[J].语言研究,2005(3).

[5]宋亚云."V_2自动词化标准化"献疑[J].古汉语研究,2008(1).

[6]王卯根.论偏义复词的包容关系类型[J].语文研究,2007(2).

[7]王阳.德语动词反身结构[J].外语教学与研究,1983(3).

[8]魏培泉.汉魏六朝称代词研究[D].台北:台湾大学中国文学研究所博士学位论文,1991.

[9]杨素英.从非宾格动词现象看语义与句法结构之间的关系[J].当代语言学,1999(1).

[10]Butler, Inez M. Reflexive Constructions of Yatzachi Zapotec[J]. International Journal of American Linguistics,1976,42(4).

[11]Déchaine,Marie R,Manfredi V. Binding Domains in Haitian[J]. Natural Language & Linguistic Theory,1994,12(2).

[12]Kliffer, Michael D. The Case of the Missing Reflexive[J]. Hispania,1982,65(3).

[13]Levine, James S. Russian Reflexive Verbs. In Search of Unity in Diversity by Nelleke Gerritsen[J]. The Slavic and East European Journal,1993,37(4).

[14]Mixco,Mauricio J. The Kiliwa Resumptive Aspect and Nondistinct Arguments[J]. International Journal of American Linguistics,1985,51(4).

[15]Naro, Anthony J. The Genesis of the Reflexive Impersonal in Portuguese: A Study in Syntactic Change as a Surface Phenomenon[J]. Language,1976,52(4).

[16]Prado M. The Reflexive "se" in Spanish[J]. Hispania,1975,58(2).

[17]Rivero, María Luisa and Sheppard M M. Indefinite Reflexive Clitics in Slavic: Polish and Slovenian[J]. Natural Language & Linguistic Theory,2003,21(1).

[18]Talmy L. Lexicalization patterns: semantic structure in lexical forms[C]// Shopen T. Language typology and syntactic description, Volme 3: Grammatial Categories and the Lexicon. Cambridge: Cambridge University Press,1985.

[19]Townsend, Charles E. Voice and Verbs in-sja[J]. The Slavic and East European Journal,1967,11(2).

[20]Tsujimura N,Aikawa T. Two Types of Zi-Verbs in Japanese[J]. The Journal of the Association of Teachers of Japanese,1999,33(1).

[21]Whaley L J. Introduction to Typology: The Unity and Diversity of Language[M]. New York:Sage Publications,1997.

(朱俊阳　北京大学中文系)

感叹句标记手段的跨语言比较*

李 莹

○ 引 言

在对感叹句进行正式探讨之前，我们有必要界定一下本文即将讨论的感叹句的范围。感叹句的范围可宽可窄。广义感叹句是指任何带有强烈感情的句式。当陈述句、祈使句、疑问句附着强烈的感情时，它们就带有感叹语气。因此某些学者，如徐杰（1987）主张将具有达意功能的陈述句、祈使句、疑问句三大句类进一步按照表情功能划分为强感句和弱感句，取消感叹句和其他三大句类的并列地位。狭义感叹句是以表达感情为基本作用的语句（吕叔湘 1982）。王洪梅（1994）把感叹句分为依赖感叹句和标准感叹句。依赖感叹句指陈述感叹句、祈使感叹句和疑问感叹句，属于上边所说的广义感叹句。标准感叹句则以表达感情为基本作用，所以属于狭义感叹句。王洪梅还将标准感叹句进一步划分为有感叹形式的标准感叹句和无感叹形式的标准感叹句，这和朱晓亚（1994）的分类结果基本吻合，只是所用术语略有差异①。我们这里不拟对各种分类标准和分类结果作出评价，下文的论述只是围绕狭义感叹句中有特殊标记的一类来进行。

一 语言中感叹句的标记手段

1.1 感叹标记的类型

在世界众多的语言中，都存在着感叹句。而这些感叹句很多又具有特定的形式或标记，我们笼统地称作有标记的感叹句。例如：

---

* 本文已发表于《汉语学报》2008 年第 3 期。感谢导师徐杰教授的悉心指导。文中如有错误，概由作者负责。与本文相关的研究工作得到了国家社会科学基金项目（批准号：06BYY045）的支持。

(1)Ouf! c' est enfin fini!(法语)
喔唷 这 终于 结束
喔唷!总算结束了!

(2)kono hana-wa nante utukusii na da!(日语)
这 花-话题标记 什么 漂亮 语气词
这枝花多么漂亮啊!

(3)就是下小雪吧,济南是受不住大雪的,那些小山太秀气!(老舍《济南的冬天》)

(4)这是一个多么善良的人啊!

第一例选自在形态上属于屈折语的法语[②],该句的感叹语气通过感叹词 ouf 来标记;第二例选自在形态上属于黏着语的日语[③],该句的感叹语气通过疑问词 nante 和语气词 da 来标记;第三、四例选自属于孤立语的汉语,第三例通过程度副词“太”来标记感叹语气,第四例则通过程度副词“多么”和语气词“啊”来共同标记。上述四例代表的是世界各语言有标记的感叹句通常采用的四种标记手段,即通过感叹词、疑问词、程度指示词语、语气词来标记感叹句。下边逐一论述。

1.1.1 感叹词

感叹词是世界各种语言标记感叹句的共同手段之一,运用感叹词来表达感叹语气是世界各种语言的共性。

杜道流(2005)认为感叹词具有两大功能特征,其一是感叹词在句法上具有独立性,它不支配或黏附句中的任何成分;其二是感叹词仅表感叹情状,无感叹内容,句中的感叹内容是通过位于它之后的句子来表达的。例如:

(5)Oh, how wonderful!(英语)

(6)Aa, uresii!(日语)
啊呀,高兴
啊呀,真高兴!(引自赵博源 1999)

例句中的感叹词 oh 和 aa 都表示惊奇、高兴或喜悦。它们引发了感叹,但是真正的感叹内容却是它们后边的部分。

1.1.2 疑问词

疑问词,国外学者也称为 wh-算子,因此含有疑问词的感叹句也被称为含有 wh-算子的感叹句。让疑问词充当感叹标记是世界语言的又一重要共性，这一点可以得到下面众多语言材料的佐证。例如：

(7) What strange ideas you have!（英语）

(8) Quelles belles maisons il a acheté!（法语，引自 Elliott，D 1974）
什么 漂亮 房子 他 买
他买了套多么漂亮的房子啊！

(9) Kakaja krasivaja devochka!（俄语，同上）
哪一个 漂亮 女孩
多么漂亮的女孩啊！

(10) Ce om pl cut este!（罗马尼亚语，同上）
什么 好 人（阳性单数第三人称）
多么好的一个人啊！

(11) Quina dona tan/més antip á tica!（卡塔卢尼亚语，
什么 妇女 如此/更 脏乱的 Castroviejo-Miró 2006:86）
多么脏的女人啊！

(12) Was/wie bist du gross geworden!（德语，Saeb 2005）
什么/怎么样 是 你 大 变成
你长得多么大了啊！

(13) Qué buena es nuestra vida!（西班牙语，《新西汉词典》
什么 好 我们的 生活 1982:913）
我们的生活是何等的好哇！

(14) Quanto tempo è passato!（意大利语，《意汉词典》1985）
多少 时光 过去
多少时间过去了！

(15) kanojo-wa nante utukusii josei na no da!（日语）
她-话题标记 什么 漂亮 女士 语气词
她是一位多么漂亮的女士啊！

从上面的语料中可以看出，英语的 what、法语的 quelles、俄语的 kakaja、罗马尼亚语的 ce、卡塔卢尼亚语中的 quina、德语的 was/wie、西班牙语的 qué、意大利语的 quanto、日语的 nante 都是疑问词，但它们又在感叹句中充当感叹标记。所以由疑问词来充当感叹标记是世界语言的一个普遍现象。

Zanuttini and Portner(2001)认为构成感叹句最基本的要素有两个，

其中一个就是疑问词，可见疑问词对于构成感叹句是相当重要的。石毓智(2004)认为这种现象来源于疑问和感叹之间内在的认知关系。比如"何"是汉语史上最早的疑问代词之一，但后来它也用来标记感叹。例如：

(16)子能曰："子夏云何？"(《论语·子张》)

(17)内省不疚，夫何忧何惧？(《论语·颜渊》)

(18)朔再拜曰："朔来！朔来！受赐不待诏，何无礼也！拔剑割肉，壹何壮也！割之不多，又何廉也！归遗细君，又何仁也！"(《汉书·东方朔传》)

例(16)和例(17)中的"何"都是疑问代词，分别充当句中动词"云"、"忧"和"惧"的宾语，表示"什么"的意思。而例(18)中的疑问词"何"则用作感叹标记，分别充当句中感叹中心"无礼"、"壮"、"廉"和"仁"的修饰语。

现代汉语中的"多(么)"④同样既是疑问标记，又是感叹标记。"多(么)"表感叹大约也是由表疑问发展而来的(太田辰夫 1987:282)。

(19)你知道天安门多高？

(20)在四五夜以前，她和立夫相敬酒的时候儿，当时多么快乐！

例(19)中的"多"用作疑问标记，用于询问程度；例(20)中的"多么"用作感叹标记，表示程度很高。

1.1.3　程度指示词语

除了感叹词、疑问词可以充当感叹句的标记手段外，有一些能表程度的词语，如程度副词、形容词、指示代词等也经常用来标记感叹，我们把它们统称为程度指示词语。用程度指示词语来标记感叹，在语言中也是比较普遍的。例如：

(21)景琦："今儿玩儿得真痛快！好些日子没这么开心了！"(郭宝昌《大宅门》)

(22)He is such a kind-hearted man!

例(21)中的感叹标记词语分别为程度副词"真"和指示代词"这么"，它们分别修饰句中的感叹中心"痛快"和"开心"。例(22)中的标记词语为表程度的形容词"such"，它修饰句中的感叹中心"a kind-hearted man"。

1.1.4　语气词

如果说借助感叹词、疑问词、程度指示词语来表达感叹语气是世界众多语言的一个普遍现象，那么使用语气词来表达感叹则是少数语言的特殊方法。这是因为很多重要语言，比如英语、法语、俄语中都没有语气词。第一部汉语语法学著作《马氏文通》甚至认为语气词是汉语所特有的⑤，当然这是不够准确的。事实上除了汉语有比较丰富的语气词外，日语等一些语言也有语气词。在这些语言中，语气词不仅对于标示感叹句，而且对于标示其他句类也发挥着重要的作用。

刘宁生(1987)就指出，汉语语气词在句子分类中起着积极作用。他说，句子从语气角度可以分为陈述句、疑问句、祈使句和感叹句四大句类。每一种句类都有相应的语气词来帮助表达句子语气。陈述句通常使用“了”、“呢”、“嘛”等语气词，疑问句通常使用“吗”、“吧”、“呢”等语气词，祈使句通常使用“吧”、“啊”等语气词，感叹句通常使用“啊”等语气词。由此可见，语气词是汉语句类的一个重要标记手段。而同汉语一样，日语语气的表达也依赖于语气词。如：

(23)这个是收音机吗?

(24)山上的空气多么新鲜啊!

(25)John-wa　nani-o　tabe-ta　no desu ka?（日语）
约翰-话题标记 什么-宾格标记 吃-过去式 语气词
约翰吃了什么?

(26)John-wa　nante atui　hon-o　kat-ta　no da!（日语）
约翰-话题标记 什么 厚 书-宾格标记 买-过去式 语气词
约翰买了一本多么厚的书啊!

在上述例句中，汉语分别使用了语气词“吗”和“啊”来表达疑问和感叹语气，日语则分别使用了语气词“ka”和“da”来表达疑问和感叹语气。

因此可以说，使用语气词来表示感叹是拥有语气词的语言通常会采用的一个标记手段。

1.2 感叹标记的作用

1.2.1 完句作用

杜道流(2005)认为，感叹句中具有完句作用的因素是句中修饰感叹中心的程度词语。通常为副词，如汉语中的“真”、“太”等，英语中的“so”；形容词，如“such”；指示代词，如“这么”、“那么”等；或者疑问词，如“何”、“多(么)”、“what”、“how”等。这些词语虽然分属不同类型的感叹标记，但是它们有一个共同点，即都可以表示程度。Elliott D (1974)认为英语中并不是所有的疑问词都能出现在感叹句中，出现在感叹句中的疑问词通常为具有[+degree]特征的 how，how many 和 what。Zanuttini and Portner(2001)、Villalba(2005)先后都谈到感叹句必须是一个“表极度的结构体”。Castroviejo-Miró(2006)认为感叹句必须包括一个显性的表极度词语，即表程度的词语。这些都说明表程度的感叹标记是感叹句得以成立的一个至关重要的因素。

1.2.2 标记感叹句焦点的作用

徐杰(2001)根据对焦点的广义解释认为，每个句子都至少有一个焦点。但有的句子比较突出强调焦点成分，而别的句子虽然也有焦点成分，但未必突出强调它。被突出强调的焦点称为强式焦点，比如汉语通常通过加焦点标记词“是”，英语通过分裂句来强调焦点。没有被突出强调的焦点称为弱式焦点，在语形上找不到特殊标记。例如：

(27)a. 玛丽想买一件新裙子。

b. 玛丽想买的是一件新裙子。

(28)a. Mary wants to buy a new dress.

b. It's a new dress which Mary wants to buy.

对比上述两例中的 a、b 两句，a 句中的焦点“一件新裙子/a new dress”没有使用句法手段加以强化，所以是弱式焦点，而 b 句中的焦点分别通过添加焦点标记词“是”和使用分裂句得以强化，所以是强式焦点。

另外，徐文还认为语言中的疑问代词在词库中就带有[+F]的焦点特征，是天生的焦点成分，所以它们也是强式焦点。例如：

(29)你喜欢谁？

(30)Who do you like?

例句中的疑问代词“谁”和“Who”都是强式焦点。

徐文的以上论述主要针对陈述句和疑问句，而对于感叹句中焦点的表现形式则没有展开论述。那么感叹句有没有强式焦点呢？如果有，又是通过什么句法手段来表现的呢？

石毓智(2004)谈到感叹句中被感叹的部分(也就是“感叹中心”)是“被焦点化的新信息”，它不能再借助其他手段对其焦点化。例如：

(31)a. 她穿了一身时髦的春装。

b. 他穿的是一身时髦的春装。

(32)a. 她穿了一身多么时髦的春装啊!

*b. 他穿的是一身多么时髦的春装啊!

例(31)a是陈述句,句子宾语“一身时髦的春装”在a中是弱式焦点,它可以通过添加焦点标记词“是”来加以强化,从而变成强式焦点(如b所示);例(32)a是感叹句,句子宾语“一身时髦的春装”(也是感叹中心)却不能再通过焦点标记词“是”来焦点化(如b所示)。是什么原因呢?我们推测可能是“一身时髦的春装”已经被标记为强式焦点,所以再加“是”就显得多余。那么是什么促使“一身时髦的春装”成为强式焦点的呢?对比例(31)、(32),我们觉得只能是句中的感叹标记——“多么”。

如果这个看法正确的话,那么我们就可以自然而然地得出这样一个结论:感叹句中的一些感叹标记可以帮助表示焦点,甚至可以被看作是特定的焦点标记。如果继续推测下去,则存在某个成分既是感叹标记又是焦点标记的可能性。下边Tagalog语的例子似乎正好证明了这一推断。如(引自石毓智 2004):

(33) Ang ganda ng babae!

焦点标记 漂亮 那女士

多么漂亮的一位女士啊!

(34) Ang laki ng bahay!

焦点标记 大 那房子

多么大的一栋房子呀!

例(33)、(34)都是Tagalog语中的感叹句,这种语言表示感叹借助的是焦点标记“ang”,而“ang”在感叹句中又可以看作感叹标记。所以在这种语言中,感叹标记和焦点标记获得了统一。

二　汉英感叹句标记手段的对比

在上面的论述中,我们谈到了世界语言中感叹句的一些主要标记手段、感叹标记的作用。但是具体来看某两种或几种语言,就会发现这些语言在使用感叹标记来标示感叹时,操作方法是同中有异的。下面我们以汉语和英语为例,来比较一下感叹标记在具体操作上的异同。

2.1 汉英感叹句标记手段的共性与差异

在1.1节中我们谈到，汉语和英语都可以使用感叹词、疑问词、程度指示词语这三种标记手段来标记感叹句。而且当使用感叹词来标记感叹句时，感叹词都是置于句中的句首位置（比较例(5)和例(6)汉语译文）；当使用程度指示词语来标记感叹句时，程度指示词语都是处于句中的感叹中心前并充当它的修饰成分（比较例(21)和例(22)）。这些都是汉英感叹句在标记手段上的突出共性。

但是在存在众多共性的同时，它们在具体操作上也存在两点显著的差异：(一)汉英都可以用疑问词作感叹标记，但是汉语中的疑问词作感叹标记时，疑问词和感叹中心一起处于句中原位，而英语的疑问词作感叹标记时，疑问词和感叹中心总是毫无例外地一起被提前到感叹句句首；(二)英语不存在语气词这种感叹标记手段，而汉语的语气词是一种重要的感叹标记。

2.2 对于汉英感叹句存在差异的一些解释

对于差异(二)，很好解释，因为英语没有语气词，所以这种标记手段在英语中是空缺的。但在汉语中，语气词对于感叹句的作用却是非常大的。蒋礼鸿、任铭善(1984)谈到，汉语中语气词和感叹中心前的感叹标记的作用，都是在于加重感叹中心的分量。事实上语气词确实能起到加重或彰显感叹语气的作用。例如：

(35)a. 国家培养一个人才多么不容易！

b. 国家培养一个人才多么不容易啊！

对比上边a、b两句，b句在句末加了语气词“啊”后，感叹意味更加明晰而浓烈了。

语气词不仅在汉语中对于表达句子语气非常重要，而且在其他语言的感叹表达中，同样占有重要地位。下边是日语的例子：

(36)a. John-wa	nante atui	hon-o	kat-ta	no da!
b. John-wa	nante atui	hon-o	kat-ta	no ø!↑
约翰-话题标记	什么 厚	书-宾格标记	买-过去式	语气词

约翰买了一本多么厚的书啊！

例(36)a 使用了感叹语气词 da,感叹语气是明晰的,句子语调没有限制;而例(36)b 省略了语气词 da,为了表明是感叹,句子语调强制变成升调。由此可见,语气词对于彰显句子语气来说非常重要。

下边我们来看汉英感叹标记的第(一)个差异。对于差异(一),我们肯定都会提出疑问:为什么同样是疑问词作感叹标记,在具体操作上却会存在这么大的区别呢?我们认为,这个问题与感叹句焦点的句法操作有关。

我们知道,在感叹句中,感叹中心就是句子焦点,这在上边 1.2.2 节,我们通过引用石毓智(2004)的研究已作了证明。而对于句子焦点,不同的语言总会使用一些句法手段来显现,这些手段归纳起来有两种:“前置焦点成分”和“加用焦点标记词”。以汉语和英语为例,汉语通过统一在焦点前加系词“是”使之成为强式焦点,而英语则把以上两种手段都用了——一部分焦点通过加用系词“to be”来强调,另一部分疑问代词或含有疑问代词的焦点通过前置到句首来强调(徐杰 2001)。

徐杰的这种概括是具有普遍意义的。照理感叹句的感叹中心,作为句子焦点,应该也能采用这两种手段加以强调,从而变成强式焦点。但是正如 1.2.2 节例(32)所示,感叹中心已是被焦点化的新信息,不能再通过其他语法手段加以强调,而使感叹中心焦点化(或变成为强式焦点)的却正是感叹句特有的形式标记——感叹标记。这也就是说,在感叹句中,感叹标记具有焦点标记的作用,与焦点标记合二为一了。因此,虽然感叹句没有使用通用的焦点形式来表现焦点,但是它却采用了自己特有的标记——感叹标记来表现焦点。

我们的研究发现,感叹句中能作为焦点标记使用的感叹标记一般是疑问词和程度指示词语。比如在汉语中有“多(么)”、“什么”、“真”、“好”等,在英语中则有“what”、“how”、“so”、“such”等。但是汉语和英语中的这些感叹标记在表现焦点时操作方法并不都一样,汉语中的“多(么)”、“什么”、“真”、“好”,英语中的“so”、“such”可以直接加在焦点前使焦点得以强化,而英语中的“what”、“how”加到焦点前以后还会引起其他句法运作。例如:

(37)a. 她很漂亮。

b. 她真/好漂亮!

(38)a. She is a beautiful girl.

b. She is such a beautiful girl!

例(37)、(38)中的a句都是陈述句，句子焦点“漂亮”和“a beautiful girl”都是弱式焦点。但是b句分别添加上感叹标记“真”和“such”后，句子成了感叹句，感叹中心“漂亮”和“a beautiful girl”成为强式焦点。

同样是由疑问代词演变而来的感叹标记，汉语中的“多(么)”、“什么”可以直接添加到焦点前，而英语中的“what”、“how”添加到焦点前以后还需要移到句首。例如：

(39)a. 这个公园很漂亮。

b. 这个公园多么漂亮啊！

(40)a. She is a beautiful girl.

* b. She is what a beautiful girl!

c. What a beautiful girl she is!

在例(39)b中，“多么”可以直接加在焦点前，强调焦点。但在例(40)b中，what加到焦点前句子还不合法，还必须把整个含what的短语一起移到句首句子才合法(如c所示)。这是什么原因呢？结合徐杰(2001)的观点，答案很简单。徐杰(2001)认为英语中疑问代词是天生的焦点成分，对于它们的焦点表现形式只能是把疑问代词前置到句首。不仅如此，任何含有疑问代词的短语也必须前置。因此例(40)b中含有疑问代词what的焦点成分“what a beautiful girl”最终必须移位到句首。与英语不同的是，汉语中疑问代词的焦点表现形式不是前置，而是在疑问代词前加用焦点标记词“是”。例如：

(41)a. 你喜欢什么歌曲？

b. 你喜欢的是什么歌曲？

然而当疑问代词演化成感叹标记后，它们更多的是突出程度，而指代功能消失，因此前边不能再加焦点标记词“是”。但是发展出来的程度义却使它们具有强调功能，所以它们可以直接加在感叹中心前，使之受到强调而成为强式焦点。例如：

(42)这是什么玩意儿！一用就坏了！

(43)这个公园多么漂亮啊！

“什么”和“多么”本是疑问代词，演化成感叹标记后，具有很高的程度义，所以能对后边所接的成分加以特别强调，使之成为强式焦点。

从上边的分析可知，尽管汉英两种语言都能用疑问词作感叹标记，但是汉语中疑问词作感叹标记时，疑问词只需添加在感叹中心前即可，而英语中疑问词作感叹标记时，整个疑问词短语最终必须前置。究其背后深层次的原因，正是汉英两种语言由于疑问词这种强式焦点的处理方式不同所决定的。

另外，从汉英感叹句焦点的表达方式来看，汉语一律采用的是添加焦点标记，而英语则采用了前置焦点成分和添加焦点标记两种方式。这也正好与徐杰(2001)概括的焦点的两种处理手段相一致。而且如果我们把视野放开一点，就会发现上古汉语中感叹句焦点的表现手段与英语相似，也是采用了以上两种方式。例如：

(44)大哉孔子！(《论语·子罕》)

(45)久矣吾不复见周公！(《论语·述而》)

(46)天道易兮我何艰。(《刘辩：悲歌》)

(47)夫子之门何其杂也！(《荀子·法行》)

例(44)、(45)是通过前置焦点成分的方式来表现焦点，而例(46)、(47)则通过添加焦点标记“何”来突出焦点。

综上所述，语言中感叹句在形式上的同和异，最终可以归结为句子焦点的处理方式的同和异。选择了相同焦点处理方式的语言，感叹句在形式上呈现出一致性；而选择了不同焦点处理方式的语言，感叹句在形式上则呈现出差异性。

三 结 论

几乎所有的语言都存在有标感叹句，而有标感叹句常用的标记手段，概括起来不外乎四种：感叹词、疑问词、程度指示词语和语气词。这些感叹标记中的疑问词和程度指示词语，一方面具有完句作用，另一方面还具有焦点标记的作用，因为感叹中心就是由它们强化为强式焦点的。因此，我们认为在感叹句中，感叹中心就是句子焦点，而感叹标记就是句中焦点标记。不同的语言看似在针对感叹中心进行句法操作，实际上却是在针对句子焦点进行句法处理。我们知道世界上所有的语言，对于焦点的处理不外乎两种手段，一是通过前置焦点成分来突出强式焦点，二是通过添加焦点标记来突出强式焦点。不同的语言在对感叹句的焦点进行句法处理时，有的选择了前者，有的选择了后者，有的两者都用到了，这就决定了不同语言的感叹句在最终形式上呈现出不同程度的同和异。本文通过对汉英感叹句标记手段的对比分析，证明了上述观点。

附注：

①朱晓亚根据带不带“特殊标记”将感叹句分成“有特殊标记的感叹句”和“无标记的感叹句”两大类。

②文中没有注明出处的法语例句均来自《法汉词典》。

③文中没有注明出处的日语例句均来自 Hajime Ono(2002)。

④“多么”的用法基本上跟“多”相同，参见中国社会科学院语言研究所词典编辑室编《现代汉语词典》(2005)。

⑤《马氏文通·虚字卷之九》认为：助字者，华文所独，所以济夫动字不变之穷。

参考文献：

[1]北京外国语学院西班牙语系《新西汉词典》编写组.新西汉词典[M].北京：商务印书馆，1982.

[2]北京外国语学院《意汉词典》编写组.意汉词典[M].北京：商务印书馆，1985.

[3]杜道流.现代汉语感叹句研究[M].合肥：安徽大学出版社，2005.

[4]《法汉词典》编写组.法汉词典[M].上海：上海译文出版社，1978.

[5]蒋礼鸿，任铭善.古汉语通论[M].杭州：浙江教育出版社，1984.

[6]刘宁生.叹词研究[J].南京师大学报，1987(3).

[7]吕叔湘.中国文法要略[M].北京：商务印书馆，1982.

[8]马建忠.马氏文通[M].北京：商务印书馆，1983.

[9]石毓智.疑问和感叹之认知关系——汉英感叹句的共性与个性[J].外语研究，2004(6).

[10]太田辰夫.中国语历史文法[M].北京：北京大学出版社，1987.

[11]王洪梅.汉语感叹句[D].徐州：徐州师范学院硕士学位论文，1994.

[12]徐杰.句子的功能和相关标点的使用[J].汉语学习，1987(1).

[13]徐杰.疑问范畴与疑问句式[J].语言研究，1999(2).

[14]徐杰.普遍语法原则与汉语语法现象[M].北京：北京大学出版社，2001.

[15]赵博源.汉日比较语法[M].南京：江苏教育出版社，1999.

[16]中国社会科学院语言研究所词典编辑室.现代汉语词典[M].北京：商务印书馆，2005.

[17]朱晓亚.现代汉语感叹句初探[J].徐州师范学院学报：哲社版，1994(2).

[18] Castroviejo-Miró E. Wh-Exclamatives in Catalan [D]. Barcelona: Universitat de

Barcelona, 2006.

[19] Elliot D. Toward a grammar of exclamations[J]. Foundations of Language, 1974 (11).

[20] Hajime O. An Emphatic Particle DA and Exclamatory Sentences in Japanese[G]// Mauck S, Mittelstaedt J. In Georgetown Working Papers in Theoretical Linguistics 2 (Proceeding of the Workshop on the Syntax-Semantics Interface in the CP-domain). Georgetown University, 2002.

[21] Saeb K J. The Logical Basis of Exclamatives[R]// The 3ième Journée de Sémantique et Modélisation. Paris: ENS, 2005.

[22] Villalba X. Quantificational restrictions on exclamatives sentences [M]. Ms. Universitat Autònoma de Barcelona, 2005.

[23] Zanuttini R, Portner P. Exclamative clauses at the syntax-semantics interface[M]. Georgetown: Georgetown University, 2001.

（李莹　华中师范大学外国语学院）

句子中心的跨语言差异和词类与句法成分的是否对应*

司罗红

一　汉语中词类和句法成分的对应与不对应

汉语的语法特点长期受到广大语法学家的关注，学者们普遍认为汉语是一种缺少形态变化的语言。例如，黄伯荣、廖序东(1983)指出，汉语的语法特点是：1)现代汉语是分析性语言，词形变化少，词序和虚词十分重要，是表达语法的重要手段；2)现代汉语量词丰富；3)现代汉语有双音节化的倾向；4)广泛采用词根复合法构成新词。朱德熙先生(1985)一语破的，明确指出汉语和印欧语的重要区别只有两条：1)汉语的词类跟句法成分之间不存在一一对应关系；2)汉语句子的构造原则和词组的构造原则基本一致。具体说来在印欧语中，词类和句法成分之间存在简单的一一对应关系，动词跟谓语相对，名词跟主语宾语相对，形容词跟定语相对，状语跟副词相对；而汉语中词类和句法成分之间则是一对多或者多对一的关系，图示如下：

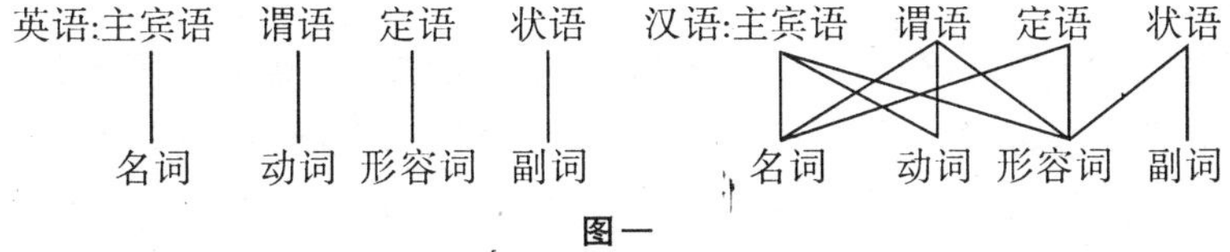

图一

可以明显地看出，汉语的图包括了英语所有的内容，不同的是：1)汉语的动词和形容词可以作主宾语；2)名词可以作定语；3)形容词可以作谓语和状语；4)名词在一定的条件下可以作谓语。这都是英语中所没有

* 本文已发表于《汉语学报》2009年第3期。本文写作得到了导师徐杰先生的悉心指导，感谢匿名审稿人提出的宝贵意见，文中错谬概由作者本人负责。

的。对汉语这一语法特点的认识不足造成了“词无定类”和“词类转化”的产生。汉语词类的多功能性，决定了同样的词类语序有时代表不同的句法结构，汉语词类的划分要采用更复杂的操作；汉语句子的构造原则和词组的构造原则基本一致也是由这一特点造成的必然结果，所以有必要对这一语法特点作进一步的认识。

朱德熙先生指出在上述四个特点中，动词、形容词可以直接作主语和宾语是汉语最特别的语法特点之一[①]。“在印欧语里——姑且以英语为例，动词和形容词成分只有通过构词手段或句法手段转化为名词性成分之后才能在主宾语位置上出现，而汉语中动词和形容词无论作主语还是作宾语都是一个样子。”（引自朱德熙 1985）我们看下面的例子：

(1) To go home is glad.

* Go home is glad.

回家很高兴。

(2) * Fly plane is easy.

To fly plane is easy.

Flying plane is easy.

开飞机很容易。

(3) I want to go home.

* I want go home.

我想回家。

(4) The flower is red.

* The flower red.

花红。

我们不难看出，英语中的动词“go, fly”在作主宾语时由限定形式变为不定式“to go、to fly”或者分词形式“flying”。而汉语中的动词“开，回家”在作主宾语时没有发生变化。英语中的形容词“red”不能直接作谓语，形容词作谓语要在前面加毫无意义的助动词“be”；汉语的形容词“红”则可以直接作谓语。

为什么会出现这样的现象，朱先生没有给出明确的回答，大多数学者也都认为这是由汉语缺少形态变化造成的。我们认为这一现象产生的原因是英汉两种语言的句子中心差异以及扩充格位理论中对赋格能量的释放与否不同的参数设定共同决定的。为了论述我们的观点，下面我们先介绍本文所涉及的两个理论：格位理论和句子中心的差异。

二　格位理论和扩充的格位理论

2.1　经典格过滤器

格位理论是模组化了的生成语法理论系统中的多个模块之一，也是诸多理论中研究成果最丰富，理论概括最成熟的模块之一。在不同的语法体系中，格(case)有着不同的意义所指。例如，格在传统语法中主要指"主格"、"宾格"等词的形态变化，这里是指"词形格"。在"格语法"中则指的是名词与动词之间的语义关系，比如"施事"、"受事"、"与事"、"时间"等，主要指"语义格"。而生成语法中的格指的是一种纯粹的语法概念，与词的形态和语义都没有关系，普遍存在于各种语言之中，无论名词有无词形变化都要获得语法格，生成语法中的格更重要的是指名词能够占据的一套位置的规定和解释。打个比方来说，格位就是茶馆中的位置，而名词就像是客人，每位客人来茶馆喝茶都要有个位置，不管是上座、包房还是板凳、沙发；如果客人来了没有位置那就是服务不到家，就不符合顾客就是上帝的服务宗旨了。同样名词进入句子中就必须出现在一个特定的位置，这个位置就是格，由格的赋予者提供给名词成分。如果名词没有得到格，则句子不合法。经典生成语法用格过滤器(Case filter)来概括语言事实。

经典的格过滤器(Chomsky 1981)：

NP，如果有词汇形式但没有格位指派，则句子不合法。

也就是说，如果一个名词有词汇形式，但是没有格位指派，句子就不合法；要使句子合法就必须将名词移到格的位置。主要的格位是：及物动词和介词给后面的名词成分赋予宾格，曲折形式"I"给前面的名词赋予主格，中心名词给名词赋予所有格等。

如果名词成分没有得到格位的指派，句子就不合法，就要变动句子使名词得到应有的恰当的格位，如汉语中的例子：

(5)*李先生生河南。

(6)*很高兴这群孩子。

(7)*咳嗽了两个病人。

(8)* 小王吃了李华苹果。

上面的句子不合法是由于句中的动词没有给后面名词赋格的能力，而使后面的名词得不到格位指派，要使句子合法就必须给名词赋予格，变为：

(5’)李先生生于河南。(介词给“河南”指派宾格。)

(6’)这群孩子很高兴。(由曲折形式“I”给“这群孩子”指派主格。)

(7’)两个病人咳嗽了。(由曲折形式“I”给“两个病人”指派主格。)

(8’)小王吃了李华的苹果。(由中心名词“苹果”给“李华”指派所有格。)

再看英语中的例子：

(9)* miss Lee very smart.

(10)* John to be the winner.

(11)* Beautiful John.

(12)* John looking.

(13)* Swim John.

这些句子都不合法，都是由于名词出现在没有授格成分授格的位置，名词要在授格成分指派格位的位置上才能得到格，句子才合法，即依次转换为下列形式：

(9’)Miss Lee is very smart.

(10’)John is the winner.

(11’)John is beautiful.

(12’)John is looking.

(13’)John swims.

经典的格过滤器在各方面取得了验证并解释了许多相关的语法现象，已经在语法学界得到了认可。

2.2 扩充的格过滤器

经典的格过滤器只是对格位的接受者(名词短语)指出单向的要求，要求所有的名词短语进入句子中都必须得到格位指派，而对于格位的授予者却没有任何的要求，这好像是水和鱼的关系，鱼对水有依赖关系，而水对鱼永远不会有要求和规定，但是我们认为格位理论是对名词短语和相关的语法现象作解释的理论，应该对格位的接受者和授予者都有约束作用。就好像出口国与进口国之间的关系，出口国要有出口商品才能与进口国发生贸易，进口国需要进口商品维持生活，同时出口的国家也只有把商品卖出去才能获得外汇。两者是相互依存的关系。在语法中我们不但要求格的接受者，要求它必须得到格，还要求格的授予者，要求它把授格能量释放出来。这就使我们得到了扩充的格过滤器，对句子格的授予者和格的接受者提出双向的要求。

扩充的格过滤器(引自徐杰 2001)：

NP 名词得不到格位指派，则句子不合法。

必选性语言指派格位的成分能量没有得到释放，其中名词和小句是格位的吸收者。

也就是说，如果名词得不到格位指派句子就不合法；同时，如果格位的指派者没有将授格的能量释放出来句子也不合法。经典的格位过滤器只对格的接受者提出了要求，扩充的格过滤器不但对格位的接受者提出了要求，而且对格位的授予者也提出了要求。经典的格过滤器没有对小句提出要求，小句不需要得到格位的指派，但是小句却可以接受格的能量，是一个格位能量的接受者。我们用下面的例子来说明扩充的格位过滤器在实际中的作用：

(14) * is believed that John has cheated Bill.

It is believed that John has cheated Bill.

(15) * we kill.

We kill a pig.

(16) * I when.

I when go home.

(17) * 他出生于。

他出生于那个动乱的年代。

(18) * 李先生生气就生气在。

李先生生气就生气在没有通知到他。

上边加 * 的句子不合法，是由于授格成分的能量没有得到释放。就像是大批的优等大米等待出口，却找不到进口国一样。要使句子合法就要吸收赋格者的授格能量，或者使授格成分的能量得到释放，找到释放的对象。

这里需要指出，扩充的格位理论对各个授格成分的要求不一样。比如几乎所有语言都要求介词的授格能量必须释放出来，所以所有语言的介词都不能省略后面的宾语，也就是说所有的语言都不能介词悬空。几乎所有语言对中心名词的赋格能力的要求都是可选性的。同时，对同一种授格成分不同的语言也会有不同的参数，比如对句子中心“I”和及物动词，有的语言例如英语，要求必须释放出它们的授格能量；有的语言例如汉语、韩语、日语，就不要求授格能量得到释放，这种差别是呈参数变化的。

三　主格的赋予以及句子中心的差异

通过格位理论我们知道宾格是由动词和介词赋予的。主格是由句子中心“I”赋予的，句子中心在印欧语中表现为屈折形式，这种屈折形式主要包括“时态”、“呼应态”和从词中抽象出来的“谓素”。这种曲折形式在词汇形态上和动词是融为一体的，但它作为一种语法成分却有自己独立的语法地位和特殊的语法作用[②]。如下图：

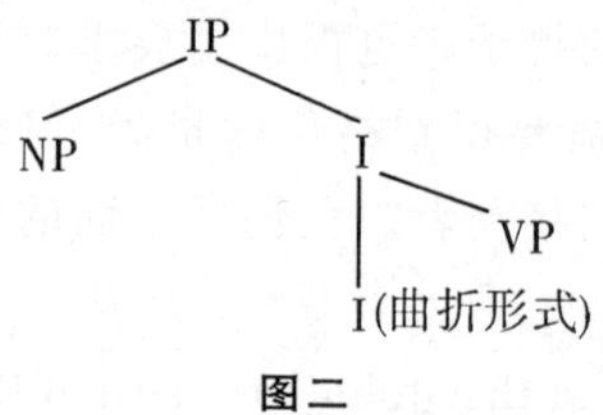

图二

汉语没有相应的曲折形式，（汉语中的词没有地道的形态变化，例如“看”，无论是什么时候看，不管是谁看，它的词汇表现形式都一样。）是不是说汉语就没有句子中心呢？我们认为，虽然汉语的时态是词汇性的，也没有呼应态，但是汉语中依然存在着句子中心“I”，只是这种句子中心和印欧语中的句子中心在内容上不是一种东西，汉语的句子中心只包含一个没有外在语音形式的功能项——谓素，谓素的作用在于给主语指派主格和核查谓语的述谓性，以谓语作补足语。

也就是说英语和汉语都存在着句子中心“I”，只是两者的句子中心“I”包含的内容不同。英语中的句子中心包含“谓素、时态、呼应态”，只有三者同时具备时“I”才能给主语指派主格；同时由扩充格位理论我们知道，当三者同时具备时，前面也必须有格能量的承受者。汉语中的句子中心则只包含谓素，并且汉语的句子赋格成分的赋格能量可以自己保留，所以不管句子中心前是否出现格位能量的承受者，句子都合法。英汉在句子中心方面的差异是两种语言在这两方面参数的不同设置，也是两者在语言类型学上的差异。

四 形容词作谓语

汉语与英语相比，形容词可以直接作谓语，不像英语那样借助于没有实在意义的助动词“be”，如：

(19)这朵花真漂亮。 This flower is beautiful.

* This flower beautiful.

(20)这座楼真大。 This building is large.

* This building large.

汉语中形容词可以直接作谓语得到了广大学者的关注，从各个角度对这一现象进行了深层次的分析。程工(1999)认为形容词作谓语是一种原生的语法现象，形容词作谓语不是省略了系动词，而是在深层结构中就没有系动词，系动词的加入是为了满足特定的语法要求，他认为这种语法要求是英语中要用曲折形式表达时体，而汉语中的时体表达不需要用曲折形式，而是选择词汇形式，这两者时体表达方式的参数差异造成了英汉语言在形容词谓语句的表面的差异。徐杰先生(2001、2003)在讨论句子中心差异时也指出，汉语和英语的句子中心差异造成了汉语可以用形容词直接作谓语，而英语中需要用系动词连接，认为英语中的“I”的补足语只能是动词，否则时体就得不到依附。我们的观点和程、徐基本一致，认为在深层结构中形容词可直接作谓语，英语中毫无意义的动词“be”的出现是为了满足某种句法要求；只是这种句法要求在深层次上分析是格位的要求。汉语和英语在形容词作谓语上的差异本质上是英汉两种语言句子中心的差异，我们同时也认为格位的要求在句法的变化中起到了重要的作用。

汉语中的句子中心“I”只包含有谓素，并且谓素给前面的主语(名词)成分指派主格，汉语中的谓素是隐含在句子中并且不附着于任何成分的，所以汉语中的形容词就可以直接作谓语。例句中的形容词短语“真漂亮、真大”前包含了谓素，能给前面的名词“这朵花、这座楼”指派主格格位，使句子合法；而英语中的句子中心“I”除了包含谓素这一隐含成分之外，还必须有“时态”、“呼应态”，也就是说只有“I”同时具备三者时句子中心才是一个完整的整体，才能发挥句子中心的效用为主语赋予主格；但是“时态”和“呼应态”是只附着在动词之上的，而形容词没有这种功能。所以英语中的形容词就不能够直接作谓语，否则前面的名词就得不到格位的指派，句子因不能通过格过滤器而不合法。例句中句子不合法是由于名词性成分“the flower、the building”没有得到格位指派。要使句子合法又不改变意义，必须使“时态”和“呼应态”有所依附，因此英语中要使用没有意义的助动词“be”，动词发生形态变化承担时态和呼应态的变化，使句子中心完整。我们用下图来描述这一观点，演示助动词“be”出现的原因和过程。

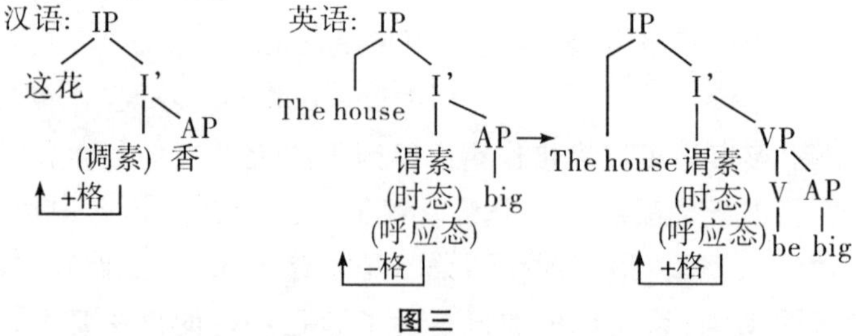

图三

很容易看出汉语中的句子中心可以给前面的名词指派主格，所以不用再添加成分，而英语中的句子中心在没有时体的曲折变化时不能给前面的名词指派格位，所以需要添加动词“be”。动词“be”的出现是为了满足格位的要求，给前面的名词指派格位。

同时需要指出，如果形容词前的名词已经得到格位指派，那么形容词前的NP就不再需要后面成分给它指派其他格位，这时也就不需要再加形式动词“be”，例如：

(21)I considered Miss Lee very smart.

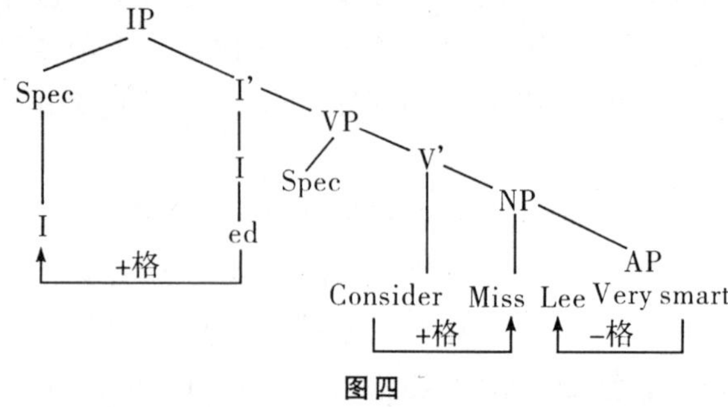

图四

例(21)中小句的主语“Miss Lee”由主句的动词“consider”指派了宾

格，获得格位指派的名词不需要再另外赋格，所以形容词可以直接在小句中充当谓语，不需要加动词“be”。

进一步从语言类型学上讲，句子中心只包含谓素的语言都可以用形容词直接作谓语。例如：

(22) Hanak o-wa　　　uthukusi-i
　　花子—话题标记　　漂亮—现在
　　花子漂亮。（日语例，引自程工 1999）

(23) Taro—ga　　　musume—ga　　Kami—ga　　akai
　　太郎—话题标记 女儿—话题标记 头发—话题标记　红
　　太郎女儿头发红。（日语例，引自徐杰 2001）

(24) Ray—ka　　ttal—i　　meri—ka　　ppalkahta
　　雷易—话题标记 女儿—话题标记 头发—话题标记 红
　　雷易女儿头发红。（朝鲜语例，引自徐杰 2001）

这样的语言主要有：汉语、日语、朝鲜语、泰语等。

如果句子中心句含有类似“时态”、“呼应态”等必须附着于动词的内容，那么形容词不能直接作谓语，在形容词前必须加无意义的动词才能使句子合法③。大部分的印欧语句子中心都包含有附着于动词的成分，所以一般要在形容词前加引导性助动词，才能使前面的名词得到格位指派，从而使句子合法④。

五　动词作主语和宾语

汉语中的动词作主语和宾语不需要发生任何形态上的变化，而英语中动词只能作谓语，作主语和宾语时必须用名词形态或者非谓语形式（不定式、分词形式）⑤，如例(2)、(3)。

汉语中动词作主语和宾语的问题经过了很多讨论，有人认为这时的动词已经发生了转化，由动词转化为了名词，这就是常说的名词化和名物化（黎锦熙、刘世儒 1960）；有的学者认为作主语和宾语的动词应分析为动名词，也就是说在作主语和宾语时动词的词性没有发生变化，但是它已经不是一个单纯的动词了，而是具有名词的特性（吕叔湘 1979；施关淦 1981）；朱德熙则认为动词作主宾语是汉语的最重要特点，汉语不支持名词化和名物化的说法。动词作主宾语和谓语时词性没有发生变化(朱德熙 1985)。近几年随着对语言共性的挖掘,为了满足空语类的要求,有学者认为汉语中的动词和英语一样也发生了形态变化,不过英语中发生的是显性变化,汉语中发生的是隐性变化(陆俭明、沈阳 2003)。

本文不对上面的观点进行评价,只是想解释为什么在英语和其他印欧语中,动词作主语和宾语要发生形态变化,而汉语中不需要形态产生变化。笔者认为,在这一表面现象背后的真正原因,是句子中心内容的不同和扩充格过滤器中授格能量是否释放的参数差异共同作用的结果。通过扩充的格位理论看这些变化,我们很容易知道英语中动词变为不定式或分词形式,而汉语则保持形态不变的原因。

前面提到汉语中的句子中心“I”是赋格能量可选型,也就是说,谓素构成了句子中心,但是句子中心“I”赋格的能力是否释放是可选型的,无论能量释放与否都不影响句子的合法性;而英语与汉语不同,英语中的句子中心一部分成分是附着于动词的曲折成分,并且英语中句子中心“I”的授格能量是必须被释放的;进一步说,如果英语中出现动词,并且这个动词有“时态”和“呼应态”,那么它的前面就有一个句子中心“I”,并且这个句子中心必须将它赋予名词主格的能量释放出来,前面就必须有接受格的名词性成分,不然句子就不合法。我们将用下面公式来表达:

英语中动词能发生“时态”和“呼应态”形态变化,前没有格的吸收者,则句子不合法。也就是说,如果动词前面没有格的吸收者,动词就不能够有“时态”和“呼应态”等变化的能力。为了使前面没有格吸收者的句子合法,就只能使句子中心变得不完整,就形式上来说,要使“时态”和“呼应态”得不到依附,使动词失去“时态”和“呼应态”的变化能力,这样的动词就只能以没有“时态”和“呼应态”的不定式形式或分词形式出现在句子中⑥。

我们用下面的例子说明汉语中动词作主宾语不发生形态变化而英语发生形态变化的原因:

汉语中动词性成分作主语,如:

开飞机很容易。(深层结构)→开飞机很容易。(表层结构)

动词性成分“开飞机”前面有句子中心“I”,前面无论是否出现名词都不会违反扩充的格过滤器，所以句子恒成立，因为汉语是句子中心“I”赋格能量释放可选型语言，所以可以直接形成表层结构“开飞机很容易”。

汉语中动词性成分作宾语，如：

我喜欢打篮球。（深层结构）→我喜欢打篮球。（表层结构）

“我”由句子中心指派主格；动词“打篮球”前有句子中心“I”，但是无论句子中心“I”的授格能力是否释放句子都合法，因为汉语是句子中心的能量释放可选型语言，“I”选择保留授格能力，句子进入表层结构“我喜欢打篮球”。而在英语中：

* fly a plane is easy.（深层结构）

上面的结构不满足扩充的格位理论：“fly”可以发生时态和呼应态的变化，前面必须有格的接受者。去掉动词“fly”前面句子中心的授格能力，使句子中心变得不完整，就是使动词“fly”不能再发生形态和呼应态上的变化。转化为表层结构后，句子合法：

To fly a plane is easy.（表层结构）

Flying a plane is easy.（表层结构）

使句子中心的能量释放出来，在动词的前面加个能量的接受者，句子亦合法：

That he flies a plane is easy.（表层结构）

同样在英语中动词作宾语为了不违反扩充的格过滤器，也必须使用不定式使它失去在其前形成句子中心的能力。

英语中动词作宾语，如：

* I like play basketball.（深层结构）

这样的深层结构中 VP 中的 V 即“play”能够有时态和呼应态上的变化，所以动词前的句子中心“I”是一个完整结构，能够也必须将授格能量释放出去。但是由于没有接受格位的成分，句子中心的授格能量无处释放，这样的句子不合法，不能进入表层结构。为了使句子合法，必须消除动词“play”前出现的句子中心的完整性，迫使动词“play”不能发生时态和呼应态的变化，从而使句子变为：

I like playing basketball.（表层结构）

六　一系列的佐证

6.1　在儿童语言习得上的证据

如果说在生物学上，从受精卵到婴儿的出生是生物由单细胞到人类进化过程的简化，那么儿童由牙牙学语到能够成功地表达句子则是人类语言进化的缩减，也是人类语言思维的慢动作。尽管儿童的母语表现得千差万别，语言的形式也存在较大的差别。但是儿童早期语言习得阶段的语言却表现出极其惊人的普遍性：以实词为主，虚词被省略，而后有顺序地出现一系列的形态语素。

6.1.1　以英语为母语的儿童和以汉语为母语的儿童在语言的开始阶段没有差别，两者都可以用形容词直接作谓语，英语中不需要加助动词“be”，并且助动词“be”出现在英语形态语素发展顺序的中后期[7]。我们看下面的儿童语言例子。

(25) You so big.

(26) Hand cold ,fire hot.

(27) Car small.

(28) Apple good.（引自 Xu Jie 2003;Brown 1973）

(29)汽车大。

(30)花红。

可见形容词作谓语在语言的初始阶段是不需要加毫无意义的助动词“be”的，那么助动词的出现只能是为了满足某种句法机制的要求，我们认为这种句法机制就是后来被激活的格位理论。

6.1.2　在语言习得开始阶段英语和汉语一样都出现了以动词为宾语的句子，英语中不需要将动词发生形态变化。我们看下面的例子：

(31) want go get it.

(I want to go to get it.)

(32) I want take this off.

(I want to take this off.)（引自 Brown 1973）

(33)（被试者对取样人说）我家里很乱，我妈妈爱劳动。

(34)(被试者手上被蚊子叮了个包,他问取样人)蚊子为什么爱叮人?

(35)(被试者自语)想吃饭。(引自孔令达 2004)

从上面的例子我们不难看出,动词作宾语无论以汉语为母语还是以英语为母语的早期阶段都不发生形态变化,在后来扩充的格过滤器被激发,英语为了满足扩充的格过滤器,要使作宾语的动词前的句子中心变得不完整,动词从而发生了相应的形态变化,由一般形式转化为不能发生时态变化和呼应态变化的非谓语形式;而汉语由于扩充的格过滤器的参数设定不同不用发生形态变化。

6.2 从句中的不定式

6.2.1 英语中的主语从句是由关系词“that,whether,if,who,what,which,when,where,how,why”引导句子作主语而形成的。例如:

(36)That the war of aggression will lose is certain.

我们感兴趣的是下面的例子:

(37)How to do it well is a key problem.

(38)Who do it well is a key problem.

我们发现,从句中的动词“do”前面没有名词性成分作为格位能量的接受者时就要出现不定式,如(37)中“ how”不是名词性成分,不能作为格位的接受者,为了满足扩充的格位理论,动词前的句子中心就必须变得不完整,迫使动词失去时态和呼应态变化的能力,变为不定式。当句子有格位的接受者时,如(38)中,代词“who”要求有格,句子中心的赋格能量恰好被它吸收,所以动词必须发生相应的形态变化,“do” 不能发生不定形式的变化。

6.2.2 在英语中出现的省略句,也可以从侧面推断出动词不定式的形成原因是动词前没有格能量的接受者。我们看下面的例子:

(39)When heated,water changes into vapour.

(40)When water is heated,water changes into vapour.

我们知道(39)中的从句省略了主语,句子中心的格位能量得不到释放,前面没有格位能量的吸收者,这时只能将句子中心变得不完整,使它失去指派格位的能力,动词必须变成不能随时态和主语变化的分词形式。这里的“heated”不是表示过去时态的形式而是表示被动的分词形式[8]。与(40)相比我们发现，当主语成分 water 出现时，要求主语名词成分“water”必须得到格位指派；“heated”由于不能发生形态变化不具备给“water”赋格的能力，只能借助毫无意义的助动词“be”。

七　尚存的问题

朱德熙先生关于汉语词类与句法成分不对应关系的论述概括了多个层面丰富的内容，大致说来有四个方面，我们只分析了汉语和英语形容词作谓语和动词作主宾语的差异；以下几个方面没有涉及：1)汉语中名词可以作定语；2)汉语中形容词可以作主宾语和状语；3)在一定条件下名词可以作谓语。

7.1　我们认为英语和汉语一样可以用名词作定语。例如：

(41)a. table salt(食盐)

b. birth rate(出生率)

c. hair style(发型)

d. safety belt(安全带)(引自程工 1999)

作定语的名词修饰和限定中心名词，不能认为这时的名词转换为了形容词，因为，它在形态上不发生变化，意义上和形容词相差很大。虽然和形容词修饰名词在语义上有一定的差异，但是和汉语一样，英语中的形容词也可以作定语。汉语中的动词也可以作定语，英语中存在“a bitten boy”的用法，两者动词都发生了变形作定语。我们认为隐藏在定语背后深层的共性是定语对词［＋N］或者［－V］语法特征选择的要求。我们以后将对此作进一步的研究和说明。

7.2　汉语形容词作主宾语的情况与动词作主宾语的情况相似，有的学者认为这一特性是作主语的短语有［＋N］性这一共性决定的(程工 1999)。我们认为这一分析从深层次触及了语言主语的本质要求，结论可信。汉语中形容词作状语的情况是英语中没有的，汉语中的形容词作状语也受到各种限制；英语中的状语只能以副词的身份出现，形容词要变为副词形式才能出现在状语位置。两者之间的差异和深层次的原因有待于进一步的研究和解决[9]。

7.3　关于名词成分能否作谓语，黎锦熙、刘世儒(1960)指出“现代汉语的谓语基本上总不用名词等”。朱德熙先生先前也认为，谓词和名词的区别在于谓词能够作谓语，受到副词的修饰，而名词不能。在《语法答问》中才将名词作谓语看作汉语的语法特点。我们认为汉语中的名词作谓语要受到各种严格的限制；并且两个名词连用时没有谓词，名词的格位得不到实现，可以认为汉语中的名词在一定条件下作谓语是省略了动词“是”。

八 结 论

与英语类语言相比，汉语是一种缺乏形态的语言。朱德熙先生指出汉语中词类与句法成分的不对应性，特别是形容词与动词可以作多种句法成分，是汉语最重要的语法特点之一。本文通过英汉语言中形容词作谓语和动词作主宾语的比较研究，指出两者在深层结构上具有一致性，由于句子中心的不同和扩充格位能量释放的参数差异造成两者在表层结构上的不同。英语类语言句子中心是谓素、时态、呼应态三位一体，所以形容词作谓语必须依靠动词“be”，汉语中只有谓素，形容词可直接作谓语。英语句子中心能量必须释放，动词发生变化，吸收其前的句子中心的授格能力才能作主语，汉语句子中心能量释放是可选型，所以汉语动词可以直接作主宾语。

附注：

①朱德熙先生(1985)认为名词能够作定语是另外一个最重要的特点。

②英语中的“时态”、“呼应态”必须附着于动词，形容词不能发生“时态”、“呼应态”的形态变化。

③如果某种语言中，形容词能发生“时态”、“呼应态”的形态变化，那么这种语言肯定也能直接用形容词作谓语。

④在俄语和意大利语中，当时态为现在时态是可以直接用形容词作谓语的，这时一般认为在俄语和意大利语中现在时是一种默认时态。

⑤在本质上可以认为汉语和英语一样是由 IP 作主语和宾语。

⑥当英语中的动词是完成态、进行态和被动态时，动词都失去了时态和呼应态变化的能力，这也是为什么完成时、进行时、被动式动词前要加助动词“be”的原因，我们将在以后的文章中进一步论述这一现象。

⑦儿童语言形态语素习得顺序(引自 Brown 1973)：

1. 动词现在进行时的词尾-ing(如 me going); 2. 介词 in;3. 介词 on;4. 标致名词的形态词尾(如-s); 5. 不规则动词的不定式(如 went); 6. 表示名词所有格的词尾(如-s'); 7. 非缩写的系动词 to be(如 I am happy); 8. 冠词(如 a、the); 9. 规则动词的过去式词尾-ed(如 walked); 10. 规则动词的单数第三人称现在时-s(如 he walks); 11. 不规则动词的单数第三人称现在时 has(如 he has); 12. 非缩写的助动词 to be(如 I'm walking); 13. 缩写的系动词 to be(如 I'm happy); 14. 缩写的助动词 to be(如 I am walking)。

⑧heated 可以表示过去时态,也可以表示分词形式。分词形式是不能发生形态变化的。

⑨程工(1999)认为形容词作状语是概念理论性的,不是事实实证性的。

参考文献:

[1]程工.语言共性论[M].上海:上海外语教育出版社,1999.

[2]胡裕树,范晓.动词形容词的"名物化"和"名词化"[J].中国语文,1994(2).

[3]黄伯荣,廖徐东.现代汉语[M].兰州:甘肃人民出版社,1983.

[4]孔令达.汉语儿童实词习得研究[M].合肥:安徽大学出版社,2004.

[5]黎锦熙,刘世儒.语法再研讨——词类区分和名词问题[J].中国语文,1960(1).

[6]吕叔湘.汉语语法分析问题[M].北京:商务印书馆,1979.

[7]陆俭明.关于词类的兼类问题[J].中国语文,1994(1).

[8]陆俭明,沈阳.汉语语法研究十五讲[M].北京:北京大学出版社,2003.

[9]施关淦."这本书的出版"中"出版"的词性——从向心结构说起[J].中国语文通讯,1981(4).

[10]施关淦.现代汉语的向心结构和离心结构[J].中国语文,1988(4).

[11]徐杰.普遍语法原则与汉语语法现象[M].北京:北京大学出版社,2001.

[12]朱德熙.语法讲义[M].北京:商务印书馆,1982.

[13]朱德熙.语法答问[M].北京:商务印书馆,1985.

[14]朱德熙.关于向心结构的定义[J].中国语文,1984(6).

[15] Chomsky N. Lectures on government and binding [M]. Dordrecht: Foris Publications, 1981.

[16]Brown R. The First Language: The Early Stage[M]. Cambridge: Harvard University Press, 1973.

[17] Xu Jie. Sentence Head and Sentence Structure [M]. London and Singapore: Longman, 2003.

(司罗红　郑州大学文学院)

假设句句法操作形式的跨语言比较*

董秀英　徐　杰

一　句法操作理论

语法操作，包括词法操作和句法操作，其主要职能是把小的语言单位组成更大的语言单位。词法操作，即词的合成，指的是用语素去组成派生词、复合词和有曲折变化的词，是在词库中完成的。句法操作，即句子的生成，既包括用词项组成句子或句与句组成复杂句的操作，也包括从基础句子（深层结构）到派生句子（表层结构）的操作。

徐杰（2001:182）高度概括了句法形式上所能采取的生成句子的四种手段方式，即四大句法手段：(1)加进没有词汇意义而只有语法功能的所谓"虚词"；(2)重新安排某语法成分在句子中的位置；(3)重复某语法成分；(4)删除某语法成分。并把这四大句法手段分别简称为"添加（Adjioning）"、"移位（Movement）"、"重叠（Reduplication）"和"删除（Deletion）"。这四大句法手段在不同自然语言中跟不同的语法范畴匹配时会有不同的实例化方式。

句法操作手段要在一定的句法位置上实现，徐杰（2005:223）通过对"疑问"等全句功能语法范畴的研究，进一步认为句法操作手段有三类（"添加"、"移位"和"重叠"），句法操作的位置有三个（"句首"、"谓头"和"句尾"），并把这三个位置称为"句子敏感位置"。

句首就是句子的起首，是个空位，常常成为添加的位置。如古汉语祈使句常在句首添加祈使语气词"唯"。例如：

(1)寡君将率诸侯以见于城下，唯君图之。（《左传·襄公八

---

* 本文已发表于《汉语学报》2009年第4期。本文是作者博士论文的一部分，感谢导师徐杰教授的悉心指导。本文相关研究得到了国家社会科学基金项目（项目编号：06BYY045）的支持。

年》)

(2)陛下未有继嗣,子无贵贱,唯留意。(《汉书·外戚赵后传》)

句尾是句子的收尾,也是空置的,只能进行添加操作。如汉语常常通过在句尾添加疑问词表是非问。例如:

(3)你吃饭吗?

(4)你去学校吧?

谓头,是个语法位置,在线性语序上,大体就是谓语起头的那个位置,所以我们称之为谓头语法位置。线性上跟这个位置最靠近、关系最密切的是助动词,是汉语类语言的句子中心(参看徐杰 2006:55)。跟句首、句尾一样,谓头对属于全句功能语法范畴(指的是那些属于整个句子的功能特征,如"疑问"、"否定"等)的句法操作比较敏感,在不同语言中能够诱发添加、移位、重叠各种句法手段的运用,即可以跟各种句法手段匹配。如白话文中的"可"添加在谓头表疑问。例如:

(5)叔叔如今可大安了?(《红楼梦》)

(6)你们可把我这话听明白了?(《儿女英雄传》)

谓头语法位置的句法成分可以通过重叠操作来表达疑问。"重叠"就是把助动词,没有助动词的就把动词移入句子中心这个位置,并在那里对其进行简单的"AA"式正正重叠,或者稍微复杂一点的"A不A"式正反重叠。例如江西于都客家方言(转引徐杰 2006:55—56):

(7)明朝你去去赣州?明天你去不去赣州?

(8)食食酒?你喝不喝酒?

福建长汀客家方言(转引徐杰 2006:55—56):

(9)粥食食?稀饭吃不吃?

(10)要要纸票?要不要钱?

彝语(转引徐杰 2006:55—56):

(11)nɯ^{33} bo^{33} bo^{33}

你 去 去你去吗?

(12)nɯ^{33} dza^{33} dzɯ^{33} dzɯ^{33} o^{34}

你 饭 吃 吃 了你吃饭了吗?

谓头语法位置的句法成分也可以通过移位来表达疑问,即谓头移位,也叫中心语移位。英语、法语和德语都可以采用这种方式表达疑问,不同的是:英语只能移走助动词,没有助动词,要通过do支持,补进一个助动词，动词性短语本身不能移走。例如：

(13) $Will_i$ you t_i buy the car?

(14) Did(do+ed_i) you t_i buy the car?

(15) $What_k$ $will_i$ you t_i buy t_k?

上述移位可图示为(见图一)：

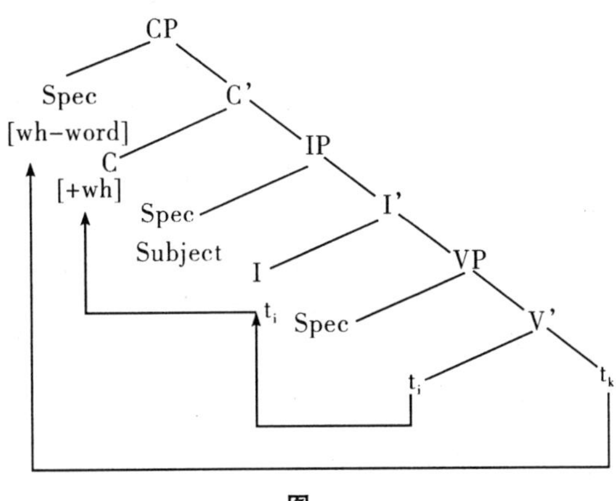

图一

法语、德语的助动词和主要动词都可以进行"V-I-C"移位。例如法语(转引王瑞昀 2005:49—51)：

(16) $Êes_i$- vous t_i francais?

are you French

"Are you French?"

(17) $Travaillez_i$-vous t_i aux États-Unis?

work you in the United States

"Do you work in the United States?"

(18) $Où_k$ est_i la station de taxis t_i t_k?

where is the stand of taxis

"Where is the taxis stand?"

(19) $Quand_k$ $part_i$ le train t_i pour paris t_k?

when leaves the train for paris

"When does the train leave for paris? "

又如德语(蔡树湘、黎炳娇 2001:59—60)：

(20) Hat_i sie t_i den Film gesehen?

hasshe　the filmseen

"Has she seen the film?"

(21) $Kannst_i$ du t_i mir helfen?

can　you me help

"Can you help me?"

(22) $Kennst_i$ du t_i Herrn Li?

know　you Mr Li

"Do you know Mr Li?"

(23) $Wann_k$ $kommt_i$ der Zug an t_i t_k?

when　comes　the train

"When is the train coming?"

上述移位可图示为(见图二):

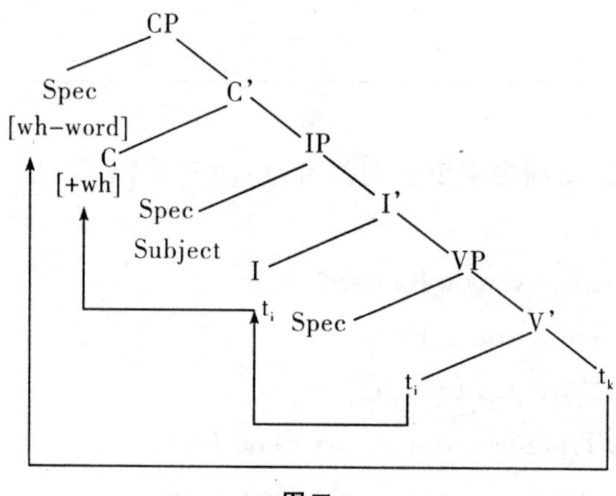

图二

根据上面的分析，三种句法操作手段和三个句法操作位置组配起来，除去无法实现的组合，可以得到下列几种可能的匹配方式(见表一):

表一

句手段 / 句位置	(A)添加	(B)移位	(C)重叠
(x)句首	(Ax)句首添加	(Bx)0	(Cx)0
(y)谓头	(Ay)谓头添加	(By)谓头移位	(Cy)谓头重叠
(z)句尾	(Az)句尾添加	(Bz)0	(Cz)0

自然语言的全句功能语法范畴的句法操作都应该是上述五种匹配的具体化和实例化。作为全句功能语法范畴的假设范畴的句法操作也应该是对这五种匹配的有限选择。

二 假设句的句法操作

2.1 添加和添加的位置

跨语言的比较显示，添加是表达假设的最普遍的句法手段，即在句中添加一个语法成分来表达假设，我们把这个语法成分称作假设标记，包括连词、关联副词、助词和一些还没有完全凝固的短语词或词的叠加形式。添加的位置有三个，即句首、谓头、句尾。在我们收集到的材料中只有汉语、克蔑语、布赓语等语言有谓头添加，并且这三种语言都有句首添加操作，所以我们把句首添加和谓头添加的假设标记合称为前置标记，句尾添加的标记又称为后置标记，并考察标记的位置跟不同语言小句语序的关系。

由于主句中添加假设标记不具有普遍性，很多语言都没有，即使有些语言主句句首添加假设标记，也不具有强制性，并且大部分是具有指示性的词语，如汉语的“那”，英语的 then，俄语的 To，德语的 so 等。为了进行类型归纳和比较，本文只考察从句中的假设标记。我们对这类操作手段及操作位置做了统计，下表是根据我们可找到的材料整理而成的，涉及的语言有汉语普通话、汉语方言、国内各少数民族语言及外国语言；从系属上看包括南亚语系、南岛语系、汉藏语系、印欧语系等语言；从语言类型上看包括 SOV 型、SVO 型和 VSO 型等。有的语言或方言可能没有涉及，即使涉及的方言，我们也只是罗列可根据例句看出位置的假设标记，其目的是想利用尽可能多的材料来归纳假设标记的位置分布。“要”、“要是”、“的话”主要用于口语中，普通话有，方言中用的也较多，其位置分布多跟普通话相同，为了节省篇幅，方言中这类假设标记我们没有列举（见表二）。

表二

语种		假设标记	添加位置：前置：句首	添加位置：前置：谓头	添加位置：后置：句尾	小句语序
汉语普通话		如果、如若、如、假如、假使、假设、假定、若、若是、要是	+	+		SVO
		如果说、假如说	+			
		要、果、诚		+		
		者、时、的时候、後、的话、么、吧、呢			+	
汉语方言	荣成	当发		+		SVO
		不着	+			
	沂水	着			+	SVO
		一子、搁着、换了、不着	+			
	临沂	几赶、不着	+			SVO
		着			+	
	淄川	着			+	SVO
		不着	+			
	汶上	一赶、得子		+		SVO
		个、讪			+	
	金乡	但是、得是		+		SVO
		喽			+	
	户县	着			+	SVO
	离石	动了			+	SVO
	汾阳	动了			+	SVO
	太谷	动了			+	SVO
	忻州	动了			+	SVO
	五台山	动了			+	SVO
	府谷	起、的话、时价			+	SVO
	神木	起、动、的话、时价			+	SVO

续表

<table>
<tr><th colspan="2" rowspan="3">语种</th><th rowspan="3">假设标记</th><th colspan="3">添加位置</th><th rowspan="3">小句语序</th></tr>
<tr><th colspan="2">前置</th><th>后置</th></tr>
<tr><th>句首</th><th>谓头</th><th>句尾</th></tr>
<tr><td rowspan="31">汉语方言</td><td>绥德</td><td>动弹、起、动起、的话、嗲</td><td></td><td></td><td>+</td><td>SVO</td></tr>
<tr><td>佳县</td><td>动儿、价</td><td></td><td></td><td>+</td><td>SVO</td></tr>
<tr><td>吴堡</td><td>价、的话</td><td></td><td></td><td>+</td><td>SVO</td></tr>
<tr><td>清涧</td><td>咾、的话、嗲</td><td></td><td></td><td>+</td><td>SVO</td></tr>
<tr><td>延川</td><td>哒、咾、的话、些、来些、去来</td><td></td><td></td><td>+</td><td>SVO</td></tr>
<tr><td>晋语志延片</td><td>噻</td><td></td><td></td><td>+</td><td>SVO</td></tr>
<tr><td>厦门</td><td>阿</td><td>+</td><td>+</td><td></td><td>SVO</td></tr>
<tr><td rowspan="3">新泉</td><td>紧</td><td>+</td><td>+</td><td></td><td rowspan="3">SVO</td></tr>
<tr><td>一般</td><td></td><td></td><td>+</td></tr>
<tr><td>时</td><td></td><td></td><td>+</td></tr>
<tr><td>白流江流域</td><td>时</td><td></td><td></td><td>+</td><td>SVO</td></tr>
<tr><td rowspan="3">同心</td><td>哪、吵</td><td></td><td></td><td>+</td><td rowspan="3">SVO</td></tr>
<tr><td>说……(去)</td><td>+</td><td></td><td></td></tr>
<tr><td>但</td><td></td><td>+</td><td></td></tr>
<tr><td rowspan="2">固原</td><td>但</td><td></td><td>+</td><td></td><td rowspan="2">SVO</td></tr>
<tr><td>赛</td><td></td><td></td><td>+</td></tr>
<tr><td rowspan="2">新疆汉话</td><td>但</td><td></td><td>+</td><td></td><td rowspan="2">SVO</td></tr>
<tr><td>但是</td><td></td><td>+</td><td></td></tr>
<tr><td>包头</td><td>若发</td><td>+</td><td>+</td><td></td><td>SVO</td></tr>
<tr><td>临夏</td><td>[ʂʅ：^{42}]</td><td></td><td></td><td>+</td><td>SVO,开始向SOV转化</td></tr>
<tr><td rowspan="3">福州</td><td>着、若是讲</td><td>+</td><td></td><td></td><td rowspan="3">SVO</td></tr>
<tr><td>若</td><td></td><td>+</td><td></td></tr>
<tr><td>若是</td><td>+</td><td>+</td><td></td></tr>
<tr><td>粤方言</td><td>若果</td><td>+</td><td>+</td><td></td><td>SVO</td></tr>
<tr><td>廉江</td><td>讲</td><td></td><td></td><td>+</td><td>SVO</td></tr>
</table>

续表

语种		假设标记	添加位置			小句语序
			前置		后置	
			句首	谓头	句尾	
汉语方言	阳江	设若	+			SVO
		若係	+	+		
	吴方言	倘忙	+			SVO
	上海	末、是、咾、个闲话、仔			+	SVO，出现SOV的萌芽
	宁波	是话	+			SVO
	海门	若话	+			SVO
	苏州	嘾			+	SVO
	南昌县(蒋巷)	是			+	SVO
	祁阳	禾是	+	+		SVO
		等	+			
	遵义	嘞、舍、呀			+	SVO
	贵阳	嘞话么、嘞话舍			+	SVO
	林州	了、动了			+	SVO
	浚县	嘞话			+	SVO
中国境内少数民族语言	景颇语	jang/yang/to^{2}			+	SOV
	鄂温克语	jaariŋ			+	SOV
	浪速语	tʃō^{55}			+	SOV
	彝语	ko^{33} nɯ^{33}			+	SOV
		a^{21} dɿ^{33} dɿ^{34}	+			
	藏语	na			+	SOV
	羌语	tu/ tu ʁa ɕi/tɕ^{h}i/-tɕ ʁa/-tɕ			+	SOV
	哈尼语	thɔ^{31} ŋɔ^{31}			+	SOV
	毕苏语	va^{31}			+	SOV
		a^{55} a^{31}……(va^{31})/ thi^{55} ne^{33} va^{31}	+			
	满语	tɕ'i/ pa			+	SOV

续表

语种		假设标记	添加位置			小句语序
			前置		后置	
			句首	谓头	句尾	
中国境内少数民族语言	义都语	poŋ^{55}			+	SOV
	阿依语	la^{55} zɿ^{31} n̥a^{31}			+	SOV
	耶眉语	anu	+			VSO
	黎语	la：i^{3}	+			SVO
	仡佬语	/tɕa^{55} zu^{21}/zu^{21}/ko^{33}/ ʐau^{13} sɿ^{13}	+			SVO
	克蔑语	pɔ^{31}	+	+		SVO
	布庚语	ʐu^{31} ko^{31}	+	+		SVO
	布兴语	Kam/ kam pi	+			SVO
	炯奈语	ʃei^{22} ko^{5}	+			SVO
	村语	zi^{5} kuə^{5}	+			SVO
	克木语	ʔan	+			SVO
	莽语	na^{51}	+			SVO
	赛德语	Asi/nasi	+			VOS
	邹语	hotsi	+			VOS
	排湾语	nuta	+			VOS 或 VSO
	阿眉斯语	anu	+			VOS 或 VSO
	布农语	mais	+			VSO
	鲁凯语	lu	+			VOS 或 VSO
外国语言	英语	if	+			SVO
	德语	Falls du/ wenn	+			SVO
	法语	si	+			SVO
	意大利语	se	+			SVO
	俄语	Если	+			SVO
	日语	なら、として、としたら、ては、とすると、と、たら、ならば、ば、ものなら			+	SOV

2.2 谓头移位

英语的假设句还可以通过把谓语动词或其中的一部分，如助动词had、should、were等移到主语前来表达。如果had、were等就是句中的谓语动词，就把谓语动词直接移到句首；如果had、should、were等是谓语中的一部分，也只移该助动词，主要动词不动。例如：

(24) Had I the time, I would go with you.

(25) Were I in you place, I wouldn't do it.

(26) Should you change your mind ,no one would blame you.

(27) Were they get married ,they would not be happy.

德语与其类似，其后的主句往往以副词so开始，如(转引廖馥君1979)：

(28) Ist er damit nicht einverstanden, so müssen wir einen anderen Ausweg finden.

(29) Hätte ich gestern die nötigen Bücher gehabt, so würde ich zu Hause gearbeitet haben.

2.3 假设句的句法操作类型

上述分析显示，不同语言假设句的句法操作类型有四种：(一)汉语、英语等语言的句首添加；(二)汉语、克蔑语等语言的谓头添加；(三)英语、德语等语言的谓头移位；(四)汉语、日语等语言的句尾添加。

我们把上述假设句的句法操作类型整理成表三：

表三

<table>
<tr><td>假设句的句法操作类型</td><td>句首添加</td><td>谓头添加</td><td>句尾添加</td><td>谓头移位</td></tr>
<tr><td rowspan="2">代表语言</td><td>英语、德语</td><td>布庚语、克蔑语</td><td>日语、羌语</td><td rowspan="2">英语、德语</td></tr>
<tr><td colspan="3">汉语</td></tr>
</table>

从操作手段上看，只有添加和移位两种，理论上应该有通过谓头重叠表达假设的语言，也许由于语言材料有限，我们暂时还没有找到。另外，在我们考察的34种语言中，只有英语和德语可以通过谓头移位表达假设。见例(24)—(29)，同时谓头移位也是这两种语言是非问的标记，见例(13)—(15)和例(20)—(23)。

用是非问标记表假设在世界语言中具有普遍性。从标记的形式看，可以是一个词缀，如 hua 语的-ve；也可以是一个构词语素，如俄语的假设标记 esli 是由 est 和是非问标记 li 构成的；也可以通过句法移位来实现，如德语、英语等语言中的谓头移位；也可以是一个词，如在 Mayan Tzotzil 语中 mi 既可用来标记假设，相当于 if，也可用来标记是非问句，相当于 whether。（参看 Haiman 1978：570）

汉语的是非问标记“吗/么”和“吧”也都可以用来表假设。例如：

(30)你要是同意么，就赶紧来。

(31)去吧，不情愿；不去吧，面子上又过不去。

所以，英语和德语通过谓头移位表假设是用是非问表假设这一语言普遍特征的实例化方式，只不过英语和德语的是非问标记是谓头移位，所以相应的假设标记也是谓头移位，而别的语言标记是非问的手段可能是添加，所以相应的假设标记也是添加，如汉语。

三　添加的位置与语序类型的和谐

根据我们前面的分析，自然语言主要运用添加手段表达假设（英语、德语除了运用添加手段，还可以通过谓头移位表达假设）。从添加的位置来看，不同语言的假设标记有三种类型：前置标记、后置标记、既有前置又有后置的标记。在语序类型学中，一种语序之所以被重视，被用作类型参项，无非是因为它与其他许多句法结构乃至形态结构有关。主动宾的位置向来是被语言学家注意的，因为它是小句的主干成分。在各种语序中，Green berg(1984)最重视的是小句的语序，在他总结的 45 条共性中，与小句语序有关的有 15 条。所以，我们以假设标记添加的位置和小句的语序为参项，考察它们之间的关系，见表二。

根据 Greenberg(1984)的研究，带有名词性主语、动词和宾语的陈述句中主语、动词和宾语的相对语序逻辑上有六种可能，即 SVO、SOV、VSO、VOS、OSV、OVS。在这六种语序中，前三种通常作为优势语序出现，其中前两种分布最广；后三种根本不发生或极少见。我们共考察了 34 种语言，其中 VSO 型语言 2 种，SVO 型语言 15 种，SOV 型语言 12 种，VOS 型语言 2 种，VSO 和 VOS 型语言 3 种。除了赛德语和邹语，其他 32 种语言都属于所谓的优势语序。考察结果发现假设标记的位置和小句语序关系密切,SVO 型语言倾向于使用前置标记,VOS 型和 VSO 型语言使用前置标记,SOV 型语言倾向于使用后置标记。在我们考察的 SOV 型语言中有两个例外,彝语和毕苏语都有前置标记,它们都属于汉藏语系藏缅语族。关于出现例外的原因,有待进一步研究。如果把 VSO、VOS 和 SOV 看作在假设标记的位置参项上处在对立的两端,SVO 更靠近 VOS,但在两者之间有点摇摆,主要使用前置标记,有时也用后置标记,尤其是汉语这种更不典型的 SVO 型语言。Greenberg(1984)已经注意到了 SVO 型语言摇摆不定的类型特征,所以他总结的 15 条跟主宾语有关的共性中竟没有一条涉及 SVO。SVO 在语序上更靠近 VOS,说明宾位在语序类型上比主位更起作用。如果不考虑小句的主语,VO 型语言跟前置标记和谐,OV 型语言跟后置标记和谐。这种类型和谐特征在汉语方言中也有不同程度地反映,刘丹青(2001)指出,吴语呈现出一种次话题优先的特征,主要表现是受事话题化比普通话常见得多,而受事常见的位置主要是主语后动词前的次话题位置,形成了 STV 的小句结构。这样的方言显得离典型的 SVO 语言已不远,出现了向 SOV 语言靠拢的萌芽。相应的,吴语中也出现了与 OV 型语言和谐的后置假设标记比较发达的语言现象,如上海方言中后置假设标记就有"末、是、咾、个闲话、仔"等五个(参看钱乃荣 2003:302—303)。

再比如,汉语的一些西北方言,如甘肃、青海等地的方言由于受藏语等 SOV 型语言的影响,基本语序出现了向 SOV 型语言的转变,其标志是这些方言中也出现了宾格标记,用以标识谓语动词之前的语义角色。例如甘肃临夏方言(转引石毓智 2005:29):

(32)我这个人哈认不的。我不认识这个人。

(33)我他哈劝了半天。我劝了他半天。

(34)他哈我劝了半天。我劝了他半天。

(35)玻璃哈打破给了。玻璃给打破了。

临夏方言的"哈"是宾格标记,如果没有它,句子将会出现歧义。如例(32)没有"哈"的话,将无法判断是"我不认识这个人。"还是"这个人不认识我。"

青海方言也有类似的现象,例如(转引黄伯荣 1996:727):

(36)你报纸先我哈给。你先把报纸给我。

(37)你东西哈放下。你把东西放下。

SOV 型语言相对于 SVO 型语言具有复杂的形态标记系统,倾向于用形态手段来表示各种语法范畴,通常用“主格”、“宾格”来标示句子的基本成分。对于 SVO 型语言,句子的基本成分已经由语序加以表示,谓语动词之前为主语,之后为宾语,不需借用其他形态手段标明了。“格”标记的出现说明这些方言具有 SOV 型语言的典型特征。其假设标记也是后置的,跟 OV 型语言和谐。例如甘肃临夏方言(转引谢小安、华侃、张淑敏 1996:278):

(38)兀个事人家们知道□ [ʂʅ:[42]],不得了。那件事如果别人知道了,就不得了。

(39)价钱太贵了□[ʂʅ:[42]],我不要。如果价钱太贵,我就不要。

受 OV 型语言使用后置标记的影响,宁夏、陕西等地的后置假设标记也比较丰富。如陕北晋语沿河方言的后置假设标记就有“起、动起、动、时价、动弹、嗲、价、动儿、动儿价、咾、唠哒”等数十个(参看邢向东 2005、2006)。

跨语言、跨方言的比较发现,假设标记的位置与动宾语序类型有关,前置标记跟 VO 型语言和谐,后置标记跟 OV 型语言和谐。

整体上,汉语假设标记的位置与 SVO 型语言不和谐,除了 SVO 型语言的类型特征使然,也跟汉语的历史发展有关,即跟假设标记的语法化来源有关,例如汉语的“时”、“的时候”、“後”、“的话”语法化之前是关系从句的核心,由于汉语关系从句的语序为核心后置,根据语法化的保持原则,由其语法化来的假设标记也是后置的,有的还连带着关系从句的标记“的”,如“的时候”、“的话”,方言中还有“个闲话”、“嘞话”等。这个问题比较复杂,我们打算另文讨论。

四 结 论

不同语言假设句的句法操作表面上千差万别,其实都是对句法操作的三种手段和三个位置的有限选择。根据句法操作手段和操作位置的不同,假设句的句法操作可分为四类,即句首添加、谓头添加、句尾添加和谓头移位。从句法操作手段来看,只有添加和移位两种类型。在我们考察的 34 种语言和 43 个地方的汉语方言中,通过谓头移位表达假设的仅有英语和德语两种语言,同时谓头移位也是这两种语言的是非问标记,而用是非问标记表达假设具有跨语言的普遍性,所以英语和德语只不过是这种语言共性的一种实例化方式。添加是不同语言表达假设的主要句法操作手段,根据位置的不同,添加的标记又分为前置标记和后置标记。这种位置的差异与不同语言的语序类型是和谐的,VO 型语言倾向于使用前置标记,OV 型语言倾向于使用后置标记。并且这种语序和谐特征在汉语方言中也有不同程度地反映,主要表现在吴方言和西北方言中,这两个方言的语序出现了向 SOV 型语言靠拢的趋势,所以后置假设标记相对其他方言较丰富。

参考文献:

[1]蔡树湘,黎炳娇.德英语谓语语序对比及德语教学策略[J].华南理工大学学报:社会科学版,2001(4).

[2]陈国庆.克木语研究[M].北京:民族出版社,2002.

[3]陈国庆.克蔑语研究[M].北京:民族出版社,2005.

[4]陈康.台湾高山族语言[M].北京:中央民族学院出版社,1992.

[5]陈康,巫达.彝语语法[M].北京:中央民族大学出版社,1998.

[6]陈如新.祁阳方言中的虚拟句[J].湖南科技学院学报,2005(8).

[7]陈泽平.福州方言研究[M].福州:福建人民出版社,1998.

[8]朝克.鄂温克语的后置词[J].民族语文,1986(6).

[9]朝克.鄂温克语研究[M].北京:民族出版社,1995.

[10]戴庆厦.浪速语研究[M].北京:民族出版社,2005.

[11]戴庆厦,段贶乐.哈尼语概论[M].昆明:云南民族出版社,1995.

[12]戴庆厦,徐悉艰.景颇语语法[M].北京:中央民族学院出版社,1992.

[13]高永奇.莽语研究[M].北京:民族出版社,2003.

[14]高永奇.布兴语研究[M].北京:民族出版社,2004.

[15]谷向伟.河南林州方言的"动"和"动了"[J].方言,2007(2).

[16]胡光斌.贵州方言的语气词[J].贵州大学学报,2002(4).

[17]胡增益.鄂伦春语研究[M].北京:民族出版社,2001.

[18]黄伯荣.汉语方言语法类编[M].青岛:青岛出版社,1996.

[19]黄布凡,周发成.羌语研究[M].成都:四川人民出版社,2005.

[20]黄蓉美.法语条件式浅析[J].山东外语教学,1990(1).
[21]江荻.义都语研究[M].北京:民族出版社,2005.
[22]李云兵.布庚语研究[M].北京:民族出版社,2005.
[23]刘街生."VO得C"式的类型、变化和可能解释[J].古汉语研究,2008(4).
[24]廖馥君.德语语法[M].北京:商务印书馆,1979.
[25]马凤如.金乡方言志[M].济南:齐鲁书社,2000.
[26]马静,吴焕章.临沂方言志[M].济南:齐鲁书社,2003.
[27]马学良.汉藏语概论[M].北京:民族出版社,2003.
[28]毛宗武,李云兵.炯奈语研究[M].北京:中央民族大学出版社,2002.
[29]莫超.白龙江流域汉语方言语法[M].北京:中国社会科学出版社,2004.
[30]欧阳觉亚.村语[M].上海:上海远东出版社,1998.
[31]钱乃荣.北部吴语研究[M].上海:上海大学出版社,2003.
[32]秦礼君.日汉比教语法[M].北京:中国科学技术大学出版社,2006.
[33]斯钦朝克图.康家语[M].上海:上海远东出版社,1999.
[34]石毓智.汉语研究的类型学视野[M].南昌:江西教育出版社,2005.
[35]宋恩泉.汶上方言志[M].济南:齐鲁书社,2005.
[36]孙宏开,刘光坤.阿依语研究[M].北京:民族出版社,2005.
[37]王鹏翔.晋语志延片方言的"嗻"类语气词[J].延安大学学报:社会科学版,2005(6).
[38]王瑞昀.英汉疑问句类型学比较研究[D].上海:上海外国语大学博士学位论文,2005.
[39]吴建生.山西方言的助词"动"[C]//戴昭铭.汉语方言语法研究和探索.哈尔滨:黑龙江人民出版社,2004.
[40]厦门市地方志编纂委员会办公室编.厦门方言志[M].北京:北京语言学院出版社,1996.
[41]项梦冰.新泉方言的"时"[J].韶关大学学报:社会科学版,1994(1).
[42]肖天佑,刘善枪.意大利语语法[M].北京:商务印书馆,1981.
[43]谢留文.南昌县(蒋巷)方言的两个虚词"是"与"着"[J].中国语文,1998(2).
[44]谢小安,华侃,张淑敏.甘肃临夏汉语方言语法中的安多藏语现象[J].中国语文,1996(4).
[45]辛永芬.浚县方言语法研究[M].北京:中华书局,2006.
[46]邢福义.语法问题献疑集[M].北京:商务印书馆,2009.
[47]邢向东.陕北晋语沿河方言愿望类虚拟语气的表达手段[J].语文研究,2005(2).
[48]徐杰.普遍语法原则与汉语语法现象[M].北京:北京大学出版社,2001.

[49]徐杰.句子的三个敏感位置与句子的疑问范畴——跨语言的类型比较[C]//单周尧,陆镜光.语言文字学研究.北京:中国社会科学出版社,2005.
[50]徐世璇.毕苏语[M].上海:上海远东出版社,1998.
[51]袁劲.海门方言志[M].合肥:黄山书社,1997.
[52]苑中树.黎语语法纲要[M].北京:中央民族大学出版社,1994.
[53]张安生.同心方言研究[M].北京:中华书局,2006.
[54]张道真,温志达.英语语法大全[M].北京:外语教学与研究出版社,1998.
[55]张济民.仡佬语研究[M].贵阳:贵州民族出版社,1993.
[56]张廷兴,王祚厚,李贵友.沂水方言志[M].北京:语文出版社,1999.
[57]赵杰.现代满语研究[M].北京:民族出版社,1989.
[58]Athanasiadouand, Angeliki, Dirven, et al. On Conditionals again[G]. Amsterdam: John Benjamins Publishing Company, 1997.
[59]Comrie B. Conditionals: A Typology[G]//Traugott, Closs E, Meulen, et al. On Conditionals. Cambridge: Cambridge University Press, 1986.
[60]Croft W. Typology and Universals[M]. Cambridge: Cambridge University Press, 1990.
[61]Greenberg, Joseph H. 某些主要跟语序有关的语法普遍现象[J].陆丙甫,陆致极,译.国外语言学,1984(2).
[62]Haiman J. Conditionals are Topics[J]. Language, 1978(54).
[63]Xu Jie. An Infl Parameter and Its Consequences[D]. University of Maryland at College Park, 1993.

(董秀英　河南大学文学院/语言科学与语言规划研究所;
徐杰　华中师范大学语言与语言教育研究中心)

起动/致使动词的类型学研究*

朱　琳

一　前　言

在世界语言中普遍存在起动/致使动词交替的现象，起动和致使交替是从语义上来定义的，两者是用同一个动词来表达相同的情况，只是致使含义包括施事参与者角色，而起动含义则没有这个施事参与者角色，动词表示的动作是自发的。比如以下俄语的例子：

致使含义：rasplavit（溶化，及物动词）

起动含义：rasplavit-sja（溶化，不及物动词）

致使动词 rasplavit 表示 A"溶化"B，起动动词 rasplavit-sja 加上后缀表示 B"溶化"。汉语中的动词"溶化"同样也存在起动/致使动词交替的现象，可以表示 A"溶化"B，也可以表示 B"溶化"，两者在形式上没有区别。我们看到俄语中起动/致使交替中起动含义的动词是有标记的，从致使动词推导而来；而在另外很多语言中情况则不同，其中完全相反的情况是致使动词是有标记的，从起动动词推导而来。

本文将讨论汉语中的起动/致使动词和其他语言中类似现象的区别，及其在世界语言中的地位，试图在跨语言研究的背景下考察汉语的起动/致使动词现象在世界语言里的共同点和不同点。鉴于起动/致使动词在语义上的特点，本文的研究框架将在 Haspelmath(1993)类型学角度研究的基础上，从动词语义特征的分析开始，进行跨语言的考察和比较。

---

* 本文已发表于《汉语学报》2009 年第 4 期。本文得到张敏先生诸多指导，得到"上海高校选拔培养优秀青年教师科研专项基金"资助，项目编号为 RE724。诚挚感谢匿名审稿人和徐杰先生的宝贵意见。

二　类型学角度的起动/致使动词交替现象研究

Haspelmath(1993)从类型学的角度研究起动/致使动词的交替现象，讨论了21种语言中31个动词起动/致使交替的情况。他选取这31个动词的原则是具有相当基本的意义，因此可以通过词典意义进行比较。由于主要来源于经验的观察，所以只能尽量在最大程度上代表起动/致使动词的普遍情况。这31个动词和中文中对应的动词如下(对应原则见下文)：1. wake up(醒)、2. break(断)、3. burn(烧)、4. die/kill(死/杀)、5. open(开$_2$)、6. close(关)、7. begin(开始)、8. learn/teach(学/教)、9. gather(集[①])、10. spread(展开[②])、11. sink(沉)、12. change(变)、13. melt(溶)、14. be destroyed/destroy(毁)、15. get lost/lose(丢)、16. develop(发展)、17. connect(接)、18. boil(开$_1$)、19. rock(滚)、20. go out/put out(灭)、21. rise/raise(升)、22. finish(完成)、23. turn(摇)、24. roll(转)、25. freeze(冻)、26. dissolve(化)、27. fill(充满[③])、28. improve(改善)、29. dry(干)、30. split(裂)、31. stop(停)。

Haspelmath(1993)发现，以上大部分语言中的模式(pattern)是致使含义推导出起动含义，也就是反致使交替(anticausative alternation)。频率第二高的模式是起动含义推导出致使含义，也就是致使交替(causative alternation)。第三种模式则是起动含义和致使含义都从同一个词干推导出来，Haspelmath称为等值交替(equipollent alternations)。第四和第五种模式，Haspelmath称为易变交替(labile alternations)和替补交替(suppletive alternations)，第四种致使起动动词和起动动词具有相同的形式，比如英语和汉语都是这样；第五种则是具有形态相关性。表一是Haspelmath的21种语言中31个动词交替现象情况和交替模式的列表。

表一

	Total	A	C	E	L	S	A/C
18. boil	21	0.5	11.5	3	6	0	0.04
15. freeze	21	2	12	3	4	0	0.17
29. dry	20	3	10	4	3	0	0.30
1. wake up	21	3	9	6	2	1	0.33
20. go out/put out	21	3	7.5	5.5	3	2	0.41

续表

	Total	A	C	E	L	S	A/C
11. sink	21	4	9.5	5.5	3	0.5	0.42
8. learn/teach	21	3.5	7.5	6	2	3	0.47
13. melt	21	5	10.5	3	2.5	0	0.48
31. stop	21	5.5	9	3.5	3	0	0.61
23. turn	21	8	7.5	4	1.5	0	1.07
26. dissolve	21	10.5	7.5	2	1	0	1.40
3. burn	21	7	5	2	5	2	1.40
14. destroy	20	8.5	5.5	5	1	0	1.55
27. fill	21	8	5	5	3	0	1.60
22. finish	21	7.5	4.5	5	4	0	1.67
7. begin	19	5	3	3	8	0	1.67
10. spread	21	11	6	3	1	0	1.83
24. roll	21	8.5	4.5	5	3	0	1.89
16. develop	21	10	5	5	1	0	2.00
15. get lost/lose	21	11.5	4.5	4.5	0	0.5	2.56
21. rise/rais	21	12	4.5	3.5	0	1	2.67
28. improve	21	8.5	3	8	1.5	0	2.67
19. rock	21	12	40	3.5	1.5	0	3.00
17. connect	21	15	2.5	1.5	1	1	6.00
12. change	21	11	1.5	4.5	4	0	7.33
9. gather	21	15	2	3	1	0	7.50
5. open	21	13	1.5	4	2.5	0	8.67
2. break	21	12.5	1	4	3.5	0	12.50
6. close	21	15.5	1	2.5	2	0	15.50
30. split	20	11.5	0.5	5	3	0	23.00
4. die/kill	21	0	3	1	1	16	—
Total	636	243	164.5	128.5	69	31	

A＝反致使交替(anticausative alternation)

C＝致使交替(causative alternation)

E＝等值交替(equipollent alternation)

L＝易变交替(labile alternation)

S＝替补交替(suppletive alternation)

A/C＝反致使交替和致使交替的比率(ratio of anticausative to causative pairs)

(说明:表格第一栏是 31 个动词列表,第二栏表示 31 个动词在 21 种语言中出现五种交替的结果总数,A、C、E、L、S 分别表示出现这些交替的语言的个数,最后一栏 A/C 表示这 21 个语言中反致使交替和致使交替的比率。)

Haspelmath 认为,以上表格显示的是类型学比较中的一般情况。英语虽然和汉语一样属于易变交替,但是英语和汉语不同的是,英语中的起动/致使动词的情况符合类型学比较中以上表格显示的一般规律。比如英语中:像"冻、干、沉、灭、溶"(freezing, drying, sinking, going out, melting)这样的事件一般在生活中是自然发生的,不一定需要一个施事性的引起者。相反,像"裂、破、关、开、集、接"(splitting, breaking, closing, opening, gathering, connecting)等事件是典型的人类的行为。但是这种联系只是典型的,而不是必需的:施事人也可以"沉、灭、干、溶"(sink, extinguish, dry, melt)甚至"冻"(freeze)物体;而物体也可以自发"裂、破、关、集"(split, break, close, gather)甚至"接"(connect),只是不那么常见和典型。尽管"学"(learning)不自发产生,它一般不需要外部的"教"的施事者就可以发生,实际上,"学"自身可以被看作一个施事性的事件,在很多语言中都是一个及物性的事件。极端的例子是"笑"(laugh),这是一个很典型的自发行为,很难看到有反致使的例子。在以上两个极端之间找到普遍原则是比较困难的,但是总体来说以上表格中的跨语言研究强烈支持可能自发的事件 vs. 致使事件(likelihood of spontaneous vs. caused events)这样一个假设。在此基础上,Haspelmath (1993)提出起动和致使的限制如下:

A verb meaning that refers to a change of state or a going-on may appear in an inchoative/causative alternation unless the verb contains agent-oriented meaning components or other highly specific meaning components that make the spontaneous occurrence of the event extremely unlikely. (一个动词意义如果有状态改变或者表示动作正在进行时,可以出现在起动/致使交替中;除非这个动词包含一个施事取向的意义成分或者其他

使得事件自发产生成为非常不可能的特殊的意义成分。)

他将动词意义按照自发性的增加以图一所示等级排列：

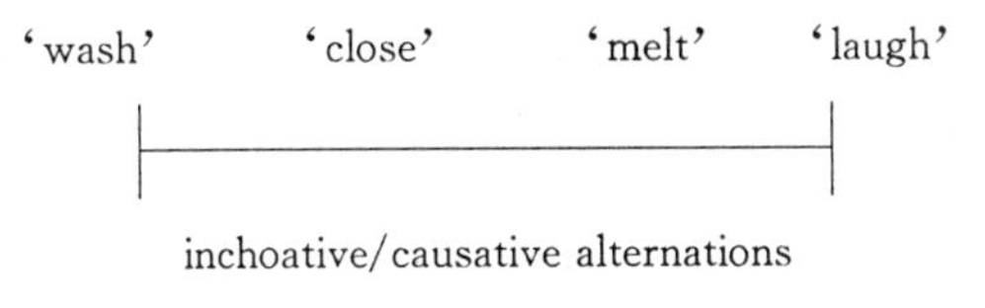

图一

等级最左边的动词 wash(洗)代表不太可能自动发生的动作，几乎从来不在起动/致使交替中出现，和起动最邻近的是被动。其后的动词范畴代表比较容易自发产生的动作，如 close(关)，但是这些动作一般仍然是由外部作用力引起的，这些动词比较容易表现出反致使。越往右的动词代表越容易自发产生的动作，如 melt(溶)，更容易表现出致使的可能性，而反致使也是可能的，这些动词具有起动/致使交替(inchoative/causative alternations)。在等级的最右边的动词 laugh(笑)，则只有致使的推导(derivation)。我们以这 31 个动词为基础，从动词语义的角度来探讨起动/致使结构，考察其中动词语义方面的特征，主要是具有起动/致使的交替，并考察起动/致使交替和起动/致使结构对交替的联系和区别。我们认为从动词的概念结构入手，可以考察语义方面到底是什么因素导致这些动词具有起动/致使的交替。

三　起动/致使动词的语义

3.1　起动/致使交替

Haspelmath(1993)提出的起动/致使的限制中，表示不可能自发发生动作的动词，几乎从来不在起动/致使交替中出现。当动词表示比较容易自发产生的动作，而这个动作一般仍是由外部作用力引起时，就比较容易表现出致使和反致使。动词表示的动作越容易自发产生，就越容易表现出致使的可能性，反致使也是可能的。

Guerssel 等人(1985)比较 Berber，English，Hocāk 等语言中 CUT 和 BREAK 这两类动词(C&B 动词)，他们认为动词句法方面的特征是语义方面的化合价造成的，BREAK 是单极的(monadic)，而 CUT 是双极的(dyadic)。在此基础上，jürgen bohnemeyer(2004)比较这两类动词在不同语言中的不同。结果发现，BREAK具有起动/致使交替，或者有中动语态，有起动含义；而CUT没有。除了德语以外，起动/致使交替和反致使的推导(deriviation)分布于研究的各个语言样本中。Biak语有起动/致使交替，但其中没有C&B动词。Otomi和Yél Dnye语中，比较特别的是BREAK动词有起动/致使的词干，它们在语音上相似，但是历时形态上并不相关。Hindi和Tamil语中这类动词有特殊的及物和不及物形式，是时态语态等形态方面基础上的补充形式。Otomi也有中动语态，但只有一个C&B动词并且是反身含义。研究的语言样本中除了上述例外之外，只有BREAK动词有起动/致使交替或者中动语态。

他得出的结论是，CUT类动词词汇具有工具或者用法的特征，但是并不关注其引起的变化。相反，BREAK描述了一种特殊的状态变化，但在语义上并没有具体的原因。后者词汇形态上产生起动形式，而前者没有。表示分离一个物体的动词在类型学上一般分为CUT和BREAK两类，除此以外，还有一种两极(bipolar)动词，它的语义和状态变化及其原因都相关；包括Biak、Yukatek和汉语中的复合词，具有简单及物动词，但是不包含状态变化。另外还有一些缺乏CUT动词的语言是因为不范畴化具有工具的动作，而是范畴化状态改变，比如Yél Dnye，Ewe，Spanish和Sranan。

jürgen bohnemeyer认为现代汉语中只有简单的及物C&B动词，这类动词不包含状态变化，致使类动词是用复合词的形式来表现的，比如“掰断”，复合词中的词干分别指明状态改变和原因。事实上，现代汉语中相应的“切”和“断”以及“掰断”的情况并不如此简单：汉语中的“切”类动词同样具有工具或者用法的特征，并不关注其引起的变化。“断”也同样描述了一种特殊的状态变化，而在语义上也没有具体的原因。但是“切”有类似的语法表现，而“断”却只能用在表示状态的起动含义里，没有起动/致使的交替。“掰断”和以上两类动词不同，两个词干分别指明状态改变和原因，没有起动/致使的交替。“掰断”和“断”形成一对起动/致使的交替，而不是“掰断”或者“断”本身有起动/致使的交替。也就是说，现代汉语中这一类致使动词需要指明其方式手段，仅仅表示状态变化时，无法形成起动/致使交替。而典型的起动/致使动词“开”则不同，不需要以上的限制，很容易形成起动/致使交替。

3.2 施事性转移

以往的研究认为起动/致使交替在语义上有一致性，即都具有状态的改变和施事缺乏的语义特征。不同的理论框架，比如格理论和词汇结构语义理论认为方式手段的具体表现在其中起着重要的作用；工具因为和施事的紧密关系而经常和施事性相联系，我们认为施事性是起动/致使交替中的一个关键概念，这和 Haspelmath 归纳的语义情况也是一致的。

然而，用施事性缺乏并不能解释所有的情况，比如英语中的 kill(杀)类动词，有状态改变，并且主语可以是非施事性的原因，却没有起动/致使的交替。另外英语中的 destroy(毁灭)类动词的情况也是如此。由于用状态改变和施事缺乏的语义特征无法解决这两类动词的问题，所以另外一些研究者(Levin and Rappaport Hovav 1994)关注致使实现的类型。他们认为致使并不是一个统一的概念，而是有着多方面的性质，致使和施事性最大的不同在于前者关注施事/致使者和引致事件的联系(Croft 1990)。Levin and Rappaport Hovav(1994)提出了外部致使(external causation)和内部致使(internal causation)的区别：没有起动/致使交替的动词代表内部引起的事件，或者是施事者有意的，自愿的行为，或者是动词所代表事件的内部性质；而有起动/致使交替的动词所代表的事件必须要由外部原因引起，这个原因可以是施事、自然力或者是工具。

Van Valin & Wilkins(1996)在考察以往的分析后认为，施事并不是基本的语义角色，而施事(agent)、力(force)和工具(instrument)或者方式共同组成了一个更为基本的语义角色：影响者(effector)。如果工具/方式是包括在事件实现的语义因素中，但在动词的概念结构中并不是必须的，这一点可以决定一个表示状态变化的动词是否具有起动/致使交替。因而我们可以用工具/方式将施事性这个宽泛概念具体化：如果一个动词的概念结构中包括工具/方式，那么这个动词就被限定为具有外部施事者，就没有起动/致使的交替；而如果一个动词概念结构中没有或者可以不包括工具/方式，那么这个动词的施事者的范围就比较大，可以是施事者、外力、自然力或者工具；这样施事者可以在较大范围内转移，也可以在施事者有无之间转移，因而就具有起动/致使的交替。施事性和 Haspelmath 的自发性是紧密联系的。图一中，等级左端的动词施事性最强，自发性最低，词汇概念结构中也就强制性的具有工具/方式因素。而越往右的动词施事性越低，自发性越强，词汇概念结构中就不强制性的具有工具/方式因素，具体表现为工具/方式的施事性可以在动词的概念结构中转移，产生起动/致使交替的可能性也就增加。需要注意的是，这里“笑”作为自发性最强的情况，它的施事性指另外的施事主体使得作为客体的有生命者“笑”，而作为客体的有生命者“笑”，虽然它自身是有“笑”这个动作的施事性的，和我们这里的施事性概念是不一样的。上文所说的 kill(杀)类动词施事者包括的范围也比较大，主语可以是非施事性的致事原因，但是这个原因一定要表述出来，而且当非施事性的致事原因作主语的时候，施事性依然是存在的。所以这类动词不具有自发产生的可能性，必须有施事性；也就是这类动词要么有一个外部施事者，要么有一个很强的必须说出来的外部致使原因。综上所述，一个动词的语义概念结构表述的动作或者状态改变可以相对独立发生或者存在，同时具有被外部施事者或者致使者控制的可能性，工具/方式因素是非强制性的时候，才可以有施事性转移和起动/致使的交替。而如果动词必须有施事性，工具/方式因素是强制性的；或者动词只有自发产生的可能性，不具有工具/方式因素时，施事性不可以转移，动词就没有起动/致使的交替。总结起来，我们可以认为，施事性和自发性处于可以转移的情况下，起动/致使的交替才有可能，施事性过强，或者自发性过强的情况都会阻止两者的交替。所以，现代汉语中动词的状态改变，施事性可以转移是致使/起动交替的重要条件。我们需要分开及物和不及物两个形式处理，分别具有不同的条件：在及物致使形式中方式/手段是重要因素；在不及物起动形式中不需要方式/手段。起动不及物形式中状态改变并且施事缺乏；致使及物形式中状态改变并且具有施事性。有施事性不一定要有工具/方式存在，而没有工具方式也不一定没有施事性。可以包含工具/方式的时候施事性是最容易转移的，也最容易产生起动/致使交替。施事性蕴含非自发性，自发性蕴含非施事性；也就是说，起动/致使交替是具有施事性和自发性的交替，具体化为工具/方式和自发性的交替。一个动词如果词汇概念结构中可以包含工具/方式，它的施事性和自发性一般可以较大限度的交替，所以词汇概念结构中可以包含工具/方式是这个交替的外在表现和鉴定标准。现代汉语中的“切”和“断”以及“掰断”；典型的起动/致使动词“开”和“切”、“断”不同，语义上有起动/致使交替，在施事性和自发性的语义特征方面处于中间位置。我们将现代汉语中的“切”、“开”、“断”和“掰断”这三类动词在及物和不及物两个句式中的语义情况列表比较如表二：

表二

切(及物句式)	①开$_1$(不及物句式) ②开$_2$(及物句式)	①断(不及物句式) ②掰断(及物句式)
无状态改变，有施事。有工具/方式的特征，但是并不关注其引起的变化。	①状态改变，施事缺乏。描述了一种特殊的状态变化，但在语义上并没有具体的原因。 ②状态改变，有施事。指明状态改变和原因。	①状态改变，施事缺乏。描述了一种特殊的状态变化，但在语义上并没有具体的原因。 ②状态改变，有施事。指明状态改变和原因。
概念结构中一定包含工具/方式。	①概念结构中不包含工具/方式。 ②概念结构中可以包含工具/方式，但非强制性。	①概念结构中不包含工具/方式。 ②概念结构中一定包含工具/方式。
施事性不可以转移。	施事性可以转移。	施事性在两者之间转移。
无自发性。	①有自发性。 ②无自发性。	①有自发性。 ②无自发性。
无起动/致使交替。	有起动/致使交替。	两个动词本身无起动/致使交替，两个动词之间有起动/致使交替。

四　汉语起动/致使动词考察

4.1　31个动词的语义考察

我们考察 Haspelmath 的 31 个动词在现代汉语中的情况，首先要尽量将 Haspelmath 表格中的 31 个动词按照其意义和用法翻译成现代汉语中常用的单音节动词。需要说明的是，这 31 个动词精确转换为汉语中的动词存在很多困难，有些动词在汉语中甚至找不到对应的单音节动词，这也是类型学研究中普遍存在的问题。我们这里的翻译原则是，尽量将这31个动词按照其意义和用法翻译成现代汉语中常用的单音节动词，对于比较难找到汉语对应词的动词，则按照它们在Haspelmath表格中所处的位置寻找一个相应的有类似用法和意义的汉语动词。另外，实在无法翻译成单音节动词的才翻译成双音节动词。

根据上文的分析方法我们逐个分析动词的语义概念结构，主要分析它们是否有施事性转移的特征。一般来说，施事作主语的及物结构具有施事性，可以加上工具/方式特征；没有施事性的情况则不可以加上工具/方式特征。我们用是否可以加上反身代词"自己"来检验动词是否具有自发性。可以加"自己"的一般具有自发性，不可以加"自己"的一般没有自发性。

我们将汉语中的这些动词按照语义方面的自发性和施事性分类如下：

第一类：表示自发事件。包含以下两种：

第一种：表示完全自发事件，我们用1-1表示。这一类动词包括：死、开$_1$、干、醒、充满、丢、升、断、裂。这类动词的施事性不可以转移，一般没有起动/致使交替。

第二种：主要表示自发事件，也可以表示施事性事件，我们用1-2表示。这一类动词包括：冻、灭、沉、化、溶、变。这类动词的施事性可以转移，一般有起动/致使交替。

第二类：表示施事性事件。包含以下五种：

第一种：主要表示施事性事件，也可以表示自发事件，我们用2-1表示。这类动词包括：停、开$_2$、关。这类动词的施事性一般可以转移，一般有起动/致使交替。

第二种：主要表示施事性事件，某些情况表示自发事件，我们用2-2表示。这类动词包括：毁、展开、滚、发展、改善、接。这类动词的施事性有时可以转移，有时有起动/致使交替。

第三种：主要表示施事性事件，特殊情况表示自发事件，我们用2-3表示。这类动词包括：转、摇。这类动词的施事性有时可以转移，有时有起动/致使交替。我们把2-2类和2-3类动词区分开主要是基于两者在起动/致使交替的程度上有所不同。

第四种：完全表示施事性事件，不及物结构可以表示无施事性状态，我们用2-4表示。这类动词包括：完成、开始。这类动词的施事性不可以在他动和自发之间转移，但是因为这类动词的语义框架内要单纯表示状态的类型，并且其中没有施事性，具有广义的施事性转移的特征。总结上文我们认为，施事性和自发性处于可以转移情况下，起动/致使的交替才有可能。这一类动词的情况有所不同，当动词表示的动作不可以自发产生，但是动词的不及物格式可以表示无施事性的状态时，这时可以形成广义上的施事性在动作和状态之间转移。所以我们修正以上的结论为：一个动词的语义概念结构施事性和自发性可以转移时，动词就有起动/致使的交替；当动词有动作和状态之间广义上的施事性转移时，动词有状态/致使交替。也就是动词的语义概念结构中具有广义的施事性转移时，动词一般有起动/致使交替现象。

第五种：完全表示施事性事件，不及物结构是话题结构，我们用 2-5 表示。这类动词包括：学/教、烧、集。这类动词的施事性不可以转移，一般没有起动/致使交替。

我们用图二的连续体表示这几类动词自发性和施事性的主要语义特征：

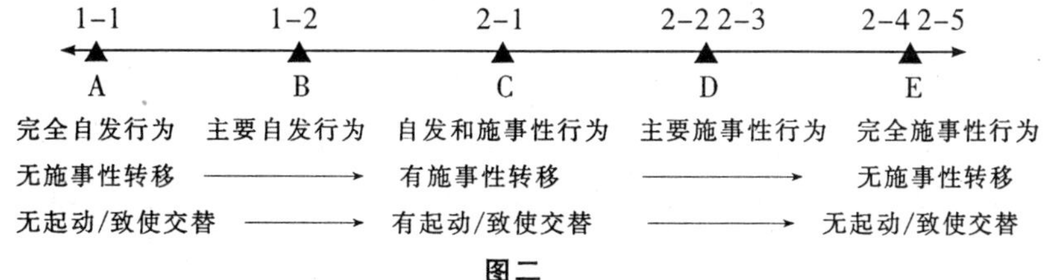

图二

图二中，BD之间表示有起动/致使交替的现象，A 表示完全自发行为现象，E 表示完全施事性行为的现象。1-1 类动词表示完全自发事件，无起动/致使交替，施事性不可以转移。1-2 类动词表示主要自发事件，有起动/致使交替，施事性可以转移。2-1 类动词表示主要施事性行为事件，有起动/致使交替，施事性容易转移。2-2 类和 2-3 类动词表示主要施事性行为事件，有起动/致使交替，施事性可以转移。2-4 类动词表示完全施事性行为事件，无起动/致使交替，施事性广义上可以转移。2-5 类动词表示主要施事性行为事件，无起动/致使交替，施事性不可以转移。

4.2 归纳和比较

按照 Haspelmath(1993)的观点，有些事件在生活中自然发生，不一定需要施事性的引起者，还有些事件是典型的人类行为，但是这样的联系只是典型的，而不是必需的。在汉语中，“裂、破”这些在Haspelmath总结的21种语言中一般情况下是典型的施事性行为事件，在汉语中是典型的自发事件，相对应的施事性行为事件都是动结结构复合词，我们在上文“断”中已经分析过。“关、开”的情况则和大部分语言一样，是典型的施事性行为事件，但是也可以自发发生，所以具有起动/致使交替。“冻、干、沉、灭、溶”这样的事件一般都是自然发生的事件，它们也有可能是施事性行为的事件，只是不典型常见，所以可以有起动/致使的交替，而“干”在现代汉语中则不是施事性行为的事件，所以就不具有起动/致使的交替。像“充满、完成、开始”一般是施事性行为事件，在汉语中不同的是这些事件不太可能自发产生，必须有施事者，所以不具有起动/致使的交替。“展开、发展、丢、改善”这些事件一般可以自发产生或者由施事性行为引起，而在汉语中这两种可能性有不少限制，一般都需要施事者，“展开”也只在很少的义项上可以不需要施事者，交替是有限制的。

这31个动词在上文表一中从下往上在类型学上不同语言中反致使的可能性逐渐降低，从语义角度说，也就是越往下越有明显的外部施事者；越往上语义上越倾向于自发事件。我们按照越往下越有明显的外部施事者，越往上越倾向于自发事件的排列规律，将汉语中的动词分成四类从左到右排列，并在每个动词后面标注上汉语中我们给它们的分类，标黑体的是汉语中也有起动/致使交替的动词。我们参照上文汉语中这些动词的分类，也给这几类动词前面标上相应的类别[4]，和它们在汉语中的分类比较如下：第一类1-2是Haspelmath统计的A/C参数小于1的动词，主要是自发行为，对应于汉语中的1-1和1-2两类。第二类2-1是A/C参数在1.07到2.0之间的动词，是自发性和施事性并重的行为，对应于汉语中的2-1类。第三类2-2、2-3是A/C参数在2.56到8.67之间的动词，主要是施事性行为，对应于汉语中的2-2和2-3两类。第四类2-2、2-3是A/C参数在12.50到23.00之间的动词，几乎完全是施事性行为，对应于汉语中的2-2和2-3两类，并向2-4和2-5两类靠拢。

第一类 1-2：开$_1$(1-1)A/C＝0.04、**冻**(1-2)、干(1-1)、醒(1-1)、**灭**(1-2)、**沉**(1-2)、学/教(2-5)、**化**(1-2)、**停**(2-1))A/C＝0.61<1

第二类 2-1：**转**(2-3)A/C＝1.07、**溶**(1-2)、烧(2-5)、**毁**(2-2)、充满(1-1)、完成(2-4)、开始(2-4)、**展开**(2-2)、**滚**(2-3)、**发展**(2-2)A/C＝2.0

第三类 2-2，2-3：丢(1-1)A/C＝2.56、升(1-1)、**改善**(2-2)、**摇**(2-3)、

接(2-2)A/C=3.0、**变**(1-2)A/C=6.0、集(2-5)、**开**$_2$(2-1))A/C=8.67

第四类 2-2,2-3:断(1-1)A/C=12.50、**关**(2-1)、裂(1-1)A/C=23.00[⑤]

Haspelmath讨论语言的1-2类,主要是代表自发性动作的动词,其中有一半动词在汉语中也是起动/致使动词,大部分属于1-1和1-2两类,主要代表自发性动作的动词在汉语中可能是完全代表自发动作的动词。Haspelmath讨论语言的2-1类中多于一半在汉语中也是起动/致使动词,但是在汉语中它们都不属于2-1类,而是多属于2-2和2-3类,代表自发性和施事性行为可以自由转换的动词在汉语中一般是主要代表施事性行为的。Haspelmath讨论语言的2-2和2-3两类中有一半在汉语中也是起动/致使动词,在汉语中也大部分属于2-2和2-3类。最后一行,Haspelmath讨论语言的2-2和2-3两类是接近于2-5类的,其中有一个在汉语中也是起动/致使动词,但是不属于2-2和2-3类而是属于2-1类。汉语中的2-1类分别分布在其他语言的1-2、2-2和2-3三类中,而不是相互对应地分布在2-1类中。

我们按照从自发性到施事性的倾向将汉语中的这些动词从左到右排列如下,其中标黑体的动词表示在汉语中也有起动/致使交替:开$_1$、**冻**、干、醒、**灭**、**沉**、学/教、**化**、**停**、**转**、**溶**、烧、**毁**、充满、完成、开始、**展开**、**滚**、**发展**、丢、升、**改善**、**摇**、**接**、**变**、集、**开**$_2$、断、**关**、裂、(死/杀)。

有起动/致使交替即施事性可以转移的动词情况如下,我们按从左到右自发的可能性减小,施事性行为的可能性增大的顺序排列:冻、灭、沉、化、停、转、溶、毁、展开、滚、发展、改善、摇、变、开$_2$、关。

大部分有起动/致使交替的动词在汉语和Haspelmath总结的21种语言中一般情况是类似的,最不相同的是"变"和"停"。主要原因是这里我们用的是单音节常用动词,如果按照其他语言中起动和自发的情况,汉语中相应的更准确、更自然的说法应该是"改变",就具有了很强的施事行为性;而"变"则具有比较强的自发性,只有少数情况有施事性。类似的,"停"对应的是"停止",也有很强的自发性,而"停"在汉语中主要是一个他动的施事性行为动词。

汉语中没有起动/致使交替、而Haspelmath总结的21种语言中一般情况有起动/致使交替的动词包括"开$_1$、干、醒、学/教、烧、充满、完成、开始、丢、升、集、断、裂",它们的情况分为以下几类:

第一类，“断、裂、升”，动词表示的事件在一般情况中是典型的施事性行为事件，在汉语中是典型的自发事件，相对应的施事性行为事件都是动结式的复合词。

第二类，“烧、集、学/教”，动词表示的事件在其他语言中主要是施事性行为事件，而在汉语中只能是施事性行为事件。

第三类，“完成、开始”，动词表示的事件在一般情况中主要是施事性行为事件，而汉语中这些事件不太可能自发产生，必须有施事者，所以不具有起动/致使的交替。

第四类，“死、开$_1$、充满、丢、升、干、醒”，动词表示的事件在一般情况中主要是自发事件，现代汉语中则不是施事性行为的事件，只具有自发性。

造成以上区别的一个可能的原因是 Lakoff(1987)提出的客观语义(objective meaning)和概念语义(conceptual meaning)的区别。根据他的观点，我们认为第二、三、四类都具有相同的客观语义，汉语中不同的概念语义是强化了这种客观语义的情况而消除了另一种可能性，因此就失去了起动/致使的可能性。第一类的情况是不具有相同的客观语义的完全相反的情况，主要原因在于汉语中有相应的动结式的复合词取代了代表这一类客观语义的动词，而这一客观语义在动结式复合词中因为引入了工具/方式同样被强化而消除了另一种可能性，所以交替只在两个动词之间发生。除了客观语义和概念语义的不同，我们认为还有句法限制、整个句法构造等方面的原因在起作用，这个问题留待以后继续探讨。

五 结 论

本文讨论汉语起动/致使动词，旨在前人研究的基础上从类型学的角度进行考察和研究，从而对汉语起动/致使动词有新的理解和把握。本文的目的在于考察汉语中的起动/致使动词和其他语言类似现象的区别，及其在世界语言中的地位；试图在跨语言研究的背景下，更深一层地弄清汉语的起动/致使动词现象在世界语言里的共同点和不同点。这是汉语起动/致使动词研究乃至世界语言起动/致使动词研究中一个全新的角度的研究和尝试。

本文的研究框架从动词入手，从语义特征的分析开始，这是鉴于起动/致使动词在语义上的特点，在 Haspelmath(1993)从类型学角度研究的基础上进行跨语言的考察和比较。我们以这 31 个动词为基础，从动词语义的角度来探讨起动/致使结构对，考察其中动词语义方面的特征和动词的概念结构。我们这里只是在 Haspelmath 类型学研究的基础上，按照他们在世界语言比较的基础上挑选出来 31 个动词，对汉语相应的 31 个动词所作的一个类型学方面的考察，而不是穷尽所有起动/致使动词的详细考察。但是我们认为，这种类型学方面的考察对于以后扩展到所有类似动词的考察是非常有利和必要的，并提供了一个行之有效的方法论。

主要依据动词语义框架内是否有施事性转移的特征，我们将汉语中对应的 31 个动词分为两大类七小类：1-1 类动词表示完全自发事件，无起动/致使交替，施事性不可以转移。1-2 类动词表示主要自发事件，有起动/致使交替，施事性可以转移。2-1 类动词表示主要施事性行为事件，有起动/致使交替，施事性容易转移。2-2 类和 2-3 类动词表示主要施事性行为事件，有起动/致使交替，施事性可以转移。2-4 类动词表示完全施事性行为事件，无起动/致使交替，施事性广义上可以转移。2-5 类动词表示主要施事性行为事件，无起动/致使交替，施事性不可以转移。我们认为这些语义因素是跨语言的，所以大部分语言都可以按此标准分类。我们参照汉语中这些动词的分类，给 Haspelmath 讨论的动词前面标上相应的类别，和它们在汉语中的分类进行比较。大部分有起动/致使交替的动词，在汉语和 Haspelmath 总结的 21 种语言中一般情况是类似的。主要的不同在于汉语中没有起动/致使交替，Haspelmath 总结的 21 种语言中一般有起动/致使交替的四类动词。第一类动词表示的事件在一般情况中主要是施事性行为事件，而在汉语中只能是自发事件，相对应的施事性行为事件都是动结式的复合词。第二类和第三类动词表示的事件在一般情况中主要是施事性行为事件，而在汉语中只能是或在绝大多数情况下是施事性行为事件。第四类动词表示的事件在一般情况中主要是自发事件，现代汉语中则只能是自发事件。本文认为造成以上区别的一个可能原因是客观语义和概念语义的区别。

在以上结论的基础上，我们进一步考察汉语中的起动/致使动词在世界语言中的地位，比较汉语起动/致使动词现象在世界语言里的共同点和不同点。Haspelmath 将 21 种语言中 31 个动词按照 A/C 参数从小到大的顺序排列，交替模式列表中的 A/C 参数代表的不同语言中反致使和致使情况的比例，是从 21 种不同语言中归纳出来的。这 31 个动词在表一中从下往上在类型学上不同语言中反致使的可能性逐渐降低，A/C 参数也越来越大；越往上语义上越倾向于自发事件，A/C 参数也越来越小。我们可以将 Haspelmath 的 31 个动词 A/C 参数的情况视作世界语言的一般理想模式，代表世界语言的一般情况。将汉语动词也按照 A/C 参数从小到大的顺序进行排列，并和这种世界语言的理想模式进行比较(见表三)。我们用反致使和致使结构的比值来表示汉语中的 A/C 参数；当反致使结构不存在的时候，比值为零；当致使结构不存在的时候，比值为＋∞。

表三

动词	现代汉语释义	A/C	现代汉语动词	A/C
18. boil	开$_1$	0.04	开$_1$	
15. freeze	冻	0.17	干	
29. dry	干	0.30	醒	
1. wake up	醒	0.33	充满	
20. go out/put out	灭	0.41	丢	
11. sink	沉	0.42	升	
8. learn/teach	学/教	0.47	断	
13. melt	化	0.48	裂	A/C=0
31. stop	停	0.61	冻	
23. turn	转	1.07	灭	
26. dissolve	溶	1.40	沉	
3. burn	烧	1.40	化	
14. destroy	毁	1.55	溶	
27. fill	充满	1.60	变	0<A/C<1
22. finish	完成	1.67	停	A/C>1

续表

动词	现代汉语释义	A/C	现代汉语动词	A/C
7. begin	开始	1.67	开$_2$	
10. spread	展开	1.83	关	
24. roll	滚	1.89	毁	
16. develop	发展	2.00	展开	
15. get lost/lose	丢	2.56	滚	
21. rise/raise	升	2.67	发展	
28. improve	改善	2.67	改善	
19. rock	摇	3.00	接	
17. connect	接	6.00	转	
12. change	变	7.33	摇	
9. gather	集	7.50	完成	
5. open	开$_2$	8.67	开始	
2. break	断	12.50	学/教	A/C＞＋∞
6. close	关	15.50	烧	
30. split	裂	23.00	集	
4. die/kill	死/杀			

我们看到，现代汉语中起动/致使动词的情况和 Haspelmath 列表的世界语言理想模式情况是有区别的，A/C 参数的情况也是不同的。而 A/C 参数是 Haspelmath 类型学研究中关于起动/致使动词的一条重要标准，A/C 参数＝0 和 A/C 参数＞＋∞的情况不属于起动/致使动词的范畴，现代汉语和 Haspelmath 的理想模式情况不同。A/C 参数＜1 和 A/C 参数＞1 的情况，和 Haspelmath 调查的大部分语言的情况是类似的，但是参数的数值以及哪些动词具有类似的参数数值，这些具体情况又是不同的。因而，现代汉语的起动/致使动词情况在世界语言中所处的位置有其独特性。

附注：

①更精确的汉语中的情况当是“收集”和“集合”两个动词的表现之和，我们这里选用的是常用单音节动词“集”，但是不具有自发性，所以情况略有不同。

②结合其他语言中的情况和这里的排列，更类似汉语中的“散、传播”，我们这里用直译的动词，因为表现的差别不是很大。

③这是一个动结结构的复合词，和这里其他动词的情况不同。

④2-4 类是比较特殊的一类，我们暂不拿来作比较。我们认为这些语义因素是跨语言的，所以大部分语言都可以按此标准分类，只是同一个动词在不同语言中会属于不同的类别。

⑤“死/杀”没有标注 A/C 参数，我们这里就不拿来比较和讨论，所以只有 30 个动词。

参考文献：

[1]邓思颖. 作格化和汉语被动句[J]. 中国语文，2004(4).

[2]范晓. 及物动词和不及物动词的区分及其再分类[C]//中国语言学报：第四期. 北京：商务印书馆，1991.

[3]顾阳. 生成语法及词库中动词的一些特性[J]. 国外语言学，1996(3).

[4]李临定. 现代汉语动词[M]. 北京：中国社会科学出版社，1990.

[5]吕叔湘. 说“胜”和“败”[C]//吕叔湘，朱德熙，饶长溶，等. 语法研究和探索(四). 北京：北京大学出版社，1988.

[6]徐杰. 普遍语法原则与汉语语法现象[M]. 北京：北京大学出版社，2001.

[7]徐杰. “及物性”特征与相关的四类动词[J]. 语言研究，2001(3).

[8]杨素英. 从非宾格动词现象看语义与句法结构之间的关系[J]. 当代语言学，1999(1).

[9]张伯江，方梅. 汉语功能语法研究[M]. 南昌：江西教育出版社，1996.

[10]张敏. 认知语言学与汉语名词短语[M]. 北京：中国社会科学出版社，1988.

[11]赵艳芳. 认知语言学综述[J]. 解放军外国语学院学报，2000(6).

[12]赵元任. 汉语口语语法[M]. 吕叔湘，译，北京：商务印书馆，2001.

[13]朱德熙. 现代汉语语法研究[M]. 北京：商务印书馆，1980.

[14]朱德熙. 语法讲义[M]. 北京：商务印书馆，1982.

[15]朱德熙. 语法答问[M]. 北京：商务印书馆，1985.

[16] William C. Typology and Universals [M]. Cambridge: Cambridge University Press, 1990.

[17] Croft W, Cruse A. Cognitive Linguistics [M]. Cambridge: Cambridge University Press, 2004.

[18]Guerssel M, et al. A Cross-Linguistic Study of Transitivity Alternations[C]//CLS

21:Papers from the Parasession on Causatives and Agentivity,1985.

[19] Haspelmath M. More on the typology of inchoative/causative verbs alternations [M]. Comrie B,Pplinsky M. Causatives and Transitivity,1993.

[20] Shibatani M, Thompson S. Grammatical Constructions: Form and Meaning[M]. Oxford:Clarendon Press,1996.

[21] Shibatani M. The Grammar of Causation and Interpersonal Manipulation[M]. Amsterdam/Philadelphia:John Bejamins,2001.

(朱琳　上海师范大学对外汉语学院)

“来/去”带宾现象的类型学考察

左双菊

对于指示运动方向的途径动词“来”和“去”的带宾能力及所带宾语的优先序列，笔者(2007)进行了详细的论述。本文我们将采用结构标准，把“来/去”带宾这种语言内部的结构现象放在新的不同的视野之中，对比分析更多的语言，力图使我们已有的结论趋于完善，使“来/去”带宾现象的分析更具“类型化”特征。

一　现代汉语中“来/去”带宾现象的宾语类型及优势语序

1.1　汉语语言中我们主要选取中国当代小说作品《王朔文集》(华艺出版社，1999年版)为代表，对文中“来/去”带宾现象的用例情况进行系统的考察(详细参看左双菊 2007)。通过考察我们发现，“来”所带宾语主要有处所、施事、受事、结果、目的、方式六种语义类型，列表如下表一：

表一

宾语类型	例句数	百分比
处所宾语	193	66.3%
施事宾语	49	16.8%
受事宾语	37	12.7%
结果宾语	4	1.4%
目的宾语	2	0.7%
方式宾语	6	2.1%
总计	291	100%

根据表一，我们可以建立起一个“来”带宾情况的优先序列(“＞”表示“优先于”)：

处所宾语＞施事宾语＞受事宾语＞结果宾语、方式宾语、目的宾语

处所宾语是“来”所带宾语中最典型、最常见的宾语类型，约占“来”带宾情况的三分之二，施事宾语其次，约占16.8%，再次是受事宾语，约占12.7%，这三种宾语占据了用例总数的95.8%，表明“来”主要带这三种类型的宾语。方式宾语、结果宾语和目的宾语用例较少，频度较低，是“来”所带的非典型宾语语义类，“来＋$O_{处所义}$”则是汉语中“来”带宾结构的优势语序。

1.2 考察发现，动词“去”后所带宾语的语义类型主要有处所、施事、致使三类。表二是我们对《王朔文集》（华艺出版社，1999年版）中“去”带宾情况的统计数据分析。

表二

宾语类型	例句数	百分比
处所宾语	73	92.4%
施事宾语	5	6.3%
致使宾语	1	1.3%
总计	79	100%

根据表二，我们可以建立起一个“去”带宾情况的优先序列（“＞”表示“优先于”）：

处所宾语＞施事宾语＞致使宾语

处所宾语是“去”所带宾语中最典型、最常见的宾语类型，约占“去”带宾情况的92.4%，施事宾语和致使宾语的用例频度都很低，是非典型宾语语义类，“去＋$O_{处所义}$”则是汉语中“去”带宾结构的优势语序。

二 类型学视野下“来/去”带宾现象的宾语类型及优势语序

我们考察了白语、藏语、德昂语、侗语、土家语、错那门巴语、仓洛门巴语、哈尼语、傈僳语、阿昌语、独龙语、阿眉斯语等二十九部民族语言简志，对其中“来/去”的带宾现象进行了统计与分析。我们发现SVO结构的语言和汉语差不多，但SOV型的语言在结构上与汉语有很大的出入，且“来/去”带宾现象较少，两者各自的带宾数量也存在着极大的不对称。

2.1 “来”带宾语例句只有22例，其主要结构类型有“处所名词＋来、普通名词＋来、名词短语＋来、指示代词＋来、人称代词＋来、动词宾

语＋来、数词＋名词＋来”，如：

(1)“处所名词＋来”5 例，其中《藏语简志》3 例，《哈萨克语简志》2 例，如：

ཁ་སང་ ཁོང་ ངའི་ ནང་ལ་ཐེབས་དུས་ང་དཔེ་ཆ་ལྟ་གི་ཡོད་རེད།

前几天 他 我的(加助词)家助词 来 时 我 书 看

前几天他来我家时，我在看书。《藏语简志》

burən ol yjɨmɨzge kelɨp tur-əwʃə edɨ.

以前 他 家 来

以前他常到我们家来。《哈萨克语简志》

(2)“普通名词＋来”5 例，其中《蒙古语简志》1 例，《保安语简志》3 例，《蒙古语简志》1 例，如：

tanεεd giitʃi irsē biʃ uu?

你们 客人 来 不是 吗

你们家不是来客人了吗？《蒙古语简志》

bədə uesuŋ-də r(ə)o.

我们 草 来

我们割草(为了草)来了。《保安语简志》

其中的名词表动作“来”的目的。

ndʑaŋ Golo mor-sə r(ə)o.

他 远 路 来

他从远道而来。《保安语简志》

其中的名词表动作“来”这一运动的源点。

(3)“名词短语＋来”3 例，其中《赫哲语简志》1 例，《哈萨克语简志》2 例，如：

zaalχun nio əmxəni.

多 人 来了

来了很多人。《赫哲语简志》

dʒuməs tekser-iwʃɨ kɨxɨler bɨzdɨŋ dʒerɨmɨʑge keldɨ.

工作 检查 人 我们 地方 来

检查工作的人员到我们这儿来了。《哈萨克语简志》

(4)“指示代词＋来”4 例，其中《鄂伦春语简志》1 例，《锡伯语简志》1 例，《阿昌语简志》2 例，如：

so ərtɕi dʐu!

你们 这 来

我们往这边来!《锡伯语简志》

ʃii ɪkʊn dʒaalɪn ələə əmətʃəj jee?

你 什么 这 来

你为了什么(事)到这儿来?《鄂伦春语简志》

《阿昌语简志》里边的"来/去"带宾现象比较特殊,当宾语是"这里、这边、这儿"等指示方位词时,宾语和"来/去"不可以直接组合,中间有助词。如:

ŋɔ˥ xai˥ thɔˀ˥ te˥ ʑəl aˀ1!

我 这里 (助) 来 (助)

来我这里吧!《阿昌语简志》

(5)"人称代词+来"3例,都出现在《蒙古语简志》中,如:

tər xũ manεεd ir-sə̃ bεε-naa.

那 人 我们 来

那个人现在已经来到我们家了。《蒙古语简志》

(6)"动词宾语+来"1例,如:

ʃii olbotdoo-wi əmətʃəj?

你 游泳 来

你为了游泳而来的吗?《鄂伦春语简志》

(7)"数词+名词+来"1例,如:

manεε xuu dəə, jadāxdaā nəg dʒεxdāl iruul-(ə̃)j dəə!

我们 儿子 啊 起码 一 信 来 啊

我们这孩子,起码来封信也好啊!《蒙古语简志》

将上述情况列表如下表三:

表三

宾语类型	例句数	百分比
处所宾语	15	68%
施事宾语	4	18%
目的宾语	2	9%
致使宾语	1	5%
总计	22	100%

根据表三的数据统计,我们可以建立起一个"来"带宾能力的优先序

列(">"表示"优先于"):

处所宾语>施事宾语、目的宾语>致使宾语

各语言简志中"来"带宾结构类型虽多,但宾语的语义类型主要为处所宾语。处所宾语是各语言简志中"来"最典型、最常见的宾语类型,共15例,约占"来"带宾情况的68%。施事宾语、目的宾语和致使宾语的用例频度都很低,是非典型宾语语义类,"$O_{处所义}$+来"则是SOV型语言中的优势语序。

2.2 "去"带宾语共80例,主要结构类型有"处所名词+去、人称代词+去、指示代词+去、动词宾语+去、疑问代词+去、处所宾语+动量补语+去、去+主语+处所名词、普通名词+去",如:

(1)"处所名词+去"24例,其中《藏语简志》2例,《鄂伦春语简志》12例,《赫哲语简志》2例,《塔塔尔语简志》2例,《锡伯语简志》3例,《哈萨克语简志》3例,《番语简志》1例,《仓洛门巴语简志》1例,如:

tɪmaananin məțər kadʊmdʊlaawi ŋənəktə!
明天 还 亲家 去
我明天还去亲家那里吧!《鄂伦春语简志》

ɕi əiniŋ ɕoɕaodulə ənəiɕi a?
你 今天 学 校 去 吗
你今天去学校吗?《赫哲语简志》

(2)"人称代词+去"1例,如:

ərǐ bəjə juumì biʃʃɪ 1 ʃɛɛwɪ ɪmɪʃʃɪ xoomowì ələʃʃi
这 人 出 茶 喝 饭 饱
əəxɪn dʒətəʃʃi abatɪxɪwɪ nənʃəə.
成 吃 爸爸 去
这人一起来就喝了茶吃饱了饭到他爸爸那里去了。《鄂伦春语简志》

(3)"指示代词+去"8例,其中《鄂温克语简志》2例,《哈尼语简志》2例,《维吾尔语简志》3例,《锡伯语简志》1例,如:

u bu jɛrgɛ kelip tur-idu.
他 这 向地方 来 (助动词)
他常到这里来。《维吾尔语简志》

(4)"动词宾语+去"7例,其中《鄂伦春语简志》1例,《基诺语简志》

1例,《布衣语简志》1例,《维吾尔语简志》4例,如:

balam χizmɛt-tɛ kɛtti.

我的孩子 工作(向) 他去了

我的孩子去工作了。《维吾尔语简志》

(5)"疑问代词+去"9例,其中《鄂伦春语简志》1例,《哈尼语简志》2例,《哈萨克语简志》3例,《赫哲语简志》1例,《锡伯语简志》1例,《哈萨克语简志》1例,如:

kelgen kisi menen ækemniŋ qajda ketkenin suradə

来 人 我 父亲 哪儿 去 问

来人问我父亲到哪儿去了。《哈萨克语简志》

(6)"处所宾语+动量补语+去"1例,如:

$ŋa^{55}$ $e^{31}si^{33}$ $ga^{66}dzi^{33}$ $tɕhi^{31}$ tha^{31} li^{33}.

我 刚才 街子 一 趟 去

我刚才上了一趟街。《哈尼语简志》

(7)"去+主语+处所名词"2例,如:

tajraaj tʃinira itukuʃ.

去了 他 在山上。

他到山上去了。《阿眉斯语简志》

maraiɨ a tajra kaku ipuʃuŋ.

经常 (助)去 我 在台东。

我经常去台东。《阿眉斯语简志》

(8)"普通名词+去"3例,如:

biɨ saʁattan kejɨn kɨjnoʁɑ bɑrɑməz.

一 小时 以后 电影 去

我们一小时以后去看电影。《哈萨克语简志》

将上述情况列表如下表四:

表四

宾语类型	例句数	百分比
处所宾语	70	87.5%
目的宾语	10	12.5%
总计	80	100%

根据表四的数据统计，各简志中“去”所带宾语类型主要有处所和目的两大类，我们可以建立起一个“去”在各简志中带宾能力的优先序列（“>”表示“优先于”）：

处所宾语>目的宾语

处所宾语是各简志中“去”所带宾语中最典型、最常见的宾语类型，共 70 例，约占“去”带宾情况的 87.5%。目的宾语用例频度很低，是非典型宾语语义类，“$O_{处所义}$＋去”是各 SOV 型语言中“去”带宾结构的优势语序。

2.3　在我们所检索的民族语言简志中，SVO 型语言的宾语类型及语序大部分和汉语差不多，但是也存在着一些出现频度极低的特殊类型。

2.3.1　在白语的疑问句和否定句里，宾语一般要放在谓语的前边。

naˀ　kɛˀ tsiˀ　tuɪʎuaʎ　tser　ŋɛʎ　moʎ?

你们　今年　腾冲　还　去　吗

你们今年还去腾冲吗？

ŋaˀ　kɛˀ tsiˀ　tuɪʎuaʎ　jaI　ŋɛʎ　laʎ.

我们　今年　腾冲　不　去　了

我们今年不去腾冲了。《白语简志》

2.3.2　德昂语也存在类似情况，谓语和宾语的位置是谓语在前，宾语在后，但在用疑问代词作宾语的问句中，宾语往往放在句首。

mɔ　mɔi　kɔn　ha：u? 你要去哪儿？

哪儿 你　要　去

laʔ　mɔ　mɔi　kɔn　ha：u?

里　哪　你　要　去

你要去哪里？《德昂语简志》

此外，阿眉斯语的“去＋处所名词＋主语”结构，“去”表示将来时态，如：

tajra　ilial　kami　a　nifutiŋ.

去　在海上 我们（助）打鱼

我们要去海上打渔。《阿眉斯语简志》

paʃual-ən　aku　ku　wina　aku　tajra　ilama?　nu　wiɬaŋ

告诉　我　（助）母亲　我的　去　在家里　（助）朋友

aku a niʃalama.

我的(助) 玩

我告诉妈妈(我)要去我朋友家里玩。《阿眉斯语简志》

三 优势语序类型的原因分析

3.1 主体语言类型的影响

根据类型学理论,我们知道,一种语言的基本语序,有很强的促成力,这种促成力势必会影响该语言的其他语法结构。因此,SVO 和 SOV 这两种基本的、主体语言类型,就决定了动词"来"和"去"在汉语及各民族语言简志中带宾现象的基本句式类型。我们的考察结果也证实了这一观点,即:SVO 型语序的语言,宾语在"来/去"后面;SOV 型语序的语言,宾语在"来/去"前面。

3.2 动词本身的语义对宾语类型的限制

我们认为,动词"来"和"去"本身的语义特征也决定了所带宾语的语义类型。《现代汉语八百词》对动词"来"和"去"的解释为:

从别的地方到说话人所在的地方。(《现代汉语八百词》345 页)

从说话人所在的地方到别的地方。(《现代汉语八百词》455 页)

根据这一解释,我们知道,"位移"是动词"来/去"的核心语义特征。这种本身的位移性语义特征,也限制了宾语本身应具有该语义特征。而表处所义的名词正好具有这一特征,根据语义匹配原则,处所名词就成为其主要匹配对象,"来/去"和处所名词的匹配也就成了汉语和各民族语言中的优势语序结构。具体来说就是:汉语和 SVO 型语序的语言"来/去"带宾的优势语序为"来/去＋$O_{处所义}$";SOV 型语序的语言"来/去"带宾的优势语序为"$O_{处所义}$＋来/去"。

3.3 语言材料本身的限制

由于我们所选的材料范围比较狭窄,所查的语料均出自各语言简志中的用例,且各简志中有关"来/去"的用例本身就很少。再者就是各语言简志中收录的“来”和“去”的核心义都是表示位移的，这就明显地限制了其后的宾语类型，也对我们的考查有很大的限制。但民族语言简志是根据中国社会科学院民族研究所(原中国科学院少数民族语言研究所)、中央民族学院、各有关省和自治区的民族事务委员会、民族语文机构、民族研究所等单位的同志于50年代以来陆续搜集的语言材料写成的，它如实反映了各民族语言使用者实际使用各语言的基本面貌，所以语料本身的限制并不影响我们的整体结论。

参考文献：

[1]戴庆厦，邱月. OV型藏缅语连动结构的类型学特征[J].《汉语学报》，2008(2).
[2]罗天华. 语言类型学和我国语言学研究[J].《北京教育学院学报》，2006(4).
[3]刘丹青.《语序类型学与介词理论》[M]. 北京：商务印书馆，2003.
[4]沈家煊. 语言类型学的眼光[J].《语言文字应用》，2009(3)
[5]石毓智.《汉语研究的类型学视野》[M]. 南昌：江西教育出版社，2004.
[6]Comrie B.《语言共性和语言类型》[M]. 北京：北京大学出版社，2009.

民族语言简志：

[1]安俊. 赫哲语简志[M]. 北京：民族出版社，1986.
[2]陈宗振. 塔塔尔语简志[M]. 北京：民族出版社，1982.
[3]布和，刘照雄. 保安语简志[M]. 北京：民族出版社，1982.
[4]毛宗武. 畲语简志[M]. 北京：民族出版社，1982.
[5]戴庆夏，崔志超. 阿昌语简志[M]. 北京：民族出版社，1985.
[6]何汝芬. 阿眉斯语简志[M]. 北京：民族出版社，1986.
[7]徐琳，赵衍荪. 白语简志[M]. 北京：民族出版社，1984.
[8]李道勇. 布朗语简志[M]. 北京：民族出版社，1986.
[9]喻翠容. 布依语简志[M]. 北京：民族出版社，1980.
[10]张济川. 仓洛门巴语简志[M]. 北京：民族出版社，1986.
[11]金鹏. 藏语简志[M]. 北京：民族出版社，1983.
[12]陆绍尊. 错那门巴语简志[M]. 北京：民族出版社，1986.
[13]喻翠容. 傣语简志[M]. 北京：民族出版社，1980.
[14]陈相木. 德昂语简志[M]. 北京：民族出版社，1986.
[15]照那斯图. 东部裕固语简志[M]. 北京：民族出版社，1981.
[16]刘照雄. 东乡语简志[M]. 北京：民族出版社，1981.

[17]梁敏.侗语简志[M].北京:民族出版社,1980.
[18]孙宏开.独龙语简志[M].北京:民族出版社,1982.
[19]胡增益.鄂伦春语简志[M].北京:民族出版社,1986.
[20]胡增益,朝克.鄂温克语简志[M].北京:民族出版社,1986.
[21]李永燧,王尔松.哈尼语简志[M].北京:民族出版社,1986.
[22]耿世民,李增祥.哈萨克语简志[M].北京:民族出版社,1985.
[23]盖兴之.基诺语简志[M].北京:民族出版社,1986.
[24]道布.蒙古语简志[M].北京:民族出版社,1983.
[25]田德生,何天贞,等.家语简志[M].北京:民族出版社,1986.
[26]赵相如,等.维吾尔语简志[M].北京:民族出版社,1985.
[27]程世良,阿不都热合曼.乌兹别克语简志[M].北京:民族出版社,1987.
[28]李树兰,仲谦.锡伯语简志[M].北京:民族出版社,1986.
[29]贺嘉善.仡佬语简志[M].北京:民族出版社,1983.

(左双菊　华中师范大学国际文化交流学院)

大冶方言的有定成分“a”

汪国胜

本文考察的是大冶方言的一种语法成分“a”。这一现象我们曾在《大冶方言的“把”字句》一文的附注中提及(汪国胜 2001),但没有作为一个专门的问题来讨论。例如:

(1)a 牛奶忘见了把糖。牛奶忘记了加糖。

(2)渠把 a 细个抱了人家了。他把小的给别人领养了。

本文主要说明“a”的用法,其次讨论“a”的性质。语料大多取自自然谈话录音的转写材料,也有的是自拟的。年轻人和老辈人在“a”的使用上存在一定的差异。

一 “a”的用法

1.1 用在作主语的名词语前边

1.1.1 处于句首,前无别的成分。如例(1),又如:

(3)a 老师经常说渠个。老师经常批评他的。

(4)a 菜多把点油,不是不好喫。菜多放点油,不然不好吃。

1.1.2 前有领属性成分。

(a)最常见的是人称代词。例如:

(5)渠 a 老孙好多大[tʻa^{33}]了。他的孙子很大了。

(6)咱 a 新屋装修有花么钱。咱的新房子装修没花多少钱。

(b)其他领属性成分。例如:

(7)我父 a 汗夹子破了个眼。我父亲的背心破了个洞。

(8)汪家山 a 树哈把人家斫了。汪家山的树都被别人砍了。

(c)有时领属性成分前边也可用“a”。例如:

(9)a 箱子 a 底层把 a 老鼠哈扼了。箱子的底层都被老鼠咬了。

(10)a 公园 a 花哈开满了,不晓得几好看。公园的花都开满了,非常好看。

1.1.3 前有表对象或范围等状语成分,中间往往有停顿。例如:

(11)渠那些人眼里,a 钱不算个谜。他那些人眼里,钱不算什么。

(12)在咱带几家,a 细伢哈蛮好[xɔ³⁵]顺个。在咱这几家,小孩都挺和睦的。

1.1.4 并列的名词语前边可分别用"a"。例如:

(13)a 语文啦,a 数学啦,a 英语啦,渠冇得一门效个。语文啦,数学啦,英语啦,他没有一门行的。

(14)渠 a 书、a 笔、a 本子,哈把人家□[lɔ³⁵]去了。他的书、笔、本子都被别人偷去了。

1.2 用在作介宾的名词语前边

1.2.1 最常见的是用在处置式介宾的名词语前边,如例(2)。特别是在"把+N+一+V 倒"这一格式中,N 前用"a"更为普遍。例如:

(15)渠把 a 脸一垮倒,吓死个人。他阴沉着脸,吓死人 。

(16)渠把 a 灯一亮倒,搞倒我睏不着醒。他亮着灯,搞得我睡不着觉。

(17)把 a 裤脚一扎倒。卷着裤腿。

(18)把 a 眼睛一翻倒。翻着眼睛。

1.2.2 用在其他介宾的名词语前边。例如:

(19)我一五一十地[ta³]跟 a 老板娘哈说了。我原原本本地都跟老师说了。

(20)渠冇驼伞,把 a 雨夺了。他没拿伞,被雨淋了。

1.3 根据收集到的语料,我们看到下面几种情况一般不出现"a"

第一,动词后边的宾语位置。不过,表位移地点的处所宾语前边可以出现。例如:

(21)渠把 a 电视搬 a 客厅去了。他把电视搬到客厅去了。

(22)渠一起早就跑 a 学堂去了。他一清早就跑到学校去了。

第二,人名等专名的前边。

第三,不跟数量词同现。即用 a 的名词语前边不能出现数量词。

二 “a”的性质

2.1 有的同志把这种成分看作是“语缀”(张惠英 2011)。但从这种成分的实际功能看,看作语缀还有待商榷。语缀是构词或构语成分,它只出现于词语层面;而“a”固然是用在名词语的前面,但它只是在句子层面上才会出现,或者说,它只是在实际的言语交际中才会用到,孤立的一个名词语,大冶人不会在它前面用上“a”。

2.2 有的同志把类似的成分看作是发语词(张济民 1993:287;转引张惠英 2011)。例如:

(23)ɑ^{33} ɑ^{35} qei^{42} ȵe^{55} ȵtɕɯ^{55} mpə^{42}。

(发语词) 家 我 有 盐 没 我家没有食盐。

作者认为:a^{33}的黏着性不是很强,有时也可以省略,不影响句子的完整性和明确性;同时,发语词和其他词没有结构上的关系,也没有意义上的牵连,它只起引发全句的作用。

大冶方言的“a”固然可以出现在句首,但也可以出现在句中;既可以用在作主语的名词语前面,也可以用在作介宾的名词语前面。显然,其作用不在引发句子。

2.3 我们觉得,大冶方言的“a”更像是一个表示有定的语法成分,作用类似英语的定冠词“the”。我们知道,英语往往是通过冠词“the”和“a”表示对象的有定和无定;汉语没有冠词,普通话里往往是借助词汇手段如(24)a 或通过句法位置如(24)b 等来区分和显示对象的有定和无定。例如:

(24)a. 那批客人来了|来了一批客人(有定|无定)

b. 客人来了|来客人了(有定|无定)

方言的情况有所不同,比如大冶方言,除了借助词汇成分和句法位置之外,还可以用“a”来表示对象的有定。

“a”表有定,这是一种笼统的说法。具体来说,“a”所表示的有定对象通常是交际双方共知的事物,但也可以是说话人所要议论的一个话题。例如:

(25)a 人还是要讲义,不能太无□[ȵɑ^{13}]。人还是要讲义气,不能太不讲情义。

(26)a 电不晓得是谜果狠。电不知道为什么这么厉害。

三 结 语

大冶方言"a"表有定的现象值得我们重视。

3.1 "a"表有定的现象很能够显示方言的特点。过去人们大多认为,语法上方言与普通话的差别不大。随着近30年来对方言语法研究的展开和深入,人们的这种认识在逐渐改变。其实,通过对方言事实、方言细节的深入考察,我们常常会发现一些很有意思的现象。大冶方言的"a",笔者认为不会是一种孤立的表现,在别的方言里,有没有相同功能的成分或类似的语法现象,这是需要我们作进一步的调查的。

我们看到,广州话的量词有定指的功能(周小兵 1997):

(27)条石梯好企。这条石阶很陡。

(28)啲雨咁大点行呀。这雨这么大怎么走啊。

这一现象跟大冶方言的"a"有点类似,但又不同。

3.2 要进一步加强对方言语法现象的调查。本文的语料,大多取自自然谈话录音的转写材料。但我们都知道,现在方言(特别是偏远地区的小方言)的面貌变化得越来越快,如不及时记录备案,就有可能消失,使我们失去宝贵的语言资料。

比如大冶方言,我们注意到,就现时来说,"a"的使用有随意的现象,即有时不是强制性的。这种随意性主要有两种情况:其一,在适用的条件下,如果是一般场合,倾向于用;如果是比较正式的场合,则倾向于不用。其二,老辈人倾向于用,年轻人多倾向于不用。这就说明,"a"的用频在减少。随着强制性的削弱,随意性的增强,"a"就有可能逐渐萎缩直至消亡。

参考文献:

[1]汪国胜.大冶方言的"把"字句[C]//《中国语言学报》编委会.中国语言学报:第十期.北京:商务印书馆,2001.

[2]张惠英.语缀现象评议[J].汉语学报,2011(4).

[3]张济民.仡佬语研究[M].贵阳:贵州民族出版社,1993.

[4]周小兵.广州话量词的定指功能[J].方言,1997(1).

(汪国胜 华中师范大学语言与语言教育研究中心)

汉语方言语序变化的两种动因及其性质差异*

——语言接触与内部演化

石毓智

一 引 言

汉语方言语法与普通话语法之间存在着显著的差异，对这些差异形成原因的研究具有类型学上的意义和普通语言学上的价值。本文则讨论汉语方言语法中句子基本语序的差异。从总体上看，方言语法中普遍存在着把受事名词提前的现象，与普通话的语序明显不同。这导致一些学者（如刘丹青 2001）认为它们正在朝 SOV 语序的方向发展。其实，导致方言这种语序变化的原因各不一样，它们的性质也有本质的不同。西北方言的语序变化主要来自与周边 SOV 语序的语言的接触，具有比较典型的 SOV 语言的语法特征，从而有别于普通话和其他方言。然而东南方言的语序变化则来自汉语内部演化的结果，主要是汉语动补结构的发展带来谓语结构变化的后果，语法结构上要求受事名词必须前置，它们不具备 SOV 语言的特点，也没有朝这个方向发展的可能性。西北方言和东南方言的语序变化之间存在一系列的重要语法性质的差别。

二 西北方言语序变化的特征

这里所谈的西北方言包括新疆、青海、甘肃、陕西等地的语言。这些地区周边（或者与汉人混居）的少数民族有藏族、维吾尔族、哈萨克族等，

* 本文已发表于《民族语文》2008 年第 6 期。

这些少数民族的语言都属于 SOV 类型的。根据已有的调查报告[①]，该区域的不同方言在语序变化上呈现出高度的一致性，可以概括如下：

（一）出现了宾语的后置标记。甘肃临夏话和青海话可以在受事名词之后用“哈”或者“啊”，标记其语法地位。例如：

（1）青海话：我开水哈喝了。我喝了开水。[②]

（2）青海话：我你哈没见。我没见你。

（3）甘肃临夏话：丰收的种子哈撒下。把丰收的种子撒下。

（4）甘肃临夏话：雪白的羊毛哈擀成毡。把雪白的羊毛擀成毡。

（5）甘肃临夏话：你门啊关上窗子啊打开！你把门关上把窗子打开。

值得注意的是，主语和宾语的语序可以颠倒，比如也可以说成“你哈我没看见”，而基本意思不变。即使主语不出现，受事名词也要加上“哈”。

上述现象已经具备比较典型的 SOV 语言的特征。人类语言的 40％都是 SOV 型的，其中的绝大多数都有宾格标记。这种现象的产生有交际上的动因，因为主语和宾语通常都是名词，它们皆在谓语之前，而且由于话题化等原因，它们的语序还可以变换，那么如果没有适当的标记来区别它们的语法性质，就会造成表达上的歧义（参见 Comrie 1981）。而且这种语言的语法化方向是产生后置标记，比如介词位于名词之后、动词的后缀发达等。上述的宾语标记都是这些方言内部独立发展出来的，并不是借用其他少数民族语言，这说明这些方言的语序改变已经比较深刻、长久，乃至影响到它们语法化方向的变化，从而产生与汉语和其他方言不一样的标记方式。

（二）否定词和其他谓语修饰语的位置不同于其他方言。西北方言中的 SOV 语序的句子，主语和宾语结合得比较紧密，两者首先形成一个直接成分，而与谓语部分的关系则比较疏远。主要表现为否定词等谓语修饰语是出现于由“把”或者“哈”引进的受事名词之后与谓语动词之前的。例如：

（1）青海话：我你哈没见。我把你没见。

（2）陕西渭南话：把门不要老闭着。把壶不要搁到桌子上。

（3）新疆方言：他把汉语不好好学习。把吐鲁番的葡萄任何人都喜欢。

(4)新疆南部方言:我把你还不知道?我你这种女婿就没有瞧上。

普通话和其他方言的处置式的否定词都只能出现在“把”字短语之前。这说明西北方言的句子层次构造已经有别于其他方言,而与SOV语言趋于一致。在这类语言中,否定词和其他类型的状语都是出现在句首主语和宾语之后的谓语部分。也就是说,这类语言的“主语—宾语”和“谓语部分”之间关系比较松散,各自形成相对独立的语法单位。

(三)谓语可以是单纯的动词。普通话和其他方言的处置式的谓语则有特殊的要求,一般为动补短语等复杂的结构。然而在西北方言中,受事前置的句子的谓语比较自由,可以是单纯动词。例如:

(1)渭南话:蛮把牛打。蛮把他说。

(2)西宁话:到这会儿着你还把我打,把我骂。

(3)青海话:我你哈没见。王秘书把介绍信没开。

在这一点上西北方言也与SOV语言相似。典型的SOV语言则不论谓语结构是什么,宾语都必须放在谓语动词之前。

(四)谓语可以是低及物性的动词。普通话处置式中的谓语一般都是典型的行为动词,具有比较强的及物性,作用于“把”所引进的受事。然而西北方言在这方面的限制比较小,大量低及物性的动词也可以用于这类格式,它们一般不能用普通话的处置式来表达。例如:

(1)甘肃兰州话:我把他们的名字知道。他把我想了。

(2)新疆话:我把这个句子明白了。把吐鲁番的葡萄任何人都喜欢。

(3)新疆南疆话:我把你还不知道?我你这种女婿就没有瞧上。

(4)西宁话:我把你没认得。我把他的事情知道者。

(5)陕西关中话:我村把个老汉不在咧。我村死了一个老汉。

他把他爸爸殁咧。他的爸爸死了。

这些方言还出现了更为特殊的现象,类似反身代词的成分也用“把”字提前。比如普通话的“你坐你的”、“你自己坐吧”,青海话则说成是“你把你坐”。可见,西北方言可以提宾的动词类型比其他方言的要多,由此可以推断这种语序的使用频率应该也高。

(五)受事名词可以为不定的。普通话由“把”提前的受事名词一般都是有定的,比如“他把医生请来了”的“医生”是有定的,而不能说“他把

一个医生请来了”,因为“一个医生”是不定的。然而西北方言则没有这个限制,受事名词可以是不定的。例如:

(1)陕西渭南话:把一个鸡死了。把一本书遗了。

(2)新疆方言:把吐鲁番的葡萄任何人都喜欢。

由于不定的受事名词也可以用于处置式,这就提高了这类句式的使用频率。这也更符合典型SOV语言的特征,它们的宾语不论有定还是无定都必须前置。

(六)前置的受事名词需要外在的形式标记。西北方言虽然有大量的宾语前置现象,但是基本上前置宾语都用一定的语法标记来加以表识。就目前的调查情况来看,只有甘肃临夏话中存在无标记的前置受事名词:

(1)临夏话:你我的事高低办的下。你无论如何要把我的事办一下。

(2)临夏话:我你的事放在心上。我把你的事放在心上。

上述例子都有一个共同特点,受事都是无生命的,而且都为包含定语的复杂结构。这可能是它们不需要外在标记的原因,这个问题值得进一步研究。SOV语言的典型特征之一就是倾向于用语法形式来标识受事宾语。

根据以上的分析,我们还不能认为这些西北方言已经变成了SOV语言,只是说它们受周边其他少数民族语言的影响,在一定程度上已经具备SOV语言的典型特征。然而应该看到事实的另一面,它们仍然大量存在着SVO的语序。这些方言是否会进一步发展成SOV语言,要看周边的其他语言与汉语的竞争情况了。因为汉语是一种更加强势的语言,这些方言完全脱离汉语而向另一种语序的语言发展的可能性是很小的,比较大的可能性是这两种语序长期共存,而随着与其他语言接触的强度的变化,两种语序的使用频率可能有消长的情况。

三 东南方言语序变化的特征

东南方言主要是指吴方言、闽方言、客家话、粤方言、湘方言等,还包括部分的湖北话。根据已有的调查结果[③],这些方言的语序变化有着鲜明的不同于西北方言和普通话的特征,现概括如下:

(一)无标记的处置式很普遍。这些方言的一个普遍特点是,处置式的标记经常省略，而出现无标记的 SOV 语序。例如：

(1)泉州方言：汝饮糜食累则去。你把饭吃了再走。汝作业做完则困。你把作业做完了才睡。

(2)苏州方言：让俚闲话讲完仔。我玻璃窗擦清爽哉。

(3)金华汤溪方言：渠饭烧熟罢。我个茶筒儿打打破。

(4)福州方言：我只本书看完了。经理红红领带缚蜀条。经理扎着一根红红的领带。

还有一种相关的情况是，受事名词出现在施事主语之前而形成 OSV 语序。它也可以看作无标记的被动句。这种现象的出现可能与受事名词话题化有关。例如：

泉州方言：鱼猫食嗦唠去。鱼被猫吃了。铁笔我撮着唠。钢笔被我找到了。

仔细观察就会发现，这一类也不是真正的 SOV 语序，它们的谓语都不是单纯的动词，其后都有补语或者其他成分。后文将谈到，受事名词的前移是动补结构形成带来的后果。这一点既有别于西北方言，也与典型的 SOV 语言不同，它们的受事名词前置不受或者较少受谓语动词形式的限制。

(二)特殊的谓语动词形式不能带后置宾语。不少方言的动词重叠式的语法意义不同于普通话，是表示动作行为的持续或者重复，其受事名词必须出现在谓语之前。例如：

(1)福州方言：桌凤拭，厝扫扫，蜀日也见都是毛闲。擦擦桌子，扫扫屋子，整天都觉得没有闲的时候。

(2)连城客话：这事我知知得得个。这件事情我知道得挺清楚的呀。

(3)安徽霍丘方言：那篇文章他写写，收集不着材料了。小雨下下，一小会就下滑了路。

这些方言动词重叠的语音形式也不同于普通话，每个音节都要重读，而普通话动词重叠式的第二个音节要读轻声。

有些方言的限制更严格。比如在温州方言中，如果动词之后有补语或者体标记，宾语必须前置。前置的方式有两种，一是加上处置式标记，二是简单地把受事名词放在谓语之前。因为这些方言中的补语和体标记很普遍，结果造成了大量的名词前置现象。类似的，在福州方言中，动词后如有完成标记“咯”，受事名词则也必须前移。例如：

(1)温州方言：你饭吃底爻！你把饭吃了！他肚都笑破爻。他把肚子都笑破了。

(2)福州方言：作业缴咯了 | *缴咯了作业。馍馍食咯了 | *食咯了馍馍。

这类现象更清楚地说明，受事名词前置是特定谓语形式造成的，它们是为了满足特定语法结构的要求，而不是为了某些语用的目的，比如话题化(刘丹青 2001)。所以说东南方言的语序变化有别于 SOV 语言的特征，因为 SOV 语言的宾语是无条件全部前置的。

(三)提前的受事名词的原来位置常有一个代词回指。这又分两类情况：一是有标记的处置式的谓语动词之后带上回指代词，二是受事名词简单前置而谓语动词之后加上回指代词。它们的功能都相当于普通话的处置式。例如：

A. $NP_{受事}$ + VP + $Pro_{回指}$

(1)宁波方言：绳缚牢其。把绳拴牢。

(2)连城方言：这碗饭食撇佢。把这碗饭吃完！这封信也寄撇佢！

(3)上海方言：掰只鸡杀脱伊。把这只鸡杀了！房门锁脱伊。把房门锁了！

B. 把 + NP + VP + $Pro_{回指}$

(1)湖北孝感方言：把这碗饭趁热吃了它。你把我打死它。

(2)湖北公安方言：把门关哒它。把这些椅子摆整齐它。

(3)安徽巢县话：把门关严它。把脏水倒断它。

(4)湖北英山话：把这盆水泼了它。我把你气死它。

C. $NP_{受事}$ + 把 + Pro + VP

(1)澄海方言：只猪给伊卖卖掉。把那头猪卖掉了。只牛给伊牵去口。把那头牛拉到外头。

(2)泉州方言：旧厝共伊拆拆束去。把旧房子都拆掉。迄碗鸡肉共伊食落去。把那碗鸡肉吃下去。

(3)福州方言：玻璃共伊褪下来。汝哥共伊告地来。

(4)泉州方言：汝卵共伊食落去。你把鸡蛋吃了。许几个学生共伊叫入来。把那几个学生叫进来。

(5)汕头方言：我双鞋汝佮伊物对地块去。我的鞋你给弄哪儿去了。

(6)广东潮州话：撮饭甲伊食了。把这些饭吃光。本书甲伊收起。把这本书收起来。

上述A和B类谓语动词之后仍有一个回指代词，从而使得受事名词前移后剩下的部分仍然是一个“V ＋ O”结构。这可以作为一个重要的证据，说明即使受事名词提前的处置式，它们的基本结构仍然为VO。

(四)否定词语和其他谓语修饰语一般在受事名词短语之前。例如：

(1)福州话：我卖共汝车做呆咯。我不会把你的车弄坏了。

(2)梅县客家话：定着爱同阿哥个屋做好来。一定要把哥哥的房子做好。

但是在闽南话中，否定词和其他助动词则可以自由出现在受事名词的前后。例如：

(1)闽南话：汝无将伊叫来。小妹将怀物件无下好。妹妹没有把那些东西放好。

(2)闽南话：汝着将小妹妹仔叫倒来。你必须把小妹妹叫回来。汝将小妹妹仔着叫倒来。

上述特征与普通话的特征一致或者接近。这说明“把”字短语与其后的谓语关系紧密，它们结合成一个直接成分，而与主语的关系则较远。这一点也有别于西北方言和典型的SOV语言。

(五)谓语动词通常是及物的。比如泉州话的处置式不允许有施事宾语，普通话有“去年把老伴死了”、“把犯人跑了”等说法，泉州话则没有相应的说法。

从两个事情可以推断，东南方言的受事名词前置现象比西北方言的出现频率要低：一是可进入该结构的动词的类别比较少，低级物和不及物动词不能进入；二是谓语不能是简单动词，必须是动补短语等复杂的结构。

四 东南方言语序特征形成的内部原因

东南方言的上述语序特征是汉语内部演化的结果，它们是动补结构在地域发展的不平衡造成的。我们对汉语史上动补结构产生的动因、发展的过程以及对汉语整体语法面貌所带来的影响都做过系统的研究(参见石毓智 2001、2003、2006)，这些研究成果可以对表面上看来纷纭复杂的方言现象作出简单而和谐的解释。首先简单介绍一下动补结构的发展过程。

动补结构的产生是一个长期的历史过程，萌芽于魏晋，发展于唐代，形成于宋代。在动补结构产生之前，汉语有一个语法规则要求，受事名词之前的多个动词都必须是及物的，分别与其后的受事名词形成动宾关系。比如"尽斩杀降下之(《史记・匈奴列传》)"，可以分解成"斩之"、"杀之"、"降之"、"下之"。如果第二个动词是不及物的，就只能出现在宾语之后，比如"唤江郎觉(《世说新语・假谲》)"。动补结构就是从"V + O + R"这种格式发展而来的。动补结构发展的实质是 V 和 R 由原来的两个独立的语法单位，融合成一个不可分离的语法单位。那么直接带来一个后果就是原来位于 V 和 R 之间的 O 必须重新安置。受事名词到底向哪个位置移动，受以下三个因素的影响：

(1)V 和 R 的融合度。融合度高的 VR 就可以像复合动词那样，在其后带上宾语形成 VRO 格式，如"唤醒江郎"；融合度低的则不能，比如不能说"他骑快了自行车"。

(2)R 的语义指向为受事的，则可以相当自由地在其后带上宾语，比如"吃圆了肚子"；但是 R 的语义指向为施事的，则一般不能带宾语，比如不能说"他吃胖了烤鸭"。

(3)受事名词如果为有定的则一般出现于谓语之前，比如一般说"这句话说乱了"，而不大说"说乱了这句话"。由于上述种种原因，动补结构的产生带来了大量的受事名词出现于谓语之前的现象，这样也造成了对施事和受事理解经常发生歧义的可能性，因为两者可以不同时都出现，如果只出现一方，到底如何理解就颇难确定；同时受事也可能因为话题化而出现在句首。这一变化直接促使那个时代的汉语出现一个新的语法标记，用来区别谓语之前的名词到底是施事(主语)还是受事。处置式标记"将"和"把"就是在这一背景之下产生和发展的。但是动补结构在地域上的发展是很不平衡的，由此而带来了一系列其他方面的差别。东南方言的语序变化的特征都可以从这一角度得到解释。

(一)动补结构的发展水平差异

总的来说，东南方言的动补结构发展水平都低于普通话。我们衡量动补发展水平的标准是动词和补语之间是否还可以插入受事名词，动补短语带宾语的情况如何及其类型和使用频率的状况。动补结构较低的发展水平会带来处置式特点的明显差异，主要可以分为以下几种情况：

第一，处置式的使用频率明显低于普通话，比如金华方言、连城客话、福州话都是如此。

第二，处置式的标记不稳定。这又可以表现为两种情况：一是处置式标记的语法化程度比较低，还兼有动词和其他介词的用法，标记也还不固定，同时有多个标记表示。比如宁远平话的处置式是由“逮到”和“与”两个标记表示的，“逮到”有动词“使”和“拿”等用法。又如福州话的“掏”字不仅可以作处置式表记，还可以引入工具和作动词“拿”用。二是无标记的受事前置句比较普遍。上面所谈到的苏州、金华、福州、泉州方言都属于这一类。

第三，保留了古代汉语的语法特征。新兴的语法结构较弱，那么以前的语法特征就比较容易保存下来。古代汉语有一条语法规则，如果受事宾语从谓语动词之后移到句首的话，原来的位置要用代词回指。例如：

夏礼，吾能言之，杞不足徵也；殷礼，吾能言之，宋不足徵也。（《论语·为政》）

上例中的“夏礼”和“殷礼”分别从“言”之后移到句首，原来的位置则用代词“之”回指。东南方言大量存在的受事名词前移后的代词回指现象都属于古汉语语法的保留。

（二）V和R融合度的差别

第一类，V和R尚无融合或者融合程度很低，基本上停留在中古汉语的情况，受事名词仍然出现在它们之间，比如广东阳江方言、海康方言、屯昌方言等就属于这种情况：

(1) 广东阳江方言：其扫得那间屋净净。

(2) 广东海康方言：关口[a55]门转。把门关上。

(3) 屯昌方言：伊擘奚本册烂各。他把书撕烂了。

这类方言的共同特点是尚缺乏普通话中的处置结构，或者即使有，使用频率也很低。道理很明显，它们缺乏促使处置式发展的强有力的内在动因。

第二类，V和R已经融合成一个语法单位，但是融合度没有达到最高，其后全部不能带受事宾语。上面所讨论的温州话属于这一类。而有些方言里只是个别类的补语达到这种融合度，比如福州方言的完成体标记“咯”就属于这一类。完成体属于补语的一种，比如普通话的“了”在宋代以前还只能说成“VO 了”，比如“填色未了(《入唐求法巡礼记》)”。

第三类，部分 V 和 R 已经达到高度融合，可以在其后带上受事宾语。比如连城客家话的“佢拍烂两个杯子(他打破了两个杯子)”。但是其范围和使用频率都不及普通话高。

(三)语法形式的功能差异所引起的受事前置现象

最典型的就是动词重叠形式。普通话的动词重叠形式都可以自由带上宾语，表示短时态，比如“看看书”、“听听音乐”等。然而上文所指出的连城客话、福州方言、霍丘方言等的动词重叠式皆不能带宾语，受事宾语必需前置，而且语法意义也不同于普通话的，是表示动作的重复或者继续。这一现象也只有从历史的角度才能得到解释。普通话的动词重叠式大约产生于 15 世纪左右，在此之前汉语只允许不及物动词重叠表示持续，这一用法最早见于汉代，比如“黄雀得飞飞，飞飞摩苍天(乐府诗集)”，自然也就不带宾语(详见石毓智、李讷 2001)。普通话的动词重叠式的产生也是动补结构类推的结果，动词重叠式的第二个动词也是表示一种结果，指示动作所经历的时量短或者动量小，因此也可以像动补短语那样带上宾语。然而连城方言等也很有可能是由于动补结构不发达，仍然保持着中古汉语表持续的用法，虽然及物动词也可以重叠，但是其后仍不能带宾语。也就是说，在东南一些方言中，动词重叠式所带来的受事名词前置现象，也是动补结构发展不平衡的一种表现。

至此我们可以得出结论：东南方言中的受事名词前置现象是汉语内部演化的结果，是由于动补结构发展不平衡造成的，是句子谓语结构的一种语法限制的结果，与 SOV 语言存在着本质的区别。可以根据北方方言的发展历史预测，随着动补结构在这些方言中的进一步发展，越来越多的谓语结构可以在其后带上受事宾语，受事名词前置的现象将会逐渐减少。

五 西北方言和东南方言的语序特征对比

以上的分析表明，西北方言和东南方言的语序变化的动因不一样，它们的性质也有着本质的差别：西北方言的语序变化具有SOV语言的一些特征，而东南方言的语序变化还属于汉语本身的SVO语言特征。两类语序变化的特征差别可以概括为表一：

表一　方言受事名词前置格式的性质差别

	西北方言	东南方言
1	具有受事名词的后置标记	缺乏受事名词的后置标记
2	前置受事名词要有形式标记	前置受事名词经常没有任何标记
3	谓语可以是低及物性的动词	谓语只能是及物性的动词
4	谓语可以是简单动词	谓语必须是复杂结构
5	受事名词的原来位置无回指代词	受事名词的原来位置常有回指代词
6	否定词位于前置受事与谓语之间	否定词出现在前置受事短语之前
7	前置受事与施事主语结合紧密	前置受事与谓语动词结合紧密
8	处置式格式使用范围广、频率高	处置式使用范围较小、频率较低

六　结　语

本文讨论了西北地区和东南地区方言中存在的语序变化现象，指出它们虽然表面看起来相似，但是由于导致它们产生的动因不一样，实际上属于本质上很不相同的语法结构。西北方言的语序变化是因为受周边SOV语言影响所致，具有典型SOV语言的一些语法特征。然而东南方言的语序变化是汉语内部演化的结果，主要是动补结构在地域发展上的不平衡造成的，它们是为了满足特殊谓语结构的语法要求，而不具备SOV语言的特征。两个区域的语序的发展方向也不一样，西北方言的语序变化随语言接触强度的变化而消长，东南方言的语序变化会随着动补结构的进一步发展而减弱。

本文的研究对普通语言学也具有重要的意义。根据国际历史语言学的研究成果[④]，人类语言语序的一个普遍发展规律是，只有原来为SOV的语言可以向SVO语言方向发展，而没有相反的情况。汉语西北方言提供了一个重要例证：在高强度的语言接触下可以导致相反的发展，但是尽管如此，这种逆向的发展必须与该语言内部的结构相容。西北方言之所以能够出现类似SOV的现象，是与唐宋以来汉语兴起的处置式密切相关的，只是在受外部因素影响的情况下，汉语内部的这类结构向前走得更远而已。促使语言变化的因素有内因和外因之分，但是它们的作用是不一样的。内因是根本，外因只有通过内因才能起作用。

附注：

①有关方言语法现象的描写是根据黄伯荣(1996)、王景荣(2002)、任碧生(2005)、别敏鸽(2005)、彭嬿(2005)、廖冬梅(2006)等。

②括号中为普通话的对应表达，本文只注释比较难理解的方言句子。

③本部分的现象主要是根据黄伯荣(1996)、项梦冰(1998)、郑懿德(1983)、刘丹青(1997)、范可育(1988)、赵怀印(1995)、左林霞(2001)、朱冠明(2005)、林伦伦(1996)、林连通(1993)、曹志耘(1997)、潘悟云(1997)、陈泽平(1997)、徐烈炯、邵敬敏(1999)等。

④这里是根据国际知名的历史语言学家、斯坦福大学教授 Paul Kiparsky 于 1997 开设的“历史句法形态学”讲授的内容，笔者上过这门课。

参考文献：

[1]别敏鸽.关中方言特殊“把”字句探源[J].淮南师范学院学报，2005(7).

[2]曹志耘.金华汤溪方言的动词谓语句[C]//李如龙，张双庆.动词谓语句.广州：暨南大学出版社，1997.

[3]陈泽平.福州话的动词谓语句[C]//李如龙，张双庆.动词谓语句.广州：暨南大学出版社，1997.

[4]范可育.宁波话“绳(依)缚其牢”格式[C]//复旦大学中国语言文学研究所吴语研究室.吴语论丛.上海：上海教育出版社，1988.

[5]黄伯荣.汉语方言语法类编[M].青岛：青岛出版社，1996.

[6]李如龙，张双庆，编.动词谓语句[M].广州：暨南大学出版社，1997.

[7]林立芳.梅县方言的动词谓语句[C]//李如龙，张双庆.动词谓语句.广州：暨南大学出版社，1997.

[8]林连通.泉州市方言志[M].北京：社会科学文献出版社，1993.

[9]林伦伦.澄海方言研究[M].汕头：汕头大学出版社，1996.

[10]刘丹青.苏州方言的动词谓语句[C]//李如龙，张双庆.动词谓语句.广州：暨南大学出版社，1997.

[11]刘丹青.汉语方言的语序类型比较[J].现代中国与研究，2001(2).

[12]廖冬梅.新疆汉语方言中的“把”字句及其在维吾尔语言中的对应关系[J].伊犁师范学院学报，2006(2).

[13]钱奠香.屯昌方言的处置式[C]//李如龙，张双庆.动词谓语句.广州：暨南大学

出版社，1997.

[14]潘悟云.温州方言的动词谓语句[C]//李如龙，张双庆.动词谓语句.广州：暨南大学出版社，1997.

[15]彭嬿.新疆汉语方言中的“把”字句——兼论阿尔泰语对西北汉语方言的影响[J].新疆大学学报，2005(4).

[16]任碧生.西宁话“把”字句的多样性[J].青海民族学院学报，2005(2).

[17]石毓智.汉语语法化的历程[M].北京：北京大学出版社，2001.

[18]石毓智.现代汉语语法系统的建立[M].北京：北京语言大学出版社，2003.

[19]石毓智.语法化的动因与机制[M].北京：北京大学出版社，2006.

[20]王景荣.新疆汉语方言的“把”字句[J].新疆大学学报，2002(2).

[21]项梦冰.连城方言的动词重叠[C]//北京大学中文系《语言学论丛》编委会.语言学论丛：第二十一辑.北京：商务印书馆，1998.

[22]徐烈炯，邵敬敏.上海方言语法研究[M].上海：华东师范大学出版社，1998.

[23]赵怀印.安徽霍丘方言中动词的一种重叠用法[J].中国语文，1995(6).

[24]郑懿德.福州方言单音动词重叠式[J].中国语文，1983(1).

[25]朱冠明.湖北公安方言的几个语法现象[J].方言，2005(3).

[26]左林霞.孝感话的“把”字句[J].孝感学院学报，2001(5).

[27]Comrie B. Language Universals and Linguistic Typology[M]. 2nd ed. Chicago: The Chicago University Press, 1981.

（石毓智　新加坡国立大学）

湘方言中的"V+X+趋向补语"结构*

——兼与相关方言比较

罗昕如

"V+X+趋向补语"结构指动词与趋向补语之间加助词的结构。如长沙方言：送起去送去｜买得来买来｜寄咖回来哒寄回来了，动词与趋向补语之间加了"起、得、咖"等助词。动词与趋向补语之间的助词本文记作"X"。关于这一现象尚无专文研究，本文拟揭示湘方言中普遍存在"V+X+趋向补语"结构的事实，分析"V+X+趋向补语"结构的构成，"X"的意义与用法，探讨该结构的来源，并与相关方言（主要是晋方言）进行比较。

一　湘方言中普遍存在"V+X+趋向补语"结构

针对"V+X+趋向补语"结构这一现象，我们进行了较全面的调查，并查阅了有关湘方言研究的文献。实地调查与湘方言研究的文献都显示出这样一个事实：湘方言中普遍存在"V+X+趋向补语"结构。因篇幅的原因，下面举例仅限于部分湘方言代表点，例句见于已出版的湘方言研究文献。

长沙：赶快送得去赶快送去｜刚买得来的新书刚买来的新书｜借得来的东西要按时还得去借来的东西要按时还去｜刚要得来又被他抢得去哒刚要来又被他抢去了。这些例句中的"得"都可以换用"起"（张大旗 1985）。就靠实会被别个偷咖去就肯定会被别人偷走的｜砍咖柴然后又担起回来砍了柴以后又挑回来｜（鸽子）咸飞起去哒（鸽子）都飞去了（伍云姬 2006:43,66,190）

*　本文已发表于《语文研究》2010 年第 1 期。本研究得到湖南省教育厅科学研究项目经费支持（项目编号:07A047）。

湘潭：一部货车开哒来一辆货车开来｜货车子还是对哒我撞哒来货车还是对着我撞来｜打咖一只电话把交警队的喊哒来打了一个电话把交警队的喊来(曾毓美 1996:276)

益阳：走起去走去｜拿起来拿来｜爬起上去爬上去｜拖起进来拖进来(崔振华 1998:270)。老王跑起回去哒老王跑回去了｜哦只蚊子又飞起进来哒那只蚊子又飞进来了｜拿起来一本书拿来一本书｜寄得去一百块钱寄去一百块钱(徐慧 2001:276—278)

衡阳：从小就抚咖出去哒从小就寄养出去了｜其娘下拢咖走哒她娘都拿走了｜(彭兰玉 2005:208)

衡山：看叻，莫给别个偷咕去叻看着，别让人偷去了｜嫁咕出去咯女，泼咕出去咯水嫁出去的女儿，泼出去的水｜(他)哭哭啼啼赶起回去叻，他堂客也哭哭啼啼追起来叻(他)哭哭啼啼赶回去了，他妻子也哭哭啼啼追来了(彭泽润 1999:261,314,329)

娄底：冇拿倒三伢唧带倒来没把三伢子带来｜封信拿倒回去来信拿回去了｜滴话拿赐他听咖去来说的话被他听见了｜滴纸冇拿赐风吹咖去纸没被风吹走(彭逢澍 1998:151,154,155)

邵阳：谷子挑嘎上去哩谷子挑上去了｜果只狗靠得住会疯嘎去这条狗肯定会疯(赵烈安 1996:335,468)。莫掉咖下去慢子爬也爬唔起小心跌下去爬也爬不上来(李永明 2001:401)

涟源：本书拿者来哩书拿来了｜古古雨打打哩也拿赐佢行者来哩这么大的雨也让她走来了｜点书拿赐人家下拿介去哩书被人都拿去了｜有个人行介过来有一个人走过来(陈晖 1999:277,284,310)

新化：粒人咸走咖出去哩人都跑出去了｜班长张舞票逗我抢咖来哩班长一张舞票被我抢来了｜部摩托车逗小王骑咖去哩摩托车被小王骑走了｜拿倒来拿来｜行倒去走去｜接倒回来接回来｜取倒落来取下来｜抬倒进来抬进来｜送倒出去送出去(罗昕如 1998:253,284)

祁阳：果的话，让把躲在屋后头咯红毛野人下听过去了这些话，被躲在屋后的红毛野人都听去了｜那只树根根下浮过出来了那棵树的根都露出来了｜你郎古子何馨把我果只崽咯家当占过去？你女婿为何把我儿子的家当占去？(李维琦 1998:206,222,229。"过"为动态助词)

隆回：嫁咕出去格女，倒咕出去格水嫁出去的女儿，泼出去的水(丁加勇 1996:355)。我买起滴衣衫在对门，你去担唉进来我在对面买了

一些衣服,你去拿进来 | 我吃其一冲就冲唉进来过哩,吓个死我被他一冲就冲进来了,吓得要死(丁加勇 2006:148,180)

在湖南境内,"V+X+趋向补语"结构也见于其他方言,如西南官话、赣语、湘南土话、沅陵乡话等。这些非湘语中的"V+X+趋向补语"结构本文暂不讨论。

二 "V+X+趋向补语"结构的构成

2.1 "V"的构成

湘方言中,能进入"V+X+趋向补语"结构的"V"多为单音节动词。当"V+X+趋向补语"结构中的补语表示趋向义时,进入该结构的动词具有[+移动]的语义特征,这类动词还可以分成两个小类:

A. 动词具有[+自移]的语义特征,如:走(有的方言为"行")、跑(有的方言为"走")、爬、扑、跳、飞、骑、升、浮、飘、滚。这些动词表示物体自身运动。

B. 动词具有[+他移]或[+致移]的语义特征,如:送、拿、扯、推、拖、抬、搬、运、担(挑)、扶、抱、抢、取、收、牵、接、端、带、领、吞、借、买、卖、请、派、调、偷。这些动词表示可以使物体改变位置。

"V+X+趋向补语"结构的补语有时不表趋向义,而是表示动作的结果、开始、继续等意义,这时进入该结构的动词具有[-移动]的语义特征,如:落(~雨)、吵、喊、唱、讲、哭、笑、听、问、看、写、记、学、读、想、瞒、用、做、住、坐、站/徛、睡/困、摆。如:

(1)滴话拿赐他听咖去来。说的话被他听见了。(彭逢澍 1998:154)

(2)其俚两个人三句话冇讲就吵咖起来哩。他们两人三句话没说就吵起来了。(新化)

(3)书还是要读起下去的。书还是要读下去的。(崔振华 1998:249)

例(1)补语表示动作的结果,例(2)补语表示动作开始,例(3)补语表示动作继续。

"V"有时还可以是表示性质的形容词,如:热、冻(冷)、晴、阴、壮(胖)、

瘦、红、黑(天黑)、快、慢、累。补语表示性质持续或发生了变化,如:

(4) 像咯样热得去热下去,人都会热出病来。(张大旗 1985)

(5) 佢打眯嘎后就一一嘎瘦嗽下来咕哩。他自从那样后就逐渐瘦了下来。(丁加勇 1998:210)

2.2 “X”的构成

2.2.1 “X”的构成形式

“X”的构成形式比较复杂。首先列举部分湘方言点“X”的形式,见表一:

表一

方言点	部分湘方言点“X”的形式					“X”声母的读音			
						t	tɕ^{h}	k	l
长沙市	得[tɤ^{24}]	哒[ta^{21}]	起[tɕ^{h}i^{41}]	咖[ka^{21}]		+	+	+	
望城县	得[tɤ^{24}]	哒[ta^{21}]	起[tɕ^{h}i^{41}]	咖[ka^{21}]		+	+	+	
湘潭市		哒[tɒ^{42}]	起[tɕ^{h}i^{42}]	咖[kɒ^{55}]		+	+	+	
益阳市	得[·tə]	哒[·ta]	起[·tɕ^{h}i]	咖[·ka]		+	+	+	
娄底市	倒[tɤ^{2}]		起[tɕ^{h}i^{2}]	咖[ka^{5}]	来[li^{5}]	+	+	+	+
双峰县	倒[·tɤ]	起[·tɕ^{h}i]	咖[·ka]		哩[·li]	+	+	+	+
涟源市	者[·tɛ]		介[·kɑ]		哩[·li]	+		+	+
安化县	哒[·ta]	起[·tɕ^{h}i]	咖[·ka]			+	+	+	
冷水江市	倒[·tə]		咖[·ka]		哩[·li]	+		+	+
新化县	倒[·tɔ]		咖[·ka]		哩[·li]	+		+	+
邵阳市	倒[·tau]	起[·tɕ^{h}i]	嘎[·ka]			+	+	+	
邵东县	倒[·tau]	起[·tɕ^{h}i]	咖[·ka]			+	+	+	
武冈市		起[·tɕ^{h}i]	呱[·kua]				+	+	
衡阳市	哒[ta^{22}]	起[tɕ^{h}i^{33}]	咖[ka^{33}]			+	+	+	
衡山县		起[ɕi^{33}]	咕[ku^{33}]				+	+	

续表

方言点	部分湘方言点"X"的形式					"X"声母的读音			
						t	tɕʰ	k	l
祁东县	起[·ʃʅ]	呱[·kua]					+	+	
溆浦县	起[·tɕʰi]						+		

2.2.2 "X"在构成上的特点

①各湘语点"X"的形式与该方言的动态助词同形。上述各湘语点"X"的形式均与各方言的动态助词同形。

②"X"在同一个方言点中往往不止一种形式。大多数湘语点"X"的形式有三到四种,如长沙方言"X"有"得"、"起"、"哒"、"咖"四种形式。

③不同的湘语点"X"的具体形式既具有一致性,也存在着差异性。从"X"的声母来看,可以把"X"的具体形式分为四小类(见上表右):a."X"读[t]声母,可称为[t]类"X",有[ta]、[tɤ]、[tə]、[tɛ]、[tɔ]、[tau]等不同语音形式,有"哒"、"得"、"倒"、"者"等不同用字。b."X"读[tɕ']声母,可称为[tɕ']类"X",大多数点读[tɕ'i],一般记作"起"。c."X"读[k]声母,可称为[k]类"X",多数点读[ka],少数读[kua]、[ku],记作"咖"、"嘎"、"呱"、"咕"。d."X"读[l]声母,可称为[l]类"X",一般读[li],记作"哩",有的记作"来"。大多数地点都有前三类"X",这是它们的一致之处;不同之处表现在:第一,不同地点"X"形式的多少不一致,多的有四种形式,少的只有一种形式,有的有三种或两种形式。第二,有的地点有不同的"X",如娄邵片的涟源、冷水江、新化有[l]类"X",没有[tɕ']类"X",其他地点大多有[tɕ']类"X"而没有[l]类"X"。第三,同是[t]类"X","得"、"哒"、"倒"、"者"还存在用法和来源上的不同,即使是完全相同的"X",在不同地点中它的意义与用法也不尽相同。如同一个"起",在长沙与娄底的用法就不完全相同。

"X"的意义与用法都比较复杂,详见下文。

2.3 趋向补语的构成

"V+X+趋向补语"结构中的趋向补语由趋向动词与含趋向义的动词"走"、"跑"(有的地点为"行"、"走")构成,但并不是所有的趋向动词都能进入这一结构。单音节趋向动词中,能进入这一结构的只有"来"和"去","上、下、进、出、开、回、过、起"等单音节趋向动词不能进入这一结构。大多数双音节趋向动词可以进入这一结构，“开来、开去、起去”等少数双音节趋向动词不能进入这一结构，“他赶快跑起去”与“把书送起去”中的“起去”不是一个双音节趋向动词，而是助词“起”（即“X”）加趋向动词“去”。

趋向补语主要表示动作的趋向，也可以表示动作的结果、开始、继续等引申义。表继续一般用“下去、下来”，但在有些湘方言中，可以用单音节的“去”与“X”一起表继续，如长沙方言：

(6)像咯样用得去用下去，再多钱也会用完｜再咯样落得去下下去，秧苗都会沤烂｜笔直走得去走下去就是火车站｜挨家挨户问得去问下去总会问得到的｜像咯样热得去热下去，人都会热出病来｜再咯样咳得去咳下去，烧得去烧下去，就要到医院里去检查一下｜总是咯样煮得去煮下去，水都会煮干的（张大旗 1985）

例句中的“得”都可以换用“起”，“得”和“起”在这里是持续态助词，与“去”一起表示动作继续，“X 去”相当于“下去”。

三　“X”的意义和用法

3.1　“X”的意义

湘语中，“V＋X＋趋向补语”结构中的“X”主要表示动态与动向两种意义。

3.1.1　“X”表示动态

各湘方言点中的“X”均与动态助词同形或者说来源于动态助词，因此有些“X”形式在句中动词后体现了明显的完成、持续等体意义，本文的不少例句都来自湘语各种文献中讨论动态助词的例句。下面是《衡阳方言的动态助词》（彭兰玉 1996）一文中的例句：

(1)咯下是选咖出来咯。这都是选了出来的。｜从小就抚咖出去哒。从小就过继出去了。｜其娘下挠咖走哒。她娘都拿走了。（彭兰玉 1996:393,403）

衡阳方言的“咖”是完成态助词，用在“X”位置上表示动作的完成。

长沙方言中的“咖”也是一个表完成态的动态助词，可用在“X”位置上表示一个动作将要完成。如：

(2)肯定会死咖去｜我一辈子就会疯咖去｜就靠实会被别个偷咖

去(伍云姬 2006:43)

新化方言中的"咖"、"哩"都是表完成态的动态助词,用在"X"位置上表示动作完成。如:

(3)部摩托车逗小王骑咖去哩。摩托车被小王骑走了。|粒人咸走咖出去哩。人都跑出去了。|一家人咸解哩出去。一家人都追了出去。(罗昕如 1998:253)

在用"起"的湘方言中,"起"主要用作持续态助词,"起"用在"X"位置上表持续。如长沙方言:

(4)一年到头是咯样做起去。一年到头不停地做着。|咯只妹子是咯样绊起去,会绊蠢去啵?这丫头老这样摔跤,会摔傻的吧?(伍云姬 2006:67)

长沙方言中"X"位置上也可以用"得"表持续。如:

(5)咕咕咕咕的是那样叫得去。(鸽子)就一直咕咕地叫。|好,又把翅膀是那样拍得去。鸽子就又不断拍翅膀。(伍云姬 2006:160)

3.1.2 "X"表动向

有些"X"在句中并没有表示明显的体意义,而是倾向于表示动作的趋向,用作趋向补语的标志。这在表未然的祈使句中表现较突出,如长沙话:

(6)赶快送得去!赶快送去!|把那只椅子搬得来。把那张椅子搬来。

再如新化话:

(7)落雨哩,赶快拿衣衫收倒进来!下雨了,快把衣服收进来!|本书是我个,拿倒来!那本书是我的,拿来!

"得"和"倒"本是持续态助词,但在动作尚未发生的祈使句中,它们既不表动作的持续,也不表动作的完成,而是侧重于动作本身的趋向,充当联系动词与趋向补语的桥梁。

长沙话的"得"有时可以换成"起",上面两个句子可以说成"赶快送起去!|把那只椅子搬起来",换成"起"后,"起"的趋向性更明显。崔振华(1985)曾把它看成趋向动词,认为"起"用在"动(单音节)+起+去(来、走、跑等)"的格式里,表示动作的趋向,例句有:拿起去|送起来|借起来|那部单车刚才被小王伢子骑起跑哒。这更说明了"起"的趋向性。本文认为"起"不是趋向动词,而是表动向的助词。

3.1.3 “X”的性质

湘方言“V+X+趋向补语”结构中的“X”具有连接“V”(动词)与趋向补语的功能,表示动态或动向意义,与动态助词同形,应属动态助词的一种用法。

“X”中的一些形式也有看作结构助词的,如长沙方言中的“得”、“起”(张大旗 1985),益阳方言中的“起”(崔振华 1998:270),新化方言中的“倒”(罗昕如 1988:284)。从举例来看,这些“X”多表动向,故分析成连接动词与趋向补语的结构助词。但表动态的“X”在湘方言研究的著作中多看成动态助词。同一个“X”是分析成两类助词(结构助词、动态助词)还是一类助词(动态助词),可以讨论,本文暂定为一类即动态助词,看成是动态助词的多功能用法。这样处理也考虑到历史传承因素。近代汉语中连接动词与趋向补语的动态助词“将、得”是与“X”类似的成分,刘坚等(1992:83)便是把连接趋向成分的功能看作是“将”和“得”作为动态助词的一种用法。

3.2 “X”的用法

“V+X+趋向补语”结构在使用中用不用“X”,用什么样的“X”形式,是有选择的,作补语的趋向动词音节不同、句类不同、使用地域与使用者年龄大小不同,对“X”的选择都会不同。

3.2.1 趋向动词音节对“X”的选择

“V+X+趋向补语”结构在使用中,“X”的隐现与充当补语的趋向动词的音节有关,在大多数湘语中,补语是单音节趋向动词时,“X”必须加上;补语是双音节趋向动词时,“X”往往出现,有时也可以不出现。例如:

普通话	小王走来了。	那本书送去了。
	那个人跑出去了。	他把钱寄回来了。
望　城	小王走起来哒。	那本书送起去哒。
	那个人跑(起)出去哒。	他把钱寄(咖)回来哒。
湘　潭	小王走起来哒。	那本书送起去哒。
	那个人奔跑(起)出去哒。	他把钱寄(哒)回来哒。
益　阳	小王走起来哒。	那本书送起去哒。
	那个人跑(起)出去哒。	他把钱寄(咖)回来哒。
娄　底	小王行倒来哩。	那本书送倒去哩。
	那个人走跑(倒)出去哩。	他拿倒滴钱寄(咖)回来哩。

涟　源　小王行者来哩。　　　　　那本书送者去哩。
　　　　那个人走跑(者)出去哩。　佢拿者滴钱寄(介)回来哩。
新　化　小王行倒来哩。　　　　　那本书送倒去哩。
　　　　那个人走跑(倒)出去哩。　佢拿倒粒钱寄(咖)回来哩。

补语是单音节"来"、"去"时,"X"必须加上;补语是双音节趋向动词时,"X"可以加上,也可以不加(例句中用括号表示),但被调查者往往会说,加上"X"更地道些。可见加"X"是方言的固有用法,但在普通话的影响下,"X"开始在发生退出"V＋X＋趋向补语"结构的变化,这一变化首先从双音节趋向动词前的"X"开始。在长沙方言中,单音节趋向动词前的"X"一般要加,有时也可以不加,这说明在长沙方言中,这一变化还渗透到了单音节趋向动词前的"X"。

3.2.2　句类对"X"的选择

"V＋X＋趋向补语"结构常用于祈使句与陈述句中,这里只讨论"X"用于这两种句类中的情况。句类不同,对"X"的选择有所不同。

祈使句对"X"有严格的选择,在祈使句中,不能使用表完成的"X"、"咖"或"哩",如不能说"把咯张票送咖去"或"把咯张票送哩去",只能说"把咯张票送得去"(长沙"得"可换成"起"或"哒")或"拿咯张票送倒去"(新化)。湘语长益片,祈使句中的"X"多用"得"、"起"、"哒";湘语娄邵片,祈使句中的"X"多用"倒"、"者"。

在陈述句中,"X"的各种形式都可使用,但表义有不同,有的表完成,有的表持续或动向,参见3.1。

3.2.3　地域与年龄差异对"X"的选择

本文在2.1.2"X"的构成中谈到,不同地点的湘语"X"的具体形式既有一致性,也存在差异性,这种差异性就是地域对"X"的不同选择。从3.2.1的例句列表中也可以看出,在同样的句子中,长益片湘语多用"起",娄邵片湘语多用"倒"(或"者"),这是不同地域对不同"X"的选择;也有不同地域对"X"形式数目多少的不同选择,如长沙、益阳、娄底等地的"X"有四种形式,较多的点"X"有三种形式,武冈、衡山、祁东等地的"X"只有两种形式,溆浦只有一种形式。

在有些地方,不同年龄的人对"X"的使用也存在差异。如我们在对衡阳、溆浦籍的两名研究生调查"X"的使用情况时,发现他们在动词和趋向补语之间都已不使用"X"了,而调查老派时,一般都使用"X"。在大多湘语点，新派和老派都说“X”。

四 “V+X+趋向补语”结构的来源

湘方言中的“V+X+趋向补语”结构来源于近代汉语中的同类结构。在近代汉语中，用作动态助词的“将”与“得”可以用在动词与趋向补语之间连接动词与趋向补语，构成“V+将/得+趋向补语”的结构表示位移义。刘坚等(1992:83)把连接趋向成分的功能看作是“将”和“得”作为动态助词的一种用法。

“V+将+趋向补语”结构在近代汉语中很常见，曹广顺(1995:46—61)集中讨论了动态助词“将”在这一结构中的发展，指出在“动+将(+宾)+趋向补语”结构中，“将”的功能可以分为两种，一种是用作趋向补语的标志，表示动作的趋向性，另一种是表示动作完成或获得某种结果等状态，即表示“动向”和“动态”。如：

(1)凭人寄将去，三月无报书。(元稹：酬乐天书怀见寄，全唐诗，4486页)

(2)道吾问：“有一人无出入息，速道将来。”(祖堂集)

(3)大虫去了，一盏茶时，方才扒将起来。(水浒)

这种结构中的“将”，其他学者也多看作动态助词。如潘允中(1980)认为，近代口语文学里出现了一种新结构，即动词与复趋补之间可以插入表完成体的词尾“将”，如“跳将起来”，“飞将上去”。“表完成体的词尾”即一般所说的完成态助词。

“V+得+趋向补语”结构也见于近代汉语，杨平(1990)专节讨论了带“得”的趋向补语结构的发展，所举例句如：

(4)柴进道：“誓书在我家里，不曾带得来。”(水浒52回)

(5)爬得起来，奔命走出庙门。(水浒42回)

(6)只见书童走得进来。(金瓶梅词话53回)

近代汉语中“V+将+趋向补语”结构与湘方言中的“V+X+趋向补语”结构是同类结构，“将”表示动向与动态的功能与湘语中“X”的功能也一致。只是湘方言的“X”不用“将”，而使用多种形式，这些形式是与“将”对应的方言变体。近代汉语中“V+得+趋向补语”结构与湘方言中“X”是[t]声母的“V+X+趋向补语”结构关系更加密切，[t]类“X”有“得”、“哒”、

"倒"、"者"等写法，湘方言的"得"与近代汉语中的"得"完全对应，例(4)、(5)、(6)中的"V＋得＋趋向补语"与长沙话说法完全相同，长沙、益阳等方言中的"得"应是直接来源于近代汉语的"得"。至于其他[t]类"X"或者是"得"的音变形式，或者另有本字。湘方言中的[l]类"X"(哩、来)则与北京话"V＋了＋趋向补语"中的"了"对应。总之，湘方言中的"V＋X＋趋向补语"这一整体结构来源于近代汉语。

五　与相关方言比较

"V＋X＋趋向补语"结构也见于外区的一些方言。柯理思在《汉语方言里连接趋向成分的形式》(2002)一文中，讨论汉语方言[动词＋X＋趋向成分]中的"X"时，根据"X"形式的不同作了如下分类：

用"了"的方言：老北京话、河北冀州话，另有相当于"了"的变韵、变调或儿化的方言，均见于北方方言。

用"倒"的方言：湖南新化话。

用"得"的方言：晋语区部分地点，吴语区部分地点，湘语区的长沙话。

用"起"的方言：长沙话、益阳话。

其他形式：兰州、河州用"着"，晋方言部分地点用"将"、"张"，杭州话用"将"，内蒙古晋话用"上"，长沙话、新化话用"咖"。

从这个分类可以看出，使用两个以上"X"形式的方言有晋方言与湘方言(长沙、益阳、新化)，其他方言一般只使用一个"X"形式，下面就使用"X"形式较复杂的晋方言与湘方言进行比较。

关于晋方言中的"V＋X＋趋向补语"结构，乔全生(1992、2000)有过专门的研究，记作"V＋将＋来/去"结构。比较晋方言与湘方言，两者的共同之处是，都存在"V＋X＋趋向补语"结构，而且这种结构在两种方言中都分布广泛。两者的不同之处是，与晋方言比较，湘方言中的该结构比晋方言复杂，表现在以下两个方面：

①湘方言趋向补语的构成比晋方言复杂。晋方言中充当补语的趋向动词只有单音节的"来"与"去"，湘方言除"来"与"去"外，还有除"开来"、"开去"、"起去"之外的全部双音节趋向动词和表趋向义的单音节动词"走"、"跑"等，因此湘方言趋向补语的构成比晋方言丰富、复杂。

②湘方言"X"的构成与功能比晋方言复杂。乔全生将晋方言的"X"统

一为“将”，认为从连接动词和趋向补语的作用看，“将”可以看作一个结构助词，这种结构助词尽管在山西晋方言各片的语音表现形式不同，但就其所处的位置和作用来看，还是大致相同的。这些语音形式的不同是“将”的不同音变形式，根据声母的读音分为四种类型：读[t]声母的类型，记作“得”；读[tʂ]声母的类型，记作“张”；读[ts]声母的类型，记作“咗”；读[tɕ]声母的类型，记作“将”。类型不同，分布各不相同。这表明尽管晋方言“将”的音变形式有四种类型，但每一个具体地点方言的“将”只有一种读音。而湘方言大多数情况是每一个地点的方言都有几种“X”形式，说明湘方言在“X”的构成上比晋方言复杂。而且晋方言的几种读音是同一个“将”的几种音变形式，它们功能相同，是同一个“X”。而湘方言每一个地点中几个“X”的读音和功能都不相同，是不同的“X”。在功能上，晋方言的“将”只起连接动词与趋向补语的作用，因此看作结构助词；湘方言的“X”除起连接作用外，还表动态和动向，与动态助词同形，因此看作动态助词的一种用法。湘方言的“X”因其形式多样，功能、意义多样而在用法上也比晋方言复杂。可以说，湘方言“V＋X＋趋向补语”结构的复杂性在整个汉语方言中都是很突出的。

参考文献：

[1]曹广顺.近代汉语助词[M].北京：语文出版社，1995.

[2]陈晖.涟源方言研究[M].长沙：湖南教育出版社，1999.

[3]崔振华.长沙方言中的“起”[J].湖南师范大学学报，1985，增刊.

[4]崔振华.益阳方言研究[M].长沙：湖南教育出版社，1998.

[5]丁加勇.湖南方言的动态助词[C].长沙：湖南师范大学出版社，1996.

[6]丁加勇.湘方言动词句式的配价研究[M].长沙：湖南师范大学出版社，2006.

[7]丁加勇.湖南方言的介词[C].长沙：湖南师范大学出版社，1998.

[8]范慧琴.山西定襄方言的“V＋X＋趋向补语”结构[C]//戴昭铭.汉语方言语法研究和探索.哈尔滨：黑龙江人民出版社，2003.

[9]柯理思.汉语方言里连接趋向成分的形式[J].中国语文研究，2002(1).

[10]李维琦.祁阳方言研究[M].长沙：湖南教育出版社，1998.

[11]李永明，等.湖南省志·方言志[M].长沙：湖南人民出版社，2001.

[12]刘坚，江蓝生，白维国，等.近代汉语虚词研究[M].北京：语文出版社，1992.

[13]罗昕如.新化方言研究[M].长沙：湖南教育出版社，1998.

[14]罗昕如，邹蕾.新化方言的副词[C]//伍云姬.湖南方言的副词.长沙：湖南师范大学出版社，2007.

[15]潘允中.汉语动补结构的发展[J].中国语文,1980 (1).
[16]彭逢澍.娄底方言的介词[C]//伍云姬.湖南方言的介词.长沙:湖南师范大学出版社,1998.
[17]彭兰玉.衡阳方言的动态助词[C]//伍云姬.湖南方言的动态助词.长沙:湖南师范大学出版社,1996.
[18]彭兰玉.衡阳方言语法研究[M].北京:中国社会科学出版社,2005.
[19]彭泽润.衡山方言研究[M].长沙:湖南教育出版社,1999.
[20]乔全生.山西方言的“V+将+来/去”结构[J].中国语文,1992 (1).
[21]乔全生.晋方言语法研究[M].北京:商务印书馆,2000.
[22]伍云姬.湘方言动态助词的系统及其演变[M].长沙.湖南师范大学出版社,2006.
[23]徐慧.益阳方言语法研究[M].长沙:湖南教育出版社,2001.
[24]杨平.带“得”的述补结构的产生和发展[J].古汉语研究,1990(1).
[25]张大旗.长沙话“得”字研究[J].方言,1985(1).
[26]赵烈安.邵阳方言的动态助词[C]//伍云姬.湖南方言的动态助词.长沙:湖南师范大学出版社,1996.
[27]曾毓美.湘潭方言的动态助词[C]//伍云姬.湖南方言的动态助词.长沙:湖南师范大学出版社,1996.

(罗昕如　湖南师范大学文学院)

“重”和“沉”*

——兼论语法成分的叠置层次研究

张邱林　孙庆波

引　言

“重”和“沉”在现代汉语里都有“重量大”的意思，这时构成同义词。例如：

(1)老婆把孩子送到他怀里，他接过来，八九岁的女孩竟有这么重。(孙犁《嘱咐》，《超时空的辉煌——20世纪中国小说精品赏读》，山东教育出版社2003年，104页)

(2)琼先爬到沟上面，我在下面托住塔贝，他身体居然很沉。(扎西达娃《系在皮绳扣上的魂》，《超时空的辉煌——20世纪中国小说精品赏读》，山东教育出版社2003年，494页)

上两例中，“重”和“沉”表义相同，可以互换。

事实表明，“重”和“沉”在表示“重量大”这一意义上许多时候都可以互换。再如：

包袱很重(十)	包袱很沉(十)
那么重的行李(十)	那么沉的行李(十)

但是，许多时候又不能互换。例如：

大象很重(十)	大象很沉(—)
那么重的负担(十)	那么沉的负担(—)

* 本研究受教育部人文社会科学研究规划基金项目“豫西方言语法比较研究”(09YJA740041)、国家社科基金项目“豫西三省过渡地带方言语法特点研究”(11BYY022)、教育部人文社科重点研究基地重大项目“语法原则与汉语特殊句式”(2009JJD740011)资助。初稿曾在“第四届官话方言国际学术研讨会”(安康，2007年10月)上宣读。

那么规律是什么？本文打算从语义、语法、方言三个角度对表示“重量大”的“重”和“沉”作比较考察。

“重”和“沉”是处于不同叠置层次的语法成分。本文试图揭示两者不同方言层次的叠置关系，指出“重”和“沉”能在现代汉语共同语里和谐相处，正是由于它们各具表义、句法和语体色彩上的个性。最后倡导开展现代汉语语法系统里叠置层次的研究。

一 “重”和“沉”的语义差异

1.0 “重”和“沉”在表义上各有特点

1.1 “沉”着眼于人对事物重量的主观感觉，所述事物能被人掂量和感知

观察下面的例子：

(3)上说“扛”，总不会是“手枪”，“手枪”七斤半也太沉了。（于根元《留心各种语言现象》，中国经济出版社2003年，174页）

(4)菜价一直居高不下，不少市民感到自己手中的菜篮子越拎越沉。（《菜价居高不下　居民菜篮有点“沉”》，http://news.yztoday.com）

(5)初开始，她觉得自己的腿都站硬了，脚脖子都站粗了，一天下来，双脚沉得像是拖着两坨铁块子。（刘庆邦《麦子》，《2004年中国短篇小说精选》，长江文艺出版社2005年，85页）

(6)可他的脑袋太沉了，好像灌进去了太多水，怎么也浮不起来了。（董立勃《米香》，《2004年中国短篇小说精选》，长江文艺出版社2005年，426页）

(7)他身体的重量几乎全放在了雷吉娜身上，死沉死沉，雷吉娜只好腾了一只手来扶墙，跟他一起上楼。（王方晨《人都是要死的》，《2004年中国短篇小说精选》，长江文艺出版社2005年，546页）

例(3)是手枪重量给人的感觉；例(4)是菜篮子重量给人的感觉；例(5)是两只脚重量给人的感觉；例(6)是脑袋重量给人的感觉；例(7)是他身体的重量给雷吉娜的感觉。这些例子中，“沉”都是着眼于具体事物的重量给人的感觉，所述事物都能被人掂量和感知。

“重”则是客观地说明事物的重量，其中有些是抽象的事物，不能被

人直观掂量和感知。观察下面的例子：

(8)这个人不是那个死了老婆、家庭负担蛮重、蔫不拉叽、又脏又烂的九财叔，不是的，是另一个。(陈应松《马嘶岭血案》,《2004年中国争鸣小说精选》,长江文艺出版社 2005 年,86 页)

(9)他人云亦云，跟着领导跑，厂长随便说句重话他就寝食不安。(何顿《新青年酒吧》,《小说月报》2003 年第 5 期 46 页)

(10)宋太太在老师父灵前许了重愿，我替她念了十二本经。(白先勇《永远的尹雪艳》,《超时空的辉煌——20 世纪中国小说精品赏读》,山东教育出版社 2003 年,238 页)

上面三例中,“家庭负担”、“话”、“愿”这些事物的重量都是无法被人用手掂量、用肢体感知的。

再看下面两例：

(11)一杆步枪，标准重量是 3.75 公斤；一名初中预备班学生的书包，足足 5.25 公斤重，比步枪还要沉！(《读书郎的书包比步枪还沉，减负减负书包为啥越减越重》,http://xmwb.eastday.com)

(12)一次，龙波的母亲提饲料桶喂猪，因为桶太沉把手腕给扭伤了，至今不能提重物。(姜洁《大学生龙波：创造“轻松养猪法”》,《人民日报》2005 年 6 月 26 日)

前一例中,“足足 5.25 公斤重”“越减越重”是客观地说明事物的重量；“比步枪还(要)沉”表达人对事物重量的主观感觉。后一例中,“桶太沉”表达人对事物重量的主观感觉,“重物”是客观地说明事物的重量。

1.2 “重”和“沉”语义上的不同特点从下面的事实中可以得到证明

事实一：用“沉”的时候，常常伴随出现或者可以加上“觉得、感到”这类表示感觉的动词。例如：

(13)打开一看，里面有一个较大的七星香烟包装盒，小洪拿起这个包装盒时感觉很沉，意识到里面定有文章。(钟朝珍《厦门海关破获一起特大毒品走私案》,《人民日报》2004 年 5 月 14 日)

(14)作为家长，孩子的书包越来越沉，我当然知道！可是，不沉又怎么办？学习的教科书要带，练习册要带，字典要带，复习资料要带，课外书要带……(魏松青《书包压驼了背！》,《人民日报》2004 年 6 月 15 日)

(15)一个偶然的机会，老人在孙子的笔记本中看到了这样一则

"段子":"书包太沉,学习太累,不如加入黑社会。"(张宝印、白瑞雪、冯春梅《晚霞辉映蓓蕾红——沈阳军区联勤部第四干休所老干部情系未成年人成长教育纪事》,《人民日报》2004年10月25日)

例(13)有"感觉"一词,例(14)、(15)也可以加上"感觉"一词。

事实二:用"沉"的时候,要说明的事物一定是具体的,可被人的肢体直接感知的。例如:

(16)左小青颠来倒去地烙饼,身子很沉,但睡意全无,双眼在被子里瞪圆了,听着地上的琐碎声……(叶舟《低温》,《中篇小说选刊》2006年第5期73页)

(17)当天,他就把那张床拉回了老家。他用三轮车吭吭哧哧地拉了八个多钟头,一直拉到天乌隆隆黑,才把那三十多里的路走完。那床太大太沉了,走着走着,好几回都差点儿把他和三轮车一起翘起来。他得一边儿使劲把车往下压,还得一边使劲儿让车往前走,累得手腕和肩膀酸疼。可疼得心里也高兴。床越沉他越高兴。床越沉越证明用的木料越好,也越证明他收的家伙值。(乔叶《锈锄头》,《中篇小说选刊》2006年第5期123页)

前一例要说明的事物是"身子",后一例要说明的事物是"床",都是具体的,可被人的肢体直接感知的。

事实三:用"沉"的时候,要说明的事物的重量是在人的肢体能够直接承受范围内的。例如:

(18)枣花蜜很沉,盛一斤酒的瓶子,装蜜,是两斤酒的分量。(周振华《浓浓枣花香》,《人民日报》2005年7月30日)

(19)李女士说,她家离菜市场比较远,"西瓜又沉又圆,夹在自行车后面扶不好就掉了!"(曲昌荣《郑州 严禁农用瓜车进城 考验政府管理智慧》,《人民日报》2005年5月11日)

(20)请问,在农业部长看来,这1000亿斤有多重?(张毅《粮食两年增产累计超过1000亿斤,历史上并不多见——既有喜悦 更有压力——农业部部长杜青林谈怎样看待粮食连年增产》,《人民日报》2005年12月29日)

前一例说的是"枣花蜜沉",中间一例说的是"西瓜沉"。"沉"所说明的事物"枣花蜜""西瓜"的重量都是在人的肢体能够直接承受范围内的。后一例说的是"1000亿斤重","重"所说明的事物的重量"1000亿斤"不是在人的肢体能够直接承受范围内的,这里"重"不能换成"沉"。

1.3 《现代汉语词典》里“重”有“重量大；比重大(跟“轻”相对)”这一义项，“沉”有“分量重”这一义项

一个用的是“重量”，一个用的是“分量”，字眼儿不同，但并没有把“重”和“沉”区别开。因为在《现代汉语词典》里对“分量”一词的释义还是“重量”。就语言事实方面来说，在描写“分量”的时候也不是没有用“重”的，看例子：

(21)这个机密让小道消息一传，似乎并不让张兆林的形象打折扣，他的分量反而更重了。(王跃文《朝夕之间》，《小说月报》2003年第5期9页)

(22)报纸、电视、电台、互联网乃至手机短信，媒体再多，也难以说尽天下大事。所以，这里展示的只是一年来中国科技发展的一些片断，有的光彩照人，比如神六飞天，有的分量很重，比如水稻基因，有的容易理解，有的难免深奥。(《2005年度人物》，《人民日报》2005年12月22日)

(23)然而中国的分量一天天重起来，确是不争的事实。(北京大学语料库)

有时候，为了避免说话用词重复单调，也可以换着使用“重”和“沉”。如：

(24)“记忆越来越多，而遗忘却没有来临，身体越来越重，越来越沉，而飞翔的许诺却没有兑现”……(《睡成一枝水仙花》，http://olive.13173.net)

(25)一个行囊，如果已经装得太满了，就会很沉，很重，很累。(《果断放弃，清醒选择》，http://tinghui.anyp.cn)

因此，进一步观察语言事实，分析比较“重”和“沉”的表意特点是很有必要的。

二 “重”和“沉”的句法差异

2.0 下面从几个方面来反映“重”和“沉”在句法上的差异

2.1 与数量短语搭配的差异

与数量短语搭配时，一般用“重”不用“沉”。例如：

(26)单看这数不清的条石,一块有两三千斤重,那时候没有火车、汽车,没有起重机,就靠着无数的肩膀无数的手,一步一步地抬上这陡峭的山岭。(《长城》,义务教育课程标准实验教科书《语文》四年级上册,人民教育出版社 2004 年,83 页)

(27)八公斤重的大铁锤,左右开弓,一口气能抡几百下。(魏巍《老烟筒》)

(28)全世界最昂贵的笔也是万宝龙出品的,价值 10 多万美元,18K 金制造,镶了 4810 粒共重 22 克拉的钻石。(关澜《万宝龙:始终坚持高标准》,《人民日报》2005 年 12 月 5 日)

(29)六十年代,广东调查得知,有鹅蛋荔和丁香荔,重达四五十克。(中小学语文课本)

前两例是"数·量·重"格式,后两例是"重(达)·数·量"格式,其中的"重"都不能换成"沉"。

值得注意的是,有时也能看到"数·量·沉"的用法,如:

(30)周大勇觉得两条腿有千百斤沉,里边有万千条小虫钻动,但是他听了这个战士的话,疲劳的感觉猛然消失了,只觉得心里一阵绞痛。(杜鹏程《保卫延安》)

2.2 句法功能的差异

2.2.1 充当定语

"重"和"沉"都能充当定语,但有不同。"重"可以直接与名词组合,"沉"一般不能,要加上结构助词"的"。例如:

(31)一阵狂风袭来,我的头上就落下了重东西——九财叔在背后冷不丁给了我一斧头,用的是斧背,就觉得脊椎一阵压榨,我的颅骨顿时瘪进去了,脚一失重,扑通一声,跌进冰冷的河里,就什么也不知道了。(陈应松《马嘶岭血案》,《2004 年中国争鸣小说精选》,长江文艺出版社 2005 年,108 页)

(32)他们在笑什么呢?笑手里的担?笑各自的前景?笑离开茅草地?笑总算掀掉了压在肩头一副重担?(韩少功《西望茅草地》,《归去来》,春风文艺出版社 2005 年,44 页)

前一例里的"重东西"不能换成"沉东西",后一例里的"重担"不能换成"沉担"。

但是,“沉”重叠成“沉沉”加不加“的”都可以与数量名短语组合。如:

(33)吃完了饭,那两个穿军服的扛着沉沉两包东西,很客气地辞了小喜和鸭脖子走了。(赵树里《李家庄的变迁》)

(34)望着八十五岁高龄的先生的满头大汗和满满的、沉沉的两大包书以及密密麻麻的工整的手稿,我真的感动得说不出话来。(陈昌来《编选后记》,张斌著《现代汉语语法十讲》,复旦大学出版社2005年,355页)

2.2.2 充当状语

“重”可以作状语,“沉”不能。例如:

(35)温家宝强调,对重点用能单位和污染源要加强经常监督,对恶意排污行为实行重罚,严重的要追究刑事责任。(《温家宝称将重罚恶意排污　确保完成节能减排》,http://cn.news.yahoo.com/07-05-/1037/2i7hh.html)

(36)公务员超生要受重罚。(中央电视台一套,新闻30分节目,播音员播出语,2007年4月29日12时)

上两例中,“重”都不能换成“沉”。

“重重”经常作状语,“沉沉”一般不作状语。例如:

(37)他重重地喷了一口烟,叹道:“起先听说中央知道我们遭了灾,批了粮,要给救济。”(左检明《阴影》,《超时空的辉煌——20世纪中国小说精品赏读》,山东教育出版社2003年,332页)

(38)左小青踢飞了拖鞋,击在天花板上,重重掉下来。(叶舟《低温》,《中篇小说选刊》2006年第5期78页)

上两例中,“重重”都不能换成“沉沉”。

值得注意的是,有时也能看到“沉沉”作状语的用法。例如:

(39)满喜买的尽是些笨重东西——抬土的大筐、小车上的筐子、尖镐、大绳、大小铁钉……沉沉地挑了一担在人群里挤着往外走,迎头碰上了丁未。(赵树理《三里湾》)

2.3 反义对举的差异

现代汉语共同语里,“重”经常跟“轻”对举使用,“沉”没有这样的用法。例如:

(40)张伯驹走了,可张伯驹这些不硬不软,不重不轻的话,字字句句都好似铅块似的压在了马霁川、穆潘忱的心上。(郑理《游春图传奇》,《当代》1990 年第 3 期 215 页)

(41)她头重脚轻地走开了。(温亚军《火墙》,《2004 年中国短篇小说精选》,长江文艺出版社 2005 年,166 页)

三 现代汉语方言里的“重”和“沉”

3.0 要深入理解共同语里“重”和“沉”的差异表现,有必要考察现代汉语方言里“重”和“沉”的使用情况。

3.1 李荣主编《现代汉语方言大词典》共收 42 个地点方言。从中可知,作“分量,重量,重量大”讲的“重”出现在 21 处方言中。这些地点是:济南、扬州、洛阳、西宁、雷州、西安、万荣、广州、太原、绩溪、崇明、南昌、上海、娄底、黎川、梅县、东莞、南宁(平话)、建瓯、福州、海口。

另有 13 处方言里虽没有作“分量,重量,重量大”讲的“重”,但有由这种用法的“重”构成的词语。这些地点方言和词语是:

柳州　　重手:东西沉,提起来感到重。
萍乡　　重手重脚:动作很重。
厦门　　重手头:手力大而重。重坠坠:沉甸甸。
金华　　重平平:形容分量很沉重。
丹阳　　重沉沉:形容分量沉。
贵阳　　重坨坨:形容重量大。
成都　　重病:严重的疾病。
乌鲁木齐　重病:严重的疾病。
南京　　重病:严重的疾病。
银川　　重病:严重的疾病。
温州　　重登登:沉甸甸,形容沉重。
宁波　　重顿顿:形容分量沉重。
苏州　　重头生活:重活儿。

两类情况合起来占了 34 处方言。

作“分量,重量,重量大”这个意义讲的“沉”出现在济南、牟平、万荣 3 处方言中。另外洛阳和哈尔滨方言里没有这样的“沉”,但有“沉甸甸的”。两类情况合起来只占了 5 处方言。

河南北部的卫辉方言属于晋语。卫辉方言里经常能听到这样的话：

(42)[称体重时]你多沉？(你有多重?)

沉了没有？(长胖了没有?)

(43)你掂掂这袋米有多沉？(你掂掂这袋米有多重?)

用“沉”，是地道的方言说法；用“重”，是受普通话影响的说法。

作家李贯通是山东鱼台人。在他的作品《乐园》中，普通话不能用“沉”的地方也用了“沉”。例如：

(44)去抱无花果的时候，我惊愕良久，那裹了蒲包的土疙瘩足有百斤沉！(李贯通《乐园》，《超时空的辉煌——20世纪中国小说精品赏读》，山东教育出版社2003年，338页)

3.2　河南西部的陕县方言属于中原官话。陕县方言里，“重”和“沉”是一对同义词，“重”的反义词是“轻”，“沉”的反义词是“飘”；“轻”和“飘”意思相同。不过在习惯上“重”一般多跟“轻”相对，“沉”一般多跟“飘”相对。“重”与“沉”有两个不同：第一，“沉”着眼于人的肢体对重量的感觉，由于人体所能感觉的重量相对来说是较小的，因而“沉”只能用于小幅度的重量，而不能用于大幅度的重量。例如：“这捆柴火怪沉哩”“行李沉不沉?”超过人体所能承受的重量，就一般得用“重”，不能用“沉”。例如，“这一卡车煤重着哩”就不能说成“这一卡车煤沉着哩”，“大象有多重”就不能说成“大象有多沉”。“重”没有这个限制，所有的重量都能用“重”。第二，“重”可以受数量结构修饰，“沉”不能。如“四两重”“斤把重”能说，而“四两沉”“斤把沉”不能说。和“重”与“沉”的情形相同，“飘”着眼于人的肢体对重量的感觉，只能用于人体所能承受的限度内的重量。“轻”则没有这个限制。如“这捆柴火怪轻哩”“这捆柴火怪飘哩”都能说，而“大象不轻哩”就不能说成“大象不飘哩”。“重”和“轻”具有中性语体色彩，“沉”和“飘”口语色彩浓。

3.3　2.1节曾经指出：值得注意的是，有时也能看到“数·量·沉”的用法，举的例证(30)出自杜鹏程《保卫延安》；2.2.2节曾经指出：值得注意的是，有时也能看到“沉沉”作状语的用法，举的例证(39)出自赵树理《三里湾》。这些例子反映的都是北方话用法。

3.4　由上可见，“沉”主要用于北方，具有北方话口语色彩。“重”和“沉”的地理分布有三种类型，第一种是只有“重”，没有“沉”，占大多数方言。第二种是只有“沉”，没有“重”，占小部分方言，像河南卫辉、山东鱼台方言。第三种是“重”“沉”都有，像河南陕县方言。“重”“沉”共存于一种方言系统,这种情形很有理论价值。

四 关于语法成分叠置层次的研究

4.1 语法成分的方言叠置

"重"在现代汉语方言里分布比较普遍,而"沉"属于北方话。但是,"重"和"沉"在现代汉语共同语里共存,而且相处得很和谐。"重"和"沉"在现代汉语共同语里构成方言叠置,是属于不同层次的语法成分。

4.2 叠置层次与系统功能

不同方言层次上的语法成分为什么能在一个系统中共存?它们又是以怎样的状态和谐相处的呢?语言是交际工具,是一个符号系统。两个语言符号能够共存于一个系统,其中一个在人们长期的使用中不被淘汰,就必然各具独特的使用价值。"重"和"沉"能够和谐地共存于现代汉语共同语系统中,正是由于各自被赋予了独特的使用价值。本文的比较考察表明,"重"和"沉"独特的使用价值具体表现为表义上的个性、句法上的个性和语体色彩上的个性。

张邱林(1999)以动词"以为"和时间词"刚刚"为例讨论了词的语法个性,指出撇开语用因素的制约不说,两个词意义相近相等,词性相同,但在语法上并不一定能够自由替换,而是往往表现出语法个性。这种语法个性是怎样形成的?像"重"和"沉"在共同语里构成方言叠置这种情况就是一种重要的途径。

不同方言的同义语法成分被吸收进同一个语言系统以后,就会形成叠置层次。它们在长期的使用中就要形成分工,或是表义上的分工,或是语用上的分工,或是语法上的分工。在叠置的初期,常见的情况是语体色彩上的分工。只有具有个性才能和谐相处。

4.3 应大力开展汉语语法系统里叠置层次的研究

以往,叠置层次的研究一般只是就语音现象来说的。近年来有人开始把这一观念引入方言语法研究,描写说明方言语法现象。如汪化云(2004)描写分析鄂东方言两序并存的特殊语序,指出这些特殊语序现象是一种类似"文白异读"的"文白异序"现象。"白序"是鄂东方言中固有的语序，“文序”是今北方方言、普通话语序在该方言中的叠置。张维佳(2005)指出，晋中指示代词三分系统是来自晋语“这”、“那”系统和关中方言“这”、“兀”系统的叠加。胡松柏(2007)分析指出，赣东北方言中意义相当于普通话中的“再”的表示追加、继续的加量补语成分有“添”和“凑”两个，它们是吴语、徽语的“添”与赣语的“凑”在赣东北的叠置。此外，朱德熙(1991)讨论两种反复问句在汉语方言里的分布也涉及层次，认为扬州话、苏州话、汕头话里“K—VP”和“VP—neg—VP”(汕头话里是“VP—neg”)两种反复问句不属于同一个层次(stratum)，扬州话、苏州话里的“K-VP”句型是固有的，“VP—neg—VP”相对来说是一种创新；汕头话里两者属于不同时代层次。事实上，语法成分的叠置层次现象在现代汉语里大量存在，不仅体现在词语方面，也体现在句法结构、句式方面。描写分析其中的叠置关系和共存状态是深化语言系统认识的表现和要求。不仅要描写分析其中的叠置关系，探求叠置路径，而且要描写分析具体语言系统里叠置成分的共存状态。本文对现代汉语里“重”和“沉”的描写和讨论，一个重要意图是把叠置层次的观念进一步引入现代汉语语法系统研究里，试图通过这方面的研究加深对现代汉语语法系统有关方面的认识。汉语语法里叠置层次的研究现在只是开了一个头，这是一个具有重要意义和富有潜力的大课题，我们今后应该在广度和深度上大力推进这项研究。

参考文献：

[1]胡松柏.赣东北方言语法接触的表现[C]//汪国胜.汉语方言语法研究.武汉：华中师范大学出版社，2007.

[2]李荣.现代汉语方言大词典[M].南京：江苏教育出版社，2002.

[3]汪化云.鄂东方言研究[M].成都：巴蜀书社，2004.

[4]徐通锵.历史语言学[M].北京：商务印书馆，1991.

[5]张邱林.从“以为”和“刚刚”看词的语法个性[J].语文建设，1999(3).

[6]张维佳.山西晋语指示代词三分系统的来源[J].中国语文，2005(5).

[7]中国社会科学院语言研究所词典编辑室.现代汉语词典[M].第5版.北京：商务印书馆，2005.

[8]朱德熙.“V—neg—VO”与“VO—neg—V”两种反复问句在汉语方言里的分布[J].中国语文，1991(5).

(张邱林　华中师范大学文学院；

孙庆波　广东省东莞市第四高级中学教师)

VP前的“给”及其方言类型比较*

苏俊波

一　问题的提出

先看下面四个句子：

(1)他们就说：“请您给传达一次会议精神啊！”(刘心武《难为情》)

(2)母亲说瞎花钱，给弄个草垫子吧。(刘恒《贫嘴张大民的幸福生活》)

(3)当心放他出来饿急了眼，先把你们给吃了。(孙少山《八百米深处》)

(4)他的心像一个绿叶，被个虫儿用丝给缠起来，预备作茧。(老舍《骆驼祥子》)

例(1)、(2)中的“给”后和VP前，可以补出一个与事成分，表示动作的受益或受损的对象，构成介宾结构“给我们”或“给母亲”等，语义差别不大；而例(3)、(4)中的“给”后却看不出具体可以加上什么。另外，例(1)、(2)中的“给”读原调，不能随便删去，删除“给”后对句意有影响。例(1)有“给”，表明“传达”的受众是说话者“他们”；无“给”就无法指明“传达”的受众是说话者，还是其他人。例(2)有“给”，表明“弄个草垫子”的受益者是上文提到的“母亲”；无“给”则完全没有这个意思。相比例(3)、(4)，句中的“给”读轻声，可以删去，对句意无任何影响，只是在表达效果上有所不同。

张谊生(2002)认为，有两种不同的“给V”：用于为动句中的和用于

---

* 本文已发表于《汉语学报》2008年第2期。

"被"字句、"把"字句中的。"被"字句、"把"字句中的"给"后"都不能出现体词性成分",这是因为"这两种句子中的助词'给'与为动句中的'给'虽然表面上都是'给 V'式,但深层结构关系是不同的"。

张文已经注意到"给"的用法存在不同,但是,这种不同难道仅仅是因为它们所处的句式不同造成的吗?"VP"前的"给"究竟是什么?为什么会出现不同的用法?它的来源是什么呢?

二 "给"的性质与来源

我们把例(1)、(2)中的"给"称为"$给_1$",例(3)、(4)中的"给"称为"$给_2$"。

根据张谊生(2002)的观点,"$给_1$"与它被隐含的宾语之间是一种为动关系。所谓为动关系,是指"给"同介引对象之间具有"为、替、对"等关涉性语义关系。这种为动关系,从"给"介引的对象来讲,有受益和受损两类。在语义形式上,出现"$给_1$"的句子,不管怎样都必须在语境中出现一个与事者,无论施事、受事出不出现。就像例(1)中的"他们",例(2)中的"母亲"。也就是说,VP 前"$给_1$"被隐含的宾语必须在语境中有所确指。语境中没有明确的与事者照应,VP 前就无法出现"$给_1$"。这是 VP 前出现"$给_1$"的句法条件。关于"$给_1$"的性质,历来都是众说纷纭。有人认为是介引对象不出现的介词(齐沪扬 1995;石毓智 2004),也有人认为已经虚化为助词(朱德熙 1979;吕叔湘主编 1999;张谊生 2002)。站在不同的角度,就有不同的理解。把"$给_1$"当作介词看的,着眼于语义上,它的后面根据上下文可以补出一个被介引的对象,明显是介宾结构的省略;认为"$给_1$"是助词的,着眼于形式上,它单独出现在动词的前面,不再支配任何成分,且本身又不是形、副等修饰词。但是不管把它看作什么,在其来源上大家意见基本一致,都认为是省略介词宾语的结果。成因是语用上表达的简省、经济或模糊、含蓄,因为有了上下文语言环境中特定的所指照应。

相比"$给_1$","$给_2$"在词性上要明确得多。这里需要说明的是,我们这里对 VP 前"给"的分类与其他人不同。我们认为,在语义上,后面根据上下文可以补出一个被介引的对象,删去后对句意有影响,明显是介宾结构省略的,是"$给_1$",其余全部归入"$给_2$"。也就是说,划分 VP 前

"给"的句法标准，是它被删除后是否对语义产生了影响。"给$_2$"在句中的存在与否，从句意上看不出有什么不同，这说明它的语法作用是功能上的，是一个助词。"给$_1$"则不同，它后面有一个语境照应的语义空位，别说删去，就算觉得上下文一时照顾不到这个语义空位，也非添上具体所指不可。看下例：

(5)老师：小明，小华不在，请你给通知一下晚上的会议。

例(5)的"给"不能删去，删去后，句意是小明通知其他学生晚上的会议，可能与原意小明通知小华有别，所以此"给"是"给$_1$"。另外，这句话若脱离上下文，本身也存在歧义。是小明替小华通知其他学生，还是小明通知小华，不得而知，必须在"给"后加对象"他(小华)"① 或"学生"具体指明。

关于VP前助词"给"出现的句法环境，《现代汉语八百词》认为"用于口语。1.用于主动句。a)'把'字句。b)非'把'字句。2.用于被动句。a)'被'字句。b)非'被'字句"。《现代汉语八百词》没有区分VP前"给"的不同用法，还包括"给$_1$"，例如：劳驾，您给找一下老王同志。如果把"给$_1$"排除在外，VP前助词"给$_2$"出现的句式，主要有以下四种：

S_1：$S_{施事}$＋把(将)＋O受事＋给$_2$＋VP

S_2：$S_{受事}$＋被(叫)＋$O_{施事}$＋给$_2$＋VP

S_3：$S_{受事}$＋给$_2$＋VP

S_4：$S_{受事}$＋$S_{施事}$＋给$_2$＋VP

S_1是带有标记"把/将"等的处置句，S_2是分别带有标记"被/叫"等的被动句，S_3是施事者不出现的受事主语句，S_4是一种主谓结构作谓语的主谓谓语句。例如：

(6)这句话把村人给说了个大眼儿瞪小眼儿。(曹乃谦《到黑夜我想你没办法》)

(7)老婆见他喝多了，瞪了他一眼，一把将啤酒瓶给夺了过来。(刘震云《一地鸡毛》)

(8)同时，才知道老汉早上出去拦羊时，被一根从高处落下的电线给缠住了。(吕新《圆寂的天》)

(9)他是叫黑瞎子给吓着啦！(礼平《小战的黄昏》)

(10)杯子给打碎了一个｜虫子都给消灭光了｜房间都给收拾好了(转引《现代汉语八百词》例)

(11)明儿的事儿,你给记着点儿。(转引《现代汉语八百词》例)

这四种句式可以互相变换,语义几乎没有差别。它们有一个共同的特点,就是在语义形式上,不管怎样都必须出现一个受事者,无论施事、与事出不出现。就像例(6)中的"村人",例(7)中的"啤酒瓶",例(8)中的"老汉",例(9)中的"他",例(10)中的"一个杯子"、"虫子"、"房间",例(11)中的"明儿的事儿"。也就是说,VP前的助词"给$_2$"必须与受事共现,没有受事或受事不明确,VP前就无法出现助词"给$_2$"。例如,不能说"这句话给说了个大眼儿瞪小眼儿"、"给打碎了一个"或"你给记着点儿"等。这是VP前出现助词"给$_2$"的句法条件,也是区分"给$_1$"、"给$_2$"的句法标准。有时,一句话中看似没有受事,其实上文作为话题已经明确提出了。例如:

(12)当下见个小厮答应着进来,乌大人道:"你把大爷的帽子拿进去,告诉太太,找找我从前戴过的亮蓝顶儿,大约还有,就把我那个白玉喜字翎管儿解下来,再拿枝翎子。你就回太太,无论叫哪个姨奶奶给拴好了拿出来罢。"好个小厮去了一刻,一时拴得停当,托出来。乌大人接过去,又给收拾了收拾,便叫安公子戴上。(《儿女英雄传》第40回)

或者在语境中用了其他方法指明。例如:

(13)(用手指盒子)给打开。

除了这个句法条件,这四种句式,还同时具有助词"给$_2$"出现的语义条件。从语义关系上讲,与"给$_2$"共现的受事,必须是句中VP支配或处置的对象。也就是说,句中受事只有在语义上受动词支配或处置时,助词"给$_2$"才可能出现在"VP"前。我们认为,所处的不同语义关系是区分"给$_1$"、"给$_2$"的语义标准。

所谓支配或处置的语义关系,是指施事对受事的"一种'做'的行为,是一种施行(execution)"(王力 1984)。对受事来说,是指受事在受到施事某一动作的"施行"下,发生了变化或将要发生变化,产生了某种结果或处于某种状态。受事在语义上被动词支配或处置,产生了某种变化或结果,因此绝不会以光杆形式出现,动词前后一定会有表示结果或状态的成分,可能是补语、宾语、状语,或者是表动态的助词。出现助词"给$_2$"的四种句式中,VP都是V前后带有结果或状态成分的复合结构。比如例(6)—(11)中的"说了个大眼儿瞪小眼儿"、"夺了过来"、"缠住了"、"吓着"、"打碎了一个"、"消灭光了"、"收拾好了"、"记着点儿"。相比"给$_1$"，因为它只是修饰动作，是作状语的介宾结构省略宾语的结果，所以后面的动词可以是光杆形式。例如：

(14)我是管给学生倒尿桶的，有时候起五更就给倒。（刘心武《如意》）

这种语义关系，是典型处置句、被动句、受事主语句等成立的基础和重要特点。

我们知道，不是所有的"把"字句、"被"字句等都包含受事受支配或处置的语义关系。也正是因为此，不是所有的"把"字句、"被"字句等都能出现助词"给$_2$"。比如"把"字句中，VP 是零形式的"把"字句，没有表支配或处置的动作行为，无法出现助词"给$_2$"。例如：

(15)我把你瞎了眼的！（《红楼梦》）

(16)我把你这奴才！（《金瓶梅》）

致使义处置式，人们多认为这种处置式的特点是介词"将/把"后面的名词性成分是谓语动词的当事（或施事）而非受事，整个格式表示一种致使义。这种处置式，表面上看没有受事，更没有受事受支配或处置的语义关系，但 VP 前却常常出现助词"给$_2$"，例如：

(17)这点山路就把他给走累了。

(18)你把他都给急哭了。

这是为什么呢？其实，正如吴福祥(2003)所指出的："我们只想说明两点：第一，就这类处置式表达的整个使成情景(causative situation)来看，NP 在使因事件(causing event)中仍是个被影响(affected)的参与者(即受使者(causee))，在这一点上致使义处置式跟狭义处置式并无本质的不同；第二，假若把一个特定的致使义处置式置于实际话语中来观察，可以发现，这类处置式虽有'致使义'的特征，但本质上并没有逸出'处置'的语义范畴。"也可以说是一种广义的处置关系，语义重点还是落在动作行为及其造成的结果状态上。这与我们提出的出现助词"给$_2$"的句法、语义条件并不相悖。

关于助词"给$_2$"的语法功能，通过删除它我们可以清楚地了解。删除"给$_2$"虽然对整句句意没什么影响，但表达效果却存在很大差别。没有"给$_2$"，句子表示受事受动词支配或处置，产生了某种变化或结果；VP 前加上助词"给$_2$"，强调了动作行为对受事的这种支配或处置，以及因这种支配或处置而使受事产生的某种变化、结果或状态，加强了句子的表达语气。正像李纳 & Thompson(1983)指出的："'给'加在动词之前，加强'把'字句之处置效果。"王还(1984)也认为，"'被'字句中的动词前面可以加助词'给'，'把'字句中的动词前面也可以加，这个'给'字都只是加重语气，并没有什么意义"。

用在相同的语法结构中，具有和"给$_2$"相同语法功能的，口语中还有一个凝固结构"给它"。根据苏俊波(2003)的研究，"给它"是一个虚化的助词性结构，读音弱化而为轻声，直接用在 VP 前起一种突出强调的作用。例如：

(19)在工地上把这些关系都给它弄清楚了，确实形成了保证体系、监督体系，谁在哪个环节出了问题，找谁责任就清楚了。(《建设部总工程师金德钧同志在全国建筑安全生产工作会议上的总结讲话》)

(20)后来就有了反托拉斯法才把这个坏资本主义变成好资本主义，就是把用金钱操纵社会、操纵政治这些门路都给它堵死。(《专访杨小凯：学"好资本主义"》)

(21)葡萄打条，也用不着什么技巧，一个人就能干，拿起树剪，劈劈啪啪，把新抽出来的一截都给它铰了就得了。(汪曾祺《葡萄月令》)

轻声"它"只是一个音节标志，有时也写为"他"。例如：

(22)所以我把这句话给他改成："全靠车头带，火车跑不快"。(《创新思维和领导艺术》)

很明显，"给它"是由实义的介宾结构语法化而来。语法化的句法环境是必须出现受事的"把"字句、"被"字句、受事主语句以及大主语为受事的主谓谓语句；语义基础是受事受动词支配或处置，并发生了变化或将要发生变化，产生了某种结果或处于某种状态；动因是对受事以及支配或处置受事的动作行为的突出与强调。

根据汉语信息组织原则，已知信息在前未知信息在后，语义焦点落在信息强度高的新信息上。"把"字句、"被"字句、受事主语句以及大主语为受事的主谓谓语句，或者用介词"把/将"等把受事成分提到动词的前面，或者直接把受事用作句子的主语，而把句末位置让给支配或处置受事的动作行为及其产生的结果状态。由于这些受事成分往往都是有定的，交际双方共知或已知的信息，句末的动作行为及其产生的结果状态自然成为信息强度高的语义焦点。变换"汉语最重要最常见的一种句法结构"(石毓智 2001)"施事(A)＋V＋受事(P)"的普通语义结构的语序，把处于为焦点而预设的句末位置的成分提前，这样就可以使本不在焦点位置的成分占据信息焦点预设位置，此焦点化的目的就在于强调突出，强调突出对受事的支配处置及其产生的结果状态。此外，在实际口语表达中，可能除了句末传达新信息的绝对信息焦点外，还会根据语境、发话人的心理以及特别需要等，另外再增加一个相对信息焦点。这个相对信息焦点所承载的信息本是交际双方所共知的旧信息，但是发话人若心理上认为它在实际语境中是实现交际目的必需成分，那么他就会有意地加以突出强调，使它承载更大的信息量。

上述四种句式中，受事成分正是这种相对信息焦点(有人称之为"第二话题")。它虽然为双方所共知，但却是支配处置的对象和结果状态的主体，地位很重要；另外说前置或居于主语位置的受事都是有定的，只是相对说法，有时交际双方对支配处置对象的认识和确定并不一致。这样，在实际口语交际过程中，发话人觉得有必要就会专门对它进行突出和强调。"给它"就是在这种语用要求下产生的强调相对信息焦点的语法手段。在前置或居于主语位置的受事已经出现的情况下，再加上一个表处置的介词"给"与复指受事的"它"构成的"给它"结构作为羡余成分，这种有意识的复叠，又一次把受事介绍给支配处置行为，从而强调和突出了受事以及对它的支配处置。同时，因为句子前面已经出现了受事成分或引进受事的介词结构，从语义关系上讲，"给它"的意义重复且羡余，它由此而逐渐虚化，只起到一种突出强调的语法作用。上例(19)～(22)中的"给它(他)"，已经是这种语用法语法化的产物。引进处置对象的实义虚化了，整个结构凝固在一起修饰 VP，加强句子的支配处置意味，强调突出了对受事的支配处置以及产生的结果或状态。

"给它"的这种语用功能，在口语中确实存在。有时我们可以换为一个相同结构和意义的"把它"，可以看出它也具有这种强调突出的作用。例如：

(23)这些破东西你给我把它扔了。

(24)杯子被我把它打碎了。

《现代汉语八百词》(57 页)也提到这种"被……把……动"式，认为

"'把'字后的名词或是属于主语,或是复指主语"。例如(转引《现代汉语八百词》例):

(25)牲口被套绳把腿绊住了。

(26)这调皮鬼被我把他赶走了。

其实,复指主语,就是为了突出强调受事主语。"把"带上属于主语的名词,也是因为发话人觉得有必要专门对支配处置的对象进行确定,对受事进一步补充说明。只不过这种"把它"不常用,没有像"给它"那样语法化罢了。

"给$_2$"正是来源于助词性的"给它",是"给它"的简省形式。这是因为"给$_2$"与"给它"处于相同的句法环境,具有相同的语法性质和功能。句子中出现的"给$_2$",都能用"给它"替换,句意、表达没什么不同,反之亦然。要说"给$_2$"与"给它"有什么不同,那只是语法化的程度不同。"给它"因为包含一个复指受事的成分,在语义上总是好像保留了一点实义,有强调突出受事的作用;"给$_2$"省略了这个复指受事的成分,则完全语法化,只起加强支配处置语气的语法作用。这种不同,使"给$_2$"与"给它"可能用在目的不同的具体表达中,从而造成现代汉语口语"给$_2$"与"给它"共存的局面。至于简省"给它"的原因,可能是在表达同样语法作用时,"给它"是结构,不如"给$_2$"使用起来方便。

从以上分析可以看出,"给$_1$"的出现是表达经济的原则下省略介词宾语的结果,是语用用法。这种语用用法只是特殊语境中的临时用法,没有凝固下来,所以会造成不同的理解,把它作为介词或助词。考虑到它只是表达上的省略,读原调,不读轻声,还是把它当作介词为好。而"给$_2$"来源于"给它"的语用用法,但经过约定俗成后,本身已经彻底语法化了,是助词,读轻声。

三　方言类型比较

VP前"给"的不同功能与来源在汉语方言中有不同的表现。

现代汉语口语中,VP前的"给$_1$"是省略宾语的介词,它的出现是表达经济原则下临时的语用用法。这种语用用法一旦普遍使用且凝固下来,就有可能语法化为一种表示语气的副词。这个过程在现代汉语口语中可能还没有发生,但在方言中却可以看到。太原方言就有由"给$_1$"语

法化而来的语气词"给"。根据沈明(2002)的研究,"给"用在 VP 前,表示客气的语气。这个"给"可以省略。例如:

(27)人手不够了,你给搭把手。

(28)你给做些拉面就行了。

(29)小任结婚呀,给上上一百块钱的礼。

这几个例子中的"给",如果在后面补上一个与事成分,可以看出和介词"$给_1$"没有省略宾语时的句法语义用法完全相同。

周磊(2002)指出,乌鲁木齐话"给"用在动词之前,后面省略了名词或代词。在句中动词前加上"给"是客气的语气。这个"给"也可以省略,基本意义不变。例如:

(30)给带到北京就行咧。

(31)明天要来客人呢,赶紧给打个电话。

(32)这几个鸡娃儿,还是开春时节李爷给抓下底。

"给"语法化程度较高,像石门方言后面已经无法补出一个与事成分。据唐玉环(2000)的研究,石门方言中"给"有语气副词的用法,表强调。例如:

(33)他给去世三年哒。他确实去世三年了。

(34)后天给中秋底。后天就是中秋了。

(35)小李给结婚哒。小李确实已经结婚了。

汉语方言中有与普通话"给它"和"$给_2$"对应的虚化的介宾结构式和助词形式。上文提到,"$给_2$"来源于助词性凝固结构"给它","给它"的产生是为了突出强调受事以及对它的支配处置。烟台方言中就有这个"给它"。陈洪昕(1988)举例"老牛给他拉走了"说明,"给他"不是引进施事的"被他",在句中的作用在于"强化语气,起强调作用",上例可以扩展为"(他的)老牛(叫人)给他拉走了"。

汉语其他方言在同样的语法结构中,也有这种起同样语法作用的形式不同的助词性凝固结构。根据陈法今的研究(1996,《方言语法类编》663 页),闽南话表处置是用"将"把受事宾语提到动词前面,有时在动词前面加上一个介宾结构"共伊",构成"主(施事)+将+宾(受事)+共+伊+动"式。例如:

(36)囡仔将物共伊食了。小孩子把东西吃完。

(37)汝将桌仔共伊搬出去。你把小桌子搬出去。

表被动是用“互”引进施事，常常在动词前面加上一个介宾结构“共伊”，构成“主(受事)＋互＋施事＋共＋伊＋动”式。例如：

(38)碗互小弟共伊拍破。碗被弟弟打破了。

(39)火互风共伊吹熄。火被风吹灭了。

代词“伊”复指受事，但意义比较空灵，可以与“共”快读成二合音[kai²²]。“共伊”用在动词前，突出强调了施事对受事的支配与处置。

闽东的福州话(陈泽平 1998)也有这个“共伊”。例如：

(40)玻璃共伊褪下来。把玻璃卸下来。

(41)身份证共伊带身边。把身份证带在身边。

詹伯慧(1958)指出，潮州话有两种处置式：一是在动词前加一个“甲伊”[ka³²i³³]，把处置的对象移到句子的最前面。例如：

(42)撮饭甲伊食了。把这些饭吃光。

(43)本书甲伊收起。把这本书收起来。

一是用“将”或“对”把宾语提到动词前。有时“将”或“对”和“甲伊”并用在一个句子里，作用仍跟一般处置式相同。例如：

(44)伊将个碗甲伊扣破喽。他把一个碗打破了。

颜逸明(1994)提到，吴语的处置式不用“把”字提前宾语，而是把宾语提前后，在动词前面加上“待佢”。例如：

(45)该个烂香蕉待佢掼掉。

(46)该点青菜待佢吃掉。

李如龙(2001)也指出温州话中有此类现象。例如：

(47)门驮渠把它关起。把门关上。

官话的“给它”，闽南、闽东的“共伊”、潮州话的“甲伊”、吴语的“待佢”以及温州话的“驮渠”，形式虽各异，但句法语义功能完全相同。说明汉语不同方言，在受事明确并受到动词支配或处置的条件下，用介词引进复指受事的代词来强调受事并加强对受事的支配处置是一种普遍现象。

相当于“给₂”的助词形式，北方方言普遍用“给”。烟台方言被动句中，除了在动词前加“给它”外，还可加“给”，也能强化语气，起强调作用。(陈洪昕 1988)例如：“房子给弄脏了。”“给”不相当于“被”字，它不表示被动意义，不引进施事。若出现施事，在“给”前用“叫”引进。上例可扩展为：“(他的)房子(叫人)给弄脏了。”这个“给”可以省略，省略后只是失去了原来的强调意味，而丝毫没有改变句子的被动义。

晋语呼和浩特方言被动句除用"叫"或"让"引出动作发出者外，一般在谓语动词前还带有助词"给"，对谓语部分起一种强调作用。（李作南、辛尚奎 1987）例如：

(48)瓜叫虫子给咬了。

(49)孩子叫人家给打哭了。

"给"有时可以出现在"VP"后。例如：

(50)碗叫他打了给。

闽南话表处置是用"将"把受事宾语提到动词前面，原已有表示处置的意思。有时为了强调对受事宾语的支配与处置，可以在动词前加"共"，构成"主（施事）＋将＋宾（受事）＋共＋动"式。（陈法今 1996）例如：

(51)囝仔将物共食了。小孩子把东西吃完。

(52)汝将桌仔共搬出去。你把小桌子搬出去。

表被动是用"互"引进施事，有时为了强调受事主语的被支配与处置，常常在动词前面加上一个"共"，构成"主(受事)＋互＋施事＋共＋动"式。例如：

(53)碗互小弟共拍破。碗被弟弟打破了。

(54)火互风共吹熄。火被风吹灭了。

北方的烟台方言、南方的闽南方言都同时存在相同句法语义功能的虚化的介宾结构式和助词形式的事实，可以有力地证明"给它"和"给$_2$"之间紧密的演变发展关系。特别是闽南的汕头话，据林伦伦指出(1996，《汉语方言语法类编》530 页)，汕头方言处置式用介词"对"引进处置对象。例如：

(55)伊对我生骂。他把我臭骂一顿。

(56)伊对只牛生踢。他把那头牛踢了一顿。

当处置对象处于句首时，在动词前用"个"引进一个复指处置对象的代词"伊"。例如：

(57)尾鱼个伊掠去刣。把那条鱼拿去杀了。

(58)只牛个伊牵去口。把那头牛拉到外头。

在口语中，由于语流音变的缘故，"伊"往往被省略，例(57)、(58)可以说成："尾鱼个掠去刣。""只牛个牵去口。"这个"个"只能与复指代词结合，构成句式带有祈使语气，不能直接引进处置对象。“对”和“个（伊）”还可以用在同一个句子中表示“强调处置”。例如：

(59)伊对只猪个伊卖卖掉。他把猪给卖了。

(60)伊对片墙个画到乌乌。他把墙涂得黑黑的。

可以看出，汕头话“对”与普通话“把”对应，“个伊”、“个”分别与“给它”和“给$_2$”对应。“个伊”、“个”的用法和来源，完全印证了我们上文对“给它”和“给$_2$”所进行的分析。烟台方言、晋语呼和浩特方言共同存在的“给”，说明助词“给$_2$”出现在包括北京话的广大北方方言区。至于南方吴语没有出现助词形式，北方烟台方言、呼和浩特方言出现，可能是发展有快慢，使用范围大小不同，或者受到其他形式影响，比如复指代词形式。

汉语方言中还有一种与“给它”和“给$_2$”功能相同的表达形式：复指代词形式。复指代词形式主要用于处置式，在句中复指受事。根据李运明(1996)的研究，巢县话“把”字句句末可以出现一个“它”，音节念轻声，复指“把”的宾语，加强处置语气。如“把门关严它/把衣裳洗干净它”。陈淑梅(1989)指出，英山方言在表示对人或物的处置时，通常用介词“把”。句尾用代词“它”复指前面介宾结构中的处置对象，以示强调，如“把这盆水泼了它把这盆水泼掉/我把你气死它我把你气死”。陈有恒(1990)指出，鄂南表处置的“把”字句一般都须在谓语后再补一个复指宾语“它”(他)。例如“把事情办好了它。/恨不得把她吞了她。”许宝华、汤珍珠(1988)指出，上海话直接提前宾语或用“拿”提前宾语来表示处置，在原宾语位置上通常要补上一个代词“伊”，也可以省去。例如“搿只鸡杀脱伊。/台子揩揩伊。/拿旧书旧报伒卖脱伊。”李如龙(2001)认为，在东南方言中，受事成分提到句首或动词之前和用第三人称来复指处置对象，都有很广泛的分布。例如：

(61)广州话：食晒啲饭佢，唔好嘥嘢。把饭吃完，别浪费。

(62)连城(客家话)：这碗饭食撇佢。把这碗饭吃了。

项梦冰(1997)指出，连城的处置句很不发达，普通话“把”字句在连城方言中通常用受事前置句来表示，句中往往用“佢”复指受事主语。例如：

(63)衫受佢转来。把衣服收回来。

(64)鸟子赶走佢。把鸟儿赶走。

复指代词形式与处置式密切相关，作用在于通过对受事的复指，加强句子的处置意味，强调突出对受事的处置以及产生的结果或状态。沈阳(2000)认为，复指代词形式是句法结构中价语名词移位造成空位后，在“移位空位”上出现的“空位复指代词”。“复指”实际上“都是对本结构的某个成分的一种有意的重复，即突出本结构中的前移价语，在一定程度上使句首话题信息在结构中再次成为焦点信息。从这个角度，空位代词可看作是表达上的强化成分”。从形式移位分析得出的结论，与我们的观点完全一致。特别是巢县方言，“把”后宾语要是已为听话一方所明确，便往往省去复指代词形式“它”。这说明巢县话复指宾语，目的就是要进一步指明处置对象，强化相对信息焦点。

由于复指代词形式的用法是功能上的，本身意义较虚，完全可以省略而不影响句意，因此可能语法化，成为一个具有某种语法作用的语助词。浙江嵊县长乐话(钱曾怡 2002)既有“伊”复指具体事物绳子、刀子、衣服的“缚伊牢”、“捏伊紧”、“磨伊快”、“汰伊干净清洗干净”，也有无法说清“伊”具体指什么的“走伊快”、“隑伊直站直”、“食伊饱吃饱”。

通过方言类型比较可以看出，北方方言中存在的“给它”、“给$_2$”，南方方言中与之对应的形式，以及方言中大量出现的复指代词，它们的产生都是在支配处置关系句中对受事以及受事所受支配处置进一步强调的结果；同时也都是语用上复叠用法语法化的结果，只是不同方言的语法化程度不同而已。

附注：

①加“他(小华)”后可能还会产生歧义，这是介词“给”的用法问题，详见《现代汉语八百词》，第198页。

参考文献：

[1]陈法今．闽南话的“将”字句[C]//黄伯荣．汉语方言语法类编．青岛：青岛出版社，1996.

[2]陈洪昕．烟台市方言被动句说略[J]．语言学通讯，1988(11).

[3]陈淑梅．英山方言语法[C]//英山方言志．武汉：华中师范大学出版社，1989.

[4]陈有恒．鄂南方言的几个语法现象[J]．咸宁师专学报，1990(1).

[5]陈泽平．福州方言研究[M]．福州：福建人民出版社，1998.

[6]蒋绍愚．“给”字句、“教”字句表被动的来源——兼论语法化、类推和功能扩展

[C]//语言学论丛:第二十六辑.北京:商务印书馆,2002.
[7]李讷,Thompson.汉语语法[M].黄宣范,译.台北:台湾文鹤出版有限公司,1983.
[8]李如龙.汉语方言学[M].北京:高等教育出版社,2001.
[9]李宇明,陈前瑞.北京话"给"字被动句的地位及其历史发展[J].方言,2005(4).
[10]李运明.巢县方言语法拾零[C]//黄伯荣.汉语方言语法类编.青岛:青岛出版社,1996.
[11]李作南,辛尚奎.呼和浩特汉语方言的一些句法特点[J].内蒙古大学学报,1987(2).
[12]林伦伦.汕头方言语法特点[C]//黄伯荣.汉语方言语法类编.青岛:青岛出版社,1996.
[13]吕叔湘.现代汉语八百词[M].北京:商务印书馆,1999.
[14]齐沪扬.有关介词"给"的支配成分的省略问题[J].上海师范大学学报,1995(4).
[15]钱曾怡.汉语方言研究的方法与实践[M].北京:商务印书馆,2002.
[16]石毓智.汉语的主语与话题之辨[J].语言研究,2001(2).
[17]石毓智.兼表处置与被动的"给"的语法化[J].世界汉语教学,2004(3).
[18]沈明.太原话的"给"字句[J].方言,2002(2).
[19]沈阳.复指代词和照应代词的价语形式[C]//沈阳.配价理论与汉语语法研究.北京:语文出版社,2000.
[20]苏俊波.说"给它"[J].语文学刊,2003(7).
[21]唐玉环.石门方言中的"把"、"给"、"让"[J].娄底师专学报,2000(1).
[22]王还."把"字句和"被"字句[M].上海:上海教育出版社,1984.
[23]王力.中国语法理论[C]//王力.王力文集:第一卷.济南:山东教育出版社,1984.
[24]吴福祥.再论处置式的来源[J].语言研究,2003(3).
[25]项梦冰.连城客家话语法研究[M].北京:语文出版社,1997.
[26]许宝华,汤珍珠.上海方言语法[C]//许宝华,汤珍珠.上海方言志.上海:上海教育出版社,1988.
[27]颜逸明.吴语概说[M].上海:华东师范大学出版社,1994.
[28]詹伯慧.潮州话的一些语法特点[J].中国语文,1958(5).
[29]张谊生.助词与相关格式[M].合肥:安徽教育出版社,2000.
[30]周磊.乌鲁木齐话"给"字研究[J].方言,2002(1).
[31]朱德熙.与动词"给"相关的句法问题[J].方言,1979(2).

(苏俊波　华中师范大学语言与语言教育研究中心)

“临界环境—语法化项”关系刍议*

彭 睿

一 引 言

语法化发生于特定环境，然而文献中却鲜见对环境特征及环境和语法化之间关系的系统研究①。迄今对语法化环境特征最为深入的讨论当属 Heine(2002)和 Diewald(2002)提出的语法化“连续环境”理论。两份研究都主张语法化过程具有连续性环境，包括引发语法化项目标义(target meaning)的环境和目标义与源义(source meaning)独立发展的环境等。本文拟从跨语言角度对引发目标义产生的环境特征进行初步探讨。我们的研究表明：1)目标义产生的环境不是均质的；2)语法化环境对语法化演变的影响有两种基本模式，即环境直接诱发语法化的发生和特定成分的语义和形态功能特征诱发环境的歧解。兼具两种基本模式特征的情形也颇为常见。

二 既有研究和本文的假设

首先简介有关语法化和环境关系的代表性研究，然后提出本文的理论假设(hypothesis)。

2.1 语法化连续环境理论

语法化的渐变性决定了其赖以发生的环境具有连续性。然而语法化研究通常专注于描写和解释历时演变的起点和终点的差异，对其阶段

* 本文已发表于《语言科学》2008 年第 3 期。

性特征并未给予足够的重视(参 Heine 2002:83)。Heine(2002)和Diewald(2002)的两份独立研究都详细论述了语法化环境的连续特征,并且有着极为相似的看法。如 Heine(2002:84-85)认为,语法化有三种连续环境,概括如下:

(1)桥梁环境(bridging context)

a. 目标义开始浮现,且较源义更合理。

b. 目标义仍然可取消;源义无法排除。

c. 一个语言形式可与多个桥梁环境相关联。

d. 可以但不必产生习用性语法意义。

(2)转换环境(switch context)

a. 这种环境与源义的一些特征相抵牾。

b. 源义可排除。

c. 目标义是唯一解释。

d. 目标义对具体环境有依赖性。

(3)习用化环境(conventionalization)

目标义因频繁使用而常态化,不再依赖特殊环境。

Heine(2002:86)指出,从桥梁环境之前的起始阶段(initial stage)到习用化环境,目标义逐渐前景化(forgrounded),而源义逐渐背景化(backgrounded),最终成为唯一可能。

语法化连续环境理论为探讨语法化演变的条件和诱因提供了新视角,也有助于辨识这种演变赖以发生的具体环境。比如,汉语介词"把"产生于连动式中,以下例子代表了不同阶段:

(1)a. 武王把钺讨纣。(《论衡·齐世》)

b. 醉把花看益自伤。(白居易《花前有感》)

c. 莫把杭州刺史欺。(白居易《醉戏客》)

d. 佛把诸人修底行,校量多少唱看看。

(《敦煌变文集新书·妙法莲华经讲经文》)

以上四句具有不同特征。

在(a)中"把"是"持/拿"义动词,其宾语指称可持拿的有形具体物。两个动词"把"和"讨"除主语"武王"外没有其他共同论元。

学者们通常认为介词"把"初现于隋唐时期,常举的例子如(b)和(c)(参 Sun 1996 等)。与(a)相比,两句的"把"都可理解为"持/拿"以外的意义，而且其中“把 NP VP”中 NP 是“把”和 VP 的共同论元。(b)和(c)也显示出了不同的特征，如(b)的“把”有两解，既可是“持/拿”义动词，也可能理解为表处置义的介词“把”；(c)的“把”则只能理解为介词。同时(b)的 NP(花)是可持拿的有形具体物，而(b)的 NP(杭州刺史)不是。

(d)中 NP 是抽象名词短语，“把”自然只能作介词理解。这是环境扩展的结果。

(a)、(b)、(c)和(d)分别是“把”演变的起始阶段、桥梁环境、转换环境和习用化环境。可见“把”的语法化发生于连动式的说法过于笼统。

语法化环境的连续特征在 Diewald(2002)中也得到了证实。Diewald(2002:103-104)通过对德语情态动词(modal)的观察，归纳出如下语法化连续环境：

(1)非典型环境(untypical context)

目标义以会话蕴含的形式初现端倪。

(2)临界环境(critical context)

具有结构及语义上的歧义，诱发包括目标义在内的数种解释。

(3)孤立环境(isolating context)

目标义独立于源义，不再只是基于语用的会话蕴含。

Heine(2002)强调了连续环境的最后阶段“习用化环境”，而 Diewald 则将 Heine 的起始阶段包括在“非典型环境”中。我们的理解是，“桥梁环境”大致上概括了“非典型环境”和“临界环境”，而“孤立环境”也基本涵盖了“转换环境”和“习用化环境”。

本文将综合两人对连续环境的界定，即以“临界环境”来通指 Heine(2002)的“临界环境”和 Diewald(2002)的“桥梁环境”，同时用“孤立环境”通指 Heine(2002)的“转换环境”和 Diewald(2002)的“孤立环境”。我们也认为“孤立环境”后有一个“习用化”阶段。

语法化连续环境应包括：

(1)非典型环境

源义为唯一解释。

(2)临界环境

源义和目标义都是可能解释。

(3)孤立环境

目标义因该环境的特定语义和句法形态特征而成为唯一解释。

(4)习用化环境

目标义常态化,分布环境扩展。

其中"临界环境"最为关键,据 Heine(2002)和 Diewald(2002),其区别性特征是歧解性。不少学者都认识到这一环境的存在,并且以不同术语来予称说,但都失于笼统,在此不一一列举。Heine(2002)和 Diewald(2002)的分析无疑是最为系统和深入的。

2.2 概念、歧解性的内涵和基本假设

人们通常把语法化的发生归因于语用推理,代表性论述如 Heine, Claudi& Hünnemeyer(1991),Hopper& Traugott(2003),Traugott& Dasher(2005)等,包括"环境诱发重新解释"理论(context-induced reinterpretation)和"语义变化诱发推理"理论(the invited inferencing theory of semantic change)等。我们将尝试从另一个角度来探讨影响语法化的因素,认为临界环境的语义和形态句法特征对语法化项的演变也具有制约作用,并且主张:

(1)语用推理的实现(包括方式、过程和后果)以临界环境的制约作用为基础。

(2)临界环境特征不是均质的,与其内部成分的语义和形态句法特征密切相关。

囿于篇幅,本文讨论将限于临界环境非均质性及其内部成分的相互制约关系。

2.2.1 相关概念

以下几组概念将在本文的讨论中频繁出现:

(1)"框架"和"框架关系"

为避免概念纠葛,本文以"框架"(frame)和"框架关系"(frame relation)来分别指称"构式"和"构式义"。

(2)"语法化项"、"语法化成项"和"非语法化项"

框架中发生语法化变化的成分是"语法化项"(grammaticalizing element),如前面中的动词"把";语法化了的成分则是"语法化成项"(grammaticalized element),如(c)和(d)中的介词"把"②;框架中语法化项以外的成分是"非语法化项"(non-grammaticalizing element)。

(3)“常项”和“变项”

语法化项/语法化成项在框架关系中或为“常项”(unchangeable item)或为“变项”(changeable item)。常项频繁出现在同一框架关系中,往往不可替换,而变项指框架关系中可替换的成分。如汉语指示代词“是”(语法化项)和系词“是”(语法化成项)都是“等同关系”(equational relation)这种框架关系中的常项;如把这种关系形式化为“NP_1 是 NP_2”,则 NP_1 和 NP_2 都是变项。

本文还涉及其他一些重要概念,将在讨论中简介。

2.2.2 临界环境的“歧解性”和框架关系的“恒定性”

Heine(2002)和 Diewald(2002)对歧解性的内涵都未作详细交代,也没有系统分析临界环境—语法化项之间的相互作用。我们认为,临界环境歧解性包括两方面,即“语法化项歧解”,指语法化项同时可理解为语法化成项,和“框架关系歧解”,指临界环境具有分别对应于语法化项和语法化成项的两种框架关系。如前所示,动词“把”(语法化项)所处框架关系是连续事件/行为,而介词“把”(语法化成项)所处框架关系为处置义,所以“把”演变的临界环境有两种框架关系。语法化项和语法化成项的框架关系可能相同,如“是”由指示代词演变为系词框架关系却仍为等同关系。所以框架关系歧解的产生无必然性。

临界环境的框架关系或有歧解或无歧解,我们因此区分“恒定框架关系”和“非恒定框架关系”。语法化链(grammaticalization chains)的情形不在本文讨论范围内。如从指示代词“是”到系词“是”再到焦点标记“是”形成一个语法化链,所谓“恒定”框架关系仅限于从指示代词“是”到系词“是”的演变;从系词“是”到焦点标记“是”的临界环境属非恒定框架关系。介于恒定和非恒定框架关系之间的情形可称为“准恒定框架关系”。

在恒定框架关系中,语法化项和语法化成项都是常项,往往被视为框架关系的标示性成分,称为“编码项”(coding item)。如指示代词“是”和系词“是”都可看作是“等同关系”的编码项。非恒定框架关系的情形较复杂,语法化项和语法化成项或是不同框架关系的编码项,或不担任这样的角色。如动词“把”既非连动式的常项,也非表述连续事件/行为的框架关系的编码项,而介词“把”则在处置义这种框架关系中担任编码项的角色。

2.2.3 关于“临界环境—语法化项”关系的假设

本文提出以下两个假设，并将从跨语言的角度予以初步论证。

假设一：语法化项歧解性的诱导因素有二，即框架关系和非语法化项。

Lehmann(2002)和Himmelmann(2004)都主张语法化项的演变是其所在环境(相当于本文的“框架”)语法化的副产品(by-product)或附带现象(epiphenomenon)。我们进一步认为，临界环境的框架关系以一定方式诱发语法化项歧解性的产生。

非语法化项的语义和形态句法特征对语法化项歧解性的产生可能有影响。如前例(b)的“把花看”代表了“把”演变的临界环境。其中“花”是可持拿的有形具体物，所以“把”可理解为“持/拿”义动词；又因为“花”是“把”和“看”的共同论元，所以“看”有可能被理解为唯一动词核心。这些具体条件在“把”的临界环境中不可缺少。如在(c)的“莫把杭州刺史欺”里，因“杭州刺史”不是可持拿的有形具体物，“把”理解为动词的可能性被排除。

假设二：“临界性”及“临界环境—语法化项”关系模式。

影响临界环境和语法化项关系的因素可称为“临界性”(criticality)，包括如下参项：

(1)临界性

a. 框架关系的恒定性

b. 语法化项/语法化成项的编码角色

c. 非语法化项对框架关系的影响

d. 非语法化项对语法化项歧解性的制约

临界环境不是均质的，表现为临界性四个参项的差异。临界环境的恒定性对语法化项的制约方式有着很大的影响。我们假设，“临界环境—语法化项”关系存在两种基本模式，都具有稳定临界性特征：1)语法化项的演变由恒定框架关系直接诱发；2)非语法化项的语义和形态功能特征诱发非恒定框架关系的歧解，同时引发语法化项的演变。两种模式定义如下：

(2)“临界环境—语法化项”关系基本模式

a. 框架关系诱导模式

语法化项因频繁编码恒定框架关系而成为其语法标示手段。

b. 特定成分诱导模式

非语法化项引起非恒定框架关系的歧解，同时诱发语法化项的歧解。

"框架关系诱导模式"（简为"框架模式"）和"特定成分诱导模式"（简为"成分模式"）的区别表现为临界性特征的对立，两者是"临界环境—语法化项"关系模式的两极。我们发现，还存在一种框架关系和非语法化项共同诱发语法化项歧解的情形，我们称之为"中介模式"。这种模式兼具两种基本模式的临界性参项特征。

三 "临界环境—语法化项"关系模式

本节将通过对跨语言材料的分析来证实上述假设，并详细探讨三种模式的临界性特征。

3.1 框架模式

语法化常见方式之一是恒定框架关系的编码项发生变化。在恒定框架关系中，语法化项往往是常项，其他成分多为变项。恒定框架关系不因变项的更替而改变。框架模式可表述如下：

$[\cdots X/X'\cdots]_\lambda > [\cdots X'\cdots]_\lambda$

其输入端和输出端分别为临界环境和孤立环境。其中 λ 为恒定框架关系，X 和 X'分别为语法化项和语法化成项。从$[\cdots X\cdots]_\lambda$到$[\cdots X'\cdots]_\lambda$的显著变化是 λ 的编码项的演变（X→X'）。常见的情形是，X 担任临时编码角色，其词汇义逐渐虚化，最终演变成 λ 的专门语法标记 X'。

汉语系词"是"和 Ewe 语焦点标记 é 的语法化临界环境是框架模式的典型例证。

3.1.1 汉语系词"是"的产生

由指示代词到系词的跨语言演变在文献中多有论及（Li&Thompson 1977，Dessel 1999 等）。Li&Thompson（1977）和王力（1989）等探讨了汉语系词"是"的产生。上古汉语的"是"原本是名词性指示代词，如：

（2）大义灭亲，其是之谓乎？（《春秋左传·隐公四年》）

王力(1989)认为,先秦的主语后常以代词"是"复指,再加上判断语;"是"因常处于主语和谓语之间而逐渐演变为系词。Li&Thompson(1977)指出汉语系词"是"的产生机制如下:

(3)话题　　述评　　主语　　谓语

NPi　　<u>是 iNP</u>　>　NP　　<u>是 NP</u>

其输入端是一个"话题—述评"结构,其中"是"与话题 NPi 同指。"NPi,是 iNP"属等同句(equational sentence)(Li&Thompson 1977:419),是表述 NPi 和 NP 具有等同性的恒定框架关系;"是"为常项,而 NPi 和 NP 均为变项。如(二例均转引自 Li&Thompson 1977):

(4)a. 知而使之,是不仁也。(《孟子·公孙丑》)

b. 既欲其生,又欲其死,是惑也。(《论语·颜渊》)

其中的"知而使之"和"不仁"之间以及"既欲其生,又欲其死"和"惑"之间分别是等同关系。Li&Thompson(1977:424-425)认为,汉语"话题—述评"结构的重新分析 5 正是发生在这类句子中。两句中的"是"都具备了两读的可能性,既可理解为指示代词,也可理解为系词。不论"是"作何种解释,也无论 NPi 和 NP 如何变化,"NPi,是 iNP"表等同的框架关系都不会改变。指示代词"是"因频繁地出现在这一框架中,逐渐被视为这种等同关系的临时编码项,而系词"是"则是专门的语法标记。

(3)表述的是"是"由等同关系的临时编码项到专门语法标记—系词的变化。这种演变的重要条件是"是"处在"NPi,是 iNP"框架关系中,两个变项 NPi 和 NP 对此没有任何影响。

(4)两句的"是"都具有指示代词和系词二读,试比较(二例均转引自王力 1989):

(5)a. 余是所嫁妇人之父也。(《论衡·死伪》)

b. 海外西南有珠树焉,察之是珠,然非鱼中之珠也。(《论衡·说日》)

王力(1989)指出,两句的"是"都只能作系词解,解释为复指代词的可能性已经排除。在语法化连续环境理论中,两句都可看成"是"演变的习用化阶段,体现为其分布环境的扩展。

3.1.2 Ewe 语焦点标记 é 的产生

Ewe 语焦点标记 é 的产生是框架模式的另一典型例证(以下论述参

考了 Heine&Reh 1984:110-111,例句均转引自该论著):在标准 Ewe 语中,限定动词性词(finite verbal word)的无标记形式系由代词性主语前缀(pronominal subject prefix)加上动词词根组成,如:

(6) me-vá　　'I came'　　我来

E-vá　　'you came'　　你来

é-vá　　'he, she came'　　他,她来

焦点标记 é 产生的临界环境拟构如下:

(7) nye　　é-vá.　　'I(rather than s. s. else) came.'

it-is-me　　he-come　　'我(而不是别人)来'

系词小句 nye 位于句首,由第三人称单数代词 é 将它与句子的其余部分(vá)连接起来。(13)的框架关系是,句首的系词小句中的名词性指称对象为框架内焦点成分所在,而 é 的作用是复指这一焦点成分。这是一个恒定框架关系,句首系词小句(如 nye)和句末动词(如 vá)都是变项,而 é 是常项,也即这一框架关系的临时编码项。é 因频繁地跟随焦点成分而发生变化,其句法后果是,é 被从限定动词性词中剥离开来,变成焦点成分的后附成分(enclitic),即发生了如下变化:

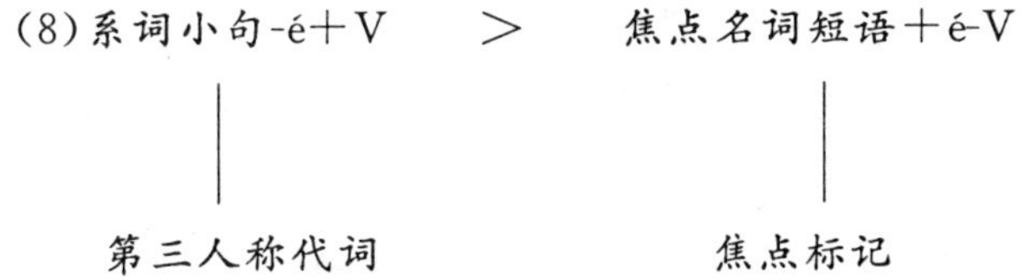

就是说,(8)的 é 既可以理解为框架关系的临时编码项,也可以理解为专门的焦点标记。而在如下句子当中 é 只能理解为焦点标记:

(9) nye-é vá.　　'I(rather than s. o. else) came.'

I-FOC come　　'我(而不是别人)来'

(9)中 é 不再可能理解为第三人称代词,该句因此是孤立环境。

汉语系词"是"和 Ewe 语焦点标记 é 的产生具有若干相似性。"是"和 é 的临界环境的框架关系是恒定性的,分别为"等同关系"和"焦点成分居句首",表现为这两种框架与其后的孤立环境的语义关系的一致性。"是"和 é 的演变使得这两种框架关系的编码各自有了专门的语法手段。恒定框架关系不受任何变项的影响,而语法化项的歧解性对变项也没有依赖性。

临界环境框架模式的临界性特征可归纳如下：

框架模式的临界性

a. 框架关系具有恒定性。

b. 语法化项歧解为框架关系的临时编码项和专门语法标记。

c. 框架关系不受非语法化项制约。

d. 语法化项歧解不受框架内变项的制约。

框架模式的最显著后果是框架关系的临时编码项为专门语法标记所替代。

3.2 成分模式

框架模式的特点是框架关系恒定而其编码手段具有歧解性，这显然无法涵盖所有的情形。并非所有框架关系都是恒定性的，如果框架关系不是恒定性的，也就不存在同一框架关系的临时编码项和专门语法标记。跨语言的材料表明，另一常见的情形是“成分模式”，其临界环境的框架关系具有明显的歧解性。成分模式可表示如下：

[……]γ/β>[……]β

成分模式的输入端为临界环境，其框架关系既可是 γ 也可是 β；其两种理解[……]γ 和[……]β 或无编码项，或其编码项之间不存在渊源关系。换言之，[……]γ 如有编码项，与[……]β 中的语法化成项无关。这种歧解性的诱发因素可能是框架中特定成分（通常是非语法化项）的语义、形态句法功能，也可能是不同成分之间关系等。特别是这种歧解是建立在对框架中非语法化项的语义、形态句法功能或不同成分之间关系的“误读”基础上的。

3.2.1 汉语副词“极其”的产生

成分模式的典型例证是汉语“非结构”（或“跨层结构”）的语法化现象（参陈实勤 1994；董秀芳 2002；田范芬 2004；彭睿 2007 等）。以下我们将以汉语副词“极其”的产生为例来探讨“成分模式”的临界性。

“极其”的源构素“极”为及物动词，“其”是领属性代词，与其后名词性成分一道构成“极”的宾语，并且与“极”的主语同指，如：

(10)极其火力，可从而从之，不可从而止。（《孙子·火攻》）

“极”和“其”所在框架为“极其火力”，可记为“极其 NP”。这一词串只有一种理解,即"其NP"是"极"的名词性宾语,形式化为[[极][其NP]]。这一框架(如"极其火力")没有框架关系歧解,也不具备诱发"极"和"其"融合词的句法和语义因素,因此不是临界环境。"极"和"其"的融合发生于当"极"的宾语由"体词化了的谓词性成分"充当的时候(参董秀芳 2002:284),即在[[极][其VP]]框架中,如以下句子:

(11)人之才力虽极其大,终有限量。(宋张栻《赠学士安国公敬简堂记》)

(11)中"极"和"其"所在框架为"人之才力极其大"。这句如果有歧解,可能是

(12)a. *[人之才力][[极][其大]]

b.[人之才力][[极其][大]]

其中(12)的"极"是动词核心,意为"将某行为/状态发挥到极致",是典型的自主性动词。我们的理解是,(12a)无法成立。自主动词"极"如果充当动词谓语,就要求其主语为施事,即具有生命性(animacy),"人之才力"显然无法满足这一条件。由此可判断"人之才力极其大"只有一种理解方式,即(12b),其动词谓语是"大","极其"已经语法化为一个双音节副词。"人之才力极其大"排斥"极"为动词核心的可能解释,因而是典型的"孤立环境"。

"极其"的语法化应当发生于如下句子中(详见彭睿 2007):

(13)臣子入朝,自然极其恭敬,也自和。(《朱子语类·论语·学而篇》)[③]

"恭敬"在这里可以理解为体词化的谓词项成分。谓词性成分的预赋(default)功能是充当句子核心,"恭敬"具有这样的功能,如:

(14)a. 体恭敬而心忠信。(《荀子·修身》)

b. 项王为人,恭敬爱人。(《史记·世家·陈丞相世家》)

尽管"恭敬"在(13)中体词化了,其预赋功能仍然可能因"误读"而被激活。所以"极其恭敬"具有两种理解方式:

第一,"极"可理解为动词核心,其主语是"臣子",该词串可读为VP[[极][其恭敬]]。

第二,"恭敬"是动词核心,该词串可读为VP[[极其][恭敬]],"极其"修饰"恭敬"。

可见(13)中的“(臣子)极其恭敬”是“极其”语法化的临界环境。

综上所述,“极其”的语法化条件有二,即“极”的主语为施事,而宾语为谓词性成分。“极其”所在框架如果满足前一条件则可读为[[Sagent][[极][其 VP]]],而如果满足后一条件则又可读为[[Sagent][[极其][VP]]]。“极”和“极其”都不是框架关系的编码项。“极其”演变的临界环境具有如下临界性:

a. 框架关系可歧解为[[Sagent][[极][其 VP]]]和[[Sagent][[极其][VP]]]。

b. 语法化项(“极”+“其”)和语法化成项(“极其”)都不是框架关系编码项。

c. 框架关系歧解取决于 VP 的功能以及主语 NP 的语义角色。

d. 语法化项歧解取决于 VP 的功能以及主语 NP 的语义角色。

以上的判断是基于这样的事实,即“极其”这一词串既非框架[[Sagent][[极][其 VP]]]的标示成分,也非框架[[Sagent][[极其][VP]]]的语法标记。“极其”和“是”的临界环境区别如下表一:

表一

	恒定框架关系	语法化项为编码项	语法化成项为编码项	框架关系受内部成分影响	语法化项歧解依赖其他成分
极其	—	—	—	+	+
是	+	+	+	—	—

显然,“极其”和“是”的临界环境具有对立的临界性特征。

3.2.2 ! Xun 语北部方言反身代词“|’é”的产生

一个问题是,“极其”和典型的框架模式在临界性特征上的对立是否具有普遍性。Heine(2002)描写了非洲! Xun 语北部方言反身标记(reflective marker)“|’é”演变为被动标记(passive marker)的过程。我们发现,这一过程也可归入成分模式(以下例句均转引自 Heine 2002):

(15)! Xun(North Khoisan,Khoisan)

a. *yà ke/hún yà* | *’é* 3:SG PAST kill his self ‘he has killed himself’

b. *ma ke g* ‖ *é-à mí* | *’é ke àngòlà* 1:SG PAST bear-R my self TR Angola ‘I was born in Angola’

c. *mà líke tc'á yà* | *'é* money PAST steal its self 'the money was stolen'

d. *g* ‖ *ú má ke tch'ŋ kàŋ* | *'é ke mí* water TOP PAST drink its self TR 1:SG 'the water has been drunk by me'

以下是"|'é"演变过程中的环境变化情况(根据 Heine(2002:88-89)整理,原文术语保留):

(15a)是反身代词"|'é"演变的起始阶段,主语 yà(他)既是施事也是经历者(undergoer);"|'é"的反身代词义没有任何歧解的可能。

(15b)代表了桥梁阶段。主语 ma(我)被解释为施事的可能性很小,而解释为经历者的可能性更大。与此相应,"|'é"作反身代词理解的可能性小,作被动标记理解似更合理。

(15c)是典型的转换环境。主语 màlí(钱)因是无生命物,作施事理解的可能性被排除。"|'é"的唯一理解是被动标记。

(15d)标志着被动标记"|'é"进入了习用化阶段。"|'é"用为被动标记已经常态化,可以出现在新环境,比如出现一个外来施事成分 mí(宾格"我")。

(15b)是本文所说的"临界环境"与"|'é"的不同理解相应,该句的框架关系可歧解为含反身代词的主动语态和含被动标记的被动语态。这种框架关系的歧解和"|'é"的歧解显然都受到框架内"|'é"以外非语法化项的制约,比如其句子核心限定为一部分及物动词,而主语是指人的参与者(Heine 2002:89)。反身代词"|'é"不是框架关系编码项,但被动标记"|'é"承担框架关系编码项的角色。这表明"|'é"与其临界环境的关系也属成分模式。

从"极其"和"|'é"的语法化过程可概括出成分模式的如下临界性特征:

"成分模式"的临界性

a. 框架关系具有非恒定性。

b. 语法化项和语法化成项不必为框架关系编码项。

c. 框架关系受非语法化项的语义和形态句法功能的制约。

d. 语法化项歧解受非语法化项的语义和形态句法功能的制约。

汉语介词"把"与其临界环境的关系也符合成分模式的条件。如前所述，(2b)中“把花看”是“把”由动词演变为介词的临界环境，可歧解为“握住花看”和“看花”两读。这两读的最显著差异是框架关系，前者是连续事件/行为，后者则是处置义。与“极其”的情况相似，“把”的语法化对非语法化项有依赖性。比如“花”必须是可持拿的有形具体物，而且还得同时是“把”和“看”的论元。此外，动词“把”并不是连动式“把花看”的编码项，但介词“把”是处置式“把花看”的标示成分。

3.3 中介模式

在“框架模式”和“成分模式”中，语法化项歧解性分别受恒定框架关系和非语法化项的语义及形态句法特征的制约。这是临界环境—语法化项关系的两极。跨语言的事实表明，框架关系和框架内非语法化项可以同时对语法化项歧解性施以影响，这就是“中介模式”。以下我们将以朝鲜语敬语与格(honorific dative)标记-kkey的语法化为例，来探讨中介模式的临界性特征(对-kkey历时形成过程部分的论述参考了Sohn 2002，例句均出自该文)。

Sohn(2002:313-315)指出，朝鲜语敬语与格(honorific dative)标记-kkey来源于敬语领属性(genitive)后缀-s和方位名词kuey的结合。-kkey的形成经历了两个主要步骤，即方位名词kuey由“指示代词→与格标记”和kuey由“与格标记→敬语与格标记”的演变。

在中古朝鲜语kuey是远指代词：

(16) stah-i hwueha-ko tyohAn koc-l ha-kenul
land-NOM wide open-and good flower-NOM be plenty-CT
kuey-sye sa-ni
there-LOC live-and
‘Since the land was wide open and there were a lot of nice flowers, they lived <u>there</u>.’

在以下句子中，kuey因与人称代词nAm-ey(other-GEN)共现而产生歧解：

(17) selu tAtho-a ssaho-myen nalah-i nAm-ey <u>kuey</u>
each other argu-and fight-if country-NOM other-GEN there
ka-li-ta

go-PROS-DEC

a. If you fight each other, the country will be given to other's place.

b. If you fight each other, the country will be given to others.

[welinsekpo 1459]

Kuey 在上句中既可以解释为方位名词(17a),也可以解释为与格标记(17b)。(17)因此是 kuey 由“指示代词→与格标记”演变的临界环境。这一临界环境对非语法化项的语义和形态句法特征具有依赖性,如 kuey 前面必须是指人的名词性成分,而其后的动词核心则限于运动动词。整个框架可形式化为“NPperson+kuey+运动动词”,其框架关系或为“(某物)位移至某人处”(kuey 读作方位名词),或为“(某物)被给予某人”(kuey 读作与格标记)。两解虽不完全等同,但其相似性显而易见,这与典型的框架模式(系词“是”)和典型的成分模式(处置标记“把”)的情形都不相同,属前面提到的准恒定框架关系。kuey 是其中的常项,其两解,即方位名词和与格标记,分别是这一框架关系的临时编码项和专门语法标记。

与格标记 kuey 临界环境的临界性

a. 框架关系无明显歧解。

b. Kuey 可歧解为框架关系的临时编码项和专门语法标记。

c. 框架关系受非语法化项影响。

d. Kuey 依附在指人的名词性成分后,主要动词为运动动词。

可见 kuey 的临界环境兼具“框架模式”和“成分模式”的部分临界性特征。

这种“中介模式”的特征也体现在 kuey 由“与格标记→敬语与格标记”的演变中。中古朝鲜语的领属标记-s 一般是敬语指称(honored referent)的后缀,所以当与格标记 kuey 置于-s 之后时,就容易产生敬语向格(allative)或者敬语与格的解释:

(18) wang-s kuey ka-li-la [welinchenkangcikok 1449]

king-GEN there go-PROS-DEC9

‘He will go to the King.’

这种框架可形式化为“NPhon-per-s + kuey + 运动动词”,是

“NPperson＋kuey＋运动动词”的特例。前者的框架关系为“(某物)被给予某人(敬语)”，与后者的框架关系的差别只是体现在敬语和普通用语问题上。如(18)所示，“(某物)被给予某人(敬语)”框架关系有两个常项，即敬语指称后缀-s和与格标记kuey，导致该句可有两读：

第一，“-s”和“kuey”共同担任“(某物)被给予某人(敬语)”框架关系的临时编码项；

第二，“-s”和“kuey”频繁共现，最终形成敬语与格标记，即框架关系的专门编码项。如果以上假设成立，(18)就可看成敬语与格标记的临界环境。这一假设得到了证实。据Sohn(2002)，敬语指称后缀-s后来重新分析为kuey的起始辅音：

(19) seycon-skuy chenghA-cAo-tey [welinsekpo 1459]
Buddha-DAT ask-REF HON-and
‘He asked Buddha and...’

(19)是敬语与格专门语法标记-skuy的孤立环境。-Skuy后来音变为-kkuy。(31)这一临界环境对框架内成分有明显的依赖性，如kuey必须处于“敬语所指＋-s”之后，而且其后的动词核心必须是运动动词。总结起来，敬语与格标记-skuy形成的临界环境有如下临界性特征：

敬语与格标记-skuy临界环境的临界性

a. 框架关系无明显歧解。

b. “-s＋kuey”可歧解为框架关系的临时编码项和专门语法标记。

c. 框架环境受非语法化项影响。

d. kuey在敬语指称后缀-s和运动动词之间。

综上所述，临界环境—语法化项关系“中介模式”的临界性可归纳如下：

“中介模式”的临界性

a. 准恒定框架关系。

b. 语法化项可歧解为框架关系的临时编码项和专门语法标记。

c. 框架关系对非语法化项有依赖性。

d. 语法化项歧解受非语法化项的制约。

3.4 三种模式临界性的差异性及其理论蕴含

框架模式和成分模式分别以框架关系和特定成分的语义和形态句

法特征为语法化项演变的诱导因素，中介模式的诱导因素则兼具两者。三种模式的临界性特征对比如下表二：

表二

	框架关系歧解	框架关系依赖内部成分	语法化项歧解受制于非语法化项	语法化项/语法化成项担任编码项
框架模式	－	－	－	＋
中介模式	?	＋	＋	＋
成分模式	＋	＋	＋	－

"＋"和"－"分别代表具有和不具有某种临界性特征，而"?"表示模糊的情形。上表表明，临界环境不是均质的。必须说明的是，框架模式和成分模式是"临界环境—语法化项"关系的两极，具有稳定的临界性特征。中介模式的临界性特征并不具备这样的稳定性，不是一个固定的模式。朝鲜语敬语与格标记的语法化临界环境具有除框架关系的恒定性以外的三种临界性特征，但这并不代表所有中介模式的情形。换言之，中介模式相互之间也有差别。

从上可总结出如下规律性：

1)框架模式和成分模式在四项临界性特征上都呈对立之势，说明临界环境不是均质的。

2)框架关系的恒定性影响语法化项/语法化成项担任编码角色的能力。如框架模式的框架关系没有歧解，所以语法化项和语法化成项都是框架关系中的编码项；而成分模式的框架关系有歧解，所以语法化项和语法化成项至少不能是同一框架关系的编码项。

3)框架关系的恒定性还影响非语法化项对语法化项的制约。框架关系恒定，则语法化项的歧解不受非语法化项的影响(如框架模式)；框架关系为非恒定，则非语法化项的语义和形态句法特征往往是诱发语法化项歧解的关键因素(如成分模式)。

Heine(2002)和 Diewald(2002)的语法化连续环境理论表明，环境和语法化之间的关系具有阶段性特征。本文的研究则进一步显示，临界环境对语法化的影响因语法化项所在框架特征而异，如在由框架关系诱导和由非语法化项诱导的演变过程中语法化项所受到的制约方式不同。我们因此主张，语法化的动因并不能单纯地归因于语用推理。语用因素必定是以这种具有差异性的"临界环境—语法化项"关系模式为基础的。

本文是对临界环境—语法化项关系的初步研究，以下问题未能触及：

1)"临界环境—语法化项"关系的优势模式

我们的讨论没有对三种模式进行数量统计。数量统计的意义有二：第一，框架模式和成分模式被视为"临界环境—语法化项"关系的"基本"模式，原因是两者有稳定的临界性。如果这两种模式在数量上占优势，则"基本"模式地位的认定将更有说服力；第二，由三种模式的数量对比可归纳出"临界环境—语法化项"关系的优势模式，从而更清楚地了解语法化的特质。

2)"临界环境—语法化项"关系模式和语用推理之间的关系

人们的一个共识是，语法化的背后推手是语用推理。本文假定，临界环境的框架关系和非语法化项对语法化项演变的制约是语用推理的基础。既然"临界环境—语法化项"关系具有特征各异的不同模式，那么一种合理推论是：这种语法化的语用推理应该有不同的机制。

3)"临界环境—语法化项"关系中介模式的特征与基本模式相比，中介模式的临界性似乎是无序的，其背后应该隐藏着某种规律性。

这三个课题都颇具理论价值，我们将在以后的研究中予探讨。

四 结 语

Heine(2002)和 Diewald(2002)探讨了语法化环境的连续特征，主张语法化项是在临界环境中发生演变的。歧解性是临界环境的区别性特征，但两份研究都未系统分析歧解性的具体内涵及其表现形式。我们发现，临界环境的歧解性体现在框架关系和语法化项两方面，其中语法化项的歧解性是根本性的，而框架关系的歧解性不具普遍性。根据对跨语言材料的分析，我们发现临界环境与语法化项之间具有不同关联方式，包括两种基本模式—框架模式和成分模式，以及介于两者之间的中介模式。框架模式和中介模式的框架关系至少都没有明显的歧解性。两种基本模式的临界性特征呈对立之势，而中介模式的临界性则不同程度地与基本模式相似或相异。

附注：

①在语法化论著中，"环境"这一术语往往因研究目的不同而被赋予不同意义，或偏指句法组合上的东西(如 Bybee，Perkins&Pagliuca 1994：4-9；Lehmann 2002：13-16；Hopper&Traugott 2003：142 等)，或并不严格区分语义—语用和句法条件(Heine&Kuteva 2002：3；Heine 2002；Diewald 2002；Hopper&Traugott 2003：18；Himmelmann 2004：31-34；Brinton&Traugott 2005：145 等)。本文沿袭后一传统，即不严格区分语法，语义和语用环境。同时，本文的讨论范围限于词项的语法化，复杂构式的情形暂不考虑。

②这两个概念在不少文献中都用到过，在此不予列举。

③彭睿(2007)指出，"极其"应当产生于这类句子中，但其实际产生年代比这个句子早。

参考文献：

[1]陈宝勤. 试论"而后""而至""而况""而且""既而""俄而""然而"[J]. 古汉语研究，1994(3).

[2]董秀芳. 词汇化：汉语双音节词的衍生和发展[M]. 成都：四川民族出版社，2002.

[3]彭睿. 构式语法化的机制和后果：以"从而"，"以及"和"极其"的演变为例[J]. 汉语学报，2007(3).

[4]田范芬. 连词"以及"的历史来源[J]. 古汉语研究，2004(1).

[5]王力. 汉语语法史[M]. 北京：商务印书馆，1989.

[6]Bybee J L，Perkins R，Pagliuca W. The Evolution of Grammar. Tense，Aspect，and Modality in the Languages of the World [M]. Chicago：University of Chicago Press，1994.

[7]Diessel H. Demonstratives：Form，Function，and Grammaticalization[M]. Amsterdam and Philadelphia：John Benjamins，1999.

[8]Diewald G. A Model for Relevant Types of Contexts in Grammaticalization[M]. Wischer，Diewald. 2002.

[9]Fischer O. The Grammaticalization of Infinitival to in English[M]//Raymond H and Puppel S. Language History and Linguistic Modelling：A Festschrift for Jacek Fisiak on His 60th Birthday. V. I：Language History，1997.

[10] Heine B. On the Role of Context in Grammaticalization [M]. Wischer，Diewald. 2002.

[11] Heine B. Grammaticalization[M]//Joseph B D，Richard D J. The Handbook of

Historical Linguistics. Malden, MA: Blackwell, 2003.

[12] Heine B, Hünnemeyer. Grammaticalization: A Conceptual Framework[M]. Chicago: University of Chicago Press, 1991.

[13] Heine B, Kuteva T. World Lexicon of Grammaticalization[M]. Cambridge, UK: Cambridge University Press, 2002.

[14] Heine B, Reh M. Grammaticalization and Reanalysis in African Languages[M]. Hamburg: Helmut Buske, 1984.

[15] Himmelmann N P. Lexicalization and Grammaticalization: Opposite or Orthogonal? [M]// Bisang H W. What Makes Grammaticalization—A Look from Its Fringes and Its Components: 19-40. Berlin&New York: Mouton de Gruyter, 2004.

[16] Hopper P J, Traugott E C. Grammaticalization [M]. Cambridge: Cambridge University Press, 2003.

[17] Lehmann C. New Reflections on Grammaticalization and Lexicalization[C]//Wischer I, Diewald G. New Reflections on Grammaticalization—Proceedings from the International Symposium on Grammaticalization. Amsterdam and Philadelphia: John Benjamins, 2002.

[18] Li C N, Sandra A, Thopmson A. Mechanism for the Development of Copula Morphemes[M]//Li C N. Mechanisms of Syntactic Change. Austin: University of Texas Press, 1977.

[19] Sohn, S-O S. The Grammaticalization of Honorific Particles in Korean [C]// Wischer, Diewald. 2002.

[20] Traugott E C, Richard B D. Regularity in Semantic Change [M]. Cambridge: Cambridge University Press, 2005.

（彭睿　新加坡国立大学）

论《二拍》和现代汉语“从来”的语法差异*

匡鹏飞

吕叔湘先生主编的《现代汉语八百词》(增订本)在解析“从来”的用法时指出它是副词,“表示从过去到现在都是如此。多用于否定句。也用于肯定句,修饰动词短语、形容词短语或小句,一般不修饰单个动词、形容词”(吕叔湘 1999:32)。可是,我们在翻阅明代短篇小说集《拍案惊奇》和《二刻拍案惊奇》时,却发现其中的“从来”词汇意义虽然与现代汉语相同,但两者在语法特点上却有一些差异。

《拍案惊奇》(以下简称《初刻》)与《二刻拍案惊奇》(以下简称《二刻》)合称《二拍》,明末凌濛初著,是明代拟话本小说的优秀代表。拟话本小说在语言风格上完全模仿话本,使用的一般都是当时的口语,因而《二拍》的语言反映了明末的实际语言面貌。蒋绍愚先生曾指出,《二拍》“可用作研究明代白话的资料”(蒋绍愚 1994:27)。

据我们的粗略统计,《二拍》中“从来”一词共 85 例。在这 85 例中,有 2 例不是副词而是名词,义为“从前、原来”;剩下的 83 例,57 例出现在对话性和叙述性的语句中,26 例出现在诗词中。所谓“诗词”,要么是在全篇开头作为入话的诗或词,要么是在一段故事情节之后或整个故事的结尾作者发表评论或感慨的诗句。虽然这些诗词并不是真正意义上的古体格律诗词,而有点类似今天的“打油诗”,语言的口语性也很强,但考虑到诗词还是存在字数限制、语序颠倒等特殊性,在研究语法问题时和正常语句的语料价值毕竟不能等量齐观,因此,我们舍去了出现在诗词中的 26 例,而只以出现在对话性和叙述性语句中的 57 例为研究对象。本文从三个方面考察了《二拍》中“从来”的语法特点并与现代汉语进行

---

* 本研究得到教育部人文社科重点研究基地重大项目“汉语核心词研究”(10JJD740011)资助。本文所引例句的原文及其卷数,皆据人民文学出版社 1995 年版《拍案惊奇》和 1996 年版《二刻拍案惊奇》。笔者对原书的个别标点在详审文意、参考其他点校本的基础上稍有改动,文中不再另行说明。

了比较。

一、“从来”的句法环境

1.1 在《二拍》中，“从来”用于肯定句的有40例，用于否定句的有19例(其中双重否定句2例)，用于肯定句的次数远多于否定句，这和它在现代汉语中所体现出来的语用倾向的分布特点恰好相反。例如：

(1)从来说观世音极灵，固然无处不显应，却是燕子矶的还是小可。(《初刻》卷二十四)[①]

(2)从来说王魁负桂英，毕竟桂英索了王魁命去，此便是一个男负女的榜样。(《二刻》卷十一)

(3)程氏结姻，从来不曾见说。(《初刻》卷十一)

(4)妙观变起脸来道：“休得如此胡说！奴是清清白白之人，从来没半点邪处，所以受得朝廷册封，王亲贵戚供养，偌多门生子弟尊奉。”(《二刻》卷二)

前两例，“从来”用于肯定句中；后两例，“从来”出现在否定句里。

为了弄清“从来”这种句法环境的分布特点是否具有偶然性，我们又进一步调查了“从来”在其他明清小说中用于肯定句和否定句的情况，结果如表一：

表一

	“从来”出现次数	用于肯定句	用于否定句
《金瓶梅》	15	10	5
《水浒传》	34	23	11
《西游记》	6	2	4
《红楼梦》	35	5	30
《儒林外史》	11	1	10
《儿女英雄传》	39	30	9

上面的统计数字显示，明代小说《金瓶梅》、《水浒传》和《二拍》一样，其中的“从来”多用于肯定句，而《西游记》因为“从来”出现频率太低，不能说明什么问题。清代小说《红楼梦》、《儒林外史》中“从来”的用法已和现代汉语基本一致，至于《儿女英雄传》的统计结果和大部分明代小说相

同，当属“仿古”现象。学术界目前对清初是近代汉语的下限已基本达成共识，“从来”在明、清两个时代所表现出来的迥然不同的句法环境分布特点恰好为支持这种划分近、现代汉语时代界限的观点又提供了一个新的例证。

以上的语言事实大致可以表明，近代汉语中“从来”多用于肯定句，也用于否定句。这是“从来”的语法特点在《二拍》乃至近代汉语中不同于现代汉语的一个重要方面。

1.2　仔细观察《二拍》中出现在肯定句的“从来”，我们发现它有如下两个特点：

第一，“从来”和谓词的搭配表现出一定的选择性。被其修饰的谓词主要有下述三类：

一是听说类动词，包括“说”、“劝”、“闻”等。在《二拍》中“从来”和这一类动词的搭配往往用来引出历来就有的某种现象或某种说法。这种搭配用法的数量在《二拍》中比较突出。例如：

(5)从来古德长者劝人戒杀放生，其话尽多，小子不能尽述。(《初刻》卷三十七)

(6)亲戚多道：“从来说入土为安，为何要拘定三年？”(《二刻》卷三十一)

二是某些表示状态的动词，主要是“有”。例如：

(7)话说从来有人道：“好事多磨。”(《二刻》卷九)

(8)看官，你道从来只有说书的续上前因，哪有做梦的接着前事？(《二刻》卷十九)

三是某些形容词，包括“多”、“奇怪”、“好”等。例如：

(9)宗仁慌了，道：“妻子与小人从来好的，并无说话。”(《二刻》卷十八)

(10)从来好事多磨。(《二刻》卷二十八)

一般说来，“从来”作为一个时间副词，它与谓词搭配时的意义是表示动作或状态从很久的过去一直持续到现在，持续的时间是一个非常长的时段，这就决定了被它修饰的谓词主要是形容词或表示状态的动词，如上述二、三两类。但是，如果表短暂性动作的动词在句子中表示的是动作反复进行，那么就可以被“从来”修饰，如上述第一类。这一点无论在近代汉语还是现代汉语中都一样。

第二，在“从来”和谓语之间，很少再有其他表示加强语气的成分。例如：

(11)有一老妪来对他母亲说道：“你家从来多阴德，虽有盗乱，不必惊怕，吾当藏过你等。”(《初刻》卷四)

(12)且是此日难得一轮明月当空，照耀如同白昼，映着各色青巧花灯，从来叫做灯月交辉，极为美景。(《二刻》卷五)

在现代汉语中，当“从来”用于肯定句，特别是谓词为单音节词时，在“从来”和谓语之间往往还有其他副词“都”、“就”或“是……的”等成分来加强语气，“从来”单独作状语修饰谓语的情况相对较少。例如：

(13)我睡觉从来都有梦，但这个觉竟然没梦，一个“真空”的觉，好像整整睡了一个世纪。(冯骥才《一百个人的十年》)

(14)老婆说话从来就入木三分，肖济东自是无言以对。(方方《定数》)

(15)她说这话从来是很认真的。(梁晓声《京华闻见录》)

《二拍》中类似现代汉语这种用法的仅有如下两例：

(16)从来仕宦官员、王孙公子要讨美妾的，都到广陵郡来拣择聘娶。(《初刻》卷十二)

(17)从来圣贤多说人死为鬼，岂有没有的道理？(《二刻》卷十三)

《二拍》中“都”常被“多”代替(香坂顺一 1997:11-13)，例(17)的“多”即“都”。但是，以上两例的“都”皆表范围，它们和现代汉语中类似结构如例(13)、(14)中表加强语气的“都”、“就”等的语法意义是不一样的。

1.3 值得注意的是，在《二拍》中，当“从来”和“说”搭配表示历来就有某种说法时，句子常常没有主语，形成“从来＋说＋宾语”之类结构的非主谓句，其中的宾语一般是一个句子或俗语，如例(1)和例(6)。由于话本小说在讲述过程中经常需要追述事件或引用俗语，因而该句式在《二拍》中出现频率很高。又如：

(18)(蒋震卿)一日想道：“从来说山阴道上千岩竞秀、万壑争流，是个极好去处。”(《初刻》卷十二)

(19)子中道：“这个说不得。从来说先下手为强，况且元该是我的。”(《二刻》卷十七)

这些句子之所以大多是非主谓句，是因为其主语“人们”即使不说出来也一听就知，而且并非句子所要传达的主要信息，因而被省略。但是，如果主语需要特别指出，这类结构也可以是主谓句，如前面的例(17)。又如：

(20)从来正书上面说，孔子貌似阳虎，以致匡人之围，是恶人像了圣人；传奇上边说，周坚死替赵朔，以解下宫之难，是贼人像了贵人。(《初刻》卷二)

另外，《二拍》还有少数类似这种情况的“从来＋有＋宾语”的非主谓句。如：

(21)从来有这话的：“入舍女婿只带着一张卵袋走。”(《二刻》卷六)

在现代汉语中，上述两种含有“从来”的非主谓句都很难成立，因为这种句子给人带来的突兀感不太符合现代汉语的表达习惯。但是，如果谓语是“是”，则可以有类似的非主谓句的表达方式。例如：

(22)“从来都是女人向男人收钱”，你愤怒地说，“没听说男人向女人要钱！”(莫言《红树林》)

1.4　总之，在《二拍》中，“从来”多用于肯定句，也用于否定句，这和现代汉语恰好相反。当用于肯定句时，“从来”在《二拍》中表现出的语法特点有与现代汉语相同的地方，但不同之处更多一些。

二　“从来”的句法位置

2.1　一般来说，作为副词，“从来”的正常句法位置是在主语之后，谓语之前。例如：

(23)小子为何说这一段鬼话？只因蜀中女子，从来号称多才，如文君、昭君，多是蜀中所生，皆有文才。(《二刻》卷十七)

(24)原来众人从来不认得钱氏，只早晨见得一见，也不认得真。(《初刻》卷三十一)

在《二拍》中，“从来”常常还有位于主语之前，以示强调的用法。肯定句如：

(25)从来世间有这一家道术，不论男女，都有习它的。(《初刻》卷二)

(26)知观道：“从来我们有这家法术，多少亡魂来附体相会的。”(《初刻》卷十七)

语序变换是一种表示强调的语法手段。和例(23)的正常句法位置相比，例(25)、(26)中由于被提到主语之前，“从来”明显具有强调意味。

但是，在现代汉语中，当用于肯定句时，如前所述，在“从来”和谓语之间往往还有其他副词“就”、“都”等或“是……的”结构来加强“从来”的强调意味，句子本身已经含有绝对肯定的语气，没有必要再用把“从来”提到主语之前的方式进行强调，所以，“从来”一般只能位于主语之后，不能位于主语之前，如前举例(13)、(14)、(15)。当然，如果一定要把“从来”提前，句子也勉强能够成立，但十分别扭，而且，主语越长，句子的可接受性就越差。试比较：

(27A)我从来都敢于正视自己的错误。(苏童《肉联厂的春天》)

(27B)从来我都敢于正视自己的错误。

(28A)她寻思事情从来就比李芒缜密。(张炜《秋天的愤怒》)

(28B)从来她寻思事情就比李芒缜密。

笔者调查了冯骥才、高晓声、梁晓声、莫言、张炜、方方、苏童、刘震云等十几位当代作家的几十部作品，找到“从来”用于肯定句的句子56例(当然，相对于在这些作品中“从来”用于否定句的例子来说这只是一个很小的数字)，但没有发现一个位于主语之前的例句。同时，对“从来”和谓语之间是否有其他加强语气的成分作了统计，结果如表二：

表二

	“从来”与谓语之间还有加强肯定语气的成分				没有加强语气的成分	
	都	就	是……的	总	无其他成分	只(表范围)
例句数	35	8	3	1	8	1
合计	47				9	
百分比	84%				16%	

可见，前者在现代汉语中是一种强势结构。“从来”与谓语之间还有其他成分加强肯定语气使得“从来”不必再提前，久而久之，“从来”不提前成为现代汉语中的一种习惯表达法。这种习惯表达法同时又影响了“从来”与谓语之间没有加强语气的成分的情况，使得即使“从来”直接修饰谓语时，它也极少被提到主语之前，否则，句子也很别扭。试比较：

(29A)世界从来分为两大阵营——男人和女人。(梁晓声《京华闻见录》)

(29B)从来世界分为两大阵营——男人和女人。

(30A)想来想去，没想出什么，自己从来坐得正，一碗水端平。

(刘震云《官人》)

(30B)想来想去，没想出什么，从来自己坐得正，一碗水端平。

在现代汉语中，和肯定句不同的是，当用于否定句时，句子中有没有加强否定语气的成分"就"、"都"等对于句子是否能成立关系不大，而且，如果要表示强调，"从来"可以前置而位于句首。虽然在书面语中这种用法出现的频率极低，但这样的句子在口语中也勉强能通得过我们的语感。试比较：

他从来就不乱花钱。

从来他就不乱花钱。

前一句是正常的语序；后一句"从来"因被强调而前置。

2.2 《二拍》中"从来"位于主语之前的否定句，如：

(31)从来因果报应的说话，其事非一，难以尽述。(《初刻》卷三十五)

但除此之外，《二拍》中还有如下不同于现代汉语的用法：

(32)要知从来名人达士、巨卿伟公，再没一个不是有宿根再来的人。(《初刻》卷二十八)

(33)太守便道："从来有色者必然无德。"(《二刻》卷十二)

例(32)中，"再"的意义是"绝，绝对"，是表示完全否定的副词，"再"的这一意义在现代汉语中已经消失；例(33)中，"必然"是表示事理上确定不移的形容词。它们和前面谈到的加强语气的"就"、"都"不同，前者自身含有"一定"或"绝对"的义素，后者只是帮助加强肯定或否定的语气，本身没有意义。然而，现代汉语中，一般来说，由于"从来"已包含"一直、都"的义素，在句子中它和同类的"绝"、"必然"等含有"一定、绝对"义素的副词或形容词是互相排斥的。

这样看来，在《二拍》中，无论是用于肯定句还是用于否定句，"从来"的句法位置均能移至主语之前，而在现代汉语中"从来"前移后句子显得不太自然，其出现的频率极低；在《二拍》中，当用于否定句时，谓语之前还能出现"再"、"必然"等自身含有"一定、绝对"义素的副词或形容词，而现代汉语中，"从来"一般不能和类似成分共现。

2.3 与上述问题相关的是，"从来"在《二拍》中大量地位于全句之首。产生这种现象的原因主要有以下三个：一是由于它被置于主语之前而位于句首，如例(25)、(26)和(31)；二是由于"从来"出现在非主谓语句中而位于句首，如例(18)和例(19)；三是由于句子的主语在对话或上下文等语境中被省略而使“从来”位于句首，这即使在现代汉语中也是很正常的，例句从略。除了第三种情况以外，前两种情况都与“从来”在《二拍》中的特殊用法有关。

三 “从来”的组合能力

3.1 在《二拍》中，“从来”可以直接修饰单个动词或形容词，形成“从来＋单个动词或形容词”的结构。例如：

(34)(大姓)勉强答他道：“从来相会，不知老道有几位令郎？”(《初刻》卷二十四)

(35)胡鸿道：“小人是老爷旧役，从来老实，不会说谎。”(《二刻》卷三十二)

以上两例，“从来”分别直接修饰动词“相会”和形容词“老实”，“相会”和“老实”的前后都没有任何其他成分。在明代的其他小说中，这种现象也比较常见。例如：

(36)王婆道：“我知你从来悭吝，不肯胡乱便使钱，只这件打搅。”(《金瓶梅》第三回)

(37)那小张乙得知李逵从来赌直，便道：“大哥，且歇这一博，下来便是你博。”(《水浒传》第三十八回)

而在现代汉语中，用于肯定句时，正如本文开头引用的《现代汉语八百词》中所分析的，“从来”可以修饰动词短语、形容词短语或小句，一般不修饰单个动词、形容词。如果谓语是单个的动词或形容词，在“从来”和谓语之间必须还有别的成分，如例(15)。又如：

(38)她脸部的皮肤很细腻，李芒对这点儿从来就很自豪。(张炜《秋天的愤怒》)

3.2 在《二拍》中，“从来”还可以直接修饰带时态助词“着”的动词，形成“从来＋动词＋着”的结构。例如：

(39)郑生道：“这房从来锁着，不曾看见里面，今日为何却不锁？”(《初刻》卷二十六)

此例中，“从来”直接修饰动词“锁”，“锁”后有时态助词“着”。明代其他小说中也有这样的例子。如：

(40)杨志寻思道："却是怎的好！只有祖上留下这口宝刀，从来跟着洒家，如今事急无措，只得拿去街上货卖得千百贯钱钞，好做盘缠，投往他处安身。"(《水浒传》第十二回)

类似的结构在现代汉语中比较少见。

3.3 此外，《二拍》中"从来"可以直接修饰动宾短语，形成"从来＋动词＋宾语"的结构。例如：

(41)理刑猛想道："从来闻有缩阳之术，既这一个有些两样，必是男子。"(《初刻》卷三十四)

本例中，"从来"直接修饰动宾短语，这种用法与现代汉语基本一致。

以上三种结构与现代汉语共同的区别就是"从来"与谓语之间没有其他加强语气的成分，这在前面已经论及。

3.4 作为副词，在《二拍》中，当用于否定句时，"从来"一般置于否定词前，共同作为状语修饰谓语，形成"从来＋否定词＋谓语"的句法结构，这与现代汉语完全相同。但是，当用于肯定句时，"从来"还可以修饰单个动词、形容词，也可以直接修饰"动词＋着"结构，这反映了"从来"在《二拍》与现代汉语中的不同之处。

四 结 语

作为一个时间副词，"从来"产生于南北朝时期(匡鹏飞 2010)，从中古汉语到近代汉语，它的语法特点就一直与现代汉语同中有异。本文着重研究了它在《二拍》中所反映的明代汉语中的情况。虽然其词汇意义都表示"从过去到现在都是如此"，但是，在《二拍》中，其语法特点主要表现为：从所处句法环境来看，它多出现在肯定句中，也出现在否定句中，当用于肯定句时，它在和谓词的搭配上表现出一定的选择性，并且在"从来"和谓语之间，一般不再有其他加强语气的成分；它常常出现在"从来＋说＋宾语"之类的非主谓句中。从所处句法位置来看，它常常被置于主语之前和全句之首。从其组合能力来看，当用于肯定句时，它可以直接修饰单个动词或形容词、仅带时态助词"着"的动词等。这些语法特点很多都与现代汉语不同。但是，这些特点是否在"从来"产生之时都已具备，它在从近代汉语到现代汉语的发展中为何又会产生较大变化，还有待进一步深入研究。

蒋绍愚先生(1999)曾指出,在研究汉语词汇发展史的时候,虽然有的词从古至今的主要义位及其概念意义都没有发生变化,但我们还要进一步研究"这个词的主要义位的义域古今是否有变化"。蒋先生的这一观点是非常精辟的。"义域"是蒋先生在研究词汇问题时提出的一个概念,但由于它涉及词语的组合关系问题,实际上也可以属于语法学的范畴。汉语发展的事实表明,许多词语古今的词汇意义相同,但它的语法特点却有较大的变化。因此,只有把汉语词汇史的研究与语法史相结合,我们才能对汉语词汇发展演变的真实面貌有一个更全面、更深刻的了解。

参考文献:

[1]吕叔湘.现代汉语八百词[M].增订本.北京:商务印书馆,1999.

[2]蒋绍愚.近代汉语研究概况[M].北京:北京大学出版社,1994.

[3]香坂顺一.白话语汇研究[M].江蓝生,白维国,译.北京:中华书局,1997.

[4]匡鹏飞."从来"的词汇化及相关问题[J].古汉语研究,2010(3).

[5]蒋绍愚.两次分类——再谈词汇系统及其变化[J].中国语文,1999(5).

(匡鹏飞　华中师范大学语言与语言教育研究中心)

明清山东方言句式特点研究*

戚晓杰

《金瓶梅词话》、《醒世姻缘传》、《聊斋俚曲集》(以下简称《金》、《醒》、《聊》,《聊》中每种俚曲以篇名首字简称)三部著作既有时间上的连续性,又具有共同而明确的山东方言背景。一般认为《金》成书于明代嘉靖年间(蒋绍愚 2001:24),反映明中叶以后的口语,"公认是用一种山东方言写的"(朱德熙 1985:15)。《醒》产生于明末清初,"书中反映的是济南、历城、章丘一带的方言口语"(罗福腾 1996a:229)。《聊》则反映"清代中期之前"淄川一带方言。(冯春田 2004:241)本文在对代表明清不同时期语言面貌又具有共同山东方言背景的《金》、《醒》、《聊》中的[①]句式作定性定量分析描写的基础上,通过与其他同时期代表通语面貌的句式语料的分析比较,并联系当今山东方言句式的实际,重在挖掘《金》、《醒》、《聊》三部著作句式的山东方言地域特征。"方言语法史是汉语语法史不可或缺的组成部分",方言语法史研究是当前汉语历史语法研究中亟须大力加强的一个研究领域。(吴福祥 2005:12)此研究对汉语语法史、汉语方言语法史无疑都是重要而有价值的。

一

就我们所掌握的句式材料看,《金》、《醒》、《聊》三部著作句式所体现出的山东方言地域特征的总特点是,它们往往与通语的发展演变不同步,滞后于通语。如《金》、《醒》、《聊》中"比"字句都包含有"X 比 Y"式、"X 比 YW"式两种类型。

---

* 本文从笔者博士论文《明清山东方言背景白话文献特殊句式研究》概括而出,其研究思路与方法都得到导师冯春田教授的悉心指导,在此谨表谢忱。

(一)“X比Y”式。如：

(1)他家私巨万，富比王侯，家中那一件没有？(《金》57回770页)

(2)不如将兄弟晁为仁的儿子过继一个罢。犹子比儿，这能差甚么？(《醒》53回712页)

(3)本朝就有一个人，可以比那王祥，他兄弟就可以比那王览。(《聊·慈》1回68页)

(二)“X比YW”式。如：

(4)周守备见了春梅，生的模样儿比旧时越又红又白，身段儿不短不长，一对小脚儿，满心欢喜，就兑出五十两一锭元宝来。(《金》86回1308页)

(5)晁大舍次早起身，便日日料理打围的事务，要比那一起富家子弟分外齐整，不肯与他们一样。(《醒》1回10页)

(6)万岁听说，看了一看，笑道："你比那一个的模样还略强点。"(《聊·增》12回764页)

《金》、《醒》、《聊》中“比”字句类型及其出现频率可列简表概括如表一：

表一

书名	“X比Y”式	“X比YW”式
《金》	47/39%	74/61%
《醒》	23/16%	124/84%
《聊》	30/25%	90/75%

“X比Y”式“比”字句是一种古汉语句式，早在先秦就已存在。(史佩信1993:457)“自六朝以来是趋向衰减的”，到现代汉语完全消失。“与它相比，X比YW”式的使用，六朝至明，表现为一种平缓的增长趋向，而从明到清，则出现了激增。”(黄晓惠1992:219)据黄晓惠先生统计，明代“X比Y”式与“X比YW”式“比”字句的出现比例为1∶3.5，清代“X比Y”式与“X比YW”式“比”字句的出现比例为1∶8.3。这与《金》、《醒》、《聊》是有一定差距的，《金》、《醒》、《聊》“X比Y”式与“X比YW”式“比”字句的出现比例分别为1∶1.6；1∶5.4；1∶3。这可以说体

现的是《金》、《醒》、《聊》山东方言的背景特色，表明明清时代山东方言“比”字句的发展演变相对迟缓，滞后于当时的北方话系统。

又如，《金》、《醒》、《聊》中都存有一种“X＋VP＋比较标记＋Y”式差比句。依据比较标记的不同，可以划分为“似”字句、“如”字句、“起”字句、“其”字句、“及”字句、“的”字句、“过”字句七种类型②。如：

(1)王六儿道：“还有大似他的，睬这杀才做甚么！”(《金》99回1479页)

(2)这是奇货可居，得他一股大大的财帛，胜是那零挪碎合的万倍。(《醒》94回1271页)

(3)潘姥姥道：“可伤！他大如我，我还不晓得他老人家没了，嗔道今日怎的不见他。”(《金》78回1204页)

(4)寄姐随机应变的道：“咱也不消序，一定你长起我，你是姐姐人家，你请转过左边去。”(《醒》95回1288页)

(5)休愁那亲事难成，情管找一个极俊的媳妇，还强其江城，还强其江城。(《聊·禳》7回348页)

(6)于氏说：“珊瑚虽然强及如今的，只是可不如您那媳妇。……”(《聊·姑》2回52页)

(7)他爹听说泪两行，你跟着您姑强的您娘，娇儿呀，我近里还来走一趟。(《聊·慈》2回75页)

(8)恶疾还有利害过天疱疮的么？(《醒》95回1282页)

我们将《金》、《醒》、《聊》“X＋VP＋比较标记＋Y”式差比句类型及其出现频率列简表概括如表二：

表二

类型	“似”字句	“如”字句	“起”字句	“其”字句	“及”字句	“的”字句	“过”字句
《金》	9/28%	23/72%					
《醒》	22/39%	21/38%	9/16%				4/7%
《聊》	21/45%	5/11%	6/13%	4/9%	5/11%	5/11%	

张赪先生(2004:136)在论述明代差比句时指出：“清代差比句的情况从另一方面说明，明代还是Ⅰ型(即‘X比YW’式差比句，引者注)、Ⅱ型(即‘X＋VP＋比较标记＋Y’式差比句，引者注)两类比较句共存时期，Ⅱ型比较句还是当时一种很常用的差比句，Ⅰ型差比句完全取代Ⅱ

型差比句成为优势句型，Ⅱ型差比句固化为一种特殊格式，这些都是在清代才完成的，现代汉语普通话中差比句的面貌到清代才定型。”石毓智先生(2001:204)也指出：“明——清：‘似’字结构解体，其比较级功能落在了‘比’字式上。这个时期完成了形比句中两个比较项的语序从上古到今天的转变。”但《醒》、《聊》中“X＋VP＋比较标记＋Y”式差比句却呈现出一定的特殊性。为说明问题，我们把《金》、《醒》、《聊》Ⅰ型、Ⅱ型差比句出现频率列简表概括如表三：

表三

	Ⅰ型差比句	Ⅱ型差比句
《金》	74/70%	32/30%
《醒》	124/69%	56/31%
《聊》	90/66%	46/34%

由此可见，在清代山东方言背景语料《醒》、《聊》中，Ⅱ型差比句并没有被Ⅰ型差比句所取代，反而跟《金》的出现频率大致相当。这也表现出山东方言比较句式的地域特色，说明“X＋VP＋比较标记＋Y”式差比句在清代山东方言中并没有萎缩，而是呈平稳发展之势，虽然弱于“比”字句。

近代山东方言中有些句式甚至不再发展演变，得以沉积下来，通行于当今的山东方言。如“的”字差比句在当今山东方言中仍有所体现。如[3]：

(1)穷了给一口，强的有了给一斗。(无棣)

(2)打针强的吃药。(桓台)

(3)种一升，打一捧，强的在家歇着种。(庆云)

(4)今们儿这天好的也来夜来。(寿光)

(5)秋天弯弯腰，强的冬天围村转三遭。(滨州)

(6)懒汉回了头，力气大的牛。(临朐)

在当今山东方言中，存有“的”字差比句的区域分布比较广。“据目前掌握的材料分析，持这种说法的县市主要散布在鲁北一带，利津、垦利、河口、广饶以上属东营市、惠民、滨州、无棣、博兴、高青、邹平以上属惠民专区、淄博(张店)、淄川、周村、桓台以上属淄博市、寿光、临朐以上属潍坊市、庆云属德州专区等。”(罗福腾 1992:202)

而且，“似”字差比句在“鲁西南的部分地区”仍有所保留(钱曾怡 2001:293)。如：

(1)他大似你。(金乡)

(2)瘦死的骆驼大似马。(金乡)

《金》、《醒》、《聊》中还存有一种“VP＋不”式反复问，肯定项后可出现语气词“呀”。如：

(1)若不依我，打听出来，看我嚷的尘邓邓的不！(《金》72回1054页)

(2)你说你敢招架他不？(《醒》57回774页)

(3)素姐说：“象不是会里的人也好搭上去不？”(《醒》68回917页)

(4)相栋宇道：“这可是怎么剥？他刘姐也会不？”(《醒》58回778页)

(5)大哥，怎么样着？去呀不？(《醒》73回987页)

(6)娘子下笔好似雨打败叶，风卷残云，一霎时写了一篇，递于相公说：“你看看支的不？”(《聊·蓬》4回266页)

这种“不”字反复问至今仍通行于山东方言中，且肯定项后还可以出现语气词。“语气词的读音在各地听起来都较为含糊，但仍能听出地区间的差异。比如淄川等地听起来是 a˙(写作“啊”)，寿光、博山、利津等地听起来是 ə˙(多写作“呃”)，而在临清等地听起来却是一个 VP 末音节韵母拖长的音(多采用零形式)。”(钱曾怡 2001:297-298)罗福腾先生(1996b:32-33)也指出：今天的山东章丘、历城一带的方言“省略式‘VP不’最为通行”。

二

《金》、《醒》、《聊》中有的句式在某些方面有时也会表现出一定的超前性，其发展演变速度快于通语。如通常认为《红楼梦》代表“十八世纪中晚期的北方官话”(钱学烈 1992:285)，其表处置的“将”字句、“把”字句此消彼长的速度就远远低于《金》、《醒》、《聊》，《金》、《醒》、《聊》中“将”字句萎缩、“把”字句增长的速度明显快于通语。“《红楼梦》中作为处置式的‘把’字句共1021个，处置式的‘将’字句886个，‘把’字句略多于

‘将’字句。”(钱学烈 1992:283)为便于比较,我们把《金》、《醒》、《聊》与《红楼梦》中“把”字句、“将”字句的消长情况列简表如表四:

表四

	“把”字句	“将”字句
《金》	1840/88%	249/12%
《醒》	1712/70%	746/30%
《聊》	1936/92%	170/8%
《红楼梦》	1021/54%	886/46%

这表明,在《金》、《醒》、《聊》所代表的明清山东方言中,“把”字句的发展与“将”字句萎缩的速度快于通语,体现出明清山东方言处置句式的地域特征。

再如比拟句式,《金》、《醒》、《聊》中共出现比拟助词“一样”、“似的”、“也似”、“相似”、“是的”、“一般”、“般”、“样”八个。李思明先生(1998:131-134)把晚唐以来的比拟助词分为两大系:“似”系和“般”系。“‘似’系先后有‘相似’、‘也相似’、‘也似’、‘似’、‘也似的’、‘也似价’、‘似的’、‘也是’、‘也是的’、‘是的’等词,‘般’系先后有‘一般’、‘般’、‘一样’等词。”并指出,晚唐以来的比拟助词“似”系和“般”系比重互换,“由‘似’主‘般’次到‘般’主‘似’次”。

《金》、《醒》、《聊》“似”系和“般”系比拟助词的出现频率可列简表概括如表五:

表五

	“似”系	“般”系
《金》	82/27%	225/73%
《醒》	147/21%	564/79%
《聊》	27/49%	28/51%

由此表可见,《金》、《醒》中“般”主“似”次的倾向突出,与晚唐以来汉语比拟助词的发展演变相一致,甚至快于其后的代表“十八世纪中晚期的北方官话”(钱学烈 1992:283)的《红楼梦》。据李思明先生(1998:134)调查,《红楼梦》中“似”系比拟助词出现频率占36.5%,“般”系为63.5%。但《聊》中“似”系和“般”系却大致相当,个中原因可能与其俚曲语体有关,体现出语体对句式的制约作用。

三

《金》、《醒》、《聊》中有的句式现象比较特殊，为山东方言所特有。如“起”字差比句，“大概兴起于明末清初，具有区域性，应是山东方言语法”(冯春田 2003a:659)。《醒》、《聊》中分别出现 9 例、6 例，各占其“X＋VP＋比较标记＋Y”式差比句总数的 16％、13％。如：

(1)寄姐随机应变的道：“咱也不消序，一定你长起我，你是姐姐人家，你请转过左边去。”(《醒》95 回 1288 页)

(2)我合狄大哥是同窗，我大起他，还是你大伯人家哩。”(《醒》66 回 890 页)

(3)寄姐道：“罢！人见来还好哩，还强起你连见也没见！”(《醒》83 回 1122 页)

(4)埋怨老天不凑趣，一日长起十来日，捱过今朝又明朝，怎么教人不生气。(《聊·琴》244 页)

(5)看着模样不大精致，俺这心里还俏别起人。(《聊·禳》16 回 385 页)④

(6)怎么说王龙家小厮强起我？(《聊·增》14 回 772 页)

“起”字差比句的“起”源于“兴起”、“起来”的“起”，用于动词性成分之后，作补语，表示“达成”或“实现”义。当“起”用于形容词成分后，作形容词的补语，“起”是由形容词的补充成分逐渐虚化为比较标记的(冯春田 2003a:659)。“起”字句在当今的山东方言中，仍得以保留，且分布面很广。据罗福腾先生(1992:201-202)调查，“这种说法通行于山东东部、中部广大地区，面积近全省三分之二”。“在通行 1.1 式(即“起”字句——引者注)的方言中，在 A/V 的适用范围上有些差异。威海、牟平、青岛、潍坊、沂南、济南(老派)等地，不论是比性状(形容词)，还是比动作(动词)，一般都可用 1.1 结构。但是，德州方言则多用于比性状，如‘强、好、大、冷、野、热闹’等，比动作时则较少使用 1.1 式。东平的情况与德州相类似。临清方言则只能用来比性状，即形容词才适用这类句型，动词则不适用。德州、东平、临清均位于山东西部地区，其使用范围较窄的事实与中部、东部地区使用范围较广的局面形成对照，反映出‘N1＋(不)A/V＋起＋N2’在使用范围上是由东往西呈逐渐缩小的趋势，直至消失。据查,西边的聊城、阳谷、郓城、菏泽等地未见有这种说法。”此种分布状况从地理条件上可以得到解释。《醒》、《聊》的方言背景属于山东中部地区,山东东部、中部地区由于特定的地理环境,与外界语言上的接触较少,相对封闭,因而发展变化较慢,甚至比较保守。而山东西部地区,由于运河区域商品经济的发展,外地商贾大量涌入,“不仅带来了他们的商品,还带来了他们的方言,这对当地的汉语是发生了一定影响的”(张树铮 1996:89)。鲁西不存有“起”字差比句也在情理之中。当今山东方言“起”字句由东往西逐渐缩小,乃至消失,这种现象似乎可以印证《金》体现鲁西一带方言的说法,因《金》中不存有“起”字句。

附注:

①《金》、《醒》、《聊》总字数约为 245 万字,其中《金》为 97.6 万字,《醒》为 87.4 万字,《聊》为 60 万字。(罗福腾,1998:118)本书研究所依据版本为:陶慕宁校注、宁宗一审定《金》,人民文学出版社,2002 年;翟冰校点《醒》,齐鲁书社,1994 年;盛伟编《蒲松龄全集·聊》,学林出版社,1998 年。参阅《全本金瓶梅词话》,香港太平书局,1992 年;路大荒整理《蒲松龄全集·聊》,上海古籍出版社,1986 年。电子文本,《醒》借助语料库《国学宝典》。

②同为山东方言背景的贾凫西鼓词中比较标记可以表现为“给”:

人都说他已落了个万世骂名,还厉害给遭刑正法,依我看来,当日在华容小道,撞着关公手中,被他老人家提起青龙偃月刀,一刀斫为两段,岂不直捷痛快!(《历代史略鼓词》)

关德栋、周中明先生(1982:21)校注《贾凫西木皮词校注》把这里的“给”解释为“给予”是不恰当的,从上下文看,也显得牵强附会。“起”字句的“起”与“其”字句、“及”字句、“给”字句的“其”、“及”、“给”,声音相同、相近,可以视作同一轻读音节的不同语音变体或书写形式。

③以下例句引自钱曾怡《山东方言研究》,齐鲁书社,2001 年,第 293 页。

④这里的“俏别起人”义即“俏起别人”。

参考文献:

[1]蒋绍愚. 近代汉语研究概况[M]. 北京:北京大学出版社,2001.
[2]朱德熙. 汉语方言里的两种反复问句[J]. 中国语文,1985(1).
[3]冯春田. 国家社科基金项目《明清山东方言语法研究》课题论证. 2003.
[4]冯春田. 近代汉语语法研究[M]. 济南:山东教育出版社,2003.
[5]冯春田.《聊斋俚曲》语法研究[M]. 郑州:河南大学出版社,2003.

[6]冯春田.《聊斋俚曲》里的假设助词“着”及相关问题[J].中国语文,2004(3).
[7]吴福祥.汉语历史语法研究的目标[J].古汉语研究,2005(2).
[8]罗福腾.山东方言比较句的类型及其分布[J].中国语文,1992(3).
[9]罗福腾.山东方言里的反复问句[J].方言,1996(3).
[10]罗福腾.《醒世姻缘传》的反复问句[J].语文研究,1996(1).
[11]罗福腾.山东方言“V 他 V”结构的历史与现状[J].语言研究,1998(1).
[12]钱曾怡.山东方言研究[M].济南:齐鲁书社,2001.
[13]史佩信.比字句溯源[J].中国语文,1993(6).
[14]黄晓惠.现代汉语差比格式的来源及演变[J].中国语文,1992(3).
[15]张赪.明代的差比句[C]//张希峰.北京语言大学汉语语言学文萃:汉语史卷.北京:北京语言大学出版社,2004.
[16]石毓智.汉语语法化的历程[M].北京:北京大学出版社,2001.
[17]钱学烈.试论《红楼梦》中的把字句[C]//胡竹安,杨耐思,蒋绍愚.近代汉语研究.北京:商务印书馆,1992.
[18]李思明.晚唐以来的比拟助词体系[J].语言研究,1998(2).
[19]张树铮.山东方言历史鸟瞰:上、下[J].古汉语研究,1996(2～3).
[20]关德栋,周中明.贾凫西木皮词校注[M].济南:齐鲁书社,1982.
[21]戚晓杰.明清山东方言背景白话文献特殊句式研究[M].北京:中国社会科学出版社,2007.

（戚晓杰　青岛大学文学院中文系）

汉语位移事件的表达变化*
——对先秦汉语与现代汉语位移事件的对比分析

马云霞

从先秦汉语到现代汉语，位移事件的表达发生了重大变化，中间经历了漫长的演变历程。直接对比先秦汉语与现代汉语中位移事件的表达，可以更清晰地把握这种表达上的差异，从而找到进一步研究的线索。本文以认知语言学家 Talmy(2000)对位移事件(Motion event)[①]的离析为理论背景，对比分析了先秦汉语与现代汉语中位移事件表达方式的重大差异，在前人的基础上分析了致移类位移、自移类位移表达上的变化，并进一步明确这种变化主要是体现在位移路径的表达上。

一 Talmy 对位移事件的离析

1.1 基本的位移事件

Talmy 对位移事件进行了离析，以分析事件内部语义成分与表层语法形式成分之间的关系[②]。根据他的理论，一个基本的位移事件应包括四个语义成分：

凸体(Figure)：指位移主体；

背景(Ground)：指位移主体的参照物体；

位移(Motion)：指位移本身；

路径(Path)：指凸体相对背景而位移的轨迹。

这四种成分构成位移事件的核心内容，同时一般还与副事件(Co-event)相联系，副事件通常是表示位移的方式，或致使位移主体位移

* 本文部分内容来自作者的博士论文，得到导师陈保亚先生的指导，深表谢忱。本文使用了北京大学汉语言中心汉语语料库。

的原因[③]，如：

A 他走进教室。

B 他从抽屉里拿出那本书。

在这两句中，“他”、“那本书”都是凸体，“教室”、“抽屉里”都是背景，“进”、“出”都表示位移路径。“走”、“拿”都是副事件，与表示“位移”的语义成分组合在一起编码，分别表示位移方式、位移原因。

另外，位移事件还有一种特殊形式，表示凸体的静止状态(BEloc)，如：“他在屋里。”

上述语义成分，主要由动词词根(verb root)和卫星成分(satellite)两种表层形式成分来编码表达，具体情况则随具体语言而不同，即它们所包含或对应的语义成分是不同的，亦即其词汇化模式不同。所谓词汇化模式就是指语义成分与特定的表层形式成分之间的固定的、有规律的联系。要比较位移事件的表达，就要比较上述语义成分在语言表层形式中的不同表达。位移事件在古今汉语中的表达方式究竟有何差异，这是本文试图阐释的问题。

1.2 有关的动词词根和卫星成分的词汇化模式

对于动词词根和卫星成分所形成的词汇化模式，Talmy 分别作了归纳。限于篇幅，下面主要介绍与汉语位移事件相关的位移动词词根和卫星成分的词汇化模式。

动词词根是开放类成分，普遍存在如下三类词汇化模式：

A 动词同时表达位移本身和副事件。

不同的动词表达不同的位移，而将它们的这种不同区别出来的就是动词内所表达的副事件。副事件一般表示位移方式或原因，因此动词可分别称为方式动词(manner verb)和使因动词(cause verb)。绝大多数印欧语和汉语的动词都属于这一类。

现代汉语中的方式动词，如：“走、跑、跳、蹦、飞、流、飘、滚”等，使因动词如“拿、抬、拖、托、提、举、抱、背”等。表示方式的位移动词都是自身位移动词，即自移动词；表示使因的位移动词都是致使某一物体发生位移的动词，即致移动词[④]。

B 动词同时表达位移本身和位移路径，可称为路径动词(Path verb)。

不同的动词表示经由不同路径形成的位移。其词义重心是位移路径。西班牙语是这类语言的典型。古汉语中有大量这类位移动词,如:“如、之、适、及、造、逝、就、即、近、循、遵、顺、缘、往、进、退、前、却、入、归、反(返回)、还、至、到、复(返回)、东、西、南、北”等。现代汉语中,这类动词主要是趋向动词,如:“来、去、上、下、进、出、回、过、起、上来、上去、下来、下去、进来、进去、出来、出去、回来、回去、过来、过去、起来”等,也有少数一般动词,如:“降、升、浮、沉、落”等。

C 动词同时表达位移与凸体。

动词表达的是凸体处于位移状态中,包括各种客体(object)或材料(material),这类动词可以称为凸体动词。英语中的例子,如“rain, spit”等;古汉语中的例子,如“雨、雪”等。

除了这三类主要的词汇化模式外,动词词根还有其他模式,但数量较少,只是零星出现。如运动+背景:如英语中的“emplane(登机),deplane(离机)”;运动+两种语义成分:如英语中的动词“shelf”中是融合了“运动、背景、路径”三种成分;动词词根只表示静止的静态事件,没有并合任何语义成分:如汉语中的“在”。

卫星类成分是一个封闭类,可以是不能独立存在的词缀,也可以是独立的词。如英语中的动词小词,德语中的可分离和不可分离前缀,汉语中的动词补语等。卫星成分主要有五类词汇化模式,即表达路径、同时表达路径和背景、表达受事、表达动作的方式、表达动作的使因。其中与汉语位移事件有关的卫星成分,主要有两类词汇化模式:

A 卫星成分表达路径。

英语中,如:“in, across, out, along, through”等。汉语中趋向动词、部分介词都是这类卫星成分,如:“来、去、上、下、进、出、回、过、起、在”等。

B 卫星成分同时表达路径和背景。

如 Atsugewi 语的-cis 表示“into a fire”。

二 位移事件的表达变化

上文已提到,位移事件中既包含表达实际发生位移的位移类事件,也包含表示凸体处于静止状态的特殊位移形式。限于篇幅,本文只讨论表示发生实际位移的位移事件。

Tamly(2000:28-30;227-228)以施事性(agentivity)为参照,将位移

事件区分为两大类，主要区别在于位移事件的动力是来自外力还是自身：

A 致移类位移(Agentivity motion)：表达外力使位移凸体发生位移，位移凸体包括有生、无生两类，如：

他把书放进书包里。

我把他拽过来。

B 自移类位移有如下两类：

有生自移类位移(Self-agentivity motion)表达有生的位移凸体自身发生位移，如：

他走进屋里来。

无生自移类位移(Nonagentivity motion)表达无生的位移凸体发生位移。无生主要是指位移凸体没有生命或没有自我控制力。如：

气球飞上了天。

石头滚过来了。

这种区分也适用于汉语。在先秦到现代汉语中，两类位移事件的表达方式都发生了变化。下文具体分析这种变化。对先秦汉语中位移事件的表达，本文主要调查分析了《左传》。对现代汉语位移事件的表达类型，柯理思先生(2003)曾有详尽论述，本文按照他的观点，并有所补充。

2.1 致移类位移事件

在先秦汉语中，致移类位移事件都可以用使因动词、方式动词、路径动词、凸体动词等四类动词词根及其连用式表达，无论其位移凸体是有生还是无生的。如：

A 用使因动词：

(1)受其书而投之，帅士而哭之。(《左传·昭公五年》)

(2)左并辔，右援枹而鼓。(《左传·成公二年》)

(3)阴不佞以温人南侵，拘得玉者，取其玉。(《左传·昭公二十四年》)

B 用方式动词：

(4)杀囚，衣之王服，而流诸汉，乃取而葬之，以靖国人。(《左传·昭公十三年》)

(5)行归者，而逸楚囚。(《左传·襄公二十六年》)

C 用路径动词：

(6)方暑，阙地，下冰而床焉。(《左传·襄公二十一年》)

(7)申叔视其井，则茅绖存焉，号而出之。(《左传·宣公十二年》)

(8)子为正卿，而来外盗；使纥去之，将何以能？(《左传·襄公二十一年》)

其中有些用例，表达无生位移凸体的成分位于句首，形成意念上的被动式，如：

(9)馈入，召之。(《左传·昭公二十八年》)

(10)王曰："言出于余口，入于尔耳，谁告建也？"(《左传·昭公二十年》)

D 用凸体动词：

(11)齐人三鼓。(《左传·庄公十年》)

(12)公叔文子老矣，辇而如公。(《左传·定公六年》)

E 用连用式。连用式中常用"以、而"等连词。有的连用式中，两个动词可看作都是表示致移义。如：

(13)初，宋芮司徒生女子，赤而毛，弃诸堤下，共姬之妾取以入，名之曰弃。(《左传·襄公二十六年》)

(14)太子使牵以退，数之以三罪而杀之。(《左传·哀公十七年》)

更多的连用式，则是只有一个动词表示致移义，另一个动词表示自移义，如：

(15)归取酬币，终事八反。(《左传·昭公元年》)

(16)秋，王及郑伯入于邬。遂入成周，取其宝器而还。(《左传·庄公二十年》)

(17)沉玉而济。(《左传·襄公十八年》)

现代汉语中，表达致移类位移事件一般只用使因动词与路径卫星成分(Path Satellite)连用的形式。如：

位移凸体是有生的：

(18)俩人被冷先生一直拖进他的中医堂。(陈忠实《白鹿原》)

(19)我当下扯过顾大玉，抬手就是几巴掌。(作家文摘\1995\1995B. 叶广岑《女儿顾大玉》)

位移凸体是无生的：

(20)买主拿出一沓面值50元的人民币交给售货员结账。(人民日报\1993\R93)

(21)新中国成立后，耿飚作为第一批外交官，刚脱下戎装就穿上西装，刚放下枪杆就要学会使用西餐刀叉。(作家文摘\1994.石雷《耿飚在党和国家的生死存亡关头》)

也有直接用被动式的用例，如：

(22)门刚拉开一半，一本《小学生世界》就送进来了。(当代\报刊\作家文摘\1994\1994A.唐刃《学苑》(连载之一))

可以看出，先秦汉语中上述四类动词词根都可以独立表达致移类位移事件，而在现代汉语中，凸体动词已经消失，方式动词和路径动词因其使动用法消失，不再能独立表达这类位移。当然，这样的表达方式在一些固定用语中还有保留，如："跑马、出钱、出师、上土、下刀"等。所以在现代汉语中，要用使因动词加上路径卫星成分才能表达这类位移事件。另外，先秦与现代汉语中，该类位移事件的位移凸体无论有生还是无生，其表达方式是相同的。

2.2 自移类位移事件

在这一类位移事件中，需要区分有生和无生两类位移凸体，它们的表达方式不同。

2.2.1 有生位移凸体的自移

先秦汉语中，有生的位移凸体自移事件有四种表达方式：

A 用方式动词：

(23)齐侯驾，将走邮棠。(《左传·襄公十八年》)

(24)京人奔山。(《左传·昭公二十二年》)

B 用路径动词：

先秦时期表示路径的动词很多，如上所述，如：

(25)九月戊寅，郑伯入宋。(《左传·隐公十年》)

(26)公如晋，至河，乃复。(《左传·昭公十二年》)

(27)丁未，诸侯之师还，侵郑北鄙而归。(《左传·襄公十年》)

C 用凸体动词：

有些特殊的有生位移凸体，是用凸体动词表达自移义的，如：

(28)秦伯师于河上，将纳王。(《左传・僖公二十五年》)

(29)楚子伐随，军于汉淮之间。(《左传・桓公八年》)

“师、军”表示“驻扎”，是特殊的位移状态，即静止状态。还有少数是用含有“背景”语义成分的动词来表达静止状态，如“馆”：

(30)使行人子羽与之言，乃馆于外。(《左传・昭公元年》)

D 方式动词与路径动词连用：

这种连用形式同时表达了位移方式与路径。有的直接连用，有的加“以”、“而”等连词。

直接连用式中，方式动词与路径动词可自由组合。如：

(31)走出，遇贼于门。(《左传・庄公八年》)

(32)秋，郑詹自齐逃来。(《左传・庄公十七年》)

(33)王出适郑，处于氾。(《左传・僖公二十四年》)

(34)于是晋国之盗逃奔于秦。(《左传・宣公十六年》)

值得注意的是，“路径动词＋方式动词”的语序，如“来奔、出奔”等[5]，其中路径动词使用较多的是“来、出”。如：

(35)公子鉏来奔。(《左传・襄公二十一年》)

(36)奉公子小白出奔莒。(《左传・庄公八年》)

加连词的连用式，如：

(37)遂走而退。(《左传・僖公八年》)

(38)踰垣而走。(《左传・僖公五年》)

(39)弗听，逃其师而归。(《左传・僖公五年》)

现代汉语中，表达有生的位移凸体自移有两种方式，可以直接用表示趋向的路径动词，也可以用方式动词与路径卫星成分连用的形式。这两种方式都很常见。

A 用路径动词[6]：

(40)你上那儿干什么？(作家文摘\1996\1996A.陆天明《苍天在上》)

(41)26 日中午，种子公司技术人员来了，呆了不到一小时，也不见我们的面就回去了。(人民日报\1993\R93_01)

B 用方式动词与路径卫星成分连用的形式：

(42)骨头上出现了一个个小洞，还有小虫从里面爬出来。(宗璞《熊掌》)

(43)他们把一篮篮花瓣撒在水面上，然后再跳入水中，用花瓣揉身，尽情沐浴。(人民日报\1993\R93)

比较可见，有三个重要的差别：

(1)先秦汉语中可以直接用方式动词来表达位移，方式动词后直接带处所宾语，其中的路径是隐含的；而现代汉语中方式动词一般只表达位移方式，路径则由显性的卫星成分来表示。

(2)先秦时期的路径动词后来发生了很大变化。很多路径动词的位移义已经消失，如："如、之、适、济、复"等；另一些位移动词语法化为介词，如："缘、沿、就、即(走近)"等。这使得后代用路径动词直接表达位移事件的情况大大减少。

(3)先秦时期使用的凸体动词，在现代汉语中已经消失。

需要注意的是，先秦的"方式动词与路径动词连用"的方式，在现代汉语中变为"方式动词与路径卫星成分连用"，这种形式在先秦汉语中使用较少，而在现代汉语中则成为应用最广泛的一类。这种变化主要在于一部分路径动词语法化为卫星成分，变为卫星成分的路径动词就是趋向动词。但现代汉语有些组合中的趋向成分究竟是动词还是只是卫星成分，是有争议的，如"走来、跑去"中的"来、去"。因此柯理思(2005)认为"现代汉语的'动词＋趋向动词'组合实际上包括不同层次的组合类型，除了典型的(新兴组合)述趋式外，在书面语里还有一些更接近古汉语的并列式(或者连动结构)"。

2.2.2 无生位移凸体的自移

无生的位移凸体可分两类：一类是常常被人们看作是可以自我移动的物体，典型的是表示自然天象的事物，如"雨、太阳、云"等；另一类是可以位移的物体，这种位移是自身位移还是外力作用下产生的，往往不清晰。

第一类位移凸体，《左传》中有三类表达方式：

A 用凸体动词：

"雨、水、震、风"等凸体动词直接表达自身的位移活动，如：

(44)葬定公，雨，不克襄事，礼也。(《左传·定公十五年》)

(45)秋，宋大水。(《左传·庄公十一年》)

(46)今藏川池之冰弃而不用，风不越而杀，雷不发而震。(《左传·昭公四年》)

(47)丙子，风。(《左传·昭公十八年》)

B用方式动词，如：

(48)是岁也，有云如众赤鸟，夹日以飞三日。(《左传·哀公六年》)

(49)星陨如雨，与雨偕也。(《左传·庄公七年》)

实际上，“雨”也被当作方式动词，用于其他位移凸体，如：

(50)庚辰，大雨雪，亦如之。(《左传·隐公九年》)

(51)秋，大雨雹，为灾也。(《左传·僖公二十九年》)

C用路径动词，如：

(52)凡平原出水为大水。(《左传·桓公元年》)

(53)火出，于夏为三月，于商为四月，于周为五月。(《左传·昭公十七年》)

(54)日入慝作，弗可知也。(《左传·昭公二十五年》)

第二类位移凸体，《左传》中有两类表达方式：

A用方式动词，如：

(55)郤克伤于矢，流血及屦，未绝鼓音。(《左传·成公二年》)

B用路径动词表达，如：

(56)荀偃瘅疽，生疡于头。济河，及着雍，病，目出。(《左传·襄公十四年》)

(57)及子产卒，仲尼闻之，出涕曰：“古之遗爱也。”(《左传·昭公二十年》)

(58)齐子渊捷从泄声子，射之，中楯瓦，繇朐汰輈，匕入者三寸。(《左传·昭公二十六年》)

现代汉语中，这两类无生位移凸体所在的位移事件，经常用方式动词与路径卫星成分连用的形式表达，也可直接用路径动词表达。下面各举两个例子，按序排列。如：

第一类：

(59)快下雨了。(亦舒《异乡人》)

(60)一会儿就出太阳。(王晓波《黄金时代》)

(61)一块浓黑的云彩，顺风扯旗地从西北方向飞过来。(冯志《敌后武工队》)

(62)有一次，她们正在吃饭，一阵狂风刮来，马淑芬被沙子埋住

了。(人民日报\1993\R93)

第二类:

(63)今天,对中国韩晶娜一战,开局连连失误,不是过不了网,就是球出了界。(报刊精选\1994\10)

(64)昌良乡伍家村22岁的小伙子伍亨飞告诉记者,他花3万元承包了一条小河养鱼,一场大水过来,鱼财两空。(人民日报\1995\Rm9507a)

(65)在他急忙折开信封的时候,忽地蹦出五个又干又小的桔核,嗒嗒地落在盘子里。(阿瑟·柯南道尔《福尔摩斯探案集》)

(66)有的女兵呜呜地哭起来,老红军躲在林子里,泪水一串串流下。(作家文摘\1997C.张炜《唯一的红军》)

比较可见,这一类位移事件在古今汉语中都可以用路径动词表达,其主要的变化在于:先秦汉语中在用方式动词时直接使用即可,而现代汉语用方式动词时,一般要加上路径卫星成分,直接用方式动词表达的情况很少。当然,这同样也不排除现代汉语中有些固定用法是可以直接用方式动词的,如:"流泪、钻水、走味"等。

2.3 两类位移事件在现代汉语与先秦汉语中的差异

从上面可以看出,两类位移事件的表达在现代汉语与先秦汉语中是不同的。详见表一:

表一

事件类型	发展阶段	
致移类事件	先秦汉语 A 方式动词 B 使因动词 C 路径动词 D 凸体动词(少)	现代汉语 A 使因动词+路径卫星
有生的位移凸体自移类事件	A 方式动词 B 路径动词 C 凸体动词(少) D 方式动词+路径动词(少)	A 路径动词 B 方式动词+路径卫星

续表

事件类型	发展阶段	
无生的位移凸体自移类事件	A方式动词 B路径动词 C凸体动词(少)	A路径动词 B方式动词+路径卫星

综上所述,主要变化如下:

(1)先秦汉语主要是用单纯的动词词根来表达位移事件的:或者用方式动词,或者用使因动词,或者用路径动词,或者用凸体动词。现代汉语则主要是用方式/使因动词加上路径卫星成分的形式来表达。

(2)先秦汉语中,方式动词能够独立表达三类位移事件,但在现代汉语中,方式动词不再表达致移类事件,这是由于其使动用法的消失。同时在表达其他两类位移事件时,一般须加上卫星成分。

(3)用路径动词表达有生的位移凸体自移类事件,路径动词古今有非常大的变化,其消变影响到位移事件的表达。

(4)路径卫星成分产生后,方式动词与使因动词加上路径卫星成分成为现代汉语位移事件的主要表达方式。

(5)先秦汉语中,凸体动词可以直接表达致移类、自移类位移事件,但后来此类动词已经消失。

在这几个变化中,最重要的变化是路径动词的消失与分化、路径卫星成分的产生。而路径卫星成分是由路径动词演变而来,因此这些变化都是围绕路径动词发生的。

当然,本文只是以三类位移事件为线索,对它们在古今汉语中表达方式的变化作了粗线条的勾勒,其中的细节问题有待于进一步深入研究。

三 小 结

如上文所述,一个基本的位移事件包括“凸体、背景、位移、路径”四个语义成分。其中的“位移”成分经常与其副事件中的方式或使因成分并合在一起,无论先秦汉语还是现代汉语中皆如此。如先秦汉语中,位移方式动词如:“走、登、降、奔、涉、济、逃、趋、行、步、游、翔”等;位移使因动词如:“释、抽、拔、擐、操、搏、持、荷、举”等。现代汉语中的例子已见上文，又如位移方式动词："爬、游、逃、钻、溜、奔跑、旋转"等；位移使因动词："挂、扯、塞、搁、放、装、撒、丢、甩"等。对比之下，总的来说，"位移"成分与方式或使因成分的并合古今变化不大。另外，"凸体"与"背景"两个语义成分的表达与变化常常是和"路径"联系在一起的。位移路径是位移事件中的"核心"。从上文对先秦汉语与现代汉语位移事件表达的比较可以看出，其中最重要的变化是在路径动词上，即体现在位移路径的表达方式上。位移路径的表达并不只涉及路径动词，还涉及经常附着在位移背景上的介词、方位词等，其历时发展也是紧密联系，相互促进的。因此汉语位移路径表达方式的演变是一个值得进一步探讨的课题。

附注：

①关于本文术语的译法，有些是遵循前人，如沈家煊(2003)、柯理思(2003)，有些则自行译出，不一一说明。

②Talmy对位移事件的离析，已有过介绍，如严辰松(1998)、沈家煊(2003)、柯理思(2003)、宋文辉(2003)等。

③当然副事件也可以表示其他语义内容，如前奏(precursion)、伴随(concomitance)等。

④"自移"与"致移"的概念，方经民(1999)、齐沪扬(1998)、刘月华(1998)、柯里思(2003)等都曾使用过。

⑤先秦时期，这种形式使用比较频繁，早有学者注意到(如杨建国1959)，汉代后逐渐转变为方式动词在前的语序。这种语序变化如何解释还需要进一步探究。

⑥现代汉语中，路径动词主要是趋向动词，也有少数一般动词如："降、升、浮、沉"等。

参考文献：

[1]方经民.汉语空间参照和视点[C]//江蓝生，侯精一.汉语现状与历史的研究.北京：中国社会科学出版社，1999.

[2]刘月华.趋向补语通释[M].北京：北京语言文化大学出版社，1998.

[3]柯理思.汉语空间位移事件的语言表达——兼论述趋式的几个问题[J].现代中国语研究，2003(5).

[4]柯理思.讨论一个非典型的述趋式："走去"类组合[C]//沈家煊，吴福祥，马贝加.语法化与语法研究.北京：商务印书馆，2005.

[5]齐沪扬.现代汉语空间问题研究[M].上海：学林出版社，1998.

[6]沈家煊.现代汉语动补结构的"类型学"考察[J].世界汉语教学，2003(3).

[7]宋文辉.现代汉语动结式配价的认知研究[D].北京：中国社会科学院语言所博士论文，2003.

[8]严辰松.运动动词的词汇化模式——英汉比较研究[J].解放军外语学院学报，1998(6).

[9]Talmy L. Toward a Cognitive Semantics [M]//Typology and process in concept Structuring: Vol. 2. Cambrige: the MIT Press, 2000.

（马云霞　上海外国语大学国际文化交流学院）

由"是"构成的三种附加问比较研究*

邵敬敏

附加问是指前面先出现一个非疑问句，紧接着用一个结构简单的问句来对此询问。现代汉语中，用判断动词"是"构成的附加问有三种形式，可以分别写为：

A. S，是不是？　　例如：你上个月去香港了，是不是？

B. S，是吗？　　例如：你上个月去香港了，是吗？

C. S，不是吗？　　例如：你上个月去香港了，不是吗？

S作为一个命题，先行提出，紧接着用一个问句来提问。从问句的位置出发，可以看作是"附加问"，但是如果从先行句出发，也可以看作是一个"命题疑问句"（邵敬敏 2007）。这三个疑问句的形式虽然近似，但其询问功能以及语义倾向却不太一样。

"是不是？"作为正反问，对前面的命题，从正反两个方面进行询问，从理论上讲，既然肯定和否定都出现，发问人应该没有任何语义倾向，但是事实上并非如此。根据我们的研究（邵敬敏、朱彦 2002），"是不是VP"问句与一般正反问句不同，它不是信疑参半的问句，而是建立在某种已知事实或已有观点基础上的表示肯定性倾向的"咨询型疑问句"。即使"是不是"移位到句子之后作为附加问出现，这一语义倾向依然没变。"S，是不是？"的问句的语义也还是倾向于肯定的。至于"是吗"与"不是吗"，一个肯定附加问，一个否定附加问，形式上形成对立，但是在语义上却并非如字面上所表现出来的那样是肯定与否定的对立。"是吗"肯定附加问，疑大于信，只是提出某个命题，通过询问对方，目的是要求对方对S信息给以确认，显然没有明确的语义倾向。而"不是吗"否定

---

* 本文已发表于《甘肃社会科学》2008年第4期。本文得到国家社科项目"汉语方言疑问范畴比较研究"（03BYY029）资助。

附加问，事实上对S信息几乎没有任何疑义，而且还带有反驳语气，重要的是这一反驳不是针对对方的，而是针对假设的不同观点，并不需要对方回答，因此应该属于特殊的“假设反问句”。

一 “S，是不是？”的询问功能及其语义倾向

先请比较下面两个例句：(以下例句大多引自“北京大学中文系语料库”)

(1)你上个月是不是去香港了？

(2)你上个月去香港了，是不是？

例(1)显示的肯定性倾向是比较明显的，当然也有强弱的区别。这类“是不是VP”句式大体上可以分为四类：

(一)认定句：已知事实，要求认定。说话人已经完全知道或认为自己知道某个事实，但仍用“是不是”明知故问，要求听话人予以认定。例如：

(1)我以为他是开玩笑，先还不信。他说真是离了。还扭头叫他老婆证实“是不是离了？”(王朔《过把瘾就死》)

(二)测度句：测度推论，企求证明。说话人从周围语境所提供的信息中，作出某种猜测或者推论，还希望听话人能对猜测或推论的真实性给予进一步证实。根据吕叔湘(1944)的看法，它介乎直陈和询问两者之间，不是纯然的不知而问，而是已有一种估计，一种测度，只要对方加以证实，所预期的答案是“是”。例如：

(2)我去外屋找了一圈，找着了空杯子，忍着气问他：“是不是你喝了？”(王朔《浮出海面》)

(三)认同句：既定主张，追求认同。说话人用“是不是”对自己所主张的观点进行提问，希望听话人认同自己的观点。既然是自己的观点，从说话人角度看，当然肯定性要强一些。例如：

(3)牛大姐痛斥南希，“你想错了！什么都不遵守你也就无权拥有！咦，我这词儿是不是可以当流行歌曲的歌词？”(王朔《编辑部的故事》)

(四)商榷句：提出建议，征求同意。有所建议而不敢自作决定，或有所确定但出于礼貌，要征求对方的同意，便用“是不是VP”提问。例如：

(4)牛大姐迫不及待地起身:"不早了,我看咱们是不是该回去了,江导很忙,让他们忙吧。"(王朔《编辑部的故事》)

不管是"认定句"、"测度句"、"认同句"还是"商榷句",这四种类型的句式总的语用特征是:都有明显的肯定性语义倾向,采用正反问的形式来征求听话人的意见,并且减弱肯定的色彩,使语句显得委婉礼貌。当然这四种类型在肯定性的强弱方面还是有区别的。从(一)到(四),其肯定性大致呈现一个从强渐弱的趋势。换言之,"已知事实"最强,"合理推论"其次,"既定主张"第三,"提出建议"最弱。所以,四个类型之间,"信度"呈现一个由强至弱的连续性。其实,在讨论上述"是不是VP"句式时,我们已经发现"是不是?"作为附加问出现在句子后面的情况。比如:

(5)黄胖子　官厅儿管不了的事,我管!官厅儿能管的事呀,我不便多嘴!(问大家)是不是?(老舍《茶馆》)

(6)这是一件不能掉以轻心的大事情,是不是?

附加问"S,是不是?"自《红楼梦》以后大量出现。这一句式中,由于"是不是"相对比较灵活,可以在后面出现,也可以前移,成为提问的焦点标志,这就为"是不是VP"格式的大量使用提供了极大的方便,并且逐步凝固和定型。

二　"S,是吗?"的询问功能及其语义倾向

B式附加问都用"是吗?"询问,它有两种类型:一是名词或名词性短语直接成句,显示一种判断;二是先出现一个句子S,表示一种判断,一种估测,或者一种期待。例如:

(1)钱掌柜,是吗?

(2)北京来的朋友,是吗?

(3)上个月去了香港,是吗?

(4)个儿不小,是吗?

例(1)、(2)都可以进行转换:

(1)'钱掌柜,是吗?→是钱掌柜吗?→你是钱掌柜,是吗?

(2)'北京来的朋友,是吗?→是北京来的朋友吗?→(他们)是北京来的朋友,是吗?

这属于一般的"吗字是非问句"构成的附加问,表示发问者对某个信

息略有所知，特别提出来，希望对方予以确认，显然疑大于信。如果语气词“吗”换成“吧”，就变成信大于疑了（邵敬敏 1995）。这种问句，形式上比较简单，但是语义表达上却不简单。大体上可以分为几个类型：

（一）“证实型”

提出对对方情况的某种猜测、估计、判断或推理，希望对方予以证实、确认。例如：

（5）你是安庆……蕾园的小开，是吗？

（6）你不识字，是吗？

（7）飞得不顺利，是吗？

（8）你迷路了，是吗？

这一类的特点是如果使用人称，一定是第二人称。所以无论判断、猜测还是期待，都是对对话者言行的疑问。S语句充分显示了说话者的这种不能肯定，不能决断的心理和语气。许多情况下，都是引用对方的话语，然后要求加以证实。例如：

（9）大伯，我知道，您是说祖国一定能和平统一，是吗？

（10）你说咱们俩的结合是农村插队的误会，是吗？

或者在句子S里使用“你觉得”、“你以为”来表示猜测。例如：

（11）你觉得很逗，是吗？

（12）我知道你还是觉得不够，是吗？

（13）那宝贝干儿子都躲不开你的一刀，你自己当然也觉得自己满不错了，是吗？

（14）常言道，一日夫妻百日恩，你自然以为我不会杀你的，是吗？

（二）“认同型”

对涉及第三者的某件事情，提出自己的看法或判断，希望对方予以认同。例如：

（15）市民对这次大会的召开非常关心，通过不同形式参与大会的筹备工作，是吗？

（16）他是在找罗斯曼桥……是吗？

（17）妈妈，别人骂我是捡来的，是吗？

(18)我懂了,你和晓霜吵了架,闹了别扭,她就来个不告而别,是吗?

在这样的句子中,常常会出现"据说"、"看来"、"好像"、"也许"、"大概"、"可能"、"似乎"等表示估测的词语,以显示不确定的语气。例如:

(19)看来,这本笔记本就一点用处也没了,是吗?

(20)据说练铁布衫一定要童子功,这牺牲未免太大了些,是吗?

(21)中国的文明史好像有两千年呢,是吗?

(22)他似乎是要自杀,是吗?

(三)"确认型"

即说话者对自己的言行,有一个大体的估价和评判,提出来,希望对方给予确认。因为是列举某个事实,对说话者来说,事实上也许没有什么疑问,只是提出来,希望对方认可、赞同而已。例如:

(23)明说了吧,这些日子,你看我的脾气、举止有些反常,是吗?

(24)阿英想了想,说,我很平庸,是吗?

(25)哈哈,我太天真了,是吗?

(26)金秀,我……我刚才,好像,好像有点过分,是吗?

这类问句的肯定语气还是比较明确的,因为句子所涉及的事实往往是自己亲自经历的或者自己知道的事实,所以,句子里还可以出现"一定"等副词。例如:

(27)我们在讨论的是你的婚事,是吗?

(28)但我并没有忘记如何杀人,是吗?

(29)我从未求过你什么事,是吗?

(30)那一定是我在梦中走出去的……你说是吗?

这三类附加问,在总体上有不少共同之处:

第一,如果S比较短小精干,"是吗"甚至可以紧接着出现,即在S之后没有明显的停顿。这在书面上表现为不出现逗号,说明整个前句是疑问焦点。例如:

(31)腿很酸是吗?

(32)你们挺熟是吗?

(33)其实,你不说我也知道,叫罗瑞卿是吗?

(34)我发现,他和清华,他们现在蛮要好是吗?

第二，句子中常常使用“有人说”、“据说”、“听说”、“看来”以及“好像”、“大概”、“也许”这些表示估测的话语，尤其是第二人称的句子最为突出，第三人称比较少，第一人称最少。例如：

(35)听说你是从安徽合肥到北京的，是吗？

(36)我听说你是无业游民。是吗？

(37)听说您有不少农民朋友，是吗？

(38)有人说你专干冒险的事，是为了出风头，是吗？

(39)把您从瀑布那儿带走时，据说您一直在用一种奇怪的嗓音唠唠叨叨，是吗？

(40)马悦然教授，听说您是今届诺贝尔文学的评审委员会执行主席，是吗？

(41)大概不打算回来了，不回来了，是吗？(以上第二人称)

(42)对了，听说大姐在主席那里拿了几瓶安眠药是吗？

(43)可我听说李小姐在济南结过婚了，是吗？

(44)我听说，朱先生去日本留过学，是吗？(以上第三人称)

(45)我……我刚才，好像，好像有点过分，是吗？(以上第一人称)

三　“S，不是吗？”的询问功能及其语义倾向

C式“不是吗？”属于附加问的形式，但是功能却是反问句，所以也可以叫“附加反问句”。它的特点是S先提出一个命题，而且是发问者确认无疑的，或者坚决主张的，所以句中常常出现“确实”、“真的”等词语。这里的肯定性语义倾向的程度比A式高。例如：

(1)这使她很生气，但是，想想，自己确实是来了，不是吗？

(2)礼貌、和谐，那你就该留在欧洲——到北京，你显然有别的需求，不是吗？

(3)不能借口工作忙就原谅我们自己，可是咱们真忙也是事实，不是吗？

(4)青春真是样可爱的东西，不是吗？

(5)她根本就不搭理他们，他们根本就不配被她唾骂，不是吗？(铁凝《大浴女》)

“不是吗？”与其说是一种反驳对方观点的反诘问，不如说它更多的

是显示说话者一种无可置疑的口吻,因此比一般的肯定语气更为强烈和坚决。这里需要特别指出的是,所谓的反驳,并非在反驳对方的话语(事实上对方往往还没有开口说话,或者只是出现在陈述句里),而是针对一种假设的对立性的观点(事实上,或者绝大部分的情况下可能不存在),目的就是在对方还没有明确提出不同意见之前就把对方的口堵上。例如:

(6)可惜这些都是事实,不是吗?

(7)在我们最后分手的时候,我也没有骂过你一句,不是吗?

说话人也可能是自己提出某种条件,然后进行推论,最后用反问来结尾,目的是希望对方赞同自己的观点。例如:

(8)他们不恨我,我才能为你说好话,不是吗?

(9)要不是他,咱俩还到不了一块,不是吗?

(10)可是,要是打靶呢,我闭着眼也比你打得准,不是吗?

(11)休息得好,就能更好地为人民服务;她也就间接地为人民服了务,不是吗?

(12)可是,您不给大伙儿出去创练的机会,大伙儿就永远不会进步,不是吗?

(13)你就是把我打死,我不服你还是不服你,不是吗?

这类反问句,带有明显的假设反驳口吻,即说话人讲述的不管是某种客观事实,也不管只是一种推论,显然都是进行辩驳的,显示自己不认同对方的看法(假设对方存在某种不同的看法)。因此它不是一般的反问句,而是一种"假设反问句",即对某种假设的前提进行反驳。比如下面第一例就等于说:你别说钱不是她用的。例如:

(14)钱是她用了的,不是吗?

(15)凡事都得忍,忍住了气,老天爷才会保佑咱们,不是吗?

(16)有一颗子弹就更光荣,没有呢就更舒服点,不是吗?

(17)掉眼泪的年月过去啦,不是吗?

(18)你已经尝到甜头了,不是吗?

(19)你失了业,不是吗?

(20)眼下是打仗的时候,孤儿多得很,不是吗?

(21)孟先生是他的福星,不是吗?

四　三种附加问的比较

三种附加问，应该说，A式、B式跟C式的对立式是比较清楚的。

1. A式与C式的比较

因为C式实际上是假设反问句，表达的语义倾向，一是超强肯定，二是假设反驳。由于这类句子的语气相当肯定，句子里还常常出现“得”、“该”、“必须”、“一定”等语气。例如：

(1)咱们得弄俩钱，不是吗？

(2)我是想，假若妈妈的娘家姓王，我该管您叫舅舅，不是吗？

所以，“是吗？”和“不是吗？”这两种句式，虽然有时候似乎可以互换，但是语义倾向明显有区别。更重要的是有的时候，两者绝对不可互换。凡是使用“据说”、“听说”、“也许”、“可能”这些不确定词语的句子，只能使用“是吗？”不能使用“不是吗？”。例如：

(3)他们也许已经离开了，是吗？

(4)* 他们也许已经离开了，不是吗？

(5)据说，她很会唱歌，是吗？

(6)* 据说，她很会唱歌，不是吗？

“不是吗？”前面可以出现加强反问语气的“难道”，以进一步显示反驳的语气。例如：

(7)你……你一直爱她的，难道不是吗？

(8)果然不出我的所料，你毕竟是个大笨蛋，会一失足摔到河里去，难道不是吗？

(9)他们都是真正的男子汉，是白人，南方人，难道不是吗？

(10)哟，这就说明她是个蛇蝎心肠的女人，难道不是吗？

(11)我想现在画画和走那几十年文学道路，滋味是不一样的，难道不是吗？

(12)我想这些就是我们投降的条件吧，难道不是吗？

前两例是判断“你如何如何”，中间两例是判断“他如何如何”，最后两例是“我觉得如何如何”。不论哪一类，反驳的语气都是无可置疑的。其中表反问语气的“难道”，也可以换用语气副词“可”。例如：

(13)韩森太太根本就不知道那些老鼠，可不是吗？

(14)她挺可爱,可不是吗?

(15)一早赶到枫林桥去,不用再独自个坐在二十二路公共汽车里喝风,可不是吗?

(16)达西先生的话没有他朋友的话中听,可不是吗?

但是,B式的“是吗?”之前不能添加“难道”或者“可”。例如:

(17)他们也许已经离开了,难道是吗?

(18)据说,她很会唱歌,可是吗?

2.A式与B式的比较

A式“是不是?”的语义倾向是肯定,即发问者希望获得比较肯定的回答。但是,B式“是吗?”则不然。B式对上述的命题,不管句中有没有出现“一定”、“肯定”、“必然”等表示说话者语义倾向的词语,凡是用“是吗”来提问,都是就该命题征询对方的看法,即使自己的口气非常坚决、肯定,也是在征询。比较下列例句:

(19)他昨天来的,是不是?

(20)他昨天来的,是吗?

(21)他昨天来的,是吧?

事实上,我们在分析疑问句的信疑度时,已经指出:“V不V?”的疑与信的比例为[疑50%,信50%],只是“是不是?”的前后如果是VP的话,语义倾向出现倾斜,即倾向于肯定,但是还是比不上“VP吧?”[疑<25%,信>75%]的肯定程度,它可以描写为[信>50%,疑<75%]。至于“VP吗?”,它的疑惑程度则明显大于正反问,应该是[疑>75%,信<25%]。所以,我们可以认定:A式的疑惑程度为[疑<50%,信>75%],而C式是[疑=0%,信=100%]。

3.催问功能比较

A、B、C三种附加问句式的并存说明它们确实各有所长,询问功能和语义倾向是有区别的。“你说(你看)”这是一种语用上用来催问以及提醒的插入语。我们搜查了北京大学语料库,发现“是不是?”的前面常常可以添加“你说”。例如:

(22)咱也学着琢磨市场行情,不能老跟着人家屁股后边跑,你说是不是?

(23)咱们不能再念紧箍咒了,你们说是不是?

(24)全班平均分数肯定下来十分,你说是不是?

(25)我早讲过“安完了也是闲着”，你看是不是？

而“是吗？”前面加“你说”虽然比较少，但也不能说绝对没有。例如：

(26)你会答应的，你说是吗？

(27)打猎比较有意思，你说是吗？

(28)酒喝多了，对身体总不太好的，李大哥，你说是吗？

(29)你知道吗，有了孩子，他也会分走我们之间的一部分爱，你说是吗？

至于“你说不是吗？”几乎不能。我们只找到数量极少的3例。例如：

(30)钻石做的鸢尾花式，当然不是真的钻石，不过这个合扣非常别致，你说不是吗？

(31)增长我们两人的感情，同时也可以让反对我们的人了解我们的情况，你说不是吗？

(32)文章落到了不该落的人手里去了，你说不是吗？

	A. 是不是？	B. 是吗？	C. 不是吗？
你说	158	37	3
你看	31	0	0

“是不是”能够跟“你说”常规组合，说明发问者在心理上有希望对方予以正面的肯定性回答的迫切愿望，期望值比较高。“是吗”也能够跟“你说”组合，说明尽管语义上没明确的倾向，也可以使用催问。至于C式“不是吗”为反诘问，其实根本不需要对方回答，所以，使用“你说”这类催问词语反而不太符合语用的需要，换言之，这类问句事实上不需要催问。

4. 三种句式的沟通

要特别指出的是，这类猜测的语义有时还是比较肯定的。句中会出现“肯定”、“其实”等表示肯定语气的词语。即使如此，还需要用“是吗”来要求对方予以证实。这类语气比较肯定的B式，大多可以变换为A式，换言之，极为肯定的B式跟具有肯定语义倾向的A式是相通的。例如：

(33)那你肯定把她带来了，是吗？

(33)'那你肯定把她带来了，是不是？

(34)其实，你早就看见他们了，是吗？

(34)'其实，你早就看见他们了，是不是？

(35)我知道你现在一定很想喝酒,是吗?

(35)'我知道你现在一定很想喝酒,是不是?

(36)你以为游龙生、丘独这些人一定进来过,是吗?

(36)'你以为游龙生、丘独这些人一定进来过,是不是?

而具有肯定语义倾向的A式则跟无庸置疑的C式也是相通的。这种A式问句针对的往往是自己所知道的事实、自己的推论、自己的观点、自己的建议,或者求证,或者求同。几乎都可以无条件地变换为C式句。例如:

(37)他多凶也不敢打人,他得讲理,是不是?

(37)'他多凶也不敢打人,他得讲理,不是吗?

(38)咱们仿照胡人的穿着,也能学习他们打仗的本领了,是不是?

(38)'咱们仿照胡人的穿着,也能学习他们打仗的本领了,不是吗?

(39)多年的积蓄和我私营的全部积蓄都搭上了,连我们的房子也作了抵押,是不是?

(39)'多年的积蓄和我私营的全部积蓄都搭上了,连我们的房子也作了抵押,不是吗?

(40)她说,现在人家都在穿尼龙袜,尼龙袜子穿起来很舒服,是不是?

(40)'她说,现在人家都在穿尼龙袜,尼龙袜子穿起来很舒服,不是吗?

5."是吗"与"不是吗"出现在句首

需要指出的是,在对话里,"是吗?"还可以出现在句子S的前面,实际上是针对上文的,表示一种照应之词,它主要是承接对方的话语,并非真的有疑惑,只是表示一种话语的衔接,显示某种谦虚或者不敢完全肯定而已。从下文的内容,我们可以感觉到询问者实际上既可能肯定,也可能否定,还可能存疑。例如:

(41)我说,"我都忘了昨晚说了些什么,喝多了酒是让人显得幼稚可笑,其实我现在过得还不错,我在谈恋爱。"

"是吗,那一定是个好姑娘,太让人羡慕了。"(王朔《浮出海面》)

(42)我曾开玩笑地对她说过:"你呀,是人物!早晚我要以你为主角写一篇小说。”

她高兴地叫起来：“是吗？我是一个人物？你写，我支持。”（戴厚英《人啊，人》）

(43)胡亦简直是乐不可支，“他是学考古的。”

“是吗！”那两个家伙一阵惊叹，“属于四化人才呀。”（王朔《一半是火焰，一半是海水》）

(44)“我从你的信里知道你变得更好了，做了许多工作，学习也有了明确的目的。我真高兴！”

“是吗？你知道得很清楚？”晓燕兴奋了，她觉得她的好朋友，她启蒙的老师能够了解她、赞赏她，她真是非常幸福。（杨沫《青春之歌》）

(45)父亲说：别提周纯一，他已经死了。

是吗？我没听说。（戴厚英《流泪的淮河》）

(46)“没有呀，”小杨眉毛一挑，说，“没有，她对你挺感兴趣。”

“是吗？没看出来。”（王朔《浮出海面》）

(47)“你就是等我，不过你自己不知道就是了。今天除了我没别人来了。”

“是吗？你比我还知道我在干嘛——别跟我打岔儿，警察可就在旁边。”（《表》）

(48)“基本上像孙悦，也有些地方像你。”

“是吗？憾憾和你谈起过我吗？她对我的印象很坏吧！”（戴厚英《人啊，人》）

例(41)～(44)是肯定的，例(45)～(47)是否定的，例(48)存疑。

“不是吗？”也可以出现在句首，表示一种不容置疑的口气。例如：

(49)不是吗？像这些不辞劳苦的溪流一样，我也正在穿过荒僻空旷的漠野，把过去了的幼稚生活长留身后。（张承志《黑骏马》）

(50)人也走了，房也塌了，还等啥呀！她说。

奶奶说：可不是吗！要说蓝虎呢，确实也不是个正干的人。（戴厚英《流泪的淮河》）

(51)他忙站起身来，点了点头：“咱们见过！”

“可不是吗？（《那五》）

“不是吧？”跟“不是吗？”虽然只差了一个语气词，功能却大不一样。

附加问用了"不是吧?"明显是对前面命题的否定态度,信大于疑,只是不那么确定而已,带有猜测的语气。前面的命题可以是肯定的,也可以是否定的。例如:

(52)这就是见性啊,恐怕不是吧?

(53)有人说小混混做领导?不是吧?(house. focus. cn07/08/22)

(54)他没去美国,不是吧?

(55)你从不吃辣椒,不是吧?

"不是吗?"还常常成为一种口头禅。比如有人就常常在说话的开头先来上一句:"不是吗?"或者在结尾处来一句"不是吗?"显得语气比较富有变化,显示说话人的不容置疑的口吻。所以有人会说:他最喜欢说的一句话就是"不是吗?"现在还有一首流行歌曲,题目就叫做"不是吗?"(歌手李小璐主唱)歌词如下:

难道幸福的魔法跟着你消失了吗?噢,你喜欢抱我入怀,不是吗?你喜欢我甜甜的笑,不是吗?爱不是很认真的吗?请不要跟我开玩笑,我们珍惜每分每秒,不是吗?总是说出真心的话,不是吗?怎么一声不响的走掉?你说过爱我,不是吗?不是吗?

可见,"是不是?""是吗?"和"不是吗?"是日常口语交际中非常有实用价值的句式,很值得研究。

参考文献:

[1]邵敬敏."X不X"附加问研究[J].徐州师范学院学报,1990(4).

[2]邵敬敏.上海方言的话题疑问句与命题疑问句[J].华东师范大学学报,2007(5).

[3]邵敬敏,朱彦."是不是VP"肯定性倾向及其类型学意义[J].世界汉语教学,2002(3).

[4]吕叔湘.中国文法要略[M].上海:商务印书馆,1944.

[5]邵敬敏."吧"字疑问句及其相关句式比较研究[C]//《第四届国际汉语教学讨论会论文集》编委会.北京:北京语言文化大学出版社,1995.

(邵敬敏　暨南大学中文系)

独立“的”字结构的意义*

石定栩

独立“的”字结构

现代汉语“的”字结构[①]通常像例(1)那样充当定语修饰名词性成分，或者像例(2)那样作为名词性成分的同位语[②]。不过，按照一定的使用习惯或者在一定的语境中，“的”字结构可以像例(3)和例(4)那样脱离名词性成分而独立存在，而且仍然表达明确的意义。

(1)昨晚在象山登陆的超强台风“韦帕”并没有袭击上海。

(2)超强台风“韦帕”可能在上海登陆的消息引起了一阵慌乱。

(3)小梅的父亲是镇上副食站卖肉的。

(4)桌子还是木头的好。

“的”字结构为什么能够独立使用，怎样才能独立使用，以及独立使用时所表达的是什么意思，向来众说纷纭，但基本观点可以归纳为两种。一种是省略说，主张独立“的”字结构原本是定中结构里的定语，后来中心语因某种原因被省略了，剩下的定语便以偏代正，不但承担了名词性短语的作用，而且表达了整个名词性短语的意义(如黎锦熙 1924；季永兴 1965；孔令达 1992；张静 1994)。另一种是本质说，主张有些“的”字结构本身就是名词性的，完全可以独立发挥作用(如朱德熙 1961、1962、1978、1983；黄国营 1982；刘月华等 2001；邵敬敏 2007)。按照这种观点，在这种“的”字结构和其他名词性成分构成的短语中，“的”字结构是另一个名词性成分的同位语。不过，这种同位关系有时候称为“同位性

---

* 本文曾以《无定代词与独立“的”字结构》为题，发表于《外语教学与研究》2009 年第 2 期，这次发表又进行了增订。

偏正结构"，以"的"字结构为"同位性定语"(朱德熙 1982、1993)。这种短语有时候被称为"包含两个核心的同位性向心结构"(朱德熙 1984：404)。

一 独立"的"字结构的意义

省略说和本质说之间的差别很多，最重要的是如何概括独立"的"字结构的意义。省略说认为"的"字结构是定语，独立使用时所表示的名词性意义并非本身固有，而是来自省略了的中心语，所以例(5)(引自孔令达 1992)中"小王的"实际上表示"小王的衣服"，只不过"衣服"被省略掉了而已。

(5)这是我的衣服，小王的[衣服]在床上。

就大部分独立"的"字结构而言，由省略了的名词性成分来支撑整体意义，是个解释能力很强的假设，但也存在着不少问题。按照中国人的说话习惯，表示同一个事物的名词性成分很少会以同一个形式出现，需要再次提及时通常会采用代词，或者是没有语音内容的指代形式，除非为了修辞效果而故意重复名词形式。像例(5)如果真的把"衣服"补进去，就不像汉语了。更大的问题在于例(6)和例(7)那种"的"字结构(引自朱德熙 1966)，虽然能够独立使用，后面却无法补出个合适的名词性成分来。

(6)他和骆驼都是逃出来的。

(7)他年轻力壮，所差的是眼睛不太好。

本质说认为独立"的"字结构本身就是名词性的，其名词性来自"的"，即朱德熙先生(1961)所说那个"$的_3$"，或者表示转指的那个"$的_t$"(朱德熙 1983)。也就是说，这种"的"有两方面的功能，一是语法功能的转化，附着在谓词性成分后将其名词化；二是语义功能的转化，除了可以转化谓词性成分的语义之外，还可以附在名词性成分后面，将其从一个名词性成分变为另一个名词性成分(朱德熙 1978、1980、1983)。这一假设对于独立"的"字结构本身的句法语义功能，有着极强的解释能力。不过，独立"的"字结构同样可以出现在另一个名词性成分的前面，成为偏正结构中的偏，偏与正之间的句法语义关系就成了需要解释的问题。

按照目前的主流意见，在(8a)中那种"的"字结构中，"的"提取了"戴眼镜"的施事，所以"戴眼镜的"具有施事的格位。"戴眼镜的"与"戴眼镜的学生"不但有相同的句法功能，而且受到相同的语义选择限制。"戴眼镜的"因此可以像(8b)那样独立使用，而"戴眼镜的学生"是包含两个核心的同位性向心结构。依此类推，(9a)中"木头的"与"木头的房子"功能相同，"木头的房子"也是个包含两个核心的同位结构(朱德熙1961、1966、1978、1983、1984)。

(8)a. 戴眼镜的学生很多。

b. 戴眼镜的很多。

(9)a. 木头的房子盖好了。

b. 木头的盖好了。

这样解释照顾了"的"字结构的独立使用，却造成了语义上的冲突。文献中常见的说法是，"的"字结构出现在名词性成分前面时有三种功能，即(10a)的领属性，(10b)的同一性，以及(10c)的说明事物的属性(引自丁声树等1961，参见刘月华等2001)。

(10)a. 谁的书？我的书。

b. 而且又知道了日本维新大半发端于西方医学的事实。

c. 老师说的那本书我已经买到了。

同一性结构通常称为同位语结构，也就是朱德熙先生(1984)所说的"同一性向心结构"，最重要的特点是"的"字结构和后面的名词性短语具有相同的真理值，可以像例(11)那样用等值"是"字句来描述两者的关系。

(11)a. (这一)事实是日本维新大半发端于西方医学。

b. 日本维新大半发端于西方医学便是(这一)事实。

说明事物属性的是定语，通常还进一步将定语分成限制性的和描述性的两种。"限制性定语具有区别作用"，"当用这类定语修饰某事物时，一定还有其他同类事物存在，说话者认为有必要或者必须加以区别"；而"描写性定语的作用只在于描写"，"说话者所着眼的主要是所描写的事物本身，而不理会是否还有其他同类事物存在"(刘月华等2001：476-477；参见丁声树等1961；Chao 1968)。

从表面上看，这一区别同印欧语中的限制性与非限制性定语从句的对立十分相似，但这两种情况实际上并不相同。就英语的情况而言，(12a)中的men表示一个大集合，而受到限制性从句修饰的men who are working from 6 am to 11 pm 是 men 的一个子集。(12b)中的 men 也表示一个集合,在受到非限制性从句修饰后没有改变,仍然还是同一个集合(Biber et al. 1999)。文献中所列举的汉语描述性定语,并不具有非限制性定语的这种特点。例(13)中"热情洋溢的"被视为典型的描述性定语(引自刘月华等 2001),理由是说话人只关心"他"的这次讲话,并不关心是否还有其他的讲话,所以"热情洋溢的"只是对这次讲话的描述。

(12)a. We have 30 men who are working from 6 am to 11 pm.

b. He warned the public not to approach the men, who were armed and dangerous.

(13)他的热情洋溢的讲话,给我留下了深刻的印象。

不过,问题在于"讲话"所表示的事物是一个集合,成员通常大于一,而"热情洋溢的讲话"所表示的是其中的一个子集,无论成员有多少,都只会小于或等于整个集合。从这一点上说,"热情洋溢的"起的还是限制作用。限制与否其实同说话者的态度无关,例(13)中说话的人所指的当然可能只是某一特定的"讲话",即表示定指,但这是由整个名词性成分的主语地位、还有其所处语境所造成的可能性之一。就"他的热情洋溢的讲话"本身而言,所指对象仍是一个子集,而不一定是特定的一个事物。

能否对汉语的名词性成分进行描述是个相当复杂的问题,只能另文讨论(石定栩 2010)。这里要指出的是,说明事物属性的定语一定是限制性的。(8a)中"学生"所表示的事物是个集合,而"戴眼镜的"对"学生"加以限制,从而形成一个子集。从这点上说,"戴眼镜的"和例(14)中的"三好"的作用完全相同,都是表示一种性质,从而对"学生"加以限制。如果假设"戴眼镜的"和"学生"同位,或者说表示同一个集合的话,那就无法解释"戴眼镜的"所担负的限制作用,因为两个相同的集合是无法互相限制的。

(8)a. 戴眼镜的学生很多。

b. 戴眼镜的很多。

(14)三好学生很多。

如果假设"戴眼镜的"和"戴眼镜的学生"具有相同的地位,省略说所遇到的问题同样会困扰本质说。同一般的说法正好相反,(8b)和(8a)其实并没有必然联系,"戴眼镜的"在(8b)中也并不必然表示"学生"的一个子集。只有在特定的语境中，比如在例(15)这样的复句里，“戴眼镜的”才一定表示“学生”的一个子集；在例(16)中，“戴眼镜的”则完全不表示“学生”，而是分别表示“老师”和“工人”中的子集。

(15)今年招收的学生视力普遍较差，戴眼镜的很多。

(16)老师中戴眼镜的很多，工人中戴眼镜的很少。

事实上，独立“的”字结构虽然具有名词性成分的句法地位，却并不表示固定的事物，因而也就没有固定的所指，其所指取决于上下文或者具体的语境。

二 “的”字结构独立的条件

省略说与本质说的另一个区别在于如何归纳“的”字结构独立使用的条件。省略说认为，“的”字结构后面的中心语能否省略，取决于定语和中心语之间的语义关系。如果两者之间是像例(17)那样的非固有领属关系，例(18)那样的处所关系，例(19)那样的时间关系，例(20)那样的特征关系，例(21)那样的质料关系，例(22)那样的来源关系，以及例(23)那样的工具关系等，中心语就可以省略掉(孔令达 1992；参见黄国营 1982)。

(17)这是我的衣服，小王的在床上。

(18)天桥下的茶馆还卖烧饼，街口的不卖。

(19)昨天的报纸我看过了，今天的还没看。

(20)我穿这套塑料扣子的制服，那套铜扣子的留给你穿。

(21)这件人造毛的氅衣不好看，那件大红缎子的好看。

(22)四川的榨菜味道好，浙江的差一点。

(23)小房门的锁在这儿呢，大门的不知弄哪儿去了。

本质说将独立使用的原因归结为“的”字结构本身的句法特性。转指“的”字结构从本质上说就可以独立使用，而自指“的”字结构则只能附着在名词性成分上。有两种“的”字结构可以转指，一种由体词性成分构成(朱德熙 1983)，还有一种由被“的$_t$”提取了主要格位的谓词性成分构成。主要格位包括像(24a)那样的施事、(24b)那样的受事、(24c)那样的与事和(24d)那样的工具，即相关成分可以充当主语和宾语(朱德熙 1983、1984)。

(24)a. 施事:游泳的、开车的、坐在主席台上的

b. 受事:新买的、小孩画的、从图书馆借来的

c. 与事:你刚才跟他打招呼的(那个人)、我借钱给他的(那个人)

d. 工具:吃药的(杯子)、裁纸的(刀)、我开大门的(那把钥匙)

很显然,这两种说法对于独立"的"字结构的归纳并不相同。本质说认为由体词性成分构成的都能独立,而省略说认为只有一部分可以独立。另一方面,这两种假说都将"的"字结构分成两组,一组是能够独立使用的,还有一组是不能独立使用的。本质说认为,例(25)中那些"的"字结构是由"的$_s$"构成的。由于"的$_s$"不能提取格位,其前面的 VP 只能表示自指,所以这些"的"字结构不能独立使用(朱德熙 1983)。省略说认为例(26)中那些定中结构的语义关系不符合要求,所以中心语不能省略(孔令达 1992)。

(25)开车的技术、说话的声音、走路的样子、到站的时间、爆炸的原因、打架的事情

(26)固有的领属关系:正房的[西北角]

表示范围:生活中的[大事]

表示相关:孙子的[事儿]

表属性:敌意的[眼光]

表同一:股东的[身份]

表成数:一半的[收入]

就实际情况而言,省略说和本质说认为可以独立的,大多可以如此使用。问题在于被这两种假说认定为不能独立的,其实也可以独立使用。例(27)、(28)、(29)、(30)、(31)和(32)中那些"的"字结构同例(25)中的一一对应,都属于朱德熙先生(1983)所说的"自指'VP 的'",照理应该不能独立使用,但在这些句子里却都能独立使用。例(33)和(34)都符合孔令达(1992)所说的不能省略的条件,但这两个"的"字结构也都可以独立使用。

(27)我在部队里学了几门技术,修汽车的到现在还有用,修雷达的却始终用不上。

(28)同样是噪音,我可以忍受机器切割瓷砖的,但无法接受指

甲划过玻璃黑板的。

(29)刘英跳民族舞的样子很好看,但跳芭蕾舞的就不敢恭维了。

(30)上午8时到下午6时是全日制学生上课的时间,下午6时以后是兼读制学生上课的。

(31)澡盆漏水的原因找到了,屋顶渗水的也找到了。

(32)刘涌聚众殴斗的案子已经了结了,吸食毒品的正在调查之中。

(33)儿子的事儿你可以不管,可孙子的你一定得管。

(34)善意的眼光我会报以微笑,敌意的我一定会怒目相对。

一方面,"的"字结构什么时候可以独立使用,其实很难用"的"字结构本身的意义,或者"的"字结构同中心语之间的关系来归纳。同样是独立使用的"吃的",在例(35)里表示受事,例(36)里则表示施事,似乎很难从结构上找到原因。另一方面,独立的"洗碗的"在例(37)里表示施事,在例(38)里表示工具,例(39)里表示广义的工具,例(40)里则表示与动词没有直接关系的声音(Zhang 2007),这些都无法从结构语义上进行归纳。

(35)吃的、喝的都准备好了,足以招待所有的客人。

(36)今天上午的顾客很多,看的、买的、吃的都有。

(37)小云的妈妈是饭馆里洗碗的。

(38)下面的机器是洗碗的。

(39)这瓶是洗手的,洗碗的在柜子里。

(40)厨房里一阵稀里哗啦,洗碗的、倒垃圾的、不小心摔了盆子的,热闹非凡。

本质说还有一些意料之外的困难。汉语的名词性成分中,能够以偏代全,部分结构可以发挥整体作用的还有不少。比如例(41)和(42)中的量词结构,可以连同名词短语一起发挥作用,也可以由"数+量"或"代+量"单独发挥作用,而且两种结构形式的句法功能大致相同(朱德熙1983)。这种情况同独立"的"字结构类似,但本质说关于转指"的"的分析却很难移植过来。量词的数量太大,而且没有单一的意义,很难假设不同的量词具有共同的转指功能,而且很难确定被转指的到底是什么。如果假设量词结构和"的"字结构有着不同的独立条件,则又显然不合理，因为这两种结构独立使用时的意义和独立的条件，实在太相似了。

(41)a. 我要一个学生。

b. 我要一个。

(42)a. 你们住那所房子。

b. 你们住那所。

显然，将"的"字结构独立使用的条件，归结为其本身的句法结构和意义，解释能力不够强，应该设法寻找更合理的分析方法。

三　独立"的"字结构的所指

问题的关键其实在于独立"的"字结构到底表示什么意思，或者说其所指到底是什么。朱德熙先生(1966/1999：136)对此曾经有过一段十分精辟的论述："英语里'形容词＋one'的格式跟汉语'A的'所表示的意思是一样的。""Red one(s) 就是'红的'。离开了一定的语言环境和上下文，光说 a red one，[谁]也无法知道指的是什么东西。可是 a red one 的的确确是一个什么也没有省略的完整的语言格式。"

英语里的 one 在这种情况下是所谓的无定代词。代词的主要功能是指代名词性成分，其实际意义也来自所指代的前指，所以在分类的时候，通常以前指的性、数、格和人称为标准。不过，有些代词并没有明确的前指，称为无定代词。印欧语的无定代词通常可以单独使用，就像例(43)中法语的 on，以及例(44)中英语的 one 那样。

(43)On peut le faire.(可以干这件事。)

(44)One cannot do this.(不可以做这件事。)

有些无定代词也会与充当定语的关系小句共现。例(45)里法语的 ce 和例(46)里英语的 one 都是无定代词，在句子中没有明确的前指，但可以由定语加以修饰而限制可能表达的范围，从而像(45b)的 ce 和例(46)的 ones 那样，表达范围大大缩小。

(45)a. Tout ce qui brille n'est pas or.(发光的不都是金子。)

b. C'est ce que je déteste.(这就是我不喜欢的。)

(46)I like the ones you bought yesterday.(我喜欢你昨天买的。)

朱德熙先生所讨论的 a red one 也是这样。One 本身没有固定的所指，在受到定语的限制，并成为指示语 a 的补足语以后，表达范围有所缩小，但其实际所指还是要依赖前指，指代已知集合中的一个子集。该集合或者由上文引进，或者由周围环境决定。英语的 one 有单复数的区别，由形态变化加以标示，单数的 a red one 是个只有一个成员的子集，实际上相当于“一个红的”。例(46)中 the ones you bought 的情况大致相仿，只不过 ones 是复数的，受到定语小句的修饰后表达范围缩小，用来指代已知集合的一个子集。通过上文或者通过语境，可以确定一个事物的集合，the ones you bought 指代其中的一个指定子集，也就是相当于汉语中“那些你买的”。

如果将朱先生的思路再往前推进一步，就可以假设汉语中也有无定代词，而且同英语的 one 或者法语的 ce 具有类似的句法特性，都是指代成分，本身没有所指，实际意义要依赖前指或语境提供(参见 Kitagawa and Ross 1982；Sio 2006)。不过，汉语的无定代词不但没有性、格、人称的分别，就连数的分别也没有，而且通常是一个没有语音内容的零形式，就像例(47)中“不到长城”的主语，或者例(48)里“吃、住”的宾语那样。

(47)不到长城非好汉。

(48)吃、住都安排好了，还发哪门子愁呢？

汉语的无定代词也同时具有短语的地位，可以接受定语修饰，成为定中结构里的中心语。形式句法一般将人称代词分析为指示语短语 DP，将无定代词分析为 NP，以反映两者在句法特性上的差别。汉语无定代词的句法地位较为复杂，以后会另文讨论。不过，就汉语的定中结构而言，两种分析的差别不大。DP 和 NP 都只能由“的”字结构修饰，而不能由形容词直接修饰(石定栩 2002、2003)，所以汉语中有相当于 the ones you bought 的“你买的”，却没有与 a red one 完全相当的“一个红”。由于“红一个”也不能说(石定栩 2002)，就只能用“一个红的”来表达了。

这一假设还可以顺便解决本质说的另一个难题。前面说过，“数＋量”和“代＋量”也可以像(41b)和(42b)那样独立使用，但很少有人愿意仿照独立“的”字结构的分析方法，假设量词也可以转指，或者假设量词本身就可以起指代作用，这两种类似的现象便因此需要用不同方式分别加以解释。在形式句法分析的框架里，曾经有人假设量词像指示代词一样，可以不需要补足语(complement)而独立支撑量词短语(如 Zou 1995)，但独立量词短语的所指从何而来，却仍然是个不好解决的问题。如果假设独立使用的量词结构也有个零形式的补足语，由无定代词短语充当，这类结构的实际意义和使用条件便相当于独立“的”字结构，问题也就迎刃而解了。

(41)a. 我要一个学生。

b. 我要一个。

(42)a. 你们住那所房子。

b. 你们住那所。

四 “的”字结构如何独立

按照本文的假设，独立“的”字结构实际上与不独立“的”字结构类同，只不过中心语的句法地位不同，语音地位也不同。在偏正结构中，独立“的”字结构的中心语是个没有语音内容的无定代词短语；在同位结构中，独立“的”字结构的同位部分是零形式无定代词短语。独立量词结构仍然有补足语，只不过补足语也是零形式的无定代词短语。这样一来，“的”字结构和量词结构能否独立就同本身的结构、语义没有直接关系，所有“的”字结构与量词结构应该都可以独立使用。问题在于，本质说认为，“的$_s$”，不能提取格位，无法构成转指“的”字结构，只能构成自指“的”字结构，而后者是不能独立使用的（朱德熙 1983）；而省略说认为，中心语的省略必须符合一定的语义要求，不符合要求的便不能省略（孔令达 1992）。这两种观点都认为有些“的”字结构不能独立，而且可以从句法结构上或语义上对不能独立的条件加以清晰的描述，这显然同本文的观点有冲突。

事实上，“的”字结构和量词结构虽然都可以独立，却也并非可以不受任何限制、无条件地独立使用。这些结构中能否出现无定代词并不完全取决于结构，也不完全取决于语义，而是同另一些因素相关。比如例(3)是个表示描述的“是”字句[③]，其主语的所指必须是宾语所指集合的成员，不然句子便不会有合理的解读。也就是说，要想让例(3)得到解读，“镇上副食站卖肉的”所修饰的无定代词就必须指代一个特定集合，其中包括人、男人、老头、职业男性、售货员等。例(6)的情况也是如此，“逃出来的”对所修饰的无定代词加以限制，形成一个子集。只要这个无定代词所指代的集合足够大，其中包括了人和骆驼，例(6)就可以得到解读。

(3)小梅的父亲是镇上副食站卖肉的。

(6)他和骆驼都是逃出来的。

例(15)是个主题链,也就是通常所说的承接复句(石定栩 2000;邢福义 2001)。按照一般人的说话习惯,前面的小句描述了“今年招收的学生”,后面的小句就应该有个与其同指的零形式,以便接着进行陈述,全句的意思是“今年招收的学生视力普遍较差,其中戴眼镜的很多”。这里的“学生”表示一个集合,受“今年招收的”修饰后形成一个子集;后面小句里的无定代词也表示一个集合,受到“戴眼镜的”修饰后同样形成一个子集,两个子集的交集就是数量“很多”的那一群[④]。

(15)今年招收的学生视力普遍较差,戴眼镜的很多。

例(49)的情况要复杂一些,“看热闹的”是存现宾语,句中没有其他成分可以为无定代词提供所指,前面小句里的“老太爷”和“太极拳”也不会对所指产生影响,就只能从话语环境中寻找线索了。例(49)说的是“老太爷”在公园里的境况,公园里最可能出现的是游客,所以无定代词最可能指代这些人。如果还有明确的上文,指明公园里挤满了猴子或者其他宠物,那么“看热闹的”所修饰的无定代词就应该另有所指了。

(49)老太爷在公园里打太极拳,周围站了一圈看热闹的。

很显然,独立“的”字结构与前指的关系相当复杂,相关因素很多。这种情况在一定程度上印证了孔令达(1992/2005:28)的看法:“在实际言语中,‘名$_2$’到底能不能省略还要受到另一条语义规则的限制,这就是‘名$_2$’在省略状态下的语义联想难度。‘名$_2$’的语义联想难度取决于两个因素,一是‘名$_2$’自身的语义类型,二是‘名$_1$+的+名$_2$’结构的分布环境”。

换一个角度说,“的”字结构是否能够独立使用,除了其本身的结构特点之外,还同语义、句法、话语、语用甚至人们对外部世界的认识等因素相关。无定代词本身并没有固定的所指,其实际意义完全来自前指。作为代词的一种,无定代词和前指之间的关系受约束原则 B 的限制,在一定范围内不能建立同指关系(Chomsky 1981;胡建华、石定栩 2006)。除此之外,无定代词指代什么完全取决于上下文和语境(van Hoek 1995)。这里所说的上下文,当然包括“的”字结构本身所表示的意义,以及不同量词对于补足语的选择性限制。

人们在运用语言进行交流的时候,既会使用显性的语言形式,也会使用没有语音内容的零形式,还会通过明示、暗示或者隐涵(implicature)

来表示言外之意。要正确理解一句话，就必须将各种结构意义和非结构意义都考虑进去。正常情况下，听话方会假设说话方在按照交际的合作原则办事(Grice 1989)，所提供的显性语言形式数量恰到好处，所使用的零形式则不超出能够理解的范围，所以会尽力为听到的语言形式寻找合理的解释。如果句子中出现了指代形式，特别是零形式的代词，而最直接的前文又不能提供合适的前指，就必须通过各种方式从较大的范围或者语境中去寻找所指，也就是要进行关联理论所说的深化工作(enrichment)；如果听话的人费尽心机仍然找不到合理的所指，就会认为句子有问题，或者干脆放弃努力，认为句子不可接受(Sperber and Wilson 1986、2004)。

独立"的"字结构的解读在两个方面牵涉到深化工作。一个是无定代词如何从语境中取得所指，上面已经进行了一些探讨，以后还会另文进一步讨论；另一个是如何建立无定代词与"的"前成分的关系，或者用朱德熙先生(1978、1983)的话来说，如何确定哪一个格位被提取了。

"的"前谓词性成分是朱德熙先生所说的DJ(1978)或VP(1983)，也就是一般所说的定语小句或定语从句(Aoun and Li 2003；Sio 2006)，所以才有"的$_t$"能够提取VP的格位，而"的$_s$"不能提取格位的说法。不过，"的$_t$"和"的$_s$"其实是同一个句法成分，与VP有着同样的结构关系，表面上的差别实际上反映了VP内部的差异。所谓的转指"的"字结构并非都能独立使用，所谓的自指"的"字结构也并不一定都不能独立，从完全独立到完全不独立形成一个连续统，关键在于人们能否为独立"的"字结构找到合理的解读。这一点又在很大程度上取决于定语小句中是否有明显的空缺，空缺同无定代词的关系是否要通过深化工作才能确定，以及深化工作需要多少努力才能完成。

小句里可以出现的名词性成分很多，有些与动词的关系较为密切，通常充当主语或宾语，也就是形式句法里所说的外部论元和内部论元；充当状语的名词性成分和动词的关系较为疏远，形式句法里称之为附加成分。当然，附加成分中还可以再分成两类，表示工具和与事的与动词的关系要稍微紧密一些(朱德熙 1983；Tsai 1995；Lin 1998)。这种亲疏之别也会反映在人们对于"的"字结构的认识上。如果定语小句的论元以零形式出现，人们很容易就可以看出句中有空缺；如果以零形式出现的是附加成分，人们就不一定能很快找到句中的空缺。

比如例(50)(引自朱德熙 1983)那个“的”字结构中没有施事,但有受事和工具。如果用来修饰中心语,最有可能修饰指人的名词性成分,也就是能够在定语小句中充当施事的、朱德熙先生(1978)所说的“潜主语”。定语小句说的是用中草药治病,以“大夫”之类作为中心语自然最合适了。正因为如此,如果这个“的”字结构所修饰的是无定代词,几乎不需要什么深化工作就可认定此无定代词表示施事,所指代的集合应该是人、专业人士或大夫之类。

(50)用中草药给病人治好关节炎的(大夫)

(51a)的情况稍有不同,定语小句中施事和受事齐全,并没有明显的空缺,但由于出现了代替空缺的占位代词“它”,而占位代词通常总是和中心语同指的,所以(51a)有个非常明确的解读。如果像(51b)那样以无定代词来充当中心语的话,此代词也就应该理解为工具,所指的集合应该是可以治疗关节炎的工具,包括银针、中草药和膏药之类,所需的深化工作不多。一旦去掉了占位代词,这种定语小句中的空缺就会变得不明显,需要的深化工作自然也就增加了。如果像(51c)那样,受修饰的名词性短语相当于定语小句里的工具,深化工作应该不算太困难;如果像(51d)那样,受修饰的是无定代词,定语小句里的空缺是什么便很难确定,在没有上下文的情况下,一般人很可能会放弃深化工作,简单地认为此“的”字结构不可接受(参见 Ning 1993;Aoun and Li 2003)。

(51)a. 李大夫用它给病人治好了关节炎的中草药

b. 李大夫用它给病人治好了关节炎的

c. 李大夫给病人治好了关节炎的中草药

d. ? 李大夫给病人治好了关节炎的

定语小句里的空缺通常与被修饰的中心语同指,但也可能与上文甚至语境中的某个成分同指,如果像(52a)和(52b)那样两种空缺同时出现,就会形成朱德熙先生(1978)所说的歧义“的”字结构。这种“的”字结构一旦独立使用,要确定哪个空缺与零形式无定代词同指就会有一定的难度。如果没有上下文或语境提供深化所需信息,一般人就多半会放弃努力,干脆认为(52c)不可接受。

(52)a. 写的人

b. 写的字

c. ?? 写的

所谓的自指"的"字结构(朱德熙 1983),实际上就是定语小句中没有明显空缺的。在修饰表示工具、时间、地点、原因的名词性成分时,中心语的所指往往可以帮助人们确定这种定语小句中空缺的实际功能,就像例(53)中那样。一旦像例(54)那样没有显性的中心语,这种定语小句中是否有空缺,或者说空缺是什么,就需要花费很大的深化功夫才能确定。在没有上下文的情况下,大部分人往往不会接受例(54)中的独立"的"字结构。

(53)a. 王师傅切肉的刀

b. 本科生上课的时间

c. 游客晚上过夜的旅馆

d. 飞机失事的原因

(54) a. ?? 王师傅切肉的

b. ?? 本科生上课的

c. ?? 游客晚上过夜的

d. ?? 飞机失事的

定语小句内部的空缺是影响深化工作的重要因素,但并不是唯一的因素,而且也并不具有决定性的作用。一旦将独立"的"字结构放到实际语境中去,空缺的影响就有可能被冲淡甚至被抵消。比如(54a)和(54b),独立出现时一般都会认为不可接受,但一旦像(55a)和(55b)那样出现在特定的语境中,可接受程度就会大大增加。

(55) a. 各人的刀都在柜子里,李师傅切菜的放在下面,王师傅切肉的在上面。

b. 研究生答辩的时间已经确定了,但本科生上课的还没有最后落实。

同位"的"字结构的情况与此有些相似。(56a)那样的同位小句里没有任何空缺,一旦像(56b)那样,同位名词短语以无定代词的形式出现,就很难确定"的"字结构在说什么。不过,只要像(56c)那样找到合适的上下文,这种结构还是可以有确切解读的。

(56)a. 李大夫给病人治好了关节炎的报道

b. ?? 李大夫给病人治好了关节炎的

c. 王大夫给病人治好了癌症的报道引起了很大的轰动,而李大夫给病人治好了关节炎的就很少有人注意了。

由此可见,“的”字结构的独立只是一种表面现象,独立“的”字结构本身没有固定的所指,“的”字结构能否独立实际上取决于独立后能否找到合适的所指,而寻找所指的过程受句法、语义、语篇、语用等多种因素的影响,这些都可以归结为零形式无定代词的句法、语义、语篇功能,以及人们对于外部世界的认识。

五 结 语

本文主张独立“的”字结构与不能独立的具有相同的句法地位,都是修饰名词性成分的定语,或者是名词性短语的同位语。所谓的独立“的”字结构,实际上仍然是定中结构或同位结构,只不过“的”后成分是个无定代词短语,而且是零形式的。独立“的”字结构的确切意义取决于无定代词的前指,而无定代词和前指的关系则同各种语法关系甚至人们的认知能力有关,独立“的”字结构的大部分特性,以及独立量词结构的大部分特性,都可以因此而得到解释。

附注:

①本文所说“的”字结构是个狭义的概念,即由“的”和“的”前成分组成的短语。

②这里的讨论不包括“是……的”结构中的那个“的”。

③例(3)有两个解读,其中表强调的“是……的”结构与这里的讨论没有直接关系。

④例(15)还有一个解读。后面小句里的无定代词有可能以“今年招收的学生”为前指,受到“戴眼镜的”修饰后形成一个子集,也就是“学生”的子集的子集。这就是人数很多的那群。

参考文献:

[1]丁声树,吕叔湘,李荣,等.现代汉语语法讲话[M].北京:商务印书馆,1961.

[2]郭锐.表述功能的转化和“的”字的作用[J].当代语言学,2000(1).

[3]胡建华,石定栩.约束B原则与代词的句内指称[J].中国语文,2006(1).

[4]黄国营.“的”字的句法、语义功能[J].语言研究,1982(1).

[5]季永兴.谈《说“的”》[J].中国语文,1965(5).

[6]孔令达.“名$_1$+ 的 + 名$_2$”结构中心名词省略的语义规则[J].安徽师大学报,1992(1).

[7]黎锦熙.新著国语文法[M].北京:商务印书馆,1992.

[8]刘月华,潘文娱,故韡.实用现代汉语语法[M].北京:商务印书馆,2001.

[9]邵敬敏.现代汉语通论[M].第二版.上海:上海教育出版社,2007.
[10]石定栩.汉语句法的灵活性和句法理论[J].当代语言学,2000(1).
[11]石定栩.复合词与短语的句法地位[M]//张伯江,方梅.语法研究和探索:十一.北京:商务印书馆,2002.
[12]石定栩.汉语的定中关系动—名复合词[J].中国语文,2003(6).
[13]石定栩.限制性定语和描写性定语[J].外语教学与研究,2010(5).
[14]邢福义.汉语复句研究[M].北京:商务印书馆,2001.
[15]袁毓林.谓词隐含及其句法后果[J].中国语文,1995(4).
[16]张静.语言、语用、语法[M].郑州:文心出版社,1994.
[17]朱德熙.说"的"[J].中国语文,1961(12).
[18]朱德熙.句法结构[J].中国语文,1962(8、9).
[19]朱德熙.关于《说"的"》[J].中国语文,1966(1).
[20]朱德熙."的"字结构和判断句[J].中国语文,1978(1、2).
[21]朱德熙.北京话、广州话、文水话和福州话里的"的"字[J].方言,1980(3).
[22]朱德熙.自指和转指:汉语名词化标记"的、者、之、所"的语法功能和语义功能[J].方言,1983(1).
[23]朱德熙.关于向心结构的定义[J].中国语文,1984(6).
[24]朱德熙.从方言和历史看状态形容词的名词化兼论汉语同位性偏正结构[J].方言,1993(2).
[25]Aoun J,Li A. Essays on the Representational and Derivational Nature of Grammar: the Diversity of Wh-Constructions[M]. Cambridge: the MIT Press,2003.
[26]Biber D,Johansson S,Leech G,et al. Longman Grammar of Spoken and Written English[M]. New York: Pearson Education Ltd. ,1999.
[27]Chao Yuen-ren. A Grammar of Spoken Chinese[M]. Berkeley: University of California Press,1968.
[28]Chomsky N. Lectures on Government and Binding[M]. Dordrecht: Foris,1981.
[29]Grice P. Studies in the Way of Words[M]. Cambridge: The Harvard University Press,1989.
[30]Kitagawa C,Ross C. Prenominal modification in Chinese and Japanese[J]. Linguistic Analysis,1982(9).
[31]Lin Jo-wang. On Existential Polarity Wh-Phrase in Chinese[J]. Journal of East Asian Linguistics,1988,7(3).
[32]Sio Joanna Ut-seong. Modification and Reference in the Chinese Nominal[M]. Utrecht: LOT,2006.
[33]Sperber D,Wilson D. Relevance: Communication and Cognition[M]. Cambridge:

Harvard University Press,1986.

[34]Sperber D,Wilson D. Relevance and Meaning[M]. Oxford: Blackwell,2004.

[35]Tsai Wai-tian. Visibility, Complement Selection and the Case Requirement of CP [J]. Journal of East Asian Linguistics,1995,4(4).

[36]Van Hoek K. Conceptual reference points: A cognitive grammar account of pronominal anaphora constraints[J]. Language,1995(71).

[37]Zhang Niina. Gapless Relative Clauses as Relational Licensers of Relational Nouns [M]. National Chung Cheng University,2007.

[38]Zou Ke. The Syntax of the Chinese BA-Contructions and Verb Compounds: A Morpho-Syntactic Analysis[D]. University of Southern California,1995.

(石定栩　香港理工大学)

“透顶”与“绝顶”的句法功能与搭配选择*

张谊生

前 言

长期以来，汉语语言学界对于“透顶”和“绝顶”这两个词的词性，一直存在不同的认识。譬如同样是近年出版的、明确标注词性的中型语文词典，《现代汉语词典》(第5版)认为“透顶”是形容词，“绝顶”是名词和副词；《现代汉语规范词典》则认为“透顶”是副词，“绝顶”是名词和形容词；商务版《应用汉语词典》认为“透顶”是形容词，但认定“绝顶”是名词和形容词；上外版《现代汉语学习词典》也认为“透顶”是副词，而又认定“绝顶”是名词和副词。四本词典竟然没有一本是完全一致的。各家分歧可以归纳如表一：

表一

词性 / 词典	透顶	绝顶[1]	绝顶[2]
《现代汉语词典》	形容词	名词	副词
《现代汉语规范词典》	副词	名词	形容词
《应用汉语词典》	形容词	名词	形容词
《现代汉语学习词典》	副词	名词	副词

* 本文已发表于《语文研究》2008年第4期。本文曾在“语法比较国际学术研讨会(2007年10月，武汉华中师范大学)”上宣读，根据与会学者的意见，作了一定的修改。本文是国家社科基金项目(07BYY048)“近30年来汉语虚词的发展变化及其演化趋势研究”和上海市哲社项目(2006BYY006)“语法化理论与汉语虚词的发展与演化”的专题成果之一，并获得上海市重点学科三期“汉语言文字学(S30402)”的资助。对于所得到的资助与帮助，作者一并表示由衷的谢意。

另一方面，迄今为止，汉语语法学界研究副词的一些学者，大多数都不承认“透顶、绝顶”是程度副词[①]。而影响较大的几本虚词词典也存在着很大的分歧：比如，张斌主编的《现代汉语虚词词典》和曲阜师大编写的《现代汉语常用虚词词典》都明确地将“透顶”和“绝顶”标注为副词，《现代汉语八百词》增订本、北大中文系编写的《现代汉语虚词例释》和侯学超编的《现代汉语虚词词典》则不承认两词为副词而不予收录。那么，“透顶”和“绝顶”在当代汉语中到底具有哪些句法功能，究竟是否具备副词资格，这是本文想要深入探究的问题。此外，本文对“透顶”和“绝顶”的倾向性搭配关系也将展开详细的调查和分析。

除了前言和结语，本文分为三个部分。首先描写“透顶”和“绝顶”的基本功能和布分特征，然后考察其搭配关系和选择倾向，最后描写两词的非副词用法和其他功能。

为了使讨论的内容相对集中，能够更加准确地反映当代汉语的实际情况，除了少数特殊用例之外，本文所引例句基本上都选自当代新闻媒体上的语料，并且还有意识地作了定量分析。由于所举例句有不少与一般的看法不同，可能引起不同的理解，所以全部注明出处。

一　基本功能与分布特征

1.0　当前语法学界的共识之一是，既可以充当状语又可以充当补语的“很”、“极”是典型的程度副词。本文认为，既能作状语也能当补语的“绝顶”自然应归入程度副词，而由于受原实词结构关系的制约，通常只作补语偶尔也能作状语的“透顶”，也应归入程度副词。

1.1　前置和后置。副词“透顶”和“绝顶”在分布上的区别是：“透顶”一般只能后置充当补语，很少前置充当状语；而“绝顶”既可以充当补语，也可以充当状语。“透顶”充当程度补语时，既可以直接充当句子的补语，又可以充当句法成分的补语。例如：

(1)导演刘伟强聪明透顶，又很有童心，他深知什么样的电影最具有观赏性。（张扬《2005 电影好坏丑——一个电影记者的年终总结》人民网 2006 年 1 月 3 日）

(2)聪明透顶的谢长廷，当然预料到了这一点。所以，谢长廷两次向陈水扁请辞，但是陈水扁并未答应。（王义伟《台湾政坛两天两

次大地震》《中华工商时报》2006年1月18日)

补语"透顶"的述语主要是性质形容词,也可以是一些心理动词。例如:

(3)所有书籍的广告词都豪华得惊人,都有名人推荐、专家吆喝、媒体狂炒,好像不把你撑得恶心透顶,不把你脑袋彻底搅昏,决不罢休。(池莉《敬畏闲书》《人民日报》2006年3月13日)

(4)早前一口回绝出任今年超女评委的内地音乐人高晓松,声称对超女这样的节目已经"厌烦透顶"。(唐戟《男色裸露?魅力展现?追查〈加油!好男儿〉》《上海星期三》2006年6月9日)

此外,副词"透顶"有时也可以充当行为动词或述宾短语的补语。例如:

(5)原来它们是香江野生动物世界的动物明星,为庆祝广百新翼广之旅旅游文化新地带揭幕,特地前来上演一场鬼马精彩的"环球动物金像奖"名片片段,给市民带来一场搞笑透顶的动物明星电影SHOW。(汤绮婷《新形式,动物真鬼马 新天地,假期好开心——广之旅旅游文化新地带揭幕》人民网2005年7月28日)

(6)高金素梅一行人只是到靖国神社去讨个公道,他们的祖先枉死疆场,当时都是被日本军阀胁迫去的,人已经去世多年还不能辨个曲直,把灵位放在靖国神社与日本甲级战犯并列,真叫欺侮人透顶,连亡者也不放过!(王正方《勇敢的台湾人》《人民日报·海外版》2005年6月17日)

至于状语,"透顶"虽不像一般辞书所认为的那样"不能充当",但确实相当罕见。例如:

(7)从已经公布的李嘉廷的腐败事实来看,李实实在在是一个透顶腐败的坏分子,这么一个人你要他怎么去教自己的妻小?(沈默之《云南前省长李嘉廷疏于教导自己的妻儿?》人民网·强国论坛2001年1月2日)

(8)他们的文章都点到了周汝昌以鲁迅为挡箭的"透顶不老实的态度",宋云彬还借此委婉地替俞平伯打起抱不平来。(孙玉明《周汝昌、王佩璋——1954"红学"风波中的知识分子》《文汇报》2004年2月25日)

我们认定这个表程度的"透顶"是副词而非形容词,除了其语义虚化只表程度之外，还有两点句法上的理由：首先，这个“透顶”不能在前加程度，也不能加以否定。例如：

(9)继对陈水扁个人失望(＊很/＊不)透顶之后，李登辉对扁“政府”的两岸政策，也愈来愈“痛心疾首”。(《李登辉反对“经续会”将重炮轰扁阻两岸直航》人民网 2006 年 7 月 3 日)

(10)但是，最近三年多来，我们一直在冷战。他对我已经冰冷(＊很/＊不)透顶，我总能感到他对我的漠然和“看不上”。(珍珍口述《我该如何“赶上”老公?》《北京娱乐信报》2005 年 3 月 24 日)

其次，既可以充当补语又可以充当状语，在汉语程度副词中还有一批，比如“非常、万分”等，“透顶”与这些副词具有一致性，差异只是前、后置的比率相差较大而已。试比较：

(11)那天晚上范甘迪肯定也是痛苦透顶，但是毫无疑问他在几天之后就把这一切都忘得一干二净了，因为尼克斯队最终在 7 场 4 胜制的第 7 场比赛中顺利将对手淘汰，杀入了东部决赛。(孔孟飞英《建议火箭不宜多想裁判　应全力备战》《体育画报》2005 年 5 月 8 日)

(12)蛇：脱一次皮，便长大一分，虽然脱皮的过程痛苦非常，但成长的过程原本就是如此，不经历风雨，如何见彩虹?(《十二生肖与我的涉世体验》全球华人房地产门户网 2005 年 1 月 12 日)

与“透顶”相比，“绝顶”的句法位置比较自由，既可以前加，也可以后附。例如：

(13)五月，结婚高潮将至。婚纱，是婚礼中不可或缺的一部分，而对新娘来说，一袭漂亮绝顶的婚纱，更是她们心仪已久的美丽象征。(《组图：五月婚纱唯美传奇》国际在线 2006 年 4 月 28 日)

(14)云南，昆明，都举办过无数的选美、模特大赛，卡车宝贝评选，对所有云南人来说都是个新事物，但接收能力强的云南人，肯定会玩转此项活动，相信 5 月 20 日，绝顶美丽，绝顶聪慧的云南卡车宝贝会让全国人民眼前一亮。(《昆明站卡车宝贝选拔活动拉开序幕》人民网 2006 年 5 月 22 日)

与“VP 透顶”相似的是，“VP 绝顶/绝顶 VP”也都可以分别位于不同的句法层面上。例如：

(15)她虽精明绝顶，没料到两个活期存折被那个佛山佬弄清密码，趁其不备偷了存折去，把账上三万多人民币、五万多港币全额取出，逃得踪影杳无。（侯水生《走近"二奶" 看她们的生活》《焦点》2001年4月12日）

（16）本山是个绝顶精明之人，在辽宁算得上是个被"众星捧月"的大腕，混出了个脸儿，大小头头脑脑少不了与他套近乎。（鑫森《赵本山玩足球 难道真的能行？》人民网·强国论坛2005年6月15日）

同样，"绝顶"既可以充当心理动词的补语，也可以充当心理动词的状语。例如：

（17）不可否认的是，即便是被中国足球一次次伤透心失望绝顶并一再表示不再观看中国队比赛的人们，在这场特殊的战役面前，从感情上说，还是都希望中国足球队能够过关，能够晋级明年的八强赛。（牟晓杨《国足一球劣势惨淡出局 死比活着也许要好》《大连日报》2004年11月18日）

（18）没有J-10A（战机）的航展令大多数航空迷绝顶失望，但是，J-10A的影子无处不在，中国航空工业第一集团播出的录像带上，只有一秒钟的一个镜头即刻被笔者捕捉，它就是J-10A。（《歼10装备空军 中国新型隐形战机研制启动》黑鹰红客基地2006年1月16日）

上面的描写和归纳说明：副词"透顶"表程度时并不像一般辞书所说的那样是"绝对唯补的"，事实上，在一定的条件下，"透顶"也可以前置充当状语，尽管这种组配的出现频率还很低。而兼有状语和补语双重功能是相当一些程度副词的句法特点。副词"绝顶"在限定极性程度时，其位置是任意的，既可以前置也可以后置，除了语用上的细微差异外，充当状语和补语在限定功效上并没有实质性的区别。需要特别指出的是，以往的一些语法学者之所以不愿承认"透顶"是汉语的程度副词，关键的原因就是认为"透顶"不能充当状语，与副词的基本定义不符。其实，这种观点显然是囿于汉语语法体系自身的分析。从类型学的角度看，后置的"透顶"也可以不分析为补语，而认为是后置状语。譬如在英语中，"extremely enjoy the play"和"enjoy the play extremely"中的"extremely"都是状语。

1.2 粘合和组合。在充当程度补语时，通常情况下"透顶"必须充

当粘合式程度补语,但有时为了强调补语的程度,也可以充当“得”后的组合式补语。例如:

(19)5 月 30 日,毛主席批发了一份材料,要求所有从事调查研究的同志,不要采用“官僚主义的老爷式的使人厌恶得透顶的那种调查法”。(薄一波《回忆六十年代初毛主席倡导的调查研究新风》)

(20)(王思懿)说起感情上的事也是坦率得透顶:“我喜欢恋爱的感觉,喜欢频繁地与不同的人约会,这就叫广泛培养重点选拔吧。”(王江月《多情王思懿　双面伊人》《北京青年周刊》2000 年 10 月 16 日)

此外,“透顶”有时还可以充当结构助词“个”后面的补语,以突显事件的结果。例如:

(21)伊朗队像其他几支西亚球队一样,开局很快就进入了状态,在专程来观战的 40 多位伊朗大使馆工作人员的摇旗呐喊下,他们简直有如神助,大力发球让日本队无法组织快攻,而日本队的几个火力点又让他们研究个透顶,身材高大,弹跳力量俱佳,扣球有如炮弹出膛,伊朗队让日本队的防守难堪其负。(记者 李睿《日本向伊朗低头》《今晚报》2003 年 9 月 7 日)

当然,是粘合还是组合,同中心语的音节构成密切相关。一般说来,中心语是双音节或多音节的,“透顶”多为粘合式补语,中心语是单音的,“透顶”多为组合式补语。例如:

(22)若干年里,只有那么几张面孔几首歌在眼前晃荡在耳边嗡嗡,即使歌手再漂亮、歌曲再动听,相信谁都会腻。所以说,刀郎的走红有一定的必然性,并且刀郎这小伙儿运气好得透顶。(《刀郎、宋祖英、周杰伦,谁是真音乐范本》资料屋 2005 年 11 月 25 日)

(23)但腐败分子中竟然也有不那么“坏得透顶”的,像余斌这样还讲点良心,离做人的第二个层次相差不是太远,这就让一部分老百姓高呼“庆幸”,甚至期待“法外开恩”,这样的黑色幽默让人感到悲怆。(石城客《换个角度看“用受贿款扶贫”》《当代生活报》2005 年 8 月 3 日)

可以分别充当粘合式或组合式的程度补语,它相当于“很”和“极”在补语位上的分布总和。这就表明“透顶”作为程度副词已非常典型,其副词化进程也已发展到相当虚化的阶段。不过,以“透顶”作补语的单音节谓词并不多,统计中只发现"红、好、美、酷、纯、坏、傻、穷、怪、烂"等十来个。即使这些单音节词,也有不少可以兼带粘合式补语。试比较:

(24)如果一个名不见经传的艺术家将自己的一件成熟作品重新画一幅,署名像陈逸飞这样红得透顶的大家,将之送拍,在时机成熟时并就此事上诉、维权的话,虽然获得赔偿的可能不大,但受到的关注肯定不少,(本来)名不见经传有可能在一夜之间变成全国闻名。(《825 万"陈逸飞〈飞天〉"疑为克隆》《东方早报》2006 年 3 月 16 日)

(25)红透顶的陆毅手抱各个大奖,依然对自己上海戏剧学院同窗女友不离不弃,令人感动。(村长《明星"校园恋情"能持否?》《新快报》2000 年 12 月 26 日)

比较而言,"绝顶"充当补语时所受到的限制要严一些,通常只有粘合式一种。试比较:

(26)廉洁奉公是每一个法官(包括每一个执法人员)的义务,这反映了一个问题,那就是我们的执法队伍已经腐败得透顶(腐败透顶)了,需要额外的刺激才能提高他们对基本素质搞高。(网友新闻热评《上访的接待部门　不全是执法部门造成的效率低下》人民网 2003 年 2 月 27 日)

(27)遥想当时,明朝的政治、军事已病入膏肓,处于腐败绝顶(*腐败得绝顶)的状态,缺兵少粮。在这样不利的局面下,去和一个纵横无敌的大英雄对抗,需要多大的勇气和智谋。(今风《大明皇朝里的亡命徒》,转引自金庸《袁崇焕传》)

"腐败得绝顶"之所以不能成立,似乎跟"透顶"和"绝顶"的语法化过程有关。据历时调查,副词"透顶"是在补语位副词化的,而副词"绝顶"则是在状语位副词化的,所以,在补语位置上,"绝顶"没有"透顶"那么常用和发达,也就不需要或难以形成相应的变式。就这一点看,同样表示程度,位置自由的"绝顶"反而不如位置固定的"透顶"副词化程度高。

二　选择倾向与搭配方式

2.0　撇开词性的分歧,在论及这两个词的搭配关系以及举例说明时,各家的观点倒是比较一致,几乎都认为"透顶"一般需要跟消极义(或者说贬义)的词语搭配,而“绝顶”通常多跟积极义(或者说褒义)的词语搭配[②]。那么,这种搭配选择究竟在多大程度上符合当代汉语的实际呢?我们选取了近些年来“透顶”和“绝顶”各800条有效例句进行定量分析和统计。此外,本节还将分析“NP+透顶”和“NP+绝顶”的功能和表达差异。

2.1 消极义和积极义。首先,调查发现,在当代汉语中,副词“透顶”虽然主要同消极义词语搭配,但并不像人们想象的那样严格。实际上,现在“透顶”与积极义词语搭配的现象还是相当常见的。这些积极义形容词大致可以分为三类,一类以描述人的秉性为主,比如“聪明、聪颖、精明、机灵、朴素、老实、可爱、高尚、清纯、浪漫”等。例如:

(28)(孙悟空)聪颖透顶,本领通天,业务能力强那是没说的,但毛病也不少。(山林《反腐巨著——〈西游记〉》人民论坛2003年6月26日)

(29)人工智能十分灵活,虽然玩家们机灵透顶,但是魔兽们也不示弱,只要有机会,它们随时都会和玩家进行挑战。(《〈9 Dragons〉美式“卧虎藏龙”网游版本》人民网2006年3月14日)

再一类以表示人的感觉为主,比如“高兴、舒服、幸福、绝妙、精辟、大胆、实惠、豪华、明亮、清凉”等。例如:

(30)谈恋爱时,晴玉是世上幸福透顶的女孩。那时她在老家重庆读中专,男朋友严俊大专毕业后来到深圳,在他父亲朋友的建筑公司里做管理员,每个月有几千元收入。(刘琨《情感天空:徘徊在爱和面包之间》《深圳晚报》2004年2月25日)

(31)今夏的京城姑娘们可谓是清凉透顶,吊带裙、露肩装、抹胸一件比一件“凉快”,还有什么露背装、露脐装以及露腿热裤、露踝七分裤、露趾凉鞋等。(杨滨 张宏江《经济越发达 衣着越暴露》《北京晚报》2001年7月25日)

当然,上面这样两分其实只是观察基点不同,很可能会存在一些交叉。比如“可爱、浪漫、高尚、清纯”等,既是一种秉性,但在别人看来也是一种感觉。例如:

(32)设想一下,晚上泡在水汽酽酽的池中,关上灯,让银色月光穿过枯枝从大窗户外照耀着你,满世界都是寒冷,你却只感到温暖,那感觉真是浪漫透顶。(《暴走京郊:发现新私汤》《精品购物指南》

2006 年 2 月 23 日)

(33)运用之妙存乎一心,身在高位,随便动动嘴就促成交易,赚上大把银子,成就感高。无本生意天下难觅,权力与地位真是可爱透顶。(唐荒《吴淑珍心情真郁闷》《人民日报·海外版》2006 年 4 月 26 日)

有些非述人褒义词,也可以转用来表示人的秉性,所以下面"实惠"和"明亮"的功用不同:

(34)景区导游是按团收费的,长达几小时的边游边讲,每团收费几十元,凑人数合请一个导游,每人只需几元钱,简直实惠透顶。(《云山　闲云野鹤的道家生活》《申江服务导报》2003 年 9 月 25 日)

(35)这娃硬是脑壳上安灯泡,明亮透顶。他想,十里长街没有不散的宴席,超级女声眼看就结束,凉粉盒饭收刀捡卦,又该啷个捞钱呢?(张老侃《卖凉粉的牛 PK》《重庆晚报》2005 年 8 月 29 日)

最后一类是杂类,包括褒义的单音节性质形容词和积极义的陈述化活用式名词,比如"红、好、美、酷、纯,阳光、贵族、豪气、小资、性感"等。例如:

(36)望着她的背影,倏地,宋江桀觉得今儿个的心情好得透顶。上车时,他吹着口哨坐到明显往旁边挪了好一段距离的小女人身边。(刘芝妏《美人计·吾家有女初长成》)

(37)五官端正秀气,像个南方人,个头足有一米八多,身穿着阿迪的运动 T 恤,宽大的仔裤,运动鞋,真是阳光透顶呀!(《泪流爆米花》《猫扑大杂烩》2006 年 6 月 23 日)

除此以外,"透顶"还可以与一些中性义的形容词搭配,比如"平凡、单纯、简单、神秘、坦率、复杂、浓厚、干燥、麻辣、滑稽"等。例如:

(38)因为从懂事起,她的家庭生活就被男人、女人之间错综复杂又简单得透顶的——从开始种种兜圈子、迂回,故作姿态、假正经、虚假的爱、扭捏的情,一直到最后简单得不能再简单地脱衣服上床睡觉——这些事情所充斥、所包围。(肖复兴《早恋》第 4 章)

(39)空气温度 43 摄氏度,地表温度 70 摄氏度,我们一行 32 人赖以生存的就是那几瓶纯净水,水从皮肤表面直接迅速挥发为气体,干燥透顶了的空气恨不得一下子把你吸成干尸、木乃伊。(陈雅丹《水·绿色·人》人民网 2006 年 4 月 19 日)

总之，尽管在总体比率上，与“透顶”搭配的褒义和中性义形容词还不算很高，但有一点是确定无疑的，“透顶”绝对不会仅限于跟消极词语搭配。根据对800条例句的分析，就单词出现率统计，褒义和中性义词约占21%；但是由于某几个贬义词重现率特别高，譬如最常用的“糟糕透顶”和“无聊透顶”分别出现了190次和80次，“失望透顶”、“腐败透顶”和“荒唐透顶”各出现了近60次，所以，就总例句出现率统计，褒义和中性义只占到8%左右。

在当代汉语中，副词“绝顶”的搭配范围显然要比“透顶”窄得多，但是，有一点也是肯定的，“绝顶”与消极义形容词搭配也是相当普遍的，而且很早以前就是如此。例如：

(40)腐败绝顶的政府，娼妓生涯的党徒，盘踞国中，甘心为恶，铁道卖尽，矿山卖尽，森林卖尽，商埠卖尽，乞得日本来的枪械、饷款，训练官兵，屠杀人民，与市民战，与学生战。(毛泽东《湖南人民的自决》)

(41)不可否认的是，即便是被中国足球一次次伤透心失望绝顶并一再表示不再观看中国队比赛的人们，在这场特殊的战役面前，从感情上说，还都希望中国足球队能够过关，能够晋级明年的八强赛。(牟晓杨《国足一球劣势惨出局　死比活着也许要好》《大连日报》2004年11月18日)

统计中，与副词“绝顶”搭配的消极义形容词，主要有“失望、绝望、倒霉、腐败、荒唐、荒谬、荒诞、蛮横、疯狂、刁钻、狡猾、淫秽、败坏、可笑、奢侈、黑暗、矫情、粗心、淘气、傻气”等，数量不多。与“透顶”不同的是，有相当一些搭配是状中式的。例如：

(42)绝顶狡猾的扎哈维已经把皮球踢到了曼联一边，但是作为曼联这样薪金体制十分严格的俱乐部，破坏现有的结构并不是一件易事。(《“里奥门”引发曼联恐慌　弗格森出面无奈警告爱将》《体育在线》2005年4月21日)

(43)不知道余先生是绝顶粗心、视而不见，还是明知故犯、有意蒙人？只有留待他自己来解释了。(金文明《金文明再度炮轰余秋雨》东方网2004年6月24日)

而且，常常是同一个贬义词，“绝顶”既可以前置作状语，也可以后置作补语。例如：

(44)法国著名天文学家弗拉马利翁在1879年说:你以为一切都已经发现了吗?那真是绝顶荒谬。(《欧探测器传回第一个讯号 人类第23次叩问金星》《解放日报》2006年4月12日)

(45)如此荒谬绝顶的所谓"准则"和做法,根本不可取!(野舟《荒诞经典的"生命权大于路权的准则"》人民网2004年11月2日)

在统计的语料中,与副词"绝顶"搭配的积极义形容词,主要有"聪明、聪慧、精明、美丽、艳丽、漂亮、好看、可爱、勇敢、非凡、高超、出色、过硬、丰盛、豪华、奢华、节约、神通、奇妙、前卫"等,数量也不是很多。例如:

(46)费尽心思替主子擦屁股,更挣得一个紧守政府财产的美名。他是位聪明绝顶的政客,但终究还只是阿扁的一名家臣。(马康庄《罢免案没过 民进党最受伤》人民网2006年6月30日)

(47)真正的科学,就是一群绝顶聪明的"顽童"玩的天才游戏。它不是课本上的一条条公式,而是一个个有趣的家伙的传奇。(陈鸣华《改变人类文明的天才游戏》《新民晚报》2005年8月16日)

从上面的分析可以看出,就单词出现率而言,与"绝顶"搭配的形容词,消极义和积极义基本相等(各占50%左右),具有相当的均衡性。但是,比起"透顶"来,副词"绝顶"与某些积极义形容词的搭配,习用性更为突出,尤其是与"聪明"的搭配,几乎占到了副词例句的八成。在800条例句中,含有副词"绝顶"的共有420条,其中"绝顶聪明"出现205次,"聪明绝顶"出现120次,两者加在一起占到全部副词用例的78%左右[3],这是一个相当惊人的比率。也就是说,"绝顶"和"聪明"间的搭配在现代汉语中已高度习用化了,已形成了一种习惯性的准固定模式。由于"聪明"和"绝顶"之间互相依存的程度非常高,所以,如果就总体例句的出现率来统计,"绝顶"与褒义词搭配的比率竟然高达88%左右。

2.2 补语性和谓语性。"透顶"和"绝顶"充当补语时,一般都跟在谓词后面。但"透顶"还可以跟在一些陈述性体词后面充当补语,以表示极性程度。例如:

(48)那些清谈家可比这里的朋友要清雅的多,穿的是临风飘举的长袍,宛若神仙下凡,韵音令辞是语言优美动听,现在的小资情调不可比,真是高尚透顶、贵族透顶!(梅渊《占领高音喇叭》人民网2004年5月17日)

(49)巴乔射失那粒点球的情景，那时我的记忆是多么纯粹，我只看到那忧郁如湖水的深蓝色眼睛起了雾气，然后就下定决心在第二天的考试中考一个好成绩为巴乔报仇，这个想法当然显得白痴透顶，但确实是巴乔帮助我考了一个想象不到的高分，那时的我就真的很白痴地以为我替巴乔报仇了。(《欧锦赛特刊—涛声依旧　呆若木鸡　孙子兵法　落木萧萧》《北京娱乐信报》2004 年 6 月 18 日)

这两个“透顶”，与用在谓词后的当补语的“透顶”完全一样，都是表示极性程度的。再比如：

(50)无论如何优秀的男人，无论从任何角度审视都豪气透顶的“爷们”，其实在他们威严震慑的目光之下，宽阔坚实的胸膛一边，粗壮有力的手臂之下，都有几根不痛不痒、不大不小的软肋。(《男人其实有很多恐惧——触摸男人的软肋》《齐鲁晚报》2001 年 9 月 17 日)

(51)第一次见面，在同学夫妇设的便宴上，爸爸使劲往妈妈盘中夹韭菜，妈妈心想：这人真呆，死心眼透顶，我盘里的根本没动，可他还拼命往里夹。(周如苹《携手人生六十年——忆我的父亲周培源》)

甚至少数非陈述化的名词，比如“小女人”，也可以后接副词“透顶”表程度。例如：

(52)东讲讲，西讲讲，谈吃，谈穿，谈球，谈男人女人，谈路上发生的故事。这是一本非常生活化的书。生活化的东西通常比较难驾驭，弄不好就小女人透顶，或者真正地成了“口水”。(雨格《关于一个广州女人的想象 ——张梅和她的〈口水〉》《新民晚报》2003 年 8 月 6 日)

与此形成鲜明对照的是，副词“绝顶”是不能充当体词的补语的。语料中所出现的“N＋绝顶”，不管是充当谓语的还是定语的，几乎都是名＋形的主谓短语。例如：

(53)师傅……的确是因为他天资绝顶，才将空桑剑圣一脉的所有倾囊相授么？莫非，师傅是得知了他们云家祖上的秘密？(沧月《镜・破军》第二章 古墓(2)人民网 2005 年 10 月 25 日)

(54)电视剧《亮剑》的主角李云龙有一句经典的台词——一支部队要有敢于亮剑的精神。当一个剑客遭遇另一个技艺绝顶的剑客，即使本领不济，也要亮剑在手，奋力一搏，哪怕倒在对手剑下，也要捍卫剑客的荣誉。（许昌兵《快意十运：勇于亮剑》《京华时报》2005 年 10 月 12 日）

这两句中的“绝顶”都是“最为出众、极为突出”的意思，都是充当谓语的形容词。

那么，“透顶”和“绝顶”在体词后面为什么会有这样的区别呢？首先，从搭配关系看，“NP 透顶”都可以变换成“非常 NP”，说明这个“透顶”是表示程度的副词，因此，这个“透顶”只能是补语，不会是谓语。而表示程度极高极深的“绝顶”既可以是副词，也可以是形容词，区分就在于跟谓词组合还是跟体词搭配。所以，“N＋透顶”是述补短语，而“N＋绝顶”是主谓短语。其次，从名词特征看，“透顶”前面都是表内涵义的、可以被“很”修饰的性状义化名词，比如“贵族、小资、阳光、性感、豪气、白痴、垃圾、低能、俗气、混账、混蛋、死心眼”等。而“绝顶”前面都是表示抽象义的、不能被“很”修饰的概念化的名词，比如“功夫、功力、神功、武功、轻功、舞功、技能、才能、技术、球技、琴技”等。

从上述描写和统计可以得出如下结论：“透顶”和“绝顶”的搭配差异和倾向是客观存在。但是，在当代汉语中，在“透顶”的搭配对象中褒义词已占到五分之一，而且这种趋势还在进一步发展；“透顶”能够向褒义词开放，也说明其副词化程度正在逐步提高④。而“绝顶”对褒类词的倾向性选择，主要是通过“聪明”一词的高频习用性实现的。此外，由于“透顶”后置表程度已经典型化，形成了特定的格式义，所以一些“N＋透顶”就可以陈述化并且程度化。而“绝顶”表达程度的方式灵活，既作状语又作补语，充当补语并不是典型格式，加之本身的词性较为多样，所以一旦出现“N＋绝顶”组合，就只能是更加典型的主谓关系。

三 次要功能与其他用法

3.0 本节主要讨论“透顶”和“绝顶”的非副词用法。迄今为止，人们谈到“透顶”时，虽然对其词性存在不同的认识，但几乎都认为“透顶”是一个单功能词。其实，“透顶”和“绝顶”都不是单功能的，“透顶”还有区别词用法，“绝顶”除了名词外，还有形容词用法。而且，这两个词在特定语境中都可以分别转化为形容词或动词，以表达某些特定的意思。

3.1 定语和谓语。“透顶”和“绝顶”都可以修饰体词或指称性的谓词，充当定语（“透顶”必须后附“的”，“绝顶”不一定）表示“极顶程度的、不折不扣的”。例如：

(55)瞧这只狐狸，竟有着透顶的聪明。它居然学会了用世人的语言来教育世人。（蔡成《别嘲笑那只狐狸》《城市快报·城市副刊》2004年12月9日）

(56)没有任何人能一生一世一帆风顺，也没有任何人能得到所有想要的东西，在现实的生活面前，健康的心态绝对要比绝顶的聪明、显赫的背景、突出的成就……都来的重要得多。（《哪种男人值得嫁》《南国都市报》2004年10月25日）

两者的区别在于：首先，在功能上，当代汉语“透顶”只能充当定语，不能充当谓语，是区别词；而“绝顶”既可以充当定语，也可以充当谓语，是形容词。试比较：

(57)她早年外号“飞天燕子”，轻功绝顶（*透顶）；人如轻燕，飘飘若飞，谭一庚抓她不住，竟被她飞出宫门，扬长而去，只留下一串银铃般笑声。（鸿雪《幻世魔情》第二卷 恍然梦境 七十九章 天下最寂寞的人）

(58)连天帝都对我说过，青儿资质绝顶（*透顶），是一个百年难见的武林奇葩。何况，她自小在林中长大，学武更加是心无杂念，进步神速……（沧月《曼青（三）》2005年7月28日）

非性状化的“NP＋透顶”不能成立，表明当代汉语中不存在表程度义的形容词“透顶”。不过，需要指出的是，直到在20世纪30年代，这个“透顶”还是形容词，还可以直接作谓语。例如：

(59)这里的压迫是透顶了，报上常造我们的谣。（鲁迅《书信集·致曹靖华》）

(60)但这位——戴先生用“忠实于自己的艺术”来和“为艺术的艺术”掉了一个包，可真显得左翼理论家的“愚蒙”透顶了。（鲁迅《杂文集·又论“第三种人”》）

随着“透顶”副词化的成熟，主谓关系都已转向述补关系，现在只保留了偏正关系。例如：

(61)农妇只把羊羔抱走，没有牵走母羊，倒是透顶的公道了。（郭沫若《地下的笑声·金刚坡下（五）》）

(62)当局不惜花费6108亿新台币，极力推动的对美军购案，被李敖直斥为"透顶的荒唐"。(赵卫林《李敖：台湾当局在用假货蒙人》新华社北京2004年12月7日电)

其次，语义上，"绝顶"还可以表示"精妙绝伦的、不折不扣的"，"透顶"一般不能。例如：

(63)古巴芭蕾的独具风采就在于把地道的法兰西浪漫情怀、绝顶的(＊透顶的)俄罗斯旁腿高抬、耀眼的意大利脚下华彩、火爆的西班牙斗牛气派、赤裸的拉丁人男欢女爱，连同古巴人那血肉丰盈的动感和出类拔萃的乐感完美地融合。(郭佳《古巴芭蕾缔造者阿隆索：天鹅不老　传奇永生》《北京青年报》2003年12月12日)

(64)原因很简单，自普拉蒂尼、马拉多纳之后，世界足坛已无绝顶的(＊透顶的)9号球星——那种能在攻城拔寨与调度指挥之间恣肆挥洒的神鬼之才了。(老毛《托蒂已披10号　亨利只有等待——"储君"登临　道阻且长》《新京报》2004年6月16日)

最后，在用频上，"透顶"作定语的比率很低⑤，远远低于"绝顶"，出现率约为1∶22。

3.2　宾语和补语。"绝顶"表示"(山的)最高峰"时，可以直接作宾语(或主语)，这一点一般辞书都已指出，尤其是引用杜甫诗句的比率非常高，在统计的语料中，名词"绝顶"共出现200多次，其中"会当临绝顶"就被引用近100次。值得关注的是，名词"绝顶"的抽象化引申用法，表示"最高层次、最高境界"，这一义项一般辞书都没有提及。例如：

(65)尽管李昌镐一直谦逊沉稳，但透过他孤独、沉默的外表，我们能感觉到他内心深处的那种强烈的"自负"，还有身处绝顶俯视天下时的威严。(李昌镐《胜负取决技术　天才只有吴清源和曹薰铉》《体坛周报》2004年6月30日)

(66)记者应该尽一己之力追求全人类或大多数人的自由和幸福，这是记者的职业所能达到的绝顶。(陶克强《记者的良心与正义》2004年11月5日人民网)

抽象化的"绝顶"一旦由宾语位扩展到定语位，形容词"绝顶"也就逐渐形成了。例如：

(67)李清照这诗句是这种形式的技巧上的完成，而把自己的痛苦夸张到荒谬绝伦的程度是这类性质的绝顶。(傅国涌《〈百年潮〉

少年金庸的几篇旧文》人民网2004年12月6日)

(68)国足在沈进行比赛期间,享受的是“绝顶”的待遇。(高寒微《小鸡炖蘑菇上桌　无菌服务伺候——国足在沈将享受特殊服务》《重庆晚报》2001年6月8日)

据调查,“透顶”历史上从未成为过典型的名词,所以一般不能充当宾语。不过,“透顶”和“绝顶”位于“V到”后面时,究竟是宾语还是补语,目前存在着不同的认识。例如:

(69)那些将马(加爵)描述为“混世魔王”的报道,尽管有夸张渲染、断章取义的嫌疑,但考虑到“坏人就该坏到透顶”的习惯思维,并非一些记者所独有。(联响《从“娱乐版马加爵”看媒体之“怪现状”》《华东新闻》2004年3月19日)

(70)奴才做了主人,是决不肯废去“老爷”的称呼的,他的摆架子,恐怕比他的主人还十足,还可笑。这正如上海的工人赚了几文钱,开起小小的工厂来,对付工人反而凶到绝顶一样。(李晶《是该挺起腰杆惩治“血汗工厂”的时候了!》人民网2006年6月21日)

我们认为,既然其述语是[+程度]的谓词,那么该“透顶”和“绝顶”看作补语更合理。再如:

(71)公不公?当然不公。荒唐不荒唐?简直荒唐到了透顶。(邵道生《荒唐的判决与百姓的告状难》人民网2003年10月23日)

(72)如果态度不诚恳,我可以再加深认识,但是对你的爱就这么多了,实在是多不了了,因为已经爱到绝顶了,望明察。(《掉线男网友的搞笑检讨》人民网2006年5月25日)

3.3　特用法与实用法。前面已经指出,在现代汉语中,“绝顶”保留了古汉语中“会当临绝顶”的老用法,而“透顶”则保留了一种表示实词意义的特殊用法,那就是表示“(光线)透过顶层的、直照顶层的”,这个“透顶”可以认为是另一个表特定义项的形容词。例如:

(73)广渠门桥西北角“富贵园”的板式小高层,80%的使用率,同时配备3000平方米五星级多功能会所,小区主入口的五星级酒店式大堂由四季园林透顶大堂、落地钢化玻璃、高档大理石、装饰画、雕塑、造型灯光组成,其性价比很高。(《如何看待“房屋使用率”走出3大误区》《北京娱乐信报》2002年8月15日)

(74)独立的雕塑有气势不凡的透顶殿堂,有基座上圆下方的巨

大宝鼎,还有象征中华图腾的巨龙,等等。(王开明《德阳石刻艺术〈中华魂〉》《中国文化报》2001年2月7日)

正因为还有个形容词"透顶",所以"阳光透顶"既可以是述补式,也可以是主谓式。试比较:

(75)每次去的路上,总可以看到那些五颜六色的孩子们,阳光透顶。我会想,不知道那里面是不是有一个和我一样的女生在很悲观地生活而找不到方向。(愈彻《瑞美千色》活力吧论坛2002年2月23日)

(76)园林部分,设置了嵌入式园艺景观,落差式水景,阳光透顶咖啡街,底层精品商业区,为今后业主生活增添了不失体面的轻松休闲待客场所。(许琳《新新人类理智购买小户型》家居网2003年1月22日)

实用法也是表示实词意义,或将"绝顶"活用作动词表转述,表示"脱发、秃顶"。例如:

(77)当谢诏摘下那顶戴了一整天的帽子之后,烛光在他的脑袋上照出了反光,公主吓了一大跳,她的驸马很尴尬地摸了摸那个几近"绝顶"的聪明脑袋,嘿嘿傻笑,这一夜,驸马大概被公主罚睡了地板。(陈雄《梦中情人　现在怎么样》人民网2005年10月18日)

(78)脱发,一直被认为是中老年的"专利",但是如今不少人年纪轻轻却有"聪明绝顶"之势。有人戏称,在高档写字楼门口,可以看见进进出出的30岁左右的男子显得越来越"聪明"。(于巍、蒋月荣《睡眠不好　小心"绝顶"》健康知识网)

或将"透顶"用作字面意思表摹状,表示"布满头顶的、渗入头顶的"等意思。例如:

(79)陈外郎不但在日本以医术传世,他的后人更将中药融入了糕点的制作。其中有一种药糕放在人的头上,表面会融化并发出香气,被天皇赐名"透顶香"。外郎家也从此成为日本知名的糕点制作家族。(《听说过却没见过的中国》人民网2006年1月23日)

(80)大家只看到,光着屁股的加图索举着水壶,将里皮淋了个透顶。身边的人一边打闹,一边躲着"丧心病狂"的里诺。(《银色纸屑漫天飞舞　24年后蓝军再度登顶世界之巅》《今晚报》2006年7月10日)

这两种实用法，其实是在某种程度上恢复了“绝顶”和“透顶”词汇化以前的一些功用。

四　结语和余论

4.1　从句法分布和词类归属看，“透顶”除充当补语外，偶尔可以作状语、定语，特定情况下还能当谓语；“绝顶”除充当补语、状语外，还可以充当定语、谓语和宾语。除特定义项形容词外，“透顶”基本上是个加词，副词兼区别词，而“绝顶”则是个多功能词，既是副词又是名词和形容词，还能活用为动词。据此，可以将两词的句法功能和词类归属归纳如表二：

表二

	补语	状语	定语	谓语	宾语	副词	名词	动词	形容词	区别词
透顶	+	(+)	(+)	(−)	−	+	−	−	(−)	(+)
绝顶	+	+	+	+	+	+	+	(−)	+	−

* 加( )者为不太常见的或非严格意义上的，比如“透顶”曾经是形容词，现在还保留着特定的形容词用法。

4.2　从搭配关系和表义倾向看，“透顶”和“绝顶”由于受各自原构词结构和词义积淀的影响，分别倾向于同消极义和积极义词语共现，这是客观存在的。但是，从当前的使用情况看，这种搭配关系只是一种倾向而已。对于这种搭配选择，应该认识到：首先，人们主观感觉上“透顶”和“绝顶”在褒贬词语间存在巨大的选择差异，其实是因为某些词语搭配的习用化而被大大强化了；其次，这一现象正在改变，尤其是“透顶”与褒义词的搭配正在迅速地增长。

4.3　从相互关系和发展变化看，“透顶”和“绝顶”在句法分布上之所以存在差异，是同这两个词原来的句法构造关系密切相关的。这一点可以通过分别与“透顶”和“绝顶”在构造和词义相似的“到顶”和“极顶”得到很好的旁证⑥。这后两个词现在也正经历着副词化的过程。首先，“到顶”正由述宾短语虚化成副词，所以一般都要充当程度补语。例如：

(81)捷克预选赛对荷兰保持不败而顺利出线，但在心底他们还是自叹霉运到顶，头号球星内德维德看到荷兰的名字后说：“每次抽签，我们从来没有交过好运，今天又遭遇荷兰更证明了这一点。”(杨

天婴《4231"叫板"442 橙衣军团明晨巅峰对决东欧铁军》《中国体育报》2004年6月19日)

(82)此外,李幼斌又是一个顽固到顶的人,凡是与《亮剑》这部戏无关的问题,一律不回答,防守之严密,可谓滴水不漏。(孙琳琳《李幼斌:演李云龙让我激情无法控制》《新京报》2005年10月1日)

上面前一个"到顶"还留有述宾短语的痕迹,后一个"到顶"已接近于程度副词了,这同"透顶"的虚化方式完全一致,所以"透顶"现在还是主要充当补语。其次,"极顶"跟"绝顶"一样,都是由偏正短语逐渐虚化成副词的,所以虚化后既可以作状语也可以作补语。例如:

(83)在我们大院,有个极顶聪明的孩子,叫易袁,爸爸攻读博士,受家庭熏陶,今年两岁挂零,却俨然像个大人。(我是云彩《打了营长的屁股》)

(84)当年在长安城外看见你,我就知道你身体资质极佳,难得的是脑子也聪明极顶。(东方玉《飞龙引》第八章 江湖到处有恩仇)

由此可见,由于受语法化机制的影响,具有相同结构关系的短语,由于受本身语义积淀的促发和句法关系的制约,一般都会遵循相同的虚化轨迹,尽管虚化时间会有先后。

4.4 从词类性质和功能转化看,通过对"透顶"和"绝顶"的分析,可以进一步认识到:汉语的副词绝不是只能作状语的单功能虚词。从历时进化看,由于词的新功能产生旧功能不会因此而消亡,有相当一些副词还会保留原有的功能。从共时差异看,副词功能往往只是一些多功能词的某个发展阶段的表现,各种功能之间互有联系因而构成了连续统。而副词的不同用法之间,必然会存在常见和偶现、典型和非典型的差别。副词句法位置的前与后,搭配关系的褒与贬,都不是一成不变的严格规律,而是人们在一段时间内遵循的语言习惯,副词的分布和搭配的差别很可能只是使用频率高低的差异。由于社会因素、传播媒体和语言使用者的互相影响,一些副词的内部差别会走向中和,但新的用法又会在新的条件下产生。所以,在研究虚词和编撰辞书的过程中,不但需要深入详尽的调查,更应该注意语言的变化。

附注:

①除了张谊生(2000)明确认定"透顶"和"绝顶"是程度副词外,李泉(1996),杨荣祥

(1999),蔺璜、郭姝慧(2003)等三篇讨论汉语程度副词性质和范围的文章,都不承认“透顶”和“绝顶”是程度副词。

②明确指出“绝顶”多跟积极义词搭配的论著和辞书并不很多,只有张斌主编的《现代汉语虚词词典》指出“主要修饰积极义双音节形容词”。一般的都是通过举“绝顶聪明”等例子来说明或暗示的。

③不包括“聪明绝顶”的转用法,即将“绝顶”实用为“脱发而秃顶”,此类用法分析详后。

④我们在“百度网”上另外还搜索到“绚丽透顶、绝美透顶、时尚透顶、精彩透顶、迷人透顶、真实透顶、风骚透顶、白皙透顶”等表示褒义或中性义的用例,由于不在800句之内,所以没有归入统计范围。

⑤在所调查的语料中,还出现了“透顶的腐败、透顶的痛苦、透顶的荒谬、透顶的精明”等定中短语。

⑥《现代汉语词典》(2005年第5版)和《现代汉语规范词典》都认为“到顶”是动词,“极顶”是名词和副词,这显然是不全面的。其实,“到顶”在现、当代汉语中已经虚化出充当程度补语的副词新用法。

参考文献:

[1]李泉.副词和副词的再分类[M]//胡明扬.词类问题考察.北京:北京语言学院出版社,1996.

[2]蔺璜,郭姝慧.程度副词的特点范围与分类[J].山西大学学报,2003(2).

[3]刘兰民.现代汉语极性程度补语初探[J].北京师范大学学报,2003(6).

[4]沈家煊.“语法化”研究综观[J].外语教学与研究,1994(4).

[5]杨荣祥.现代汉语副词次类及其特征描写[J].湛江师范学院学报,1999(1).

[6]张谊生.程度副词充当补语的多维考察[J].世界汉语教学,2000(2).

[7]Lyons J. Semantics[M]. 2vols. Cambridge: Cambridge University Press,1977.

[8]Traugott E C, Heine B. Approaches to Grammaticalization[M]. Amsterdam: John Benjamins,1991.

附录(所调查的800条当代汉语例句中出现的与“透顶”搭配的词)

肮脏	霸道	错误	倒霉	低俗	低能	毒辣	恶心	恶俗	乏味	反感
反动	烦躁	烦恼	腐烂	腐朽	腐化	腐败	疯狂	古怪	怪异	黑暗
糊涂	荒谬	荒诞	荒唐	荒淫	昏庸	狡猾	骄狂	绝望	沮丧	可恨
可笑	狂妄	冷漠	落后	没劲	冥顽	麻烦	麻木	难过	难吃	难看
恼火	腻烦	疲惫	疲倦	平庸	伤心	奢华	失败	失望	俗气	衰败
讨厌	痛心	顽皮	顽固	顽劣	窝囊	无知	无耻	无理	无聊	心疼

虚幻　厌恶　厌烦　厌倦　委屈　野蛮　淫乱　愚笨　愚蠢　愚顽　郁闷
迂腐　冤枉　庸俗　迂腐　糟糕　拙劣　自私　怪　坏　烂　穷　傻　白痴
低能　混账　混蛋　垃圾　俗气　婆婆妈妈　聪明　聪颖　大胆　干燥　单纯
复杂　高尚　高兴　豪华　滑稽　机灵　简单　精明　精辟　绝妙　可爱
浪漫　老实　麻辣　明亮　浓厚　平凡　朴素　清纯　清凉　舒服　神秘
实惠　坦率　幸福　纯　好　红　美　酷　贵族　豪气　小资　性感　阳光

（张谊生　上海师范大学）

汉语全称量化副词/分配算子的共现和语义分工*
——以“都”、“各”、“全”的共现为例

李宝伦　张　蕾　潘海华

一　引　言

汉语中两个或者两个以上全称量化副词(adverb of universal quantification)或者分配算子(distributive operator)共现是一种比较常见的现象，如例(1)。然而英语中却极少出现这种情况，如例(2)是不能说的。

(1)a. 他们全都来自北京。

b. 双方都各有优点。

c. 这里的每个人全都各买了一本书。

(2)* They all each bought a book.(他们都各买了一本书。)

我们注意到这些副词共现时的语义功能可能与单独使用时有所不同。比如，如果把(1b)中的“都”看成是全称量化副词作用于变量 x(x 是“双方”中的一方)，而“各”是分配算子把谓语的特征分配给个体 x，那么句子将无法获得正确的解读。

本文以“都”、“各”、“全”为例[①]，对普通话中全称量化副词/分配算子的共现情况以及共现时它们的语义分工进行讨论，力图刻画出它们共现时的语义分工并找出其中的规律，同时找出制约共现的原因。

---

* 本文已发表于《汉语学报》2009 年第 3 期。本研究得到了香港政府研究资助局 RGC CERG 项目(CityU 1501/05H，CityU 1514/06H)以及香港城市大学 SRG 项目(＃7002189，＃7002061)的资助，在此表示感谢。

二 单用时的语义功能

在对“都”、“各”、“全”这三个副词的共现情况进行讨论之前，先讨论它们单用[②]时的语义功能。了解这三个副词单用时的语义功能和语义特征是非常必要的，否则共现时它们各自的表现就无从谈起。

2.1 “都”的语义功能

从语义学角度对“都”的分析主要有如下观点：郑礼珊(1995)认为“都”具有双重功能：作为量化词，它量化常规的复数NP；作为约束者(binder)，它为表示极性的疑问词短语提供量化能力(quantificational force)。林若望(1998)把“都”看成是广义分配算子。黄师哲(1996、2005)认为“都”是约束事件变量的加合算子(sum operator)。潘海华(2000)认为“都”也可以是一个普通的分配算子。徐烈炯(2004)把“都”看成是模态算子。袁毓林(2005a)认为“都”是合取连词。Tomioka和Tsai(2005)(简称T&T)认为“都”是一个双重功能算子：与“连”字结构或者表示全称量化的疑问词短语共现时，它是量化算子；而在其他情况下，它是分配算子。另外，他们规定在“全都”语序中“都”是分配算子，无论它是否与“连”字结构或者表示全称量化的疑问词短语共现。潘海华(2005)在解释“每”和“都”共现时，认为它们的语义功能是成对的：当“每”是全称量化词时，“都”具体地实现了“每”的匹配函项(matching function)[③]；当“每”是加合算子时，“都”是全称量化词。在蒋严(1998)的基础上，潘海华(2006)认为“都”是全称量化算子并且提出了确定“都”的三分结构的两条映射原则[④]。

本文认为当“都”单用而且左向关联(associate)一个复数性成分时，它可以看成是量化算子(本文不考虑“都”用作“都$_2$”和“都$_3$”时的情况)，潘海华(2006)的两条映射原则适用于刻画“都”的三分结构。在某些情况下“都”也可以被看成是分配算子。而作为分配算子，“都”不约束任何变量。

2.2 分配算子“各”

对于“各”在单用时是分配算子这一观点，研究者基本上达成了共识。林宗宏(1998)认为“各”是分配算子,它执行一个配对函项(pairing function),把复数NP所指称的集合中的每个个体,也就是Choe(1987)所说的分类关键词(sorting key)和无定短语所指称的分配成分(distributive share)进行配对[5],产生一个由成对的成分组成的集合,它关联的是定义域(domain)中的个体和值域(range)中的量。“各”有无定(准)宾语要求,它要求谓语部分一定要出现一个包含数量短语的无定NP。具体来讲,这个成分可以是一般意义上的宾语,也可以是不具备论元资格但是临近动词的无定短语(如频率短语或持续短语等)。但林宗宏排除了光杆NP作“各”字句宾语的可能性。例如:

(3)a. 他们各走了*(半个小时)。

b. 他们各认识一个教授/张三*(十年了)。

c. 学生们各喜欢*老师/*歌星。

林宗宏假设“各”是一个外延性的(extensional)算子,把外延性的定义域映入到外延性的值域。光杆NP表示类指义时是内涵性(intensional)的。例如:

(4)老虎各吃了一个人[6]。

事实上,可以充当分配成分的不只是林宗宏所说的无定(准)宾语,也可以是包含反身代词的宾语、某些光杆NP和疑问词短语,如例(5):

(5)a. 教授们各有自己的办公室。

b. 这些学生各有特点。

c. 他们各买了什么?

既然分配成分不一定包含数量短语,那么分类关键词和分配成分的量进行配对的说法就有问题。我们认为,分类关键词是和整个分配成分进行配对,而不仅仅是与相关的量进行配对。把定义域中的变量x和它在值域中的相关特征结合起来看,例(5)中的句子可以有自己的配对函项。它们的定义域是复数NP所指称的集合,值域可以看成由α组成的集合:例(5a)中α指的是“x的办公室”;例(5b)中α是“x的特点”;例(5c)问的是“x买了什么东西”,那么α是“x买的东西”。

我们假设,“各”需要一个受存在量化算子(existential quantificational operator)约束的无定NP来帮助实现配对。带有数量短语或疑问词短语的NP可以被存在量化算子约束。对于包含反身代词的NP,反身代词迫使整个短语取窄域(narrow scope),而该短语的中心语可以被存在量化算子约束。因此，它们都能与“各”共现。表示类指的光杆 NP 不能被存在量化算子约束，因而不能充当分配成分；而光杆 NP 如“优点”等不表示类指时，它们是有指的，可以被存在量化算子约束。有定 NP 不能被存在量化算子约束，因而不能充当分配成分，见例(6)。

(6)* 他们各去过那个城市/香港。

本文认为林宗宏用外延性限制来说明“各”对分类关键词及分配成分的要求是不恰当的。语义学中，外延和内涵有特定的含义。内涵是一个表达式在每个可能世界的值的集合，外延是该表达式在某个可能世界的值。对“这群老虎”这个短语来说，虽然在“这群老虎各吃了一个人”中它倾向于获得外延义，但是这并不代表该短语丧失了内涵义，它的内涵义是存在的，那就是它在每个可能世界的值所组成的集合。因而用该 NP 只有外延义来解释“各”字句的合法性是不可取的。相比之下，使用类指和有指这对概念更为准确。我们同意黄正德的看法，即当光杆 NP 表示类指时，它类似一个单数 NP，不能满足“各”对分类关键词的复数性要求(林宗宏 1998，在注解中提到黄正德持有这一观点)。

“各”带有表示“分别”的语义特征。《现代汉语八百词》中明确指出副词“各”表示“分别做或者分别具有”。从语法化的角度来说，副词“各”符合语法化的一般规律，即由实词向功能词演进。《古代汉语虚词词典》认为“各”的本义是指“彼此不同的个体”。我们假设，副词“各”表示“分别”的语义特征是语法化之后其词汇义的残留。

“各”的这一语义特征使得分类关键词或是在不同的时间或地点获得谓语的特征，或是得到的是分配成分所指称的集合中的不同个体(至少在语义上不允许完全相同)。详见 2.4。

总的来说，“各”是一个分配算子，要求分类关键词是一个复数性集合，而分配成分是可受存在量化算子约束的无定 NP。

2.3 双重功能算子“全”

T&T(2005)在对“全”和“都”进行比较的基础上，认定“全”是一个范围限定词(domain restrictor)，用来限定分配性量化的范围，它不具备任何量化能力或者分配能力(distributive force)。他们对“全”在句法分布上受到的限制作出了解释：“全”不能与“连”字结构或是表示全称量化的疑问词短语共现，因为作为范围限定词，“全”不具备允准这些结构的功能。“每 NP”与“全”不匹配，因为“每”和“全”起相同的作用，而“每”的出现使得“全”的功能被琐碎化(trivialized)了，此时“全”是冗余成分。如果没有“都”的参与，“买”类谓语和“全”不能出现在同一个句子中，因为“买”类谓语在表现集合性特征(collective property)还是分配性特征(distributive property)方面存在潜在的歧义，而“全”要求句子中存在分配关系。例如：

(7)a. *连张三全(都)参加了活动。

b. *谁全(都)来了。

c. *每个人全(都)来了。

d. *他们全买了一本书⑦。

e. 他们全都买了一本书。

T&T 进一步指出，由于“全”要求分配关系出现在句子中，那么“全”字句的谓语部分必须至少满足下面三个条件之一：(一)谓语具有内在的分配性；(二)谓语包含复数性“做”次成分(DO_{plural} subcomponent)，具体指具有活动(activity)情状或者结束(accomplishment)情状的集合性谓语，它们包含次成分“做”并且表达复数性陈述(plural predication)；(三)分配算子“都”出现在句子中。

我们认为可以把“全”看成是一个双重功能算子，它既可以用作范围限定词，又可以用作量化副词。然而仅仅把“全”当成是范围限定词会遇到下面的问题。

第一，“全”对焦点敏感时的情况难以获得解释。如果“全”是范围限定词，那么它需要限定一个语义上的复数成分，而下面例(8)中“全”的左边只有单数 NP“张三”，而且“全”不大可能右向关联，因为隐含的分配算子会把谓语的特征分配给“全”所关联的成分，而宾语“小说”是谓语的一部分。

(8)张三全写的[小说]$_F$。

即使允许例(8)中“全”限制“小说”，也会遇到问题：一是句子会得到错误的解读，即“张三写了所有的小说”；二是从句法上看，“全”在谓语前面，“小说”出现在句末位置而不是“全”的左边，两者之间距离太远，“全”难以限定它右边的“小说”。而且，如果把“全”看成是范围限定词，也很难解释它为什么会对焦点敏感。坚持“全”是范围限定词而又要使句子获得正确的解读，就必须假设存在一个轻动词比如“是”，而“是小说”作为谓语它的特征被隐含的分配算子(简写作 Dist)分配给由“全”限定的特征“张三写的”,见例(9)。但这样做不符合经济原则,而且体现不出语义焦点的排他性特征,即“张三写的全是小说而不是散文等其他形式的文学作品”。更为重要的是,“全”的句法位置很难获得正确的解释。因为“全”出现在被它限定的成分“张三写的”之内,而不是这个成分的右边。

(9)[Dist(是小说)](全(P(x)))(其中 P(x)= 张三写的)

第二,按照 T&T 的说法,如果没有分配算子“都”的支持,“全”不能与存在潜在歧义的谓语共现,因为这类算子具有非分配性特征,不符合条件(二)的谓语也不能与“全”共现。由此我们可以预测例(10)—(13)是不合语法的,而事实上它们是完全可以接受的句子。

(10)他们全买了书。

(11)他们全买过一本书。

(12)工人们全赚了两千块。

(13)我们全是朋友/一个组的。

例(10)中作宾语的光杆名词是有指的,只要“他们”中的每个人买了“书”这个类别的事物中至少一个个体“书”,句子就可以成立。由于“过”的存在,例(11)允许“他们”中的每个人在不同事件中购买某一本特定的书。例(12)中的谓语带有典型的潜在歧义,而它完全可以与“全”共现并且主语得到的是逐指解(distributive reading)。例(13)中的集合性谓语具有状态(state)情状,但该句并没有因为不满足条件(二)而不合语法。

至于为什么例(7d)不合语法,这也不难解释。汉语中“一 NP”本身不是焦点时倾向于取得特指解(specific reading),这样不大可能所有人买同一本书,所以相关的句子不大可以接受。如果给例(7d)加上一个后续句“而不是两本”,见例(14),句子就可以说了,因为宾语中的数量短语变成了对比焦点,它迫使整个宾语保持在原来的位置上从而获得窄域解(narrow scope reading)。此时“一本书”指称的不再是某本特定的书,是随着“他们”中的每个人而变化的书。

(14)他们全买了[一]本$_F$书,而不是[两]本$_F$。

如果坚持认为当谓语具有潜在的歧义时“全”是范围限定词,就必须假设“全”自动选择谓语的分配性特征与之匹配,这样相关句子如例(10)、(11)和(12)才可以得到正确的解读。而且,条件(二)不是集合性谓语与"全"共现的必要条件。此时，我们可以假设有一个看不见的分配算子作用于复数 NP 指称的复数性覆盖（plurality cover)，具体的分析可参考林若望(1998)的有关论述；或者可以假设有一个（通常为隐含的）论元使谓语可以被看作是分配性谓语，参考潘海华(2000)的有关论述。

第三，"全"关联程度集合的情况对 T&T 来说解释起来也很麻烦。T&T 的讨论中并没有提及"全"的这种用法。比如，在"这朵花全开了"这个句子中，"全"关联的是由各种可能的程度组成的集合。而一般来讲，隐含的分配算子是对句子中充当论元的复数 NP(一般为主语)进行操作，把谓语的特征分配给这个 NP。然而程度集合不出现在句子表层结构中也不是论元，它是句子主要成分以外的成分。这样为了使"全"仍旧可以用作范围限定词，就不得不把隐含的分配算子的作用范围由 VP 扩展到 IP 甚至是整个句子 S，由句子的主语扩展到隐性的副词性成分。这样当"全"限定程度集合时，隐含的分配算子把整个句子的特征分配给这个被限定的程度集合。

最后，"全"不但可以与"所有 NP"共现，还可以允准主语位置上的"所有 NP"。比如，句子"所有老师全来了"可以说，但是"所有老师来了"却不大能说。这一点 T&T 也不能解释。因为按照他们的观点去推测，由于"所有"跟"每"一样都会赋予与它相关联的 NP 最大化解，那么"全"和"所有"的功能也应当是重复的，"全"也应该是多余的。

把"全"看成是量化副词就不会出现上面的问题。"全"具备全称量化算子的基本特征："全"可以保证跟它相关联的成分获得最大化解；根据潘海华(2006)的两条映射原则，"全"的三分结构可以被正确地写出。为了节省篇幅，这里不举例说明。在某些情况下，"全"对焦点敏感，见例(8)，而且，"全"跟"都"一样能允准限定性全称量化短语（例如"所有 NP"）。

关于"全"与"每 NP"、"连"字结构以及表示全称的疑问词短语之间的共现限制，我们认为，这是因为"全"具有强调整体的语义特征，它倾向于选择跟同它具有相同语义特征的全称量化短语共现。而上述三种表达都具有强调个体的特征。限于篇幅，相关讨论将另文给出。

2.4 比较分析

虽然"全"、"各"和"都"都能赋予与之相关联的复数性 NP 一个最大化解，但是它们之间存在很多不同之处。这里仅就其中两点进行简要讨论。

分配算子的功能是把谓语的特征分配给由复数NP所指称的集合中的每个个体，那么当分配算子出现在句子中时，它会迫使无定NP取窄域，而量化副词则没有这一功能。前面已经提到汉语中“一NP”倾向于获得特指解，那么当“一NP”充当句子的宾语时，这个宾语在“全”字句中倾向于获得特指解，如例(7d)；它在“各”字句中会得到窄域解，见例(15)；它在“都”字句中，既可以获得特指解，又可以获得窄域解，如例(16)。(林宗宏1998)从量化词提升的角度对这一现象进行了解释。同时，林观察了“都”出现在相关例子中时句子的语义解释。例如：

(15)a. 他们各喜欢一个歌星(*，就是邓丽君)。

b. 他们各买了一本书。

(16)a. 他们都喜欢一个歌星。(可以指同一个歌星，也可以是不同的歌星)

b. 他们都买了一本书。(宾语得到窄域解)

“全”具有强调整体的语义特征。“各”具有表示“分别”的语义特征。虽然“都”和“各”都可以用作分配算子，但是它们之间存在着某些差异。“都”往往表示由分类关键词组成的集合中的成员之间存在某种共性，即具备谓语的特征；而“各”除了表示分配依存关系，它表示“分别”的语义特征会对句子的语义解释产生影响。具体来说，例(17a)中由于“都”的出现使得句子除了表示分配关系还表达了“他们”之间的共性；而例(17b)表达的是“他们中的每个人(在不同的事件中)唱了一首歌”。

(17)a. 他们都唱了一首歌。

b. 他们各唱了一首歌。

我们假设存在着一个表现分配能力的层级序列，最左端是“各”；中间是中间值表示同时拥有量化能力和分配能力，其代表性副词是“都”。右端是“全”。从右到左，分配能力逐渐增强。这三个副词当中，“都”的语义功能和用法最为丰富，在使用中受到的限制最少，正是因为它兼有量化能力和分配能力。

三 共现时的语义分工

从“都”、“各”、“全”中任意选取两个进行排列，可以得到六种共现的可能性。这三个副词一起出现在句子中时也有六种可能的语序(本文只考虑它们紧接着出现的情况)。下面我们将对这些可能的语序逐一进行讨论。3.1 至 3.3 考察的是它们两两共现的情况。3.4 则是这三个副词同时出现的情况。

3.1 “全都”、“全各”语序

我们认为,当“全”出现在“都”或者“各”的左边时,除非在“都”或者“各”找到与之相关联的成分,“全”可以找到一个适当的成分去实施量化,否则它是一个范围限定词,用来限定量化或者分配的范围。

在“全都”或者“全各”语序中,如果“全”是量化算子,那么句子将得到一个带有两个层次的三分结构;如果“全”是范围限定词,它则限定量化或者分配的范围。其中“都”和“各”的语义功能与单用时相同。

先看“全都”语序。下面以例(18)和(19)为例,对两者的语义分工进行分析。

(18)a. 他们全都喜欢吃苹果。

b. 那十组学生全都买了一个笔记本。

解读 1:“那十组学生每一组的每个学生买了一个笔记本。”

解读 2:“那十组学生每组学生买了一个笔记本。”

(19)这朵花全都红了。

例(18a)中只有复数代词“他们”可以提供量化域。此时,如果把“全”看成量化算子,那么句子会因为“都”找不到适当的成分充当量化域而无法获得正确的解读;如果把“全”看成范围限定词则不会有问题。对于例(18b)来说,假设此时“全”是量化词,量化“那十组学生”,“都”可以在此基础上对复数 NP 引出的变量进行量化,这样句子只能得到第一种解读。假设此时“全”是范围限定词,句子可以获得两种可能的解读。至于句子具体能得到哪种解读,往往要依据上下文语境来判断,体现在句子的语义分析中,就是看“都”作用于这个复数成分的哪个层面:如果“都”作用于“学生”,那么句子得到第一种解读;如果“都”作用于“组”,那么句子会获得第二种解读。

例(19)的情况比较复杂。“全”可以关联“这朵花”或者程度集合。不考虑焦点的影响,“全”关联“这朵花”时只能作范围限定词,因为如果它是量化词,句子会因为“都”找不到量化域而无法获得解读。“全”关联程度集合时，它可以用作量化算子，“都”则量化“这朵花”。此时“全”是一个漂浮的量化词(floating quantifier)，它由本来的位置(“都”的右边)漂浮到“都”的左边。这里，“全”也可以用作范围限定词限定程度集合，“都”则量化被限定的程度集合。

语义焦点的位置会对例(19)的语义解释产生影响。比如说，当谓语“红了”是焦点时，即使“都”不关联“这朵花”或程度集合，它还是可以有自己的三分结构。此时，“全”可以用作量化副词。“全”可以量化“这朵花”进而得到一个三分结构，而“都”对焦点进行操作也会得到一个三分结构。如见例(20)。

(20)全［x∈[|这朵花|]］［x都红了］

全［x∈[|这朵花|]］［都[x P了]［P＝红］］

例(20)可以解释为：“对于每个x，如果x是‘这朵花’中的一部分，那么对于每个P，如果x具有P的特征，那么P就等于‘红’”。

总之，例(18a)因为只有一个复数成分，而且它只能满足一个算子的量化或者分配的要求，那么当这个复数NP用作“都”的量化域之后，句中就没有一个成分可以充当“全”的量化域，所以“全”只能用来充当范围限定词。在例(18b)和(19)中“全”有两种可能的语义功能。至于“全”到底实现哪种功能，要视具体情况而定。

再看“全各”语序。基于类似的原因，如果“全”所关联的集合不能看成是由复数性集合组成的集合，“全”是范围限定词，而“各”仍旧是分配算子。如例(21)。

(21)那十个学生全各讲了一个故事。

带有“全各”语序的句子要遵守“各”对分配成分的要求，这说明共现时“各”的语义功能并未发生改变。比如例(22)因为宾语不能满足分配算子对分配成分的要求而不合语法。

(22)*他们全各讲了故事。

既然“各”的语义功能保持不变，那么句子是否可以得到正确的解读，就要看“全”具有怎样的语义功能了。

(23)那十组学生全各唱了一首歌。

解读1:“那十组学生每一组的每一个学生都唱了一首歌。”

解读2:“那十组学生每一组唱了一首歌。”

对于例(23)来讲，它有两种可能的语义解释。当“全”是量化词时，句子可以得到第一种解读；当“全”用作范围限定词时，只要上下文语境允许，句子可以得到两种解读的任意一种。

但是存在更为复杂的情况。“全各”语序一般不能出现在疑问句中，如例(24)中的句子是不能说的。

(24)a. *他们全各买了什么？

b. *哪些人全各买了那种参考书？

这是因为用在疑问句中时，“全”和“各”对句子的语义贡献不同，它们会引出各自的预设，而所预设的内容之间有冲突。比如，当问“他们全买了什么？”时，句子会存在这样一个预设：“他们买了一些相同的东西”，句子问的是“他们都买了的东西是什么”。当问“他们各买了什么”时，句子会存在这样的预设：“他们买了不同的东西”，句子问的是“他们各自买了什么东西”。这种预设上的冲突导致听话人无法判断说话人的意图。

是什么使得“全”在“全都”或者“全各”语序中出现时(如例(18a)和(21))，会丧失充当量化算子的能力呢？本文认为，由于“全”恰好出现在“都”或者“各”的左边而它又不具备分配能力，因此“都”或者“各”有能力阻止“全”与其右边的成分的联系。这样“全”因为只关联一个论元，自然就成了范围限定词了。

那么，为什么“全都”语序中“全”关联程度集合时，它仍旧可以用作量化算子呢？这也不难解释。当“全”关联程度集合时，虽然从句子的表层结构上来看“全”还是在“都”的左边，但是实际上它可以有自己的量化域，在“都”引出自己的三分结构之后，“全”才通过利用上下文语境提供的程度集合作为量化域从而获得它自己的三分结构。此时，“全”可以看成是漂浮的量化词。当然由于在句子表层结构中“全”出现在“都”的左边，“全”与谓语部分的联系可以被“都”阻止，在这种情况下，“全”就只是限定程度集合，量化则由“都”来实现。

“全各”语序中，“全”基本上不关联程度集合，因为如果把“全”看成是量化算子，它就需要有自己的三分结构，而分配算子“各”一般会阻止“全”与它右边的成分联系，这使得“全”找不到核心域，从而无法进行量化。如果把“全”看成是范围限定词，就需要由“各”实现分配，而由于“各”要求分类关键词是复数并且出现在句子的表层结构中，“各”不对程度集合进行操作。

3.2 “都全”、“都各”语序

在“都全”中，尽管“都”出现在“全”的左边，但是它还是具备量化副词的特征。把“都”和“全”都处理成量化算子，在此基础上写出的三分结构可以准确地反映出说话者要表达的意思，如例(25)。

(25)那五道题他都全答错了。

该句有两种可能的解读。当句子解释为“那五道题中的每一道他都完全答错了”时，“都”量化的是“那五道题”，“全”量化的是程度集合；当句子解释为“那五道题每一道题的每个部分他都答错了”时，“全”在“都”量化的基础上对变量 x(复数性 NP 的一个成员，即“一道题”，因为可分成几个部分)进行量化。

但把“都全”语序中的“都”当成是范围限定词可能会带来两个问题：一是句子的语义解读会受到影响。对例(25)来说，如果“都”只是限定“全”的量化范围，那么句子的语义应当相当于“他答错了那五道题中的每道题”。二是这种解决方案不能解释为什么有些句子会不合语法，比如例(26)为什么不可以接受。而按照我们的说法，原因却很简单：作为量化算子，“都”和“全”都需要一个适当的量化域，而句子中的复数 NP 不能既为“都”又为“全”提供量化域，并且“全”找不到一个适当的程度集合充当限定部分。

(26)*学生们都全去过北京/爱吃苹果。

在“都全”语序中，如果“全”在“都”量化的基础上对复数 NP 引出的变量进行操作，那么此时“全”应当是一个量化副词。因为如果“全”是范围限定词限定变量，那么隐含的分配算子就要把谓语的特征分配给“全”限定的变量中的每个成员，而事实上范围限定词是否可以限定变量本身就是个问题。当关联程度集合时，“全”也可以被看成是范围限定词，前提是作为范围限定词的“全”可以限定隐性成分，并且隐含的分配算子可以对副词性成分进行操作。

在“都各”语序中“都”充当怎样的成分呢？它因为处在分配算子的左边而变成了范围限定词还是仍旧保持量化副词的功能？(“都”关联“连”字结构或是由语境提供的场景集合时的情况比较复杂，这里暂不讨论)

假设在“都各”语序中，“都”是量化词而“各”仍然是分配算子，句子

将得到一个带有两个层次的三分结构。一般来讲,“都”会先引出一个三分结构,然后是“各”。例如:

(27)这四个队都各赢了一场比赛。

(28)这三组学生都各买了一个笔记本。

例(27),“这四个队”一般会被看成是由单个个体“队”组成的集合,那么“都”对其进行量化之后,得到的变量 x 指称的是“这四个队中的一个”。如果变量 x 是分类关键词,“各”对变量进行操作之后句子得到的是错误的解读,即“这四个队中的每个人都赢了一场比赛”。本文认为,由于谓语的左边只有一个复数成分,并且在维持句子基本语义不变的前提下,它只能够充当一个算子的量化域,加上“都”出现在“各”的左边,且它的分配能力比“各”弱,此时“各”有能力阻止“都”与其右边的成分相联系,从而使“都”丧失作为量化副词的功能。如果坚持认为“都”是量化算子作用于变量 x(x 是“这四个队”中的一个),为了使句子获得正确的解释,“各”就不能被看成是分配算子,那么将很难解释为什么“各”可以出现在句子中以及“各”的出现对句子的语义所造成的影响。因此,这里可以把“各”看成分配算子,把“都”看成范围限定词用来调整“各”的分类关键词所指的范围。这样,句子可以得到正确的解读。

例(28),由于与“都”相关联的复数 NP 中包含集体量词“组”,句子会有两种可能的语义解释。“都”作为量化副词,可以给出其中的一种解释,即“这三组学生每一组的每一个学生买了一个笔记本”。如果此时“都”用作范围限定词,那么句子可以得到两种可能的解读。至于句子到底取的是哪种语义解释,就要看上下文语境促使“各”作用于这个复数成分的哪个层次了。

3.3 “各全”、“各都”语序

在汉语实际应用的过程中,“各全”语序极少出现。我们认为,“各”具有内在的分配能力而“全”却没有能力阻止“各”与谓语部分的联系,这样“全”一般在句子中难以找到适当的量化域。更为重要的是,“全”具有强调整体的特征,一般强调被量化的集合中各成分间存在某种共性,而“各”具有表示“分别”的特征。既然“各”已经表示了分类关键词之间的不同,“全”的出现必然造成句子表义上的冲突。

“各都”语序中,尽管“各”出现在“都”的左边,它仍旧是分配算子,而

"都"是量化副词。

(29)这三个菜各都需要什么材料?

[各(都需要什么材料)](这三个菜)

[各(都[需要 x][x=什么])](这三个菜)

[各(都[需要 x][Q_y[x=y & thing(y)]])](这三个菜)

当述题中的疑问词短语作焦点时,"各"选择它左边的复数成分并把谓语的特征分配给由这个复数成分组成的集合中的每个成员。"都"量化焦点变量 x。"什么"是焦点变量的取值,会被映射到核心域。疑问算子约束"什么"引出的变量 y。

事实上,"各都"语序出现的频率很低,其原因与"各全"语序相类似,"各"具有表示"分别"的语义特征,而"都"常用来指被量化成分之间存在的某种共性。只有当句中的成分同时满足这两个副词的要求时,这种语序才可以出现在句子中。

3.4 三者共现

通过对它们两两共现时的情况的考察,我们发现,只有当共现的两个算子的语义要求都得到满足时,共现才合语法。共现时,"全"可以充当范围限定词或量化算子,"都"可以充当量化算子/分配算子或范围限定词,而"各"用作分配算子。而且,无论充当何种算子,这三个副词都需要关联一个语义上的复数性成分。

下面我们将对这三个副词(不)共现的原因作出解释。"都"、"各"和"全"三个副词共现,有六种可能的排列方式:"全都各"、"全各都"、"都全各"、"都各全"、"各都全"和"各全都"。通过在语料库中进行搜索[8]和对以普通话为母语的人进行语感测试,结果显示,只有"全都各"语序比较自然,其余五种语序基本不出现。

"全都各"语序中,由于这三个副词的分配能力从左到右逐渐增强,这里"全"和"都"都可以看成是范围限定词,分配由"各"来完成。因此,该语序比较自然。当然,如果句子可以提供多于一个的复数成分,"全"和"都"也可以是量化算子。

在普通话中,还存在着更为复杂的情况,比如(1c)。这里"每"关联NP"人","全"限定"每个人"的范围,而"都"可以看作是范围限定词起到进一步限定分配范围的作用,而"各"仍旧为分配算子。该句的三分结构见例(30)。

(30)(这里的)每个人全都各买了一本书。

[各(买了一本书)]([都[全[每[|人|]]]])

“都”作为一个范围限定词总觉得不尽如人意，而想把它分析成量化算子的话也是可以的。以(1c)为例，这时就应该把“[全[每[|人|]]]”的指称理解为集合的集合，这样就可以有“都$_x$[x∈[|全(每([|人|]))|]][[各(买了一本书)](x)]”。这里 x 是一个集合。当然，把主语看成是集合的集合会产生什么问题需要进一步探讨。

“各都全”语序中，这三个副词的分配能力从左到右逐渐减弱。前面已经论证，“各都”语序中，“各”用作分配算子，“都”可以看作量化算子。“都全”语序中，“都”和“全”都可以看作量化算子。由此可以推论“各都全”语序中，三个副词都是二元算子。但一般来讲，句子很难同时满足它们的分配或量化要求。例如“这五组学生各都全画了一幅画”这样的句子是不能说的。因为句中的复数 NP 无法同时满足这三个副词的复数性要求。假设“各”对“这五组学生”中“组”这个层次进行操作得到“一组学生”，而“都”进一步量化“一组学生”得到个体学生，“全”在句子中却找不到复数性成分进行操作，因而句子不合语法。

上文已经提到，在汉语实际使用过程中一般不会出现“各全”语序。“都各全”语序中，“都”在“各”的左边而且分配能力比“各”弱，因此“都”可以用作范围限定词，用来限定“各”的分类关键词。可见，“都各全”语序的功能与“各全”大体相当。那么该语序也应该不大能用。即使把“都”看成是量化算子，我们仍旧要面对“各全”语序中“各”和“全”的语义特征不匹配的问题。

下面考察“都全各”语序。首先可以确定的是“各”是分配算子。假设“都”是量化算子而“全”是范围限定词，会存在下面的问题：如果存在隐含的分配算子对“全”所限定的成分进行操作，一般来讲，句子不能同时满足“都”、隐含的分配算子及“各”的量化或分配要求。这里“全”不大可能用来限定“各”的分配范围，因为“全”是否可以限定“都”量化后得出的变量需要进一步讨论，而且“都全”语序中范围限定词“全”右边的分配算子不大能有语音形式，比如不能说“这些花都全各红了”。假设“都”和“全”都是量化算子，那么句子很难同时满足“都”、“全”和“各”的量化或分配要求。此时，“都”不能用作范围限定词用来限定“各”的分配范围，因为“都全”语序中“都”不能看作范围限定词和“全”一起限定隐含的分配算子的分配范围，那么当这个分配算子有词汇形式时这种情况也应当不会发生改变。因此，相关句子如例(31)是不能说的。

(31)*这四个队都全各赢了一场比赛。

接下来考察“各全都”。假设此时“全”是量化算子，那么这三个副词一般不能都找到限定部分去做量化或分配，而且“各”和“全”的语义特征不匹配。假设“全”是范围限定词用来限定“都”的量化范围也会有问题。“各都”语序中，要保证“各”和“都”都有自己的三分结构，且句子的基本语义保持不变，“都”一般要向右寻找与之相关联的成分，如例(29)。用“各全都”语序改写例(29)，句子变得不合语法，见例(32)。

(32)*这三个菜各全都需要什么材料?

例(32)不合语法的原因在于“全”的左边没有复数性成分可以供它进行操作，同时相关的谓语也不能提供一个表程度的集合。而且作为范围限定词，“全”不能右向关联疑问词短语，如“他全(都)喜欢谁?”这类句子是不能说的。

最后来看“全各都”语序。“全”在分配算子“各”的左边，一般来讲，它会用作范围限定词，而“都”出现在“各”的右边，它应该是量化/分配算子。看上去该语序与“各都”大体相当，只是前者多了个范围限定词，应更强调限定部分无例外。但事实上该语序也不大能用。3.3中已经提到“各都”中“都”，一般要右向关联。用“全各都”改写例(29)之后，句子不合语法，见例(33)。

(33)*这三个菜全各都需要什么材料?

这是因为“全”和“各”出现在疑问句中时，它们所引出的预设之间有语义冲突，见3.1。

四 小 结

本文认为，当副词“全”、“各”、“都”共现时，它们各自的语义功能和语义特征会直接影响它们是否可以自由地共现，而且它们的语义功能可能与单用时有所不同，也就是说，共现有可能改变它们的语义功能。

这三个副词中的任意两个共现时基本上遵循这样的原则：位于右边的那个副词的语义功能和它在单用时相同(即仍旧用作量化副词或分配

算子。另外，虽然“全”具有双重语义功能，但是此时宜把它看成是量化算子）。而位于左边的这个副词的语义功能则比较复杂：如果它的分配性特征比位于它右边的副词更强，它的语义功能与单用时相同；反之，它是一个范围限定词，除非它在右边的副词选择了相关联的成分之后仍能在句子中或根据上下文语境找到一个复数性成分进行量化或者它对述题中的焦点敏感。右边的副词如果是“都”，“都”可以选择被“全”限定的程度集合、述题中的语义焦点或复数性NP进行操作；而如果是“各”，则“各”只选择复数NP充当分类关键词⑨。这三个副词紧接着出现时则受到更多的限制。只有当每个副词的语义要求都得到满足时，句子才合语法。另外，由于“都”的功能最多，所以，它比其他两个副词灵活，出现的环境受到限制更少。

附注：

①如果没有特别说明，文中“各”和“全”均为副词。关于它们的语义功能这里仅进行简要讨论，详细分析将另文给出。而且，本文只考虑“各”的意义相当于英语中的“each”时的用法。

②所谓单用是指该副词不与其他量化词或分配算子出现在同一个句子中。

③关于匹配函项的讨论可参考 Rothstein (1995)。

④如果“都”左边存在着可以充当量化域的短语，就把它映射到限定部分，并把句子的其余部分映射到核心部分（或称作核心域）；如果述题中含有一个焦点成分，就把它映射到核心域，同时把句子的其余部分映射到限定部分。

⑤Choe(1987)指出分配依存关系（distributive dependency）是一种分类关键词和分配成分之间的关系，其中分类关键词在语义上是复数的，分配成分是无定的。

⑥该例引自林宗宏(1998)。林宗宏认为当“老虎”表示某个特定的群体中的老虎时，该句可以说。

⑦对于这个句子是否合语法，个体间存在语感差异。根据我们的调查，认为该句不能说的人把“一本书”看成是某个特定的实体“书”；认为该句能说的人觉得句中“全”相当于“都”，句子可以理解为“他们每个人都买了一本书”。

⑧我们使用 google 和 baidu 两种搜索引擎和北京大学 CCL 现代汉语语料库（网络版）进行关键词搜索。

⑨确定语义功能的过程并不代表这两个副词进行量化或者分配的顺序。

参考文献：

[1]蒋严.语用推理与“都”的句法/语义特征[J].现代外语，1998(1).

[2]蒋严，潘海华. 形式语义学引论[M]. 北京：中国社会科学出版社，1998.
[3]吕叔湘. 现代汉语八百词[M]. 北京：商务印书馆，1980.
[4]潘海华. 焦点、三分结构与汉语"都"的语义解释[C]//语法研究和探索：第 13 辑. 北京：商务印书馆，2006.
[5]徐烈炯. 有关"都"的语义的几点思考[R]. 在香港城市大学的讲座，2004.
[6]许慎. 说文解字[M]. 北京：中华书局，2004.
[7]杨荣祥. 近代汉语副词研究[M]. 北京：商务印书馆，2005.
[8]袁毓林. "都"的加合性语义功能及其分配性效应[J]. 当代语言学，2005(4).
[9]袁毓林. "都"的语义功能和关联方向新解[J]. 中国语文，2005(2).
[10]袁毓林. 论"都"的隐性否定和极项允准功能[J]. 中国语文，2007(4).
[11]中国社会科学院语言研究所词典编辑室. 古代汉语虚词词典[M]. 北京：商务印书馆，1996.
[12]Carlson G, Pelletier F. The generic book[M]. Chicago: University of Chicago Press, 1995.
[13]Cheng Lisa Lai Shen. On *dou*-quantification[J]. Journal of East Asian Linguistics, 1995 (4).
[14]Choe Jae-woong. Anti-quantifiers and a theory of distributivity[M]. Amherst, Mass.: G. L. S. A., University of Massachusetts, 1987.
[15]Hajiová E, Barbara P, Sgall P. Topic-focus articulation, tripartite structures and semantic content[M]. Dordrecht, Boston: Kluwer Academic Publishers, 1998.
[16]Heim I. The semantics of definite and indefinite noun phrases[M]. Amherst: University of Massachusetts, 1982.
[17]Huang Shizhe. Quantification and predication in Mandarin Chinese: a case study of dou[M]. Philadelphia: University of Pennsylvania, 1996.
[18]Huang Shizhe. Universal quantification with skolemization: evidence from Chinese and English[M]. Lewiston: The Edwin Mellen Press, 2005.
[19]Lin Jo-wang. Distributivity in Chinese and its implications[J]. Natural Language Semantics, 1998 (6).
[20]Lin T-H Jonah. On *ge* and other related problems[C]//Xu Liejiong. The Referential properties of Chinese noun phrases. Paris: Ecole des Hautes Estudes en Science Sociales, 1998.
[21]Pan Haihua. Implicit arguments, collective predicates, and *dou* quantification in Chinese[R]. Paper presented at the 74th Annual Meeting of the Linguistic Society of America Chicago, IL. 2000.
[22]Pan Haihua. On *mei* and *dou*[R]// Annual Research Forum of Linguistic Society of

Hong Kong. City University of Hong Kong, 2005.
[23] Rooth M E. Association with focus [M]. Amherst: University of Massachusetts, 1985.
[24] Rothstein S. Adverbial quantification over events[M]. Natural Language Semantics, 1995(3).
[25] Schwarzschild R. Pluralitie[M]. Holland: Kluwer Academic Publishers, 1996.
[26] Tomioka S, Tsai Y. Domain restrictions for distributive quantification in Mandarin Chinese[J]. Journal of East Asia Linguistics, 2005 (14).

(李宝伦、张蕾、潘海华　香港城市大学中文、翻译及语言学系)

“形义错配”与名物化的参数分析*

邓思颖

一　引言：“形义错配句”与“类推糅合”

沈家煊(2007a)讨论了以下六种带“的”字的句式：

(1)他的老师当得好。

(2)他的主席，你的秘书。

(3)他是去年生的孩子。

(4)你念你的书，我睡我的觉。

(5)他生我的气。

(6)他看了三天的书。

这些句式的特点是：“的”字短语在形式上看像领属定语，但意义上却跟后面的名词没有领属关系。如例(1)的“他的老师”并不是说某某人是他的老师，而是指“他自己当老师”的意思。因此，这一类“的”字短语通常称为“准定语”(甚至称为“伪定语”)，由“准定语”所产生的句式也常常称为“形义错配句”，即形式和意义的匹配发生了错位。

为了解释这些“形义错配句”的产生，沈家煊(2007a)提出了“类推糅合”的分析方法。所谓“类推”，它产生的基础是一个“a∶b ＝ x∶y”的方阵格局，例如(7)。在这个方阵格局里，a和b之间的关系类似于x和y之间的关系，其中a，b，x三项已经有现成的例子。沈家煊(2006a)指出，

---

* 本文已发表于《汉语学报》2008年第4期。在写作的过程中，衷心感谢以下各位跟笔者对此文进行的有关讨论(按汉语拼音序)：黄正德、李行德、刘丹青、沈家煊、司富珍、萧月嫦、叶凤霞、张和友、张庆文等。当然，文中的错漏与上述各位无关。本文的初稿曾发表于由北京大学举办的“国际中国语言学学会第十六届学术年会”(2008年5月—6月)。本研究获香港特别行政区研究资助局优配研究金(General Research Fund GRF)项目“A Comparative Study of Definiteness in Chinese Dialects”(编号B—Q02H)的资助，特此致谢。

a和b在形式和意义上相关,容易由b联想到a,而a和x在形式和意义上相似,容易从a类推到x。y项暂时缺乏现成的例子,它的产生是仿照b类推出来的,属于“联想”和“类推”两种思维方式交会的结果。

(7)a　b

x　(y)

“类推”通过“糅合”来实现(沈家煊2007a)。上述(7)的b取它的结构式,x取它的词汇项,b和x加以“糅合”,而“糅合”的结果填入y的位置,得出完整的方阵。x和b之间越是容易建立某种概念上的重要联系,两者就越容易发生“糅合”(沈家煊2006a)。

以上述例(1)为例,沈家煊(2007a)认为应该通过句子的“类推糅合”产生,有以下的方阵格局。

(8)a. 他讲课讲得好

b. 他的课讲得好

x. 他当老师当得好

y. ——←xb 他的老师当得好

例(8)的a和b两句是相关的,x跟a相似,但缺少了跟x相关而跟b相似的y。按照“类推糅合”的方式,b取它的结构,x取它的词项,b和x经过“糅合”后,得到xb,填入y的位置,形成了“他的老师当得好”这样的句子。

二　粤语的“类推糅合”

我们首先讨论像(3)的例子,为了方便讨论,这个例子重复在(9)。

(9)他是去年生的孩子。

(10)他是昨天进的医院。

为了解释普通话这种“的”字句,沈家煊(2007a,b)认为这种句式通过“类推糅合”产生。以(9)为例,按照以下的方阵格局,填入y的是仿照b“类推”出来的,是b和x经过“糅合”的结果。

(11)a. 这是去年生的父亲

b. 他是去年生的父亲

x. 这是去年生的孩子

y. ——← xb 他是去年生的孩子

从汉语方言比较的角度来考虑，这种句式并非在所有的方言里都找得到。Chao(1968)早就指出像(9)和(10)等句式是北方话的"一个特有的用法"(a specially Northern usage)。Lee and Yiu(1998)指出香港粤语(以下简称"粤语")缺乏这样的"的"字句。跟(9)和(10)对应的(12)和(13)在粤语里都不能接受。

(12)* 佢係旧年生嘅仔。他是去年生的孩子。

(13)* 佢係寻日入去嘅医院。他是昨天进的医院。

如果"类推糅合"的分析是对的话，那么，为什么粤语不能形成以下的方阵格局，按照同样的方式产生像(12)的句式[①]？

(14) a. 呢个係旧年生嘅妈妈

b. 佢係旧年生嘅妈妈

x. 呢个係旧年生嘅仔

y. ——←xb *佢係旧年生嘅仔

沈家煊(2007b)认为像上述的"的"字句"表达的是一种主观认同的移情义，因此看一种语言里的系词谓语句是否有这种说法，也是判定这种语言主观性程度高低的一个参量"。按照这个思路，普通话或许是"主观性较强"的语言。假如这个思路是正确的话，那么，粤语是"主观性较弱"的语言吗？

所谓"主观性的强弱"可以体现在"概念转指"。沈家煊(2007a)认为(10)中"进的医院"是用来转指"进医院的病人"，他并且进一步指出这样的转指在普通话十分常见。比如说，(15)的"那辆车"用来转指"那辆车上的人"。然而，我们发现像(15)的说法在粤语一样可以说，(16)的"嗰架车"(那辆车)一样可以转指"那辆车上的人"。就这一点而言，粤语不一定是"主观性较弱"的语言。

(15)这辆车上的人安然无恙，那辆车呢？

(16)呢架车上面嘅人安然无恙，嗰架车呢？这辆车上的人安然无恙，那辆车呢？

沈家煊(2007a)认为(9)的"孩子"转指"(生)孩子的爸爸"，就正如(17)的情况一样，"小丽"用来转指"小丽的爸爸"。事实上，(18)在粤语一样可以接受，用孩子的名字转指她的爸爸。既然(18)在粤语可以说，为什么(12)却不行呢？

(17)刚他爸爸已经来了。小丽呢?

(18)刚嘅爸爸已经嚟咗。小丽呢?小刚他爸爸已经来了。小丽呢?

此外,沈家煊(2007a)认为普通话(9)和(10)跟下面的句子没有太大的区别,性质是一样的。

(19)她是儿子,我是女儿。

(20)你是协和医院,我是北京医院。

以(19)为例,"她是儿子"是通过"类推糅合"把"她"和"儿子"等同起来,表达了说话人的一种主观态度。"糅合"的产物填入 y 的位置形成以下的方阵格局:

(21)a. 她当母亲

b. 她是母亲

x. 她生儿子

y. ——← xb 她是儿子

事实上,(19)和(20)两句在粤语都能说,例如(22)和(23)。在(22)的语境里,"佢"应该理解为指女性的代词"她"。

(22)佢係仔,我係女。她是儿子,我是女儿。

(23)你係协和医院,我係北京医院。你是协和医院,我是北京医院。

以粤语的(22)为例,按照"类推糅合"的方法,为了产生这个句子,我们可以得出以下的方阵格局。为什么在这个情况"佢"(她)和"仔"(儿子)可以通过"类推糅合"等同起来,表达主观态度,但(12)却不可以?

(24)a. 佢做妈妈

b. 佢係妈妈

x. 佢生仔

y. ——← xb 佢係仔

除此以外,按照沈家煊(2006a)的分析,(25)这个句子是通过(26)的 b 和 x 的"糅合"而产生。

(25)王冕死了父亲。

(26)a. 王冕的某物丢了

b. 王冕丢了某物

x. 王冕的父亲死了

y. ——←xb 王冕死了父亲

有趣的是,粤语允许这种通过"类推糅合"产生的句子,(27)在粤语里是合语法的句子，(28)是仿照(26)所得出来的方阵格局。从“王冕死了父亲”这样“经典”句式的生成方式来看，普通话和粤语又好像没有太大的区别，都允许“类推糅合”。由此可见，粤语并不一定是一种完全不能接受“类推糅合”的语言。

(27)王冕死咗老窦。王冕死了父亲。

(28)a. 王冕嘅嘢跌咗

b. 王冕跌咗嘢

x. 王冕嘅老窦死咗

y. ——← xb 王冕死咗老窦

当然，诚如沈家煊(2006b)指出，“语言类型不可能是纯粹的”。不过，从宏观的角度比较汉英这两种语言，他认为汉语基本上以“糅合”(或者在该文称为“整合”)的方式为主。那么，沿着这个思路，从汉语方言比较的角度来说，粤语又属于什么类型的语言？为什么粤语允许某些句式进行“类推糅合”？有些却不能？

三 主宾语不对称的现象

在上述例句(1)里(重复为(29))，那个所谓“准定语”的“的”字结构形成了“形义错配句”。

(29)[他的老师]当得好。

(30)[你的牛]吹得太过火了！

事实上，那个由“准定语”所形成的名词短语，除了出现在主语的位置外，也可以出现在宾语的位置，形成像(4)等的“形义错配句”，重复如下：

(31)他当[他的老师]。

(32)他念[他的书]。

(33)你吹[你的牛]。

沈家煊(2007a)认为无论“准定语”出现在主语还是在宾语，以上这些“形义错配句”都是由“类推糅合”所造成的。“准定语”位于主语的例子，例如(29)的产生方法，我们之前已经介绍过了(见(8)的方阵格局)。至于“准定语”位于宾语的情况，比如(32)，沈家煊(2007a)认为是通过“b”和“x”的“糅合”而得出来的。

(34)a. 他做事
b. 他做他的事
x. 他念书
y. ——← xb 他念他的书

通过方言语法的比较，我们发现一个非常有趣的事实，那就是在粤语里这种“形义错配句”，呈现了主宾语不对称的现象。上述普通话的例子(29)和(30)在粤语都不能接受，例如(35)和(36)。然而，“准定语”位于宾语的例句，例如普通话的(31)、(32)、(33)，在粤语里都是合语法的，例如(37)和(38)。

(35)*[佢嘅老师]做得好。他的老师当得好。

(36)*[你嘅牛]吹得太过分啦！你的牛吹得太过火了！

(37)佢做[佢嘅老师]。你当你的老师。

(38)你吹[你嘅牛]，我读[我嘅书]。你吹你的牛，我念我的书。

这种主宾语不对称的现象可以进一步在普通话的(5)和(6)(重复在(39)和(40))体现出来，(41)和(42)显示了跟这两个普通话的例子对应的粤语句子是合语法的[②]。“我嘅脾气”(我的气)和“三日嘅书”(三天的书)是包含典型“准定语”的“形义错配”的短语，在(41)和(42)的粤语例子里，它们在宾语的出现都没有问题。

(39)他生[我的气]。

(40)他看了[三天的书]。

(41)佢发[我嘅脾气]。他生我的气。

(42)佢睇咗[三日嘅书]。他看了三天的书。

如果这种“形义错配”的短语既非在主语的位置，也非在宾语的位置，而是单独使用的小句，例如上述的(2)，重复在(43)，粤语则没有这样的说法，(44)在粤语里是不能接受的。

(43)他的主席，你的秘书。

(44)*佢嘅主席，你嘅秘书。他的主席，你的秘书。

根据上述的讨论，粤语这些包含“准定语”的“形义错配句”的分布，呈现了一个非常有意思的现象，那就是“准定语”只出现在宾语的位置，出现在其他的位置不能接受。按照“类推糅合”的分析，为什么只出现在宾语位置的短语允许“类推糅合”，产生出“形义错配”的例子，但位于其他句法位置的短语却不可以？

事实上,主宾语不对称的说法只不过是一种粗略的描述,不一定涵盖所有的情况。严格来讲,普通话例句(3)(=(45))的"去年生的孩子"属于"是"的宾语。虽然"准定语"位于宾语,但我们在上文已经指出了粤语对应的例句(12)(=(46))却是不合语法的。那么,同样位于宾语,我们怎样解释粤语合语法的和不合语法的对立?

(45)他是去年生的孩子。

(46)* 佢係旧年生嘅仔。他是去年生的孩子。

为了方便读者了解普通话和粤语的异同,我们把上述讨论过的六种"形义错配句",总结在下面的表格里,并且注明它们的语感判断。

(47)普通话、粤语"形义错配句"的异同,见表一:

表一

	普通话	粤语
他的老师当得好。	+	−
他的主席,你的秘书。	+	−
他是去年生的孩子。	+	−
你念你的书,我睡我的觉。	+	+
他生我的气。	+	+
他看了三天的书。	+	+

四　动名词名物化的分析

Huang(1997)曾经把包含"准定语"的"形义错配"的短语分析为"动名词"(gerundive)。他指出量词的选择显示了"形义错配"的名词短语事实上是一个动名词,而并非普通的名词短语(黄正德 2005、2006)。以上述普通话(30)的"你的牛"为例,黄正德(2005、2006)指出,如果要加上一个量词,这个量词只能是"个",反而不能用一般跟"牛"搭配的量词"头",正如(48)所示。由此可见,量词"个"所修饰的不是普通的名词"牛",而应该是一个结构比较复杂的动名词。

(48)[这个/* 头牛]吹得太过火了!

按照 Huang(1997)的思路,我们把动名词的分析扩展到那六种的"形义错配句",并且认为在那些例子里,"准定语"所修饰的都是一个动名词。我们认为动名词名物化(gerundive nominalization)通过句法移位产生。每个动名词包括两个部分：动词短语 VP 和名物化词头 Nom(nominalizer)(Fu 1994；Huang 1997；黄正德 2005)。动词短语和名物化词头这两个部分组成了名物化短语 NomP，即动名词，而形成(49)的句法结构。所谓动名词名物化，就是要求动词 V 进行移位，提升到名物化词头 Nom 的位置。只要动词可以移到名物化词头的位置，就能够产生出动名词。

(49) …[$_{NomP}$ Nom[$_{VP}$ V…]] …[$_{NomP}$ Nom[$_{VP}$ V …]]

上述六种“形义错配句”的共同特点就是形成动名词的动词是空的 *e*，即没有语音形态的动词。虽然是空的，但它在动名词名物化的过程中，仍然需要提升到名物化词头 Nom，而形成动名词。然后，那个所谓“准定语”附接(adjoin)到名物化短语 NomP 之上，形成(50)的结构，作用是修饰整个名物化短语。

(50) …[$_{NomP}$ 准定语[$_{Nomp}$ Nom[$_{VP}$ *e* 宾语]]] …[$_{NomP}$ 准定语[$_{NomP}$ Nom[$_{VP}$ *e* 宾语]]]

为什么粤语没有部分的“形义错配句”？原因很简单，那就是粤语缺乏形成动名词的句法移位，可以形成合格的动名词。普通话和粤语名物化的主要差异就是由(51)的参数所决定的。

(51)普通话的名物化词头 Nom 能够诱发动词移位，但粤语的 Nom 却不能。

下面的例子进一步显示了普通话和粤语的差异，(52)和(53)是普通话的例子，但粤语却没有对应的说法，例如不合语法的(54)和(55)。因此，粤语原则上是一种缺乏动名词的语言[③]。

(52)我赞成她的不见记者。(石定栩 2003：262；胡裕树、范晓 1994)

(53)张三的曾在美国留学(司富珍 2002)

(54)* 我赞成佢嘅唔见记者。

(55)* 张三嘅曾经喺美国留学

为什么“准定语”的分布在粤语里好像呈现了主宾语不对称的现象？我们认为，在那些“准定语”在宾语的个案，动词进行了移位，而且可以移到名物化词头的位置，形成了合格的动名词。以刚才讨论过的粤语例子(37)为例，重复在(56)，按照 Huang(1997)的分析，(56)应该由(57)的结构所推导出来,"做老师"是一个动名词,"佢嘅"(他的)是修饰动名词的"准定语",动名词作为轻动词 DO 的宾语,而"佢"(他)是主语。(57)大概的意思是"他做了他当老师的事"。由于轻动词 DO 要求动词移位,因此,动词移位由轻动词所诱发,而并非由名物化词头 Nom 所诱发。动词"做"只不过为了满足轻动词的要求,一步一步往上爬,"顺道经过"名物化词头,最终到达轻动词。(58)显示了动词移位的路径。在这样的结构里,由于"顺道经过"的原因,动词有机会移到名物化词头,提供了形成动名词的条件。这样解释了为什么粤语的"形义错配句"往往跟宾语有关。

(56)佢做[佢嘅老师]。他当他的老师。

(57)佢 DO[[佢嘅]做老师]

(58)主语 DO[$_{\text{NomP}}$准定语[$_{\text{NomP}}$Nom[$_{\text{VP}}$V宾语]] 主语 DO[$_{\text{NomP}}$准定语[$_{\text{NomP}}$ Nom [$_{\text{VP}}$ V 宾语]]

如果动词(或空的动词)位于一个并非作为轻动词宾语的位置,例如(35)的主语位置"* 佢嘅老师做得好"(他的老师当得好)、(44)的小句"* 佢嘅主席"(他的主席),碍于(51)的参数所限,粤语的动词没有机会,也没有理由移到名物化词头,因此不能形成动名词。所谓主宾语不对称的现象得到合理的解释。

至于不合语法的(12),重复在(59),让我们假设粤语系词"係"(是)的宾语是一个名物化短语 NomP,如(60)所示。一方面,由于(51)的参数所限,空的动词 *e* 不能移到名物化词头 Nom,另一方面,这个结构缺乏任何能够诱发动词移位的轻动词,可以让动词"顺道经过"名物化词头,跟上述的(58)不一样。无论如何,(60)的动词都没有办法移到名物化词头而形成合格的动名词。

(59)* 佢係旧年生嘅仔。他是去年生的孩子。

(60)* 主语 係[$_{\text{NomP}}$准定语[$_{\text{NomP}}$ Nom[$_{\text{VP}}$ *e* 宾语]]]

综上所述,我们的句法分析为普通话和粤语就"形义错配句"的异同提供了系统的、合理的分析,尤其是解释了所谓主宾语不对称的现象,甚至是同样位于宾语内的"准定语"的差异,克服了"类推糅合"所遇到的难题。简单来讲,粤语所不允许的"形义错配句"都跟形成名物化的移位有关,而那些由所谓"类推糅合"所产生的合语法的句式,例如(22)的"佢係仔"(她是儿子)句、(27)的"王冕死咗老窦(王冕死了父亲)"句等④,以及跟所谓"概念转指"有关的句式,例如(18)的"小丽呢",都跟动名词的产生无关。如果我们研究的方向是正确的，正好显示了普通话和粤语的差异由形成动名词的移位参数所决定，本文的结论则进一步支持了汉语方言语法的异同可以通过参数理论来解释(邓思颖 2003)。

五　余论：体词短语内的移位问题

假如我们所提出的移位参数是对的，我们可以进一步追问：为什么粤语的名物化词头 Nom 不能够诱发动词移位？粤语体词短语内缺乏移位能力，这个假设似乎并不是“孤例”。普通话和粤语名词移位的参数，在生成语法学的文献里，已经成为普遍接受的主流意见：普通话的名词能够进行移位，可以提升到表示有定意义的限定词“D”(或者具有相似性质的功能词)，形成有定的光杆名词，例如(61)的“杯子”。然而，粤语的名词没有这种移位，因而欠缺有定的光杆名词，例如(62)(Li 1997；Au Yeung 1997、2005；Cheng and Sybesma 1999；Sio 2006 等)。

(61)杯子打碎了。(普通话)　(62)*杯打碎咗。(粤语)

按照这个思路去想，我们可以这样说：粤语的名物化词头不能诱发动词移位，就正好像粤语的限定词不能诱发名词移位一样，在体词短语的层面，粤语比较“保守”，没有移位的现象；相对来讲，普通话体词短语内的成分比较“好动”，名物化词头诱发动词移位，形成动名词，而限定词可以诱发名词移位，形成有定的光杆名词等。从宏观的角度来考虑，究竟体词短语层面的移位参数是否说明了普通话和粤语代表了两种不同的语言类型？

如果我们把眼光放远一点，就会发现普通话和粤语的体词短语和小句这两个不同的层面，好像呈现了截然相反的现象：在小句的层面，粤语的动词比较“好动”，动词的移位比较高；普通话的动词相对“保守”，动词的移位比不上粤语的那么高(邓思颖 2003、2006)。那么，粤语体词短语层面的“保守”跟小句层面的“好动”有没有关系？普通话体词短语层面的“好动”跟小句层面的“保守”有没有关系？体词短语和小句这种看来像“此消彼长”的现象，能否得到其他的汉语方言的验证？由此可见，在参数理论的框架之下，我们可以在汉语方言的研究里发现更多过去从来没有注意到的现象，让我们对汉语甚至是人类语言能够有更深刻的认识。不过，由于篇幅所限，以上种种问题，难以三言两语解说清楚，我们只能留待日后作更深入的研究。

六 结 语

沈家煊(2007a)讨论了六种带“的”字的所谓“形义错配句”,提出了“类推糅合”的分析方法。我们通过普通话和粤语的比较,详细讨论了这六种“形义错配句”,指出了“类推糅合”的分析方法所遇到的难题,即不能准确地解释普通话和粤语的差异,甚至不能解释粤语内部的差异,例如所谓主宾语不对称的现象。

我们论证了这些由“准定语”所形成的“形义错配句”都是由动名词名物化所推导出来的,跟“类推糅合”没有关系。造成普通话和粤语“形义错配句”差异现象的原因,都跟形成动名词的移位参数有关:普通话的名物化词头 Nom 可以诱发动词移位,形成动名词,而粤语的名物化词头不具备这项特征。如果我们的分析是正确的,本文显示了汉语方言语法的异同可以通过参数理论来解释,从而证明了参数理论的正确性。

附注:

①为了迁就日常生活的习惯,我们在例(14)改用“妈妈”生孩子而并非“父亲”生孩子。

②不少跟(39)同类的粤语例子都没有结构助词“嘅”(的),例如“帮佢手”(帮他的忙)。没有“嘅”的原因,可能跟音韵有关,又或者粤语倾向使用双宾结构来表达“DO TO”的意思。有关“DO TO”意义的双宾结构,请详见黄正德(2007)的分析。

③派生名物化和动名词名物化是两种不同类型的名物化(Chomsky 1970)。粤语没有动名词,例如“* 老师嘅闹”(老师的责骂),但允许派生名物词,例如“老师嘅批评”(老师的批评)。粤语的派生名物词并非能产的,往往是从普通话/书面汉语借过来的。粤语派生名物词的能产性跟英语的情况相似(Chomsky 1970)。

④我们认为“她是儿子”句的“是”用来填补空动词句的空动词,见 Tang(2001)和邓思颖(2002)有关汉语空动词句的讨论。至于“王冕死了父亲”句,可以参考徐杰(1999)、邓思颖(2004)、黄正德(2007)等的句法讨论。

参考文献:

[1]邓思颖.经济原则和汉语没有动词的句子[J].现代外语,2002(1).

[2]邓思颖.汉语方言语法的参数理论[M].北京:北京大学出版社,2003.

[3]邓思颖.作格化和汉语被动句[J].中国语文,2004(4).

[4]邓思颖.汉语方言受事话题句类型的参数分析[J].语言科学,2006(6).

[5]胡裕树，范晓. 动词、形容词的“名物化”和“名词化”[J]. 中国语文，1994(2).
[6]黄正德. 他的老师当得好[C]//中国社会科学院语言研究所. 吕叔湘——纪念吕叔湘先生百年诞辰. 2004.
[7]黄正德.“生成语法理论和汉语研究”讲座讲稿[R]. 北京大学汉语语言学研究中心，2006.
[8]黄正德. 汉语动词的题元结构与其句法表现[J]. 语言科学，2007(4).
[9]沈家煊.“王冕死了父亲”的生成方式——兼说汉语“糅合”造句[J]. 中国语文，2006(4).
[10]沈家煊.“糅合”和“截搭”[J]. 世界汉语教学，2006(4).
[11]沈家煊. 也谈“他的老师当得好”及相关句式[J]. 现代中国语研究，2007(9).
[12]石定栩. 动词的名词化和名物化[C]//中国语文杂志社. 语法研究和探索：十二. 北京：商务印书馆，2003.
[13]司富珍. 汉语的标句词“的”及相关的句法问题[J]. 语言教学与研究，2002(2).
[14]徐杰. 两种保留宾语句式及相关句法理论[J]. 当代语言学，1999(1).
[15]Chao Yuen-Ren. A Grammar of Spoken Chinese[M]. Berkeley and Los Angeles: University of California Press，1968.
[16]Cheng L，Shen L，Sybesma R. Bare and not-so-bare nouns and the structure of NP[J]. Linguistic Inquiry，1999(30).
[17]Chomsky N. Remarks on nominalization[C]// Jacobs R A，Rosenbaum P S. Readings in English Transformational Gramma. Waltham. MA.: Ginn and Company，1970.
[18]Fu Jingqi. On deriving Chinese derived nomimals: evidence for V-to-N raising[D]. Amherst: University of Massachusetts，1994.
[19]Huang C-T James. On lexical structure and syntactic projection[J]. Chinese Languages and Linguistics，1997(3).
[20]Tang Sze-Wing. The (non-) existence of gapping in Chinese and its implications for the theory of gapping[J]. Journal of East Asian Linguistics，2001(10).

（邓思颖　香港中文大学中国语言及文学系）

“的”的句法地位及相关理论问题*

杨永忠

一 引 言

汉语中，结构上由动词构成的名词性成分必须由“的”构成，以“N＋的＋V”、“V＋的”、“V＋O＋的”的形式出现，可以占据主语或宾语位置，如例(1)所示。自从吕叔湘(1979:51)、朱德熙(1985)起，(1)一直被认为与(2)相对应，两者是从同一潜在结构(underlying structure)派生而来。

(1)a. 这本书的出版　　　　b. 这个作品的发表

(2)a. 出版这本书　　　　b. 发表这个作品

(1a) 和(1b)中“出版”、“发表”都是动名词，不同于(2a)和(2b)中“出版”和“发表”。这两个表达方式大体上同义，都表示“这本书/这个作品被发表了”这一含义，只不过前者是名词词组，后者是动宾词组。根据类似的分析，“的”对所在词组的语义构成无所作为，换言之，它本身并不包含语义值，因而语义上不能对句子有任何贡献。文献中通常把这种不具备任何实质语义内容的名词性成分称为“虚义”(expletive)成分。

有关名词词组中虚词“的”的解释在汉语语类与语法功能关系研究中一直是争论的焦点，不少重要的理论假设都与此直接相关。本文拟对一些现有的相关解释进行考察，分析其中存在的问题与不足，并提出相应的解决方案。

二 “的”作为句法中心语

司富珍(2002、2004、2006)运用中心语理论对“的”及其相关问题进

* 本文已发表于《汉语学报》2008年第3期。

行了讨论。他认为:“的”是句法中心语;*DeP* 为一个[+N]或[-V]的语类,其语类特征是 X,而“的”正像离心结构[①]中的[Z]x,虽然其词类是“助词”(相当于 Z),但其语类特征则是[+N]或[-V](相当于 X),因为[Z]的语类特征或语法特性是 X,因此,[Z]的语类特征或语法特性 X 决定了 XP 的语类特征或语法特性,将[Z]称为 XP 的中心语,相应地,“的”就是 *DeP* 的中心语,这样,中心语理论与向心结构也就得到了完美的统一。司富珍(2004)认为,中心语理论与向心结构理论寻找“中心语”的标准是相似的,两者都认为中心语或中心词的语法特性或语法功能决定了其所在短语的语法特性或语法功能。

司富珍(2002、2004、2006)、熊仲儒(2005)根据中心语理论提出:“的”是句法中心语,“的”字词组之所以具有[+N]的语类特征,就是因为“的”是中心语。因此,他们认为,“红的”、“木头的”、“吃的”、“他买的”均具有[+N]的语类特征。熊仲儒(2005)认为类似“的出版”这类东西是汉语中的句法成分,将“的”视为“这本书的出版”这类结构的中心语。这是熊仲儒运用中心语理论解决这类问题的必要前提。周国光(2006)认为,“这本书的出版”中的“的出版”之类的东西不符合汉语语法的构造原则,没有心理现实性。然而,周国光(2005、2006)虽然提出了质疑,但未能从理论层面对此问题加以分析,因此,我们认为有必要对此做进一步探讨。

我们赞同中心语理论关于中心语决定所在短语语法特性的观点,但是我们对中心语的鉴定标准存有疑问,换言之,“的”是否是句法中心语,“的”作为附属词缀应该是附缀于前面的名词还是引导后面的动词,分别构成“这本书的”和“的出版”,对此,我们持有异议。虽然根据生成句法理论,虚词可以是其所在最大投射的句法中心语,但“的”作为词缀和功能性成分能否与实词割裂,独立充任句法中心语,值得商榷。实际上,司富珍(2002、2004、2006)、熊仲儒(2005)与周国光(2005、2006)之间的争论焦点就在于“的”字词组的句法切分及其句法地位问题。司富珍和熊仲儒均认为“的”是中心语,词组性质由其决定,而周国光(2005、2006)则主张这种说法不合语感,并举出反例加以证明。他们之间的分歧也正是我们讨论的出发点。我们认为,要解决“的”的句法地位问题,首先就要确定中心语的鉴定标准,以及“的”是否符合这些标准。如果“的”虽然属于功能语类,但不具备功能语类作句法中心语所应具备的各项特征,那么,它自然就不能作为句法中心语,司富珍(2002、2004、2006)和熊仲儒

(2005)的理论前提自然不复存在,其结论自然不攻自破,他们与周国光(2005、2006)之间的争论也就可以得到圆满的解决。因此,我们下面先讨论功能语类中心语的鉴定标准,然后再讨论"的"是否符合这些标准,进而得出结论。

三　功能语类中心语的鉴定标准

司富珍(2002、2004、2006)、熊仲儒(2005)与周国光(2005、2006)之间的争论首先源于中心语的鉴定标准和词组内部结构的切分方式。我们先从中心语的鉴定标准着手。

根据中心语理论,词组的语法性质由中心语决定。其结构可以表示为:

(3)XP[ZP[X′[X　YP]]]

按照(3),每个语类都有三个层次:中心语(X),一级阶标(X′)和二级阶标(XP)或称X的最大投射。每个最大投射都有一个标志语(Spec)和一个补足语(C),前者是X′的姊妹节点,后者是X的姊妹节点。一级阶标和最大投射的句法性质必须与中心语保持一致,也就是说,所有的语类都是"向心性的结构"。与(3)相关联的有中心语参数,包括中心语在前和中心语在后两个值。

X阶标原则的抽象性表现在:1)它不针对某个具体的语类,相反,它适用于所有的语类,换言之,(3)中的X可以实现为V、N等,ZP可以实现为不同的语类。2)它只有结构性要求,对线性关系没有任何要求。换言之,它只要求结构符合(3)的基本格式,至于X与YP,ZP与X之间采用什么样的顺序,它则不作任何要求。词组和词组之间基本的结构关系就是中心语、指示语和补足语之间的连接关系,最简方案将其简化为合并,合并就是按照语类的语法特征,遵循两叉分支工作原理,将中心语和相应的补足语合并在一起,再将合并得到的X′与相应的指示语合并在一起,得到连串的词组结构。词组结构中的基本成分事实上反映了语类的语法特征,即每个语类中的词语都有中心语特征,中心语特征是语类的类别特征,它决定每个词语是否选择其他类别的语类作补足语。(Radford 2001:29—56)

由于虚词"的"属于功能语类,因此,我们重点讨论功能语类句法中心语的鉴定标准。根据中心语理论，并参照实词语类的句法特征，我们认为，功能语类作句法中心语应当具备以下条件（即功能语类中心语限制条件 Constraints on Functional Categories as Heads，CFCH）：

1）可以决定其所在词组的句法特征，即[±N]性或[±V]性；

2）可以决定自己的补足语由什么语类担任；

3）可以决定其所在词组内部成分之间的性、数、格一致；

4）具有句法语义自足性。

下面我们分别讨论这些鉴定标准。

功能语类成为中心语必须满足其可以决定其所在词组句法特征这一先决条件，即它可以决定其所在词组具有[＋N]或[－N]，[＋V]或[－V]性。如功能语类中的冠词（包括指示代词）、数量词、标句词、不定式子句中的屈折语素、动名词屈折语素、介词、呼应语（Pollack 1989；Belleti 1990；Chomsky 1993）、时态等具有中心语性质，因为它们都可以决定其所在词组或子句的句法特征。当然，汉语中的功能语类仅限于冠词[②]、数词和量词，其余则见于英语、德语等。我们在此列举，仅仅在于说明功能语类作中心语必须满足的先决条件，并希望得到跨语言的证明，寻求语言的共性特征。

（4）a. DP[Spec 0 D'[D the NP book]] /DP[Spec 0 D'[D this NP book]] /DP[Spec 0 D'[D these NP books]]（英语）

b. DP[Spec 0 D'[D das NP Buch]]/DP[Spec 0 D'[D dieses NP Buch]] /DP[Spec 0 D'[D diese NP Bücher]]（德语）

c. DP[Spec 0 D'[D 这本 NP 书]]/DP[Spec 0 D'[D 这些 NP 书]]

（5）a. [That he will come to the discussion] is certain.（英语）

b. [Dass niemand zu Haus ist], wundert mich sehr.（德语）

（6）a. [To die for the people] is a glorious death.（英语）

b. [Frühzustehen] is eine gute Gewohnheit.（德语）

c. [Zigaretten zu rauchen] schadet der Gesundheit.（德语）

（7）a. [Getting up early] is a good habit.（英语）

b. [Frisch gewagt] ist halb gewonnen.（德语）

（8）a. AgrSP[D They AgrS' [AgrsS have TP[Adv probably TP [QP [Q all D t]T' [vp QP t[v' given up smoking]]]]].（英语）

b. AgrOP[DP The defendants AgrO' [AgrO proved VP[V t IP[QP[Q all DP t] I' to be lying]]]].(英语)

不难看出,上述功能语类之所以成为句法中心语,乃是由于它可以决定其所在词组或子句的句法特征 [+N]或[-V]性。若无这些功能语类,词组或子句则不合法。

(9) a. * DP [Spec 0 D'[D 0 NP book]]

/ * DP[Spec 0 D'[D 0 NP Buch]]

b. * DP[Spec 0 D'[D 0(本) NP 书]](单数)

/* DP[Spec 0 D'[D 0(些)NP 书]](复数)

(10)a. * [He will come to the discussion] is certain.

b. * [Niemand zu Haus ist], wundert mich sehr.

(11)a. * [Die for the people] is a glorious death.

b. * [Frühstehen] is eine gute Gewohnheit.

c. * [Zigaretten rauchen] schadet der Gesundheit.

(12)a. * [Get up early] is a good habit.

b. * [Frisch wagen] ist halb gewonnen.

就汉语虚词"的"而言,它不能决定其所在词组的句法特征。实际上,"的"在词组中出现与否,都不能改变词组的结构性质,词组的合法性不受影响。

(13)a. 张三的不辞而别/张三不辞而别

b. Zhangsan('s) leaving without saying goodbye/ Zhangsan left without saying goodbye

c. Zhangsans Weggehen ohne Abschied/ Zhangsan hat ohne Abschied weggegangen

(14)a. 张三的冷酷无情/张三冷酷无情

b. Zhangsan('s) being cold—blooded/ Zhangsan is cold-blooded

c. Zhangsans Hartherzigheit/ Zhangsan ist hartherzig

(15)a. 张三的表扬/张三表扬(某人)

b. Zhangsan's praise/ Zhangsan praises (somebody)

c. Zhangsans Auszeichnung/ Zhangsan auszeichnet (jemanden)

上述例子中,前半部分是词组,后半部分是句子,"的"连接"主谓"成分、"动宾"成分,词组内部成分之间的结构关系并未改变,其成分的性质同样未发生变化。(13a)"张三不辞而别"可以看作是"张三的不辞而别"省略"的"而生成,两者都是主谓结构。(14a)与此类似。(15a)表明,"张三"既可能是"表扬"的施事,也可能是"表扬"的受事。这说明,"表扬"具有[+N]或[-V]性。因此,从这一点来看,"的"并不满足作句法中心语的先决条件。作为上述例子的英译文(13b)、(14b)和(15b)则清楚地表明:属格标记"'s"的使用并不具有强制性。这意味着,属格标记"'s"的有无对词组的句法特征并无影响。与英语属格略有不同,德语属格标记的使用则表现出强制性的特点,如(13c)、(14c)和(15c)所示[③]。

其次,功能语类中心语可以决定自己的补足语语类。冠词、数词一般选择名词作补足语,动名词、不定式屈折语缀选择动词作补足语,标句词选择子句作补足语,介词选择名词作补足语,时态中心语以时体一致为补足语,呼应语中心语以性、数、格一致为补足语,如(4)～(8)。就汉语而言,冠词包括指示代词("这"、"那"、"这种")、数词和量词。它们都具有[+N]性,因此,以它们为中心语的投射都是[+N]性的。领属语处于冠词的标志语(Spec)位置。冠词、数词和量词一般选择名词短语作补足语。如果它们选择动词或形容词作补足语,就会形成所谓的动名词或形名词。例如:

(16)a. 这本书的出版

b. DP[Spec 0 D'[D 这本书的 VP 出版]]

c. DP[Spec 0 D'[D this book's VP being published]]

d. DP[Spec 0 D'[D das Buchs VP Veröffentlichung]]

/ DP[Spec 0 D'[D die Veröffentlichung NP des Buch(e)s]]

(16b)是(16a)的底层结构。按照上述分析,动词 VP 是冠词 D 的最大投射,而冠词具有[+N]性,所以整个结构也具有[+N]性。冠词 D 的补足语是动词,它的中心词是具有[-V]性的动词,所以具有[-V]的特性,如可以受副词修饰,可以带宾语等。(16c)是(16a)的英文翻译,它显示:标志语为空位,being published 以动名词形式出现,乃是由于 this book('s)的要求,即 this book('s)为 D,要求后面的动词必须以名词形式出现。德语对应表达方式(16d)表明:定冠词 die 决定词组的性质,它要求动词 veröffentlichen("出版")必须以动名词 Veröffentlichung 形式出现,因而,补足语选择何种形式与属格标记"s"无关。基于此,我们可以将上述结构扩展为:

(17) a. DP[Spec 0 D'[D 这本书的 VP 及时出版]]

b. DP[Spec 0 D'[D this book's VP being published promptly]]

c. DP[Spec 0 D'[D das Buchs VP plötzliche Veröffentlichung]]

/ DP[Spec 0 D'[D die plötzliche Veröffentlichung NP des Buch(e)s]]

显然,Spec为句法空位,"的"附缀于"这本书",而不是附缀于"出版"或以冠词身份出现。同样,英语的"'s"和德语的"s"也分别附缀于"this book"和"des Buch"。为了进一步证明这一点,我们以"(他的)这种快"和"他的来"为例来说明:

(18) a. DP[Spec(他的)D'[D 这种 VP 快]]

/ DP[Spec(his)D'[D such VP swiftness]]

/ DP[Spec(sein)D'[D solche NP Schnelligkeit]]

b. DP[Spec 他的 D'[D 0 VP 来]]

/ DP[Spec his D'[D 0 VP coming]]

/ DP[Spec sein D'[D 0 VP Kommen]]

(18a)和(18b)均显示,只有指示代词"这种"可以占据D位置,"的"只能附缀于领属语"他",若无"这种"之类的指示代词,则表明存在句法空位④。这一特征在英语和德语中同样存在。

从句法上说,"的"符合Ouhalla(1991)所列举的功能语类的鉴定标准:属于"封闭语类",成员数量有限,且不允许出现有意识造出的新词;没有语义选择性,即不能决定自己的论元带什么样的题元角色;有附着性,属于黏着语素,不能单独使用。但是,它却不像冠词等其他功能语类那样具有性/数屈折形态,可以决定与动词的一致关系。这个特性在英语中有一定的表现,而在其他语言中则表现得更加明显,如下例所示:

(19) a. This chair is comfortable.(英语:单数指示代词+单数名词+单数动词)

b. These chairs are comfortable.(英语:复数指示代词+复数名词+复数动词)

c. Der Stuhl ist bequem.(德语:单数指示代词+单数名词+单数动词)

d. Die Stühle sind bequem.(德语:复数指示代词+复数名词+复数动词)

(20) a. Le professeur a pris ce livre.（法语：单数冠词＋单数名词＋单数动词）

b. The professor has taken the book.（英语：冠词＋单数名词＋单数动词）

c. Der Professor hat das Buch genommen.（德语：单数指示代词＋单数名词＋单数动词）

d. 这个教授拿了这本书。（汉语：单数指示代词＋单数名词）

(21) a. La fille a pris ce livre.（法语：单数冠词＋单数名词＋单数动词）

b. The girl has taken the book.（英语：冠词＋单数名词＋单数动词）

c. Das Mä dchen hat das Buch genommen.（德语：单数指示代词＋单数名词＋单数动词）

d. 这个女孩拿了这本书。（汉语：单数指示代词＋单数名词）

(22) a. Les professeurs ont pris ce livre.（法语：复数冠词＋复数名词＋复数动词）

b. These professors have taken the book.（英语：复数指示代词＋复数名词＋复数动词）

c. Die Professoren haben die Buch genommen.（德语：复数指示代词＋复数名词＋复数动词）

d. 这些教授拿了这本书。（汉语：复数指示代词＋复数名词）

上述例句显示，冠词/指示代词采用单数时，名词和动词也采用单数一致屈折，冠词/指示代词采用复数时，名词和动词也采用复数一致屈折。这表明，作为中心词，冠词/指示代词决定中心词之间的一致关系。就汉语“的”而言，它并不具有这样的特征，因为“的”不能决定其前后成分的数，真正决定词组内部成分数一致关系的是冠词/指示代词。

(23)他的那本书(that book of his)/他的书(that book of his/those books of his)

(24)他的那些书(those books of his)/他的书(that book of his / those books of his)

(25)我那位朋友(that friend of mine)/我的朋友(that friend of mine / those friends of mine)

(26)我那些朋友(those friends of mine)/我的朋友(that friend of mine / those friends of mine)

英汉对比显示,决定词组成分数一致关系的应当是指示代词“那(本)/那些”,“的”仅仅表示所属,具有连接作用,即将前面的名词或代词与后面的名词或动词连接起来。换言之,“的”对其后的名词并不具有数的标志作用,也就不能成为其所在词组的句法中心语。

在有些语言里有这样一个事实,即名词短语的格通过冠词来表示。这个情况在德语里尤其明显(NOM=主格,GEN=属格,DAT=与格,ACC=宾格):

(27)

a. Der	Sohn	Das Mädchen	Die Frau
the-NOM	son	the-NOM girl	the-NOM woman
b. Des	Sohnes	Des Mädchens	Der Frau
the-Gen	son	the-GEN girl	the-GEN woman
c. Dem	Sohn	Dem Mädchen	Der Frau
the-Dat	son	the-DAT girl	the-DAT woman
d. Den	Sohn	Das Mädchen	Die Frau
the-ACC	son	the-ACC girl	the-ACC woman

从(27)来看,名词词组的格的性质是由冠词决定的,阳性名词“Sohn”和中性名词“Mädchen”只是用于属格时才有屈折变化,而其他格则无屈折变化;阴性名词“Frau”则一律保持不变,变化的仅仅是冠词。(27)显示,名词的格由冠词标志,可以说,冠词起了决定整个名词词组性质的作用。按照语言普遍情况和生成语法标准假设,尽管格是与整个名词组的性质相关联的,但它是通过中心词实现的。换句话说,冠词有中心词的性质。但是,汉语“的”不具有这样的特征。“的”不能决定词组成分的格,也不能决定词组的结构性质。比较:

(28)a. 汽车修理是很劳累的工作。

b. 汽车的修理是很劳累的工作。(转引自石定栩 2005 例)

两句对比显示,“的”的有无并不影响名词词组“汽车修理”的合法性,其依旧是名词性的,“修理”具有[+N]性,它不能扩展为下列格式:

(29)*a. 在野外汽车修理是很劳累的工作。

*b. 不断汽车修理是很劳累的工作。

*c. 不断在野外汽车修理是很劳累的工作。(转引自石定

枏 2005 例）

但是可以扩展为：

(30)a. 不断的汽车修理是很劳累的工作。

b. 长期的汽车修理是很劳累的工作。

c. 在野外长期的汽车修理是很劳累的工作。（转引自石定枏 2005 例）

(29)和(30)显示，“修理”具有[＋N]性或[－V]性，不能用于述谓结构，不能受副词或介词短语修饰。“修理”的[＋N]或[－V]性并非由于“的”的使用，而是非施事名词与动词合并作主语的结果。进一步说，上述例子中“修理”的[＋N]性由“汽车修理”决定，而不是由“的”决定。“汽车修理”可以扩展为“汽车的修理”，表明这其中隐含一个句法空位，该句法空位被冠词占据，因此，我们说“汽车的这种修理”是合法的，就在于冠词是句法中心语，由它决定整个词组结构的性质。而且，即使将上述词组进行分解，“这种修理”仍然具有句法自足性。比较：

(31)a. [他的来访]/[他来访]让我们感到意外。

b. [他的突然来访]/[他突然来访]让我们感到意外。

c. [他的这次突然来访]/[他这次突然来访]让我们感到意外。

(32)a. [我管电话]也一个多月了。/*[我的管电话]也一个多月了。

b. [他毕业]已经四年了。/*[他的毕业]已经四年了。

c. [你在罗山工作]都九年了。/*[你的在罗山工作]都九年了。

d. [你出门]都四五年了。/*[你的出门]都四五年了。

e. [牛彩云来北京]已经三天了⑤。/*[牛彩云的来北京]已经三天了。

(31)表明，“的”出现与否并不影响句子的合法性。如果说“的”是使句子转换成词组的标志，“的”使动词名词化，句子拥有合法主语，那么，我们又如何解释(31)的后半部分？这些例句均合法，都是由“主语＋动词”构成，动词前可以用副词修饰，整个结构作主语，要解释这一类结构的合法性，我们只能认为这是子句作主语。如果说(31)表明“的”在句中出现并不具有强制性，那么，(32)则清楚地表明：“的”若用于此类结构，句子不合法。根据中心语理论，子句具有[＋N]性，其为 C(Complementizer)的最大投射，即 CP，只是 C 为句法空位。而且，(31)的后半部分清楚地表明:动词前不仅可以有副词修饰,而且可以有指示代词修饰。如果说“的”是句法中心语,那么,“的”就应当具有强制性、可填充性、可还原性、可替换性[⑥],然而,(32)却强烈排斥“的”。因此,“的”不符合句法中心语的条件。

作为合法的句法中心语,它必须具有句法自足性。上文所举例子已经证明:无论是冠词、屈折语缀,还是标句词,它们都具有句法自足性,也就是说,经过切分,由其构成的中心语词组或子句具有完整的句法功能,能够单独充任句子成分。既然如此,以“的”为中心语的词组结构同样应当具有句法自足性。而且,“的”作为格标志,与英语的所有格“'s”和德语的所有格“s”相同,它们应该具有相同的句法功能。如果说汉语的属格标记“的”具有可切分性,由其投射而成的结构具有可自足性,那么,具有相同功能的英语的属格“'s”和德语的属格“s”也应当具有可切分性,由其投射而成的结构也应当具有可自足性。然而,事实却并非如此。比较下列各例:

(33)芳芳的美丽

a. DP[Spec 芳芳的 D'[D 0 AP 美丽]]

b. * DP[Spec 芳芳 D'[D 的 AP 美丽]]

(34) Fangfang's beauty(英语)

a. DP[Spec Fangfang's D'[D 0 NP beauty]]

b. * DP[Spec Fangfang D'[D 's NP beauty]]

(35) Fangfangs Schönheit(德语)

a. DP[Spec Fangfangs D'[D 0 NP Schönheit]]

b. * DP[Spec Fangfang D'[D s NP Schönheit]]

显然,汉语的“的”与英语的“'s”和德语的“s”一样,与其所附缀的名词具有不可切分性,否则不合法,换言之,以此类功能语类为中心的词组缺乏句法自足性,因而不具备作为句法中心语的条件。从形式上看,汉语根本就不合法。英语同样不合法,它不是词组,而是句子,因为只有系动词才可以此形式出现,即系动词的缩略式。德语也不合法,因为德语中不允许这样的表达式,德语系动词 ist(单数)或 sind(复数)均不能缩略成上述形式。可见,汉语的“的”和英语的“'s”、德语的“s”一样不具有作为中心语的特征,因为它们均不能与其所附缀的名词分割开,成为自足的形式[⑦]。然而,根据中心语理论,中心语词组 DP 具有自足性,即它可

单独作主语或宾语,形式和意义均完整。比较:

(36)芳芳的美丽显而易见。

a. DP[Spec 芳芳的 D′[D 0 AP 美丽]]显而易见。

b. * DP[Spec 芳芳 D′[D 的 AP 美丽]]显而易见。

(37) Fangfang's beauty is obvious.

a. DP[[Spec Fangfang's D′[D 0 NP beauty]] is obvious.

b. * DP[[Spec Fangfang D′[D 's NP beauty]] is obvious.

(38) Fangfangs Schönheit ist völlig klar.

a. DP[Spec Fangfangs D′[D 0 NP Schönheit]] ist völlig klar.

b. * DP[Spec Fangfang D′[D s NP Schönheit]] ist völlig klar.

上述例子显示,"的"与"'s"和"s"一样,均不具有句法自足性,切分之后都不能单独作主语,宾语同样如此。相反,"的"、"'s"和"s"如果附缀于前面的名词或代词,则具有句法自足性,因为如此切分不仅合乎句法要求,而且合乎语义要求。这证明:司富珍(2006:64—65)所谓"句法中心语与语义中心语有别,'我的遥远的清平湾'中'的'是句法中心语,'清平湾'是语义中心语"这一论断与事实不符[8]。这一点还同时证明:句法中心语与语义中心语之间存在对应关系,因为句法系统与概念(语义)系统之间存在对称性投射,句法系统总是尽可能真实地反映概念系统的要求,句法中心语与语义中心语基本一致,因为只有这样才能准确传递信息,达到交际目的。

值得一提的是,我们对"的"的句法中心语地位的质疑,并非基于虚词是否可以作句法中心语这一理论前提,这一点与周国光(2005)有异。根据中心语理论,虚词作为功能语类,不能决定自己的论元带什么题元角色,但有语类选择性,即可以决定自己的补足语由什么样的语类担任,且具有黏着性,因而不能单独使用。司富珍(2006:64)指出,生成语法的句法中心语不仅可以是虚词,而且可以是一些功能性的、在形态上看来是词缀性的成分如-s、-ed、-ing等。换言之,虚词可以是其所在最大投射的中心语。这一点无疑是正确的。但是,上述附着性(clitic)成分并不能与其所附缀的词切分开,而单独形成最大投射,进而成为其最大投射的中心语。这正是我们与司富珍(2002、2004、2006)、熊仲儒(2005)相异之处。无论是汉语,还是英语、德语等印欧语,属格标记均不能单独形成最大投射,这一点在上文已经得到证明[9]。这里需要强调的是,虚词与实词一样,其最大投射必须具有句法语义自足性,符合句法语义要求。因此,英语中的标句词短语、不定式、动名词、介词短语可以出现于主、宾语位置,因为标句词的语类特征是[+N,-V]性,不定式的语类特征是[-N,-V],动名词的语类特征是[-N,-V],介词短语的语类特征是[-N,-V]。这些功能语类之所以可以形成符合句法语义要求的最大投射,就在于它们均能单独出现于主宾语位置,句法具有自足性,且语义完整。汉语"的"虽然是功能语类,但是不具有句法语义自足性,因而不能成为句法中心语。与此类似,英语中的词缀-s、-ed、-ing 和德语中的-s、-et/-en(第二分词屈折语素,相当于英语的-ed)、-ung(动名词屈折语素,相当于英语的-ing)等都不能与其所附缀的动词或名词性成分分割开,这一点在 Culicuvor & Nowak (2003:242—248)、Abney(1987:193—200)得到了证明。根据 Culicuvor & Nowak (2003:242—248),动词不定式和动名词的分析可以见图一:

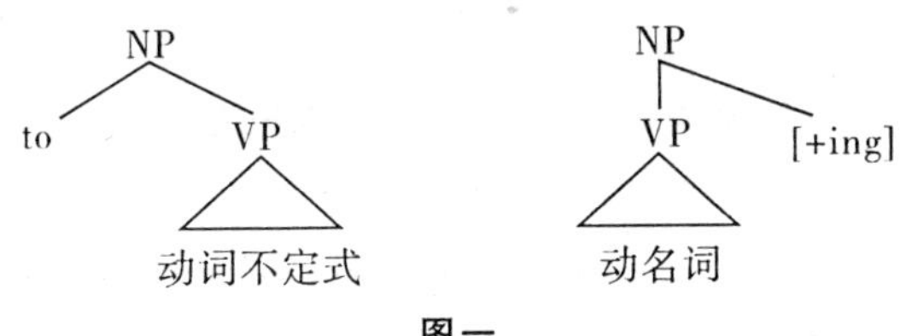

图一

Culicuvor & Nowak 认为,由于 to、-ing 的出现,使得整个短语呈现名词性语法特征。值得注意的是,动词不定式的结构图异于动名词的结构图,to 处于中心语 D 位置,而-ing 依附于 VP,处于补足语位置。这样的分析适用于汉语"的"字词组、英语的-s、-ed、-ing 和德语的-s、-et/-en、-ung 等所在的短语。这一点恰恰证明:"的"不能处于中心语 D 位置,"的出版"不能成立,"这本书的出版"的中心语应当是"这本书(的)","的"是附缀成分。

基于以上分析,我们提出以下假设:

(39)功能语类自足性假设(Functional Category Self-sufficiency Hypothesis, FCSH):功能语类若要成为句法中心语,其最大投射必须具有句法自足性。

前面我们已经证明,"的"虽然是功能语类,但不能成为句法中心语。这同时证明,我们提出的这个假设是合理的。上面提到的标句词短语、不定式短语、动名词短语、介词短语都是分别以标记词(如 that、if、for、 whether)、不定式屈折语缀 to、动名词词缀-ing、介词为中心词的，都是合法的功能语类中心语，其投射也是合法的。为了进一步证明这一点，我们采用删略法来检验。

(40) a. The fact is [that you didn't pass the test]. /* The fact is [you didn't pass the test].

b. I doubt [if you can help me]. /* I doubt [you can help me].

c. I'm anxious [for you to receive the best treatment possible]. /* I'm anxious [you to receive the best treatment].

(40a)和(40b)中标句词标明句中动词只能是定式动词，子句只能是定式子句；(40c)标句词标明动词只能是非限定动词，子句只能是非定式子句。而且，(40a)和(40b)标明子句的陈述功能，(40c)标明子句的疑问功能。换言之，标句词决定子句的句法、语义、语用功能。这些标句词在其所在位置不能替换，即 that、if 和 for 之间不能替换位置，否则，句子不合法。

(41) a. * I think [that you to be right].

b. * I doubt [if you to help me].

c. * I'm anxious [for you should receive the best treatment possible].

(42) a. Our plan is [to finish the work in two days].

b. * Our plan is [finish the work in two days].

(43) a. Her hobby is [collecting stamps].

b. * Her hobby is [collect stamps].

这三组例句中，不定式屈折语缀 to 决定了其所在词组的语类性质[－V]，即动词必须是非限定性的，不能有时态变化或屈折变化，也不能用助动词或情态动词，虽然其没有具体的语义。动名词词缀-ing 决定其所在短语具有[－V]性，无此词缀动词则为限定式，具有[＋V]性，而系动词后要求[－V]性成分，因而句子不合法。

我们对虚词“的”的句法地位的论证与周国光(2005、2006)不同。周国光(2005、2006)是从语感出发，通过反例来说明司富珍(2002、2004)、熊仲儒(2005)的结论不合理，但缺乏系统的论证。而我们是以 DP 假设为基础来论证的，因为 DP 假设正是司富珍(2002、2004、2006)、熊仲儒(2005)提出“的”字中心语词组的理论基础。我们之所以这样做，乃是基于现代语言学的基本信条：只依靠反面例子并不能推翻现存的理论，只有更好的理论才能取代现有的理论。我们的工作就是尽力寻找更好、更能全面解释语言现象的理论。（参阅石定栩 2005）就周国光（2006）而言，我们认为，其所谓“中心语理论者似乎在做一件‘知不可为而为之’的事情：连自己都不说的东西，却硬要证明这类东西的存在；连自己都不遵循的构造规则，却硬要去找到这些构造规则及其机制”这一提法有失偏颇。中心语理论并非无本之木，它是有理论依据的，包括词法、句法、语义方面的证据，详细情况可参阅 Berstein（2001）。这一理论之所以会出现并逐渐被接受，说明它与传统分析相比更具优越性。这些优越性表现在：首先，它有助于解释冠词本身的语法和分布特征；其次，它有助于捕捉传统意义上的句子和名词短语之间的对称的句法特性。总之，DP 假设无论是在理论上还是事实上都有很坚实的基础，它至少比传统分析前进了一步，因此，值得我们采纳。

四 结 语

本文从句法表现角度对现有相关解释进行考察，对“的”主宾语中心语地位问题和近期的一些讨论进行研究，涉及中心语的鉴定标准、功能语类的中心语地位、“的”字词组的切分方式以及“的”是否具有中心语地位等问题。根据本文的分析，功能语类作句法中心语必须满足下列条件：可以决定其所在词组的句法特征，可以决定其补足语的语类，可以决定其所在词组内部成分之间的性、数、格一致，并且要具有句法语义自足性。通过对比分析和删略测试，我们发现：虚词“的”属于功能语类，但不能作句法中心语，因为它不能确定其所在词组的性、数、格特征，也不能与其所附缀的动词或名词切分开，缺乏句法语义自足性。实际上，“的”字名词词组的语类性质是由冠词、数词或量词决定的，与“的”无关。“的”仅仅是一个连接标记，它的使用是为了连接其前后的两个成分，包括[+N]、[-V]性成分。前面的[+N]为后面的[-V]的施事、受事或[+N]的领有者，表明词组与句子之间的差异，标识它们之间的对称。“的”可以附缀于标志语（Spec），也可以附缀于中心语（D），但不能附缀于补足语（C）。因此，在作结构切分时，只能是要么将“的”与标志语（Spec）一起切分，要么将其与中心语（D）一起切分，但“的”只能作为中心语 D

的附缀成分，而不是D。就句法分布而言，“的”多作为标志语(Spec)的附缀成分，用于人称代词或专有名词之后，也可用于动词之后，但不能用于指示代词之后，因为指示代词一般作为句法中心语，而“的”的属格性质决定了它往往只能用作人称代词或专有名词后缀表类属，而不能用于指示代词之后与指示代词一起表定指。

(44)我们的第一次见面/我们第一次见面。

DP[Spec 我们的 D′[D 第一次 VP 见面]]/ IP[D 我们 I'[I VP [Adv 第一次 VP 见面]]]

(45)他创作的歌曲/他创作歌曲。

DP[Spec 他创作的 D'[D 0 NP 歌曲]]/ IP[D[他 I'[I VP[V 创作 DP 歌曲]]]]

(46)他创作的那首歌/他创作那首歌。

DP[Spec 他创作的 D'[D 那首 NP 歌]]/ IP[D 他 I'[I VP[V 创作 DP 那首歌]]]

(47)他主编的那本词典/他主编那本词典。

DP[Spec 他主编的 D'[D 那本 NP 词典]]/ IP[D 他 I'[I VP[V 主编 DP 那本词典]]]

(48)我们(的)那次见面/*我们那次的见面

DP[Spec 我们(的)D'[D 那次 VP 见面]]/ *DP[Spec 我们[D' [D 那次的 VP 见面]]]

(49)*他创作那首的歌/*他主编那本的词典/?我们第一次的见面

*DP[IP 他创作 D'[D 那首的 VP 歌]]/*DP[IP 他主编 D'[D 那本的 VP 词典]]]/?DP[Spec 我们[D'[D 第一次的 VP 见面]]]

上述例子显示，“的”可附缀于动词、代词、名词或主谓词组，但不附缀于指示代词，也不引导名词词组，换言之，“的”不能附缀于中心语。如果我们删略虚词“的”前面的成分，词组不合法，如果删略“的”后的成分，词组依旧合法，这表明以“的”为中心语的词组缺乏句法自足性。

(50)*的第一次见面/*的歌曲/*的那首歌/*的那本词典

(51)我们的/他的/他创作的/他主编的

根据DP假设，D之所以为D，就是因为它在名词词组中对其后的名词或动词起特指、泛指以及表示数量等限定作用，缺少了它，词组或子句就不合法或不可接受。D是名词词组结构上的组成部分，它和名词或动词有着结构上的联系，不可或缺。D标志词组的语法关系。由于“的”不具备上述特征，因此，“的”不是句法中心语。这一结论在英语、德语等语言中得到了验证，因而具有普遍的语言类型学意义。这给我们一个重要启示，即语言研究不仅要重视个别语法，更要重视普遍语法，只有通过跨语言比较研究，才能将描写上的充分性（合理的个别语法）与解释上的充分性（合理的普遍语法）完美地结合起来，作出具有普遍意义的理论概括，从而能够解释更多的、不同语言和语言类型的事实。

附注：

①Culicover & Nowak(2003:245—247)将离心结构表示为 XP→…YP…+[Z]x，而将向心结构表示为 XP→…X…。

②方梅研究显示：北京话中有些不带量词用在名词前的“这/那”，特别是“这”已经无法再分析为指示词而只能分析为冠词。（转引自刘丹青 2006）

③德语的属格系统比汉语和英语都要复杂。德语允许至少两个表示领属关系的属格共现，其中一个前置于名词和形容词，另一个后置于名词和形容词。例如：

(1)a. Marias sorgfaltige Beschreibung Ottos

b. Mary's accurate description of Ottos

c. 玛丽对奥托的准确描述

德语的第二个表示领属关系的属格相当于汉语和英语的介词短语。如果第二个属格不出现，则上述例子含有歧义，既可以是“玛丽所作的准确描述”也可以是“对玛丽的准确描述”。另一方面，德语允许属格后置，但句法成分原有的格关系并不受影响。

(2)a. Die Beschreibung Marias　　比较：　(3)a. Marias Beschreibung

b. The description of / by Mary　　　b. Mary's description

④Longobardi(1994,2001:581—592)、Szabolcsi(1987)、Stowell(1989、1991)都认为，空论元可以充任句法中心语。Longobardi(2001:581)指出，DP可以是论元，而NP则不能是。

⑤这五句转引自储泽祥(2005)。根据该文，五句中都是主谓词组作主语，时量成分作谓语。

⑥同一语类的词具有相同的语法特征，因而在句法中，相同语类的词可以占有相同的句法位置或相互替代。

⑦如果我们扩大考察范围，就会发现：不仅汉语、英语、德语中的所有格词组不能自足，阿拉伯语中的i，拉丁语和斯拉夫语中的属格（屈折混合词尾），罗曼语和日耳曼

语中的所有格(名词一致Φ特征 phi-feature agreement with the noun),以及希伯来语的结构态属格(Hebrew construct state Genitive)(零形式),同样都不能自足。(参阅 Longobardi 2001:567)

⑧将"我的遥远的清平湾"中"的"分析为句法中心语,似乎是语感和韵律的双重作用所致。从语感上说,"的"位于"我的遥远"与"清平湾"之间,正好处于词组结构中心,结构匀称;从韵律上说,"的"是重心所在,朗读或说话时停顿时间相对于其他成分较长,整个词组可以切分为[我的遥远][的][清平湾],这与中国古诗的韵律相吻合,即由两个双音步和一个单音步构成,"的"起衬音和连接作用。如果我们将其扩展为"我的那遥远的清平湾","那"不仅具有衬音作用,同时还具有指示作用。如果上述分析成立,那么,我们就可以得出结论:"的"作为句法中心语实际上是一种错觉,而真正的句法中心语其实是指示代词"那"。

⑨属格标记不能与其所附缀的成分分割开,还见于英语疑问词 whose(=who's)和德语疑问词 wessen(=wers)。如果"'s"与"who"、"s"与"wer"可分割并作为句法中心语,那么,下列结构应该是合法的,然而,事实正好相反。

(1)* Whose did you read book?

(2)* Who did you read 's book?

(3)* Wessen haben Sie Buch gelesen?

(4)* Wer haben Sie s Buch gelesen?

参考文献:

[1]储泽祥.肯定、否定与时量成分在动词前后的位置[J].汉语学报,2005(4).

[2]刘丹青.名词短语句法结构的调查研究框架[J].汉语学习,2006(2).

[3]石定栩.动词的"指称"功能和"陈述"功能[J].汉语学习,2005(4).

[4]司富珍.汉语的标记词"的"及相关的句法问题[J].语言教学与研究,2002(2).

[5]司富珍.中心语理论和汉语的 *DeP*[J].当代语言学,2004(1).

[6]司富珍.中心语理论和"布龙菲尔德难题"[J].当代语言学,2006(1).

[7]熊仲儒.以"的"为核心的 DP 结构[J].当代语言学,2005(2).

[8]周国光.对《中心语理论和汉语的 *DeP*》一文的质疑[J].当代语言学,2005(2).

[9]周国光.括号悖论和"的 X"的语感[J].当代语言学,2006(1).

[10]朱德熙.关于向心结构的定义[J].中国语文,1984(6).

[11]朱德熙.语法问答[M].北京:商务印书馆,1985.

[12]Abney S. The English Noun Phrase in Its Sentential Aspect[D]. MIT, Cambridge, MA. 1987.

[13]Belleti A. Generalized Verb Movement[M]. Turin: Rosenberg and Sellier, 1990.

[14]Berstein J B. The DP Hypothesis[G]//Baltin M, Collins C. The Handbook of

Contemporary Syntactic Theory. 北京:外语教学与研究出版社/布莱克韦尔出版社,2001.

[15]Chomsky N. Remarks on nominalization[G]//Jacobs R, Rosenbaum P. Readings in English Transformational Grammar. Waltham MA: Ginn, 1970.

[16]Chomsky N. A Minimalist Program for Linguistic Theory[G]//Hale K, Keyser S J. The View from Building 20. Cambridge, Mass.: MIT Press, 1993.

[17]Culicuvor P W, Nowak A. Dynamical Grammar: Minimalism, Acquisition, and Change[M]. Oxford: Oxford University Press, 2003.

[18]Longobardi G. Reference and proper names: a theory of N-movement in syntax and logical form[J]. Linguistic Inquiry, 1994(25).

[19]Longobardi G. The syntax of N-raising: a minimalist theory[M]//Research Institute for Language and Speech Utrecht: University of Utrecht. 1996.

[20]Longobardi G. The Structure of DPs: Some Principles, Parameters, and Problems [C]//Baltin M, Collins C. The Handbook of Contemporary Syntactic Theory. 北京:外语教学与研究出版社/布莱克韦尔出版社,2001.

[21]Ouhalla J. Functional Categories and Parametric Variation [M]. London: Routledge, 1991.

[22]Pollack J-Y. Verb Movement, Universal Grammar, and the Structure of IP[J]. Linguistic Inquiry, 1989(20).

[23]Radford A. Syntax: An Minimalist Introduction[M]. 北京:外语教学与研究出版社/剑桥大学出版社,2001.

[24]Stowell T. Subjects, specifiers and X-bar theory [G]//Baltin M, Kroch A. Alternative Conceptions of Phrase Structure. Chicago: University of Chicago Press, 1989.

[25]Stowell T. Determiners in NP and DP[G]//Leffel K, Bouchard D. Views on Phrase Structure. Dordrecht: Kluwer, 1991.

[26]Szabolcsi A. Functional categories in the noun phrase[G]//Kenesei I. Approaches to Hungarian 2. Szeged: JATE, 1987.

(杨永忠 云南财经大学外语部)

双宾结构与两种特殊句式的生成*

刘　宇

引　言

徐杰(1999a、2001)以生成语法的格理论为基础,对"带有保留宾语的被动句"及"领主属宾句"两类句式的非宾格现象作出了统一的语法解释。文章发表以后,非宾格现象再次引起语言学界,特别是生成语法学者们的高度重视。温宾利、陈宗利(2001),潘海华、韩景泉(2005),朱行帆(2005)等相继参与讨论。本文拟对相关质疑进行小结,并尝试在普遍语法的框架内进一步探讨这两类特殊句式的生成过程。

一　相关质疑

(1)a. 张三的两颗门牙掉了①。

b. 张三掉了两颗门牙。

c. *e* 掉了［张三的两颗门牙］。

朱行帆(2005:223)指出,"两颗门牙"已经在深层结构(1)c中被中心语"的"指派了"隶属"题元角色,而当领有名词"张三"上移进入表层结构(1)b后,"两颗门牙"又被潜及物动词"掉"指派了"受事"题元角色。这样,名词短语"两颗门牙"就拥有了双重题元角色,朱文据此认为领有名词的提升移位违背了题元角色准则(the Theta-Criterion),因此不合法。

其实这是一种对原有观点的误解。徐杰(1999a、2001)在讨论两种

* 本文已发表于《汉语学报》2008年第3期。本文的写作得到徐杰教授的悉心指导,谨致谢意。文中的谬误由作者本人负责。

句式的领有名词移位时，偏重于解释格位，而对题元角色的描述则较为简略，这样做的初衷在于凸显移位的根本原因是为了获取赋格。实际上，表层结构(1)b中动词后的“两颗门牙”并不是一个单纯的名词短语，而是包含“张三”上移后留下的“语迹＋两颗门牙”这一整体。既然这个整体相当于深层结构(1)c中的“张三的两颗门牙”，那么它只可能接受动词指派的“受事”题元角色，而不可能再通过其内部的领属关系获得其他题元角色了。

另一方面，温宾利、陈宗利(2001:414)的看法则令人深思。他们根据最简方案(Chomsky 1995)，指出移位是一种利己行为，既然领有名词本身在深层结构(1)c中已经获取所有格，就没有必要“毫不利己，专门利人”地进行移位。潘海华、韩景泉(2005:6)也赞成这一看法，强调领有名词的移位必将造成该词组的重复赋格。由此可见，违反利己性原则(Principle of Greed)已成为徐文(1999a、2001)原有解释中一个难以回避的问题。我们认为，产生这一问题的根源在于原有解释忽视了深层结构中两类结构极为相似的名词短语在句法层面上所表现出的不同性质。一旦它们之间的关系得以厘清，格理论仍旧能够对两种特殊句式的生成给出统一的解释。

二　对两种特殊句式新的解释

2.1　对“带保留宾语的被动句”的解释

(2)a. 李四的一个钱包被偷了。

b. 李四被偷了一个钱包。

c. *e*被偷了[李四的一个钱包]。

d. *e*被偷了[李四][一个钱包]。

按照先前的理解(徐杰 1999a、2001)，表层结构(2)a及(2)b共有深层结构(2)c。其中名词短语既能整体移位到主语位置生成(2)a，又能通过领有名词单独移位生成“带有保留宾语的被动句”(2)b。但值得注意的是，(2)c中领有名词移位生成(2)b后，其原有深层结构中“李四”同“一个钱包”之间的“的”字失去了踪影。徐杰(1999a:21)对此没有给出详尽的解释，只是提出了两种可能来处理“的”字问题：一是认为“的”在深层结构中本来就不存在,二是“的”字在前移的过程中遭到了删除。但这两种说法似乎都难以解释为什么汉语中有些句子不能通过领有名词单独移位的方式生成合法的“带有保留宾语的被动句”:

(3)a. 老王的一本字典被看到了。

b. * 老王被看到了一本字典。

c. *e* 被看到了老王的一本字典。

张宁(1999:215)指出,带不带“的”直接影响动词后第一个名词性成分是否可以提升为被动句的主语,不带“的”字的能,带“的”字的不能。由于深层结构(3)c 中动词后的首个名词性成分“老王”带“的”字,因此无法提升为被动句的主语,(3)b 也就成了不合语法的句子。尽管敏锐地观察到了这一现象,张宁对此却没有加以解释。我们认为,这正是因为“利己性原则”对领有名词的移位进行了相应的限制。具体来讲,深层结构中动词后的第一个名词性成分带“的”以后就被该中心语赋予了所有格,该领有名词也就不会为了寻求格位的原因而移动到被动句的主语位置,否则就会出现重复赋格问题。这样看来,深层结构中动词后的首个名词性成分是否带“的”字并非是一个可以忽略的技术问题;相反它从根本上决定着该名词短语在进入表层结构过程中的移位方式。如果带“的”,那么深层结构中动词后的第一个名词成分就只能通过整体移位的方式生成合法的表层结构。按照这一论断,(2)c 移位后唯一合法的表层结构应该是(2)a 而非(2)b。

不可否认的是,“带有保留宾语的被动句”是汉语中一种合法并且常见的语法现象。如果说(2)b 的深层结构不是(2)c,那么它的来源到底是什么呢?我们认为,“李四被偷了一个钱包”的真正来源是深层结构(2)d。(2)d 同(2)c 尽管只有一字之差,但有无这个“的”字却直接影响到谓语动词“偷”在指派格位及题元角色时的不同作用。我们知道,汉语中“偷”是一个单及物动词,一般情况下进入的是单宾句式。但正如徐杰(2001:41)所说的,作为词类的单及物动词跟作为句法的双宾句式没有水火不容的矛盾,在句法条件许可的情况下,单及物动词可以进入双宾结构。陆俭明(2002)列举了单及物动词进入双宾句式的四个条件[②]并统计出 104 个相关动词,而“偷”则符合这些条件,说明其所在的深层结构(2)d 是双宾句式。朱德熙先生(1982:118)也曾指出,如果宾语位置上的两个名词中间有“的”,那么应该把它们视作一个整体,分析为单宾结构。这样看来，(2)c 是一个单宾句式。

弄清单宾语和双宾语的区别有助于我们发现隐藏在(2)c 和(2)d 这对形式极为相似的句法结构背后完全不同的赋格和题元角色指派。在深层结构中，(2)c 是单宾句式，因此被动化的及物动词“偷”仅能指派一个题元角色“受事”给动词后的整个名词短语“李四的一个钱包”，而与“李四”没有直接的语义关系。由于被动语素吸纳了动词后的宾格，为了获取赋格，必须把动词后的整个名词短语移到主语的位置以得到主格，这一移位的结果就是表层结构(2)a。

与此不同，深层结构(2)d 是双宾句式，其自身结构的语义能够“上加”(superimpose on) 在谓语动词的意义上(张伯江 1999:176，具体分析请参阅本文 2.2 节相关部分)。这样原本只能指派一个“受事”题元角色给其后名词短语的单及物动词“偷”在进入双宾构式后能够分别指派“与事”和“受事”两个题元角色给位于深层结构宾语位置上的名词短语“李四”和“一个钱包”。虽然这两个名词在语义上有“领有”和“隶属”关系，但由于它们同时受到整个谓语动词短语的直接支配，从句法层面看，两者之间是“姐妹”关系(徐杰 2001:40)，在深层结构中是一对地位平等的逻辑宾语。另一方面，被动语素要吸纳谓语动词后的格位，但由于进入双宾句式的及物动词可以指派两个宾格，因此，尽管动词后首个名词成分“李四”的宾格被吸纳，第二个名词“一个钱包”的宾格却在原位得以保留。为了弥补被吸纳的一个宾格，名词短语“李四”移到了主语位置以获得主格，这样移位的结果就生成了表层结构(2)b。

值得注意的是，遵照题元角色准则，(2)b 中主语“李四”的题元角色是与其在深层结构(2)d 中保持一致的“与事”而非“领有”。从这一点来看，我们不能说“带保留宾语的被动句”是由“领有名词”移位生成的。更准确地讲，“带保留宾语的被动句”是由“与事名词”移位生成的。综上所述，原先的解释(徐杰 1999a、2001)主要有两点瑕疵：首先是在句法层面上忽视了中心语“的”的重要作用；其次，从语义上看，双宾结构中两个名词之间必定存在的领属关系(陆俭明 2002:319)，使得“与事名词”被误解为“领有名词”。

2.2 对“领主属宾句”的解释

从对“带保留宾语的被动句”的分析中我们可以看出，深层结构是单宾句式还是双宾句式，直接决定动词后名词短语进入表层结构时所采取的移位方式。单宾句式通过整体移位生成表层结构，双宾句式则通过与事名词移位生成表层结构，两者移位的共同原因均在于寻求赋格。这一发现对于我们重新认识“领主属宾句”的生成过程有着重要的启示。

(4)a. 张三的两颗门牙掉了。

b. 张三掉了两颗门牙。

c. *e* 掉了［张三的两颗门牙］。

d. *e* 掉了［张三］［两颗门牙］。

与前文分析相似，表层结构(4)a和(4)b实际上也源于两个不同的深层结构(4)c和(4)d。(4)c中“潜及物动词”（徐杰 2001:44）“掉”在深层结构中进入的是单宾句式。根据 Burzio (1986)定律，潜及物动词可以赋予其后名词短语的题元角色但无法同时指派宾格，因此“张三的两颗门牙”必须移至可以指派格位但不能指派题元角色的地方，而句子的主语位置恰好满足这些条件。这样，深层结构(4)c中的名词短语通过整体移位生成了表层结构(4)a。与此不同，深层结构(4)d中潜及物动词进入的是双宾句式。“掉”在受到双宾构式上加语义的影响后能够分别指派“与事”和“受事”题元角色给其后宾语位置上两个名词短语“张三”和“两颗门牙”。原本在双宾结构的作用下，谓语动词能够指派两个宾格，但由于潜及物动词本身具有非宾格现象，因而吸纳了其后首个名词短语的宾格。为了获取赋格，“张三”移动到了不能指派题元角色，但却可以赋格的主语位置，“两颗门牙”则保留在动词之后获取另一个宾格，这样深层结构(4)d通过与事名词移位生成了表层结构(4)b。

对“领主属宾句”的生成过程进行重新解释，其关键在于正确理解潜及物动词进入双宾句式的合理性。如同我们先前剖析“带有保留宾语的被动句”时所解释的那样，双及物动词并不是进入双宾句式的唯一备选对象。张伯江(1999:182)发现，单及物甚至是不及物动词也能在一定情况下进入双宾句式。徐杰(1999b:190)在讨论广义双宾句式之下的次类对立现象时也明确指出，现代语法学鉴定宾语的根本标准是结构定义。因此在句法条件许可的情况下，潜及物动词也没有理由不能进入双宾句式。具体来讲，如果潜及物谓语动词（V）后带两个名词短语 NP_1 和 NP_2，NP_1 和 NP_2 在句法层面上互不支配，并且均受到潜及物动词短语 VP 的直接支配（徐杰 2001:84—85），潜及物动词就有可能进入双宾结构。(4)d 的情况符合上述的句法条件，说明潜及物动词“掉”进入的是双宾句式。另一方面，尽管(4)c 中潜及物动词后也有两个名词短语：NP_1“张三”和 NP_2“两颗门牙”，但由于两者之间有中心语“的”字，“张三”和“两颗门牙”分别成为该中心语的标志语和补足语部分(司富珍 2002、2004)，这样 NP_1 和 NP_2 受到了中心语“的”而非 VP 的直接支配，它们与谓语动词 V 之间也就不再是地位平等的“姐妹”关系。相反，(4)c 中真正受到 VP 直接支配的是整个名词短语“张三的两颗门牙”。因此，虽然(4)d 同(4)c 两个深层结构只有一字之差，但由于句法条件的限制，(4)d 能够进入双宾句式，(4)c 则不能。

此外，从语义特点来看，(4)d 这样的深层结构属于双宾句式也具有合理性。首先，(4)d 中两个名词短语“张三”和“两颗门牙”之间存在明确的领属关系。而主要动词后 NP_1 和 NP_2 的领属关系是进入双宾结构的重要条件(石毓智 2004:84)。其次，“领主属宾句”的特殊语义现象同双宾句式有着千丝万缕的联系。

(5) a. 他飞了一只鸽子。

b. 他买了一只鸽子。

c. *e* 飞了他一只鸽子。

d. 我送了他一只鸽子。

通过比较，我们可以发现，“领主属宾句”(5)a 中主语所充当的题元角色显然不同于与之语法结构最为接近的(5)b 中主语所充当的“施事”，而更倾近于(5)d 中间接宾语所充当的“与事”。郭继懋(1990)在分析“领主属宾句”时，曾指出其语法结构同语义结构之间存在对立的现象，但没有分析背后的原因。我们认为，表层结构(5)a 中主语“他”之所以充当了特殊题元角色“与事”，是因为其深层结构(5)c 属于双宾句式。

张伯江(1999)使用“构式语法”(Goldberg 1995)对汉语双宾结构进行了分析，指出其形式表现为：“$V+NP_1+NP_2$”，其语义核心为“有意的给予性转移”。他进而强调这种结构语义独立于能进入此格式的具体成分，尤其是动词成分。我们在前面的论述中已经证明，潜及物动词具备进入双宾结构的基本句法条件。尽管“飞”本身并不带有明显的“给予性转移”含义，但在整个构式的影响下，双宾句式(5)c 的语义核心“给予性转移”仍然成立。由于双宾构式的语义能够上加在动词和其他成分的意义上(张伯江 1999:176)，深层结构(5)c 中的 NP_1“他”因此受到上加的语义影响，而被潜及物动词“飞”指派了“与事”题元。在格位过滤器（the Case Filter）和题元角色准则的共同作用下，NP_1“他”最终移动到主语位置获取了格位并生成表层结构（5）a，但却保留了与潜及物动词“飞”没有直接语义关系的“与事”题元角色。

与带有一定“转移”词义的“飞”相比，其他潜及物动词诸如“烂”、“沉”、“塌”等从语义上看与“给予性转移”差别更大，但我们发现它们在进入双宾句式后仍然受到了整个构式语义的影响。例如：

（6）a. 李四烂了一筐梨。

b. *e* 烂了李四一筐梨。

c. 张三吃了李四一筐梨。

如果按照常规的理解，我们很难把进入双宾句式的深层结构（6）b 的语义同“给予性转移”联系起来。但正如张伯江（1999：177）指出的那样，狭义的“给予”义并不是界定双宾句式的充分必要条件，汉语中的双宾句式类型各有不同，它们构成一个放射性的范畴（radial category），并且能够根据隐喻（metaphor）和转喻（metonymy）等机制引申出不同的语义。（6）b 中的潜及物动词“烂”在进入双宾句式以后，正是通过转喻的引申机制而具备了与一般双宾句式平行的语义特点。“烂了李四一筐梨”就是给予了“李四”一个“损失”。解释如下：

句式	喻体	转指物
e 烂了李四一筐梨。	一筐梨	一筐梨的损失

同时动词本身也包含着一个转喻过程：

句式	喻体	转指物
e 烂了李四一筐梨。	烂	烂＋使损失

以上分析对于理解为什么部分“领主属宾句”带有“遭受义”颇有启示。我们认为，这是因为部分潜及物动词在进入双宾句后，受到整个构式语义的影响，通过转喻机制而衍生出“使损失”这一附加语义。这样一来，“与事”题元就由普通的“接受者”角色转变为“遭受损失的对象”。当然，汉语中进入双宾句式的潜及物动词要衍生出“使损失”这一附加语义需要一定的条件：那就是其词汇本身带有一定的“消耗”语义。潜及物动词“死”、“烂”、“沉”、“塌”等皆是如此。与这一现象类似，（6）c 中的“吃”属“消耗”类单及物动词，因此也能通过转喻机制进入汉语的双宾句式。

同典型双宾结构所凸显的语义有所不同，“领主属宾句”无法表达转移活动的“有意性”。这主要是因为潜及物动词进入双宾句式后，其深层结构是一个无主句，缺乏“施事”题元，因而从语义上无法体现“有意性”。尽管“有意性”是汉语双宾构式的原型特征之一，但却并不是界定该结构的充分必要条件。例如：

(7)我打了他一个杯子。(引自石毓智 2004:87)

从语义角度来看，双宾结构(7)的“有意性”并不明显，我们同样也可以说“我无意中打了他一个杯子”。

三　英语中的可比现象

由于各个民族对经验现实的反映存在差异，不同语言对哪些动词能通过引申手段进入双宾句式有着不同的选择(张伯江 1999)。根据石毓智(2004)的考证，英汉双宾句式语法意义的根本区别在于客体转移的方向：英语中的间接宾语 NP_1 只能是“目标”，而汉语中的间接宾语 NP_1 则既可以是“目标”，也可以是“来源”。

(8)a. * He burned me two books.

b. 他烧了我两本书。

(9)a. He won me 200 dollars.(他帮我赢得两百块钱。)

b. 他赢了我两百块钱。

例(8)中间接宾语 NP_1 是客体转移的源头，因此只能在汉语中通过转喻机制进入双宾句式(8)b。同样，尽管例(9)中英汉两个双宾结构均合法，但由于其各自的间接宾语 NP_1 被指派了不同题元角色，最终导致了整个句子的含义不一样。由此看来，间接宾语 NP_1 的题元角色对最终哪些动词能够进入双宾句式起到了关键的筛选作用。汉语的双宾结构由于间接宾语 NP_1 的题元角色比较丰富(“目标”或“来源”)，对动词的选择因而比较灵活；与此不同，英语双宾句式的间接宾语 NP_1 仅能充当“目标”，对动词的选择也就较为单一。

另一个值得注意的现象是，英语中找不到“带保留宾语的被动句”和“领主属宾句”这两种表达式。徐杰(2001:60)解释说，英语没有部分格，因此名词短语无法单独留在句末成为“保留宾语”。但他同时强调，诸如(10)a 之类的英语句式正是同汉语中“带保留宾语的被动句”相应的一种特殊变体。

(10)a. He was hit in the face.

b. His face was hit.

c. *e* was hit his face.

赞同"领有名词提升说"的学者(比如,刘洋 2007:234;徐杰 2001:60—62)认为,(10)a 同(10)b 源于共同的深层结构(10)c。由于深层结构中被动化的单及物动词夺取了宾语位置上名词短语的格位,在格位过滤器的驱动下,(10)c 既可以通过整体移位生成(10)b;也能够通过领有名词单独移位生成(10)a。在生成(10)a 的过程中,由于英语没有部分格,所以最终嵌入介词"in"作为替代方式给留在动词后位置上的名词短语指派宾格。

我们的看法是,尽管(10)a 这类英语句式在形态和语义上同汉语中"带保留宾语的被动句"有不少相似之处,但并不能就此认定它是通过领有名词移位而产生的一种特殊变体。

首先,深层结构(10)c 中"his"很明显拥有所有格,因此不可能为了名词短语"face"获取格位的缘故而移动到句首,否则必将违反"利己性原则",并造成重复赋格。

其次,汉语中两种特殊句式具有一个显著特征:其保留宾语都必须是无定名词[③];相反,(10)a 之类的英语被动句谓语动词后的名词恰恰必须是有定的,因此同"带保留宾语的被动句"存在对立性的差异。试比较:

(11)a. 约翰被绑了一条腿。

b. John was caught by the arm.

c. *约翰被绑了那条腿。

d. *John was caught by one/an arm.

再次,弄清此类英语句式中介词的来源有助我们了解其实际的生成过程。如果(10)a 真的是领有名词提升后生成的"带保留宾语的被动句",那就意味着介词"in"在深层结构中根本不存在,它只是到了表层结构以后为了给句末的名词短语"face"指派格位而临时嵌入的,但这一推断并不符合语言事实。例如:

(12)a. John was shot in the back.

b. *e* was shot John in the back.

c. Mary shot John in the back.

Chomsky (1957、1965；转引自徐杰 2001：10—16)在解释普遍语法的基本原理时，将"主动—被动"之间的句际关系视作转换生成的典型范例。具体来讲，被动句是在一系列句法规则的作用下由相应的主动句转换而来，这一过程可以通过例(12)加以体现。如下所示：

(12)c ⟶(12)b ⟶(12)a

很明显，被动句(12)a 中的介宾短语"in the back"在相应的主动句(12)c 中已经出现，这就说明介词"in"并非是为了给"保留宾语"赋格而在表层结构(12)a 中临时嵌入的，相反，该介词在被动句的深层结构(12)b 中早已存在。另一方面，从例(12)的生成过程可以看出，(12)a 这类英语句式既不是通过领有名词提升而成，也不是通过与事名词移位产生，因此与汉语中"带保留宾语的被动句"的生成机制完全不同。

此外，先前的研究已多次证明，被动化的单及物动词同潜及物动词由于在指派题元角色和格位方面具有一系列共同的特征(徐杰 1999a、2001)，因而两者在句法和语义层面上表现出了高度的一致性。如果说前者能够在英语中通过嵌入介词的方式生成"带保留宾语的被动句"的特殊形式，那就很难解释为什么后者不能通过同样的方式生成"领主属宾句"的合法变体。例如：

(13) a. * The hospital collapsed of an old building.(医院塌了栋旧房子。)

b. * He died of two brothers.(他死了两个兄弟。)

综上所述，要想弄清两种特殊句式在英汉之间的不同表现，我们必须把被动化的单及物动词同潜及物动词统一起来进行分析，并找出背后制约其用法的原则机制。实际上，汉语中常见的"带有保留宾语的被动句"和"领主属宾句"之所以会在英语里同时"销声匿迹"，同双宾句式在两种语言中的运用范围密切相关，其根本原因在于动词若要进入英语双宾结构会受到比汉语更大的限制④。试比较：

(14)a. * The factory was destroyed a wall.

b. * *e* was destroyed[the factory][a wall].

c. 工厂被毁了一堵墙。

d. *e* 被毁了[工厂][一堵墙]。

(15)a. * The company sunk two ships.

b. * *e* sunk [the company][two ships].

c. 公司沉了两艘船。

d. *e* 沉了[公司][两艘船]。

例(14)中两个名词短语“工厂”(the factory) 及“一堵墙”(a wall) 之间所涉及的领属关系建立在事件“毁”(destroy) 发生之前，说明 NP_1“工厂”适合充当的是“来源”这一题元角色。由于英语仅仅允许语义是“目标”的名词短语出现在间接宾语位置上，所以例(14)中 NP_1“the factory”无法进入深层结构的双宾句式(14)b，也就更谈不上生成相应的表层结构(14)a。相反，充当“来源”角色的 NP_1 只能选择汉语进入深层结构的双宾句式(14)d，并在格位过滤器的作用下移动到表层结构的主语位置从而生成“带保留宾语的被动句”(14)c。同样，例(15)中 NP_1“公司”(the company)仍旧属于“来源”，因此也无法在深层结构(15)b 中充当间接宾语以生成(15)a；它只能在汉语深层结构的双宾构式 (15)d 中找到“栖身之所”，并最终生成“领主属宾句”(15)c。

四 结 论

“带有保留宾语的被动句”及“领主属宾句”各自的特点纷乱复杂，其表面现象似乎毫不相干。然而，这两类句式在汉语的句法、语义以及语用层面上[5]均呈现出高度的一致性；在英语中更是双双失去了踪影。透过普遍语法的视角，我们发现，这一系列共同特征的背后不仅具有深刻的句法动因，同时也隐藏着特殊的语义条件。

实际上，两类特殊句式的生成过程同被动化的单及物动词和潜及物动词在深层结构中进入了“$V+NP_1+NP_2$”这一构式密切相关。在双宾构式独特的结构语义作用下，间接宾语 NP_1 获得了“与事”题元，谓语动词 V 也能够指派两个宾格，但由于两类动词自身非宾格现象的制约，NP_1 丧失格位并在“格位过滤器”的作用下移动到主语位置获得主格，NP_2 则留在原位获得另一个宾格，从而生成了“带有保留宾语的被动句”和“领主属宾句”。由此可见，两类特殊句式中真正移位的部分并非“领有名词”，而是“与事名词”，其移动的根本目的仍在于赋格。

需要指出的是，两类非宾格动词必须在满足一定的条件后才能进入双宾句式。从句法上看，NP_1 和 NP_2 同谓语动词 V 之间必须是地位平等的“姐妹关系”，同时它们各自同动词短语 VP 具有直接支配与被支配的“母女关系”。如果 NP_1 同 NP_2 之间有了“的”字，上述语法要求就无法达到，“$V+NP_1+NP_2$” 只能算作单宾句式。

两类非宾格动词同样也受到了语义方面的限制。要进入双宾句式，首先，NP_1 同 NP_2 之间必须存在领属关系；其次，动词 V 本身需具有“给予性转移”语义，或能够通过隐喻和转喻等机制引申出与此平行的其他含义。值得注意的是，不同语言对间接宾语名词 NP_1 的题元角色存在不同要求，而这一差异将会直接影响到哪些动词能够被双宾构式接纳。英语双宾结构中 NP_1 的题元角色仅限于“目标”，这就阻止了被动化的单及物动词或潜及物动词进入其深层结构，并最终使得“带保留宾语的被动句”及“领主属宾句”这两类汉语中极为常见的句式在英语里无法生成。

附注：

①本文没有注明出处的例子大多出自于徐杰(2001)。

②这四个条件分别是：1)谓语动词后“名词 1”与“名词 2”之间一定有领属关系；2)“名词 1”在语义上为动词的与事题元；3)“名词 2”为数量名结构，在语义上为动词的受事题元；4)它们都能受“总共/一共 ”的修饰。

③有人可能认为“王冕死了父亲”中的保留宾语“父亲”是有定的，但实际上这只是基于现实情况的推论，其语言形式仍旧是不定的(参见石毓智 2007:45—47)。

④这里的限制主要是就动词传递的方向而言，由于英语双宾结构中间接宾语的题元角色仅限于“目标”，因此进入该构式的只能是“右向”动词。相比之下，汉语双宾结构中间接宾语既可以是“目标”，也可以是“来源”，所以进入该构式的动词包括了“左向”、“右向”和“左右向”(参见石毓智 2004:85)。我们并不是说，与英语相比，汉语中能够进入双宾句式的动词在绝对数量上一定占有优势。由于英语双宾构式只发展单一的“右向”意义，其“右向”动词反而比汉语丰富。比如“制作类”动词(bake, cook, make……)只能在英语双宾结构中出现(石毓智 2004;张宁 1999)。

⑤潘海华、韩景泉(2005)提出，NP_1 移位的真正目的在于造就一个话语主题。我们同意 NP_1 移到句首以后成为有标记话题的看法，但同时认为这只是该名词短语基于句法原因发生移位后在语用层面造就的一个副产品。

参考文献：

[1]郭继懋. 领主属宾句[J]. 中国语文，1990(1).

[2]刘洋. 汉语领有名词提升的最简方案研究[J]. 外国语言文学，2007(4).

[3]刘志纲. 论词义系统的时空转换[J]. 古汉语研究，2007(4).

[4]龙国富.试论“以”“持”不能进入狭义处置式的原因[J].古汉语研究,2007(1).
[5]陆俭明.再谈“吃了他三个苹果”一类结构的性质[J].中国语文,2002(2).
[6]潘海华,韩景泉.显性非宾格动词结构的句法研究[J].语言研究,2005(3).
[7]石毓智.汉英双宾语结构差异的概念化原因[J].外语教学与研究,2004(2).
[8]石毓智.语言学假设中的证据问题——论“王冕死了父亲”之类句子产生的历史条件[J].语言科学,2007(4).
[9]司富珍.汉语的标句词“的”及相关的句法问题[J].语言教学与研究,2002(2).
[10]司富珍.中心语理论与汉语的 DeP[J].当代语言学,2004(1).
[11]温宾利,陈宗利.领有名词的移位,基于 MP 的分析[J].现代外语,2001(4).
[12]谢晓明,左双菊.饮食义动词“吃”带宾情况的历史考察[J].古汉语研究,2007(4).
[13]徐杰.两种保留宾语句式及相关句法理论问题[J].当代语言学,1999(1).
[14]徐杰.“打碎了他四个杯子”与约束原则[J].中国语文,1999(3).
[15]徐杰.普遍语法原则与汉语语法现象[M].北京:北京大学出版社,2001.
[16]张伯江.现代汉语的双及物构式[J].中国语文,1999(3).
[17]张宁.汉语双宾语句结构分析[C]//陆俭明.面临新世纪挑战的现代汉语语法研究.济南:山东教育出版社,1999.
[18]朱德熙.语法讲义[M].北京:商务印书馆,1982.
[19]朱行帆.轻动词和汉语不及物动词带宾语现象[J].现代外语,2005(3).
[20] Burzio L. Italian Syntax: A Government-Binding Approach [M]. Dordrecht: Reide,1986.
[21]Chomsky N. The minimalist program[M]. Cambridge, Mass.: the MIT Press,1995.
[22] Goldberg A E. Constructions: A construction grammar approach to argument structure[M]. Chicago: University of Chicago Press,1995.

(刘宇　四川外国语学院出国培训部/
新加坡国立大学英语语言文学系)

题元准则，非宾格假设与领主属宾句*

马志刚

安丰存(2007，下称安文)提出，在领主属宾句(下称领主句)的推导过程中，轻动词v附加了“遭受”义，迫使动词增加新论元来承担新的语义角色，从而引发领有名词提升。该文强调在推导过程中，动词语义特征的变化对论元数量以及题元角色提出新要求：词库中的“遭受”义轻动词选择并提升领属短语中的领有名词来承担新的题元角色。综观全文，我们认为有之处值得商榷。

一　对题元准则的质疑

首先，我们认为，如果在生成语法的框架内讨论问题，就应该遵循生成语法理论的一些基本原则，否则容易出现“公婆各有理”的争论。生成语法理论认为每个动词所蕴含的题元角色必须投射到句法结构中，即句法结构必须充分适切地反映动词的题元关系。题元准则是生成语法处理句法与词汇之间关系的理论，强调论元和题元之间必须具有一一对应的匹配关系：动词的每个论元必须承担题元角色，而且一个论元只能承担一个题元角色；题元角色必须被指派给论元，而且一个题元角色也只能指派给一个论元。在生成语法框架内，除了核心句法机制的推导原则外，动词的论元数目、题元要求以及每个论元的语类性质(categorial status)都决定着语句的推导过程和结果。安文认为，“传统的题元角色理论有许多难以克服的问题”，并试图证明题元准则不成立。下面我们逐一评述其证据：

(一)安文首先引用了高明乐(2004)对汉语动补结构的分析来说明

* 本文已发表于《汉语学报》2009年第1期。本文写作得到教育部人文社会科学重点基地2007年度重大项目基金资助，项目编号：0755D740067。

一个论元可以被指派两个题元角色:“马凤山惹恼了他二叔”中的“他二叔”与“中国人民打败了侵略者”中的“侵略者”都得到了受事和施事两个题元角色。我们认为,基于生成语法的汉语动补结构分析基本上都把“跳烦”、“打破”、“惹恼”等动补类复合动词视为二元及物动词,其中的两个论元承担施事和受事的题元角色(Huang 1993:103—138;李亚非 2006:195—205)。“中国人民打败了侵略者”中的“打败”就属于复合性质的使役类二元及物动词,“中国人民”和“侵略者”分别承担施事和受事的题元角色。汉语文献中(吕叔湘 1984)经常讨论的“打胜”、“打败”的性质也属于此类:在“中国队打胜了日本队”中“打胜”是常规的二元及物动词,两个论元分别承担施事和受事题元角色;而在“中国队打败了日本队”中,“打败”是二元使役类及物动词[①],两个论元也分别承担施事和受事题元角色。安文中的另一个例子也可以得到同样的分析:“马凤山惹恼了他二叔”中的“惹恼”是常规及物动词,两个论元分别承担施事和受事;而“他二叔被惹恼了(他二叔)”[②]则是一个可归于非宾格结构的被动结构,承担受事的唯一论元从合并时的补语位置移位到主语位置。汉语动补结构的这种分析具有很强的概括力,基本覆盖了汉语各种复合类动补结构。不过,动补结构中的动作动词和状态补语的确容易引发它们应该涉及两个论元的分析,但基于轻动词理论(Lin 2001)的分析,事实上把动补结构中的使役行为和状态描述都并嵌于轻动词投射内,这样就使得动补结构和常规及物动词至少在句法表现方面无本质差异[③]:

[$_{vP}$使役者(CAUSER)[$_{v}$使役行为(CAUSE)[$_{vP}$[$_{v}$状态变化(BECOME)[$_{VP}$实义动词 受事]]]]]

[$_{vP}$施事者(AGENT)[$_{v}$施事行为(DO)[$_{VP}$实义动词 受事]]]

事实上,动补短语之所以具有和及物动词一样的句法表现,是因为动补短语中“补”的成分一旦缺失,句子要么改变意义,要么不合法,因此“动”和“补”实际上不可分。比如,黄世仁惹恼了杨白劳/黄世仁惹了杨白劳(意义有所变化);王熙凤哭瞎了眼睛/* 王熙凤哭了眼睛(不合法)。可以说,“补”使得“动”及物化了。总之,我们认为,基于生成语法的汉语动补结构分析是符合题元准则的。

(二)安文还认为类似 The box has books in it. 的句子中,介词后的论元与句首论元得到同一个题元角色,因此也是题元准则不能成立的证据。我们认为,Gruber(1965)的研究并没有考虑介词的语法范畴以及介词能否赋题元角色的问题;而生成语法对于介词语类地位的定义则蕴含着其具有指派题元角色的潜能,从而可维护题元准则。Radford(1997)认为介词是具有实质内容的词汇性语类(lexical/substantive category),能标记处所方位等;介词无形态变化,但具有可被强势语(intensifier)修饰的句法特征(比如,He hit me right on the nose.)。Radford(2004:50)进一步认为,介词具有内在的词汇语义内容,属于实词语类(contentive category)。从理论角度看,具有语义内容的语类应该能给论元赋题元角色,而功能语类(比如助动词)普遍不能赋题元角色,这与功能语类的句法特征(最小投射,不可能具有修饰语等)是密切关联的。而介词不仅具有语义内容,而且其可受强势语修饰的句法特征在一定程度上证明它可以给其后的名词性论元指派题元角色。Gruber (1965)认为 The box has books in it. 中,"box"和"it"的题元角色没有什么区别。但这并不一定就能排除两者的题元角色可能相同,或两者的题元角色很有可能不同("the box"和"it"分别可得到 THEME 和 LOCATIVE)。介词可指派题元角色的证据还有介词不允许省略其后的论元:* The box has books in 不合法,表明如果使用介词,就必定要有论元来承担其所释放的题元角色。安文认为语义相同的两个论元在题元角色上似乎没有区别,故可共享同一个题元角色。实际上,题元准则在最早提出的时候(Chomsky 1981:36),目的是让逻辑式能够进行语义解读。比如,John admires himself. 中,两个名词成分的语义所指完全相同,但两者必须得到不同的题元角色(分别为 EXPERIENCER 和 THEME),否则逻辑式在确定名词性论元的语义内容时会产生混乱。总之,我们认为安文所引用的 Gruber 的例证过于滞后,不能成为推翻题元准则的证据。

(三)安文还用英语例外受格结构来(I expected him to come quickly.)支持其一个论元可以获得两个题元角色的观点。安文认为英语例外受格结构中的内嵌句主语(him)获得了受事和施事两个题元角色。我们认为,这个观点不符合生成语法对例外受格结构中论元和题元角色的论述。Haegeman(1994:47—51)认为,不仅名词成分(DP)可作为论元,定式句、不定式句和小句(small clause)都可充当论元(Clausal argument),承担题元角色。例如:

a. Maigret believes [$_{CP}$ that the taxi driver is innocent].

b. Maigret believes [$_{TP}$ the taxi driver to be innocent].

c. Maigret believes [$_{SC}$ the taxi driver innocent].

可见，就其语义内容而言，例外受格结构中的动词给主语指派施事或经历者题元角色，给其分句论元指派客体题元角色；而内嵌句中的主语论元(him)从内嵌句动词(come)处获得客体题元角色，完全符合题元准则。因此，安文基于英语例外受格结构对题元准则的反驳也不成立。

的确，基于生成语法的语言分析中，题元准则、Burzio定律和格过滤等原则如同镣铐一样束缚着研究者们的任意发挥。即便在生成语法内部也存在排斥题元准则的反对意见。比如，Boeckx & Hornstein(2006：118—130)提出控制结构的移位分析理论，目的是为了突破题元准则的约束而把提升结构和控制结构统一起来。他们把控制结构分析为：$[_{CP}[_{C}][_{TP}\text{Jim}[_{T}\text{ will}]\,[_{VP}\overline{\text{Jim}}[_{V}\text{ try}]][_{TP}\overline{\text{Jim}}[_{T}\text{ to}]][_{VP}\overline{\text{Jim}}[_{V}\text{ open}]\text{it}]]]]]]$。其中的控制动词want选择TP而非CP作补语，因而基础位置的Jim(而非PRO)移位后，可分别从open和try处得到两个AGENT题元角色。但是，TP补语的主语(Jim)是允许被动化的，而这种违反题元准则的分析不能解释为何基础生成于动词(open)投射内部的主语被动化后的句子不合法：* Jim will be tried to open it。Landau(2006：156)也指出，要合理解释任意控制(arbitrary control)结构的合法性，就必须遵守题元准则，并假设PRO来承担唯一的题元角色：It is difficult[PRO to learn a foreign language]。我们认为，就目前的研究主体而言，基于生成语法的语言分析大都是在遵循题元准则等经典原则的基础上进行的。

二　对Burzio定律的反驳

安文对Burzio定律提出质疑，而且文中论述以及文末的句法推导都没有按该定律的要求使非宾格动词的客体论元合并在动词后的补语位置。但非宾格假设自Perlmutter(1978)提出后，众多跨语言(包括汉语)的实证语料都强烈支持该理论的核心内容：非宾格句为无深层主语句，以客体内论元作宾语；非作格句为深层无宾语句，以施事外论元作主语。安文以英语的break既可以为非宾格动词(不及物)，又可作使役类动词(及物)为例，试图证明Burzio定律不成立。而事实上，break类动词(使役及物动词兼非使役非宾格动词)能更充分地证明Burzio定律所覆盖的语言事实是相当广泛的，是不及物动词的分类模式延及及物动词分类的明证。Levin & Rappaport(1995:39)认为含及物动词的动补结构和非宾格动词都允准深层宾语,因此可以把动补结构作为判断动词是否具有非宾格性质的句法手段之一。汉语动补结构进一步强化并拓展了 Burzio 定律的解释力和覆盖范围。上文所讨论的及物性的"打胜"和"打败"还具有不及物的性质。"打败"可以是带一个论元的非宾格动词,比如,"中国队打败了"的深层结构为:"打败了中国队";其中的"中国队"在动词后的补语位置合并,并获得受事题元角色,然后移位到表层结构的主语位置;而"打胜"则可以是带一个论元的非作格动词,比如,"中国队打胜了"的深层结构为:"中国队打胜了";其中的"中国队"在动词前的主语位置合并,并获得施事题元角色,不发生移位。这表明,非宾格假设不仅适用于不及物动词的分类,而且涵盖了及物动词的分类。两类动词内部的分类之间具有齐整的转化模式更进一步证明 Burzio 定律的理论解释力具有坚实的跨语言实证基础。我们认为,凭借个别反例试图否定一条已经覆盖了相当广泛语言事实的定律的尝试不符合现代理论语言学追求强概括力和强解释力的精神。况且,我们根据自己的语感判断认为,安文的反例实际上不见得都能成立(带 * 的是安文的例句,带△的是我们认为合法的例句):

*他来了一个人。/ △他来了一个客人。

*他走了一些学生。/ △(张老师最近郁闷,因为)他走了一些学生。

*那里断了一条胳膊。/ △(骨科这里)断了好几条胳膊,(牙科那里)掉了好几颗牙。

*那里没了老婆。/△(养老院里,老头这里)没了几个老婆;(老太太那里)没了几个老伴。

我们认为,存现类动词之所以能被归入非宾格类动词是因为其表达存在、出现和消失状态的本质语义特征(无意愿,非自主性),而不仅仅是因为存现句动词在句法形式上的分布与非宾格动词相似;被动动词被归入非宾格动词也不是因为其表层句法分布的相似性,而是由于动词本身不具有给主语指派施事题元角色,也不能给宾语指派宾格的内在属性所致。而这两种属性正是非宾格属性,可见存现类动词,被动动词与非宾格动词共有非宾格属性。

安文提出 break 类非宾格动词与存现类非宾格动词各自具有对方没有的特点,即前者具有使役类及物性和非宾格不及物性的双重身份,而后者则具有能与虚指词连用的特点，因此，安文认为 Burzio 定律有以偏概全，过度概括之谬。对此，我们首先需要指出，这两类动词具有的非宾格属性之外的特征并不影响把它们归入非宾格类动词，更不能证明 Burzio 定律不成立。顾阳(1996)在讨论使役和不及物的交替形式时认为，能参与及物性交替的动词在作不及物动词时都是非宾格动词。Levin & Rappaport(1995：85)和杨素英(1999:33)都把可以在使役结构和不及物结构之间转换的动词的不及物用法归入非宾格属性。上文分析表明，break 类动词兼具的两种特性实际上是 Burzio 定律所揭示出的非宾格性质在及物类动词和不及物类动词中的平行性反映，是支持 Burzio 定律的证据(参阅下文)。我们认为，存现类动词与非使役类动词的确有本质区别——后者是非使役化的产物，毕竟不是所有的动词都可以经历非使役化的转换；而且存现动词和非使役动词确实有各自的特点，但是不能据此否认非宾格假设。更公允的表述应该是，存现类动词的非宾格特性是其本质属性；而非使役类动词(以及被动动词)的非宾格属性则是派生属性。

安文中"为什么除了存现动词，其他类别的非宾格动词不具有(使用虚指词的)这个特点?"的质疑则源自对虚指词使用条件的误解。Radford(2004:303)指出，任何动词都具有轻动词投射；每个轻动词只投射一个标志语位置；及物动词的施事外论元与不及物动词的虚指论元在轻动词标志语位置上呈互补分布。Chomsky (2005b)强调虚指词 there 只能合并为无施事外论元的动词的最高论元。也就是说，各类不及物动词，包括被动动词，存现动词和其他非宾格动词都可以有轻动词的标志语位置，而这个可选的位置只能由 there 来填充。这些理论构想可以解答安文的疑惑：break 作及物性使役动词时所投射的标志语位置只能由具有自主意愿的施事论元(必选)占据，因此使用 there 作为其外论元就会构成不合法的句子(* There has broken the window.)。但当 break 用作非宾格动词时，所投射的标志语位置只能由 there 占据(可选)，因此使用 there 则可以构成合法的句子(There were broken several windows.)④。这一点完全可以推及其他类非宾格动词(包括两例中助动词 have 和 be 的不同选择：前者与非作格类匹配，后者与非宾格类连用)。此外，Radford(2004：304)还明确提出虚指词 there 进入句法结构的限制条件——无定指(Indefiniteness)条件：与 there 合并的动词短语必须具有不定指的内论元；句子 * There were broken *the windows*. 因为违反该条件而不合法。朱行帆(2005)在讨论领主句的生成时，假设在有自主意愿的“王冕”和非宾格动词“死”中间具有轻动词投射，而“王冕”是轻动词投射的外论元。我们认为，这样的假设和安文的困惑都源自对 there 及其基础生成位置的误解：包括存现动词和被动动词在内的非宾格动词所投射的标志语位置只能由无指称性(因而不能承担题元角色)的 there 占据，因为非宾格动词的定义性特征之一就是不能给主语(轻动词投射的标志语)分派题元角色。

安文还认为，存现动词中使用虚指词 there 后，语义上的变化和动词本身无关，并据此认为存现动词不同于其他非宾格动词。我们认为，使用 there 引发语义变化的用法适用于所有非宾格动词，而且有更深层的原因。Groat (1995:355)认为虚指词 there 具有语义消歧的作用：可移位的不定成分具有歧义(因为具有不止一个句法位置⑤)，而 VP 补语位置上不移位的不定成分无歧义，使用 there 是为了保证其仅仅具有不定指的含义。比如：A boy 在 A boy is a boy in the room. 中可解读为定指，也可解读为不定指，因为 a boy 具有两个潜在的句法位置；而在 There is a boy in the room. 中却只能是不定指的，因为 there 的使用已经占据成分移位后潜在的落脚点(landing site)，从而消除了歧义产生的潜在根源。我们认为，汉语动词的非宾格属性呈显性(比如，沉船了！/来客了！都可以明确地表现出客体论元的基础合并位置)；英语动词的非宾格属性呈隐性(比如，* Sank a ship. /* Came a guest.，其中的名词成分必须移位至主语位置，句子才合法)。因此，英语可以通过使用 there 与不同助动词的组合来有效地检验动词有无非宾格属性：在* There has awarded several prizes. 和 There were awarded several prizes. 中，后者合法，表明动词 award 的不及物用法具有非宾格属性。

其实，吕叔湘(1984)和 Huang(1993)都已经把存现类动词和起始类动词(inchoative)归入非宾格类动词。就目前基于生成语法的英语和汉语研究而言，都基本上得出了符合理论断言，并具有实证语料支持的齐整的动词分类：不及物动词可区分为自主性的非作格和状态变化类(存在、消失、出现)的非宾格；及物动词也可进行类似区分。两种分类系统具有交叉重叠的关系，但这不能推翻 Burzio 定律，反而证明依据不同的标准，动词可以在不同维度上得到齐整的分类，而且两种分类系统之间存在对等的转换关系(见表一)：

表一　动词分类的两个维度

动词分类	不及物(单论元)	转　换	及物(双论元)
非作格(施事的自主动作)	他笑了。 He is drinking.	添加客体内论元 ⟶ 抑制客体内论元	他笑我。(及物动词) He is drinking water.
非宾格(客体的非自主状态)	门关了。 The vase was broken.	添加致事外论元 ⟶ 抑制致事外论元	我关门。(使役动词) I broke the vase.

在安文第三部分末尾,又依据最简方案的推导方式推导出含有遭受义和不含遭受义的句子。在其两种句型的推导中,“父亲”和“他的父亲”都基础生成于动词“死”的主语位置。其实,Huang(1982)通过部分提取限制理论(Constraints on Extraction Domain)早就证明,非宾格结构中,主语位置的客体论元实际上生成于动词的补语位置。部分提取限制理论认为,只有补语成分允许成分提取,而主语和附加语都不允许成分提取。因此,在“How many survivors does there remain some hope of finding how many survivors?”中,how many survivors 是从非宾格动词后的名词成分中提取出的,因此,该名词成分只能作动词的补语,而不是其主语。另外,McCloskey(2000:72)通过非宾格句和被动句中的全称量化词留守也证明Huang 的观点是正确的:What happened what all at the party last night? /What was said what all at the meeting? 其中的 what 和 all 基础生成时为一个整体,但 what 移位后,全称量化词 all 留守的位置正是 what all 基础合并的补语位置。

我们认为,安文的做法等于依据自己反驳的理论来支持自己的观点。我们主张,如果在生成语法框架下讨论领主句的生成就应该遵守其基本原则,否则就失去了讨论的基础和判断的标准,从而导致难辨真伪的论断。而且安文对领主句的讨论忽略了在生成语法框架下研究这种句式时必须考虑的两个焦点:名词成分的格位;名词成分之间领属关系的来源和实现方式。

三　遭受义的来源

安文根据 Grimshaw(1990)的观点认为,域外论元的题元角色受到不同域内论元的影响：Kate broke her leg. 和 Kate broke her mirror. 中 Kate 所获得的题元角色会因为域内论元的不同而分别为经历者和施事。我们认同这一观点。我们依据 Chomsky(1986:59—60)有关主语如何获得题元角色的观点还认为，文献中经常出现的类似"'死'这个不及物动词是一价动词，为何能在'王冕死了父亲'中带两个论元"的说法(沈家煊 2006:291)是不够准确的，因为动词与主语没有直接的语义关系，不等于没有关系：死的是"父亲"，可是"死父亲"的是"王冕"；"王冕"得到的题元角色并非是由"死"单独赋予的，而是"死"和"父亲"合并形成的中间投射所赋予的(或者说只有两者语义上的组合才能给主语赋题元角色)；最重要的是，中间投射"死父亲"中的内论元"父亲"决定着外论元的选择范围，也就是外论元必须与内论元具有某种确定的语义关系：或亲属，或整体—部分，或领有—隶属等。事实上，名词成分获得何种题元角色不仅受到域内论元的影响，而且还和不同副词的合并位置具有系统性的关联。比如：Kate deliberately broke her leg. 和 Kate accidentally broke her leg. 中 Kate 所得到的施事和经历者的题元角色就与不同副词的合并位置相关。采用 VP 分解后的结构图式，就可以清楚地显示，题元角色的指派，名词成分的初始合并位置以及不同副词的初始合并位置之间的系统性关联：

[$_{vP}$ [$_{Adv}$ deliberately] [$_{v'}$ Kate $_{AGENT}$ [$_{v}$ Ȼ] [$_{VP}$ [$_{V}$ break] [$_{DP}$ her leg]]]]

[$_{vP}$ [$_{v}$ Ȼ] [$_{VP}$ [$_{Adv}$ accidentally] [$_{V'}$ Kate $_{EXPERIENCER}$ [$_{V}$ break] [$_{DP}$ her leg]]]

由于 deliberately 是施事性质的副词(agentive adverb)，其初始合并位置必定在具有施事题元角色的 VP 投射内；而 accidentally 是客体性质的副词(thematic adverb)，其初始合并位置必定在具有经历者的 VP 投射内。同理，Kate 的初始合并位置也决定着其所得到的题元角色，spec-VP 位置具有施事的题元角色；而 spec-VP 位置具有经历者的题元角色。可见，所谓的经历者题元角色是有其固定的结构位置的 spec-VP，而领主句中的遭受义也正源于此。这种分析也符合最简方案中论元合并位置与题元角色指派一致的原则(UTAH)：任何论元都在其初始合并位置被指派题元角色。也就是说，名词成分所获得的题元角色与动词投射出的结构位置有系统对应关系："王冕死了父亲"体现出的"遭受"的语义源于

"王冕"初始合并位置上的经历者题元角色。

四 推导过程中的语义增容

安文认为，推导过程中，动词语义变化导致了动词论元增容，使得"死"可以具有两个论元。具体而言，在领主句的推导过程中增加了"遭受"的语义，因此需要增加论元来承担新的题元角色。我们认为，推导过程中增加了语义的设想不符合最简方案提出的包含性条件（推导过程中不允许增加新成分）(Chomsky 2001)，也不符合所有论元基础生成于动词投射内，并在其合并位置得到题元角色的理论原则(Radford 2004)。Chomsky(1995)认为，语言间的差异必显现于可辨识的有形证据方面，而语义、概念、层级结构对于所有语言都是同一的。Chomsky(2005a、b；2006)又指出，助动词（探针）和名词成分（目标）在进入句法推导前就已经分别具有可解读的时态特征和人称/数特征；可解读特征（语义特征）在推导过程中不会发生变化，而两者不可解读的特征（语法特征）则必须得到赋值。我们对最简方案的理解是，任何语言中，所要表达的语义在进入推导之前就已经确定，不可能在推导过程中还会有所变化，而确定的语义需要通过具体语言中适切的结构形式被语义部门所解读。

郭继懋(1990:27)曾指出，"领主句通常表示一件有明确的陈述价值或者说确有必要加以陈述的事情；对'领有者'比较重要的事情"，而对应的"NP_1的 NP_2＋V 了"（王冕的父亲死了）则只具有陈述义；而并非所有表陈述意义的动词都可以进入领主句（?他湿润了眼睛）。我们据此认为，"王冕死了父亲"体现出的表同情的遭受义和"王冕的父亲死了"所体现的陈述义都是推导前的本意。两者并无关联，更无转换衍生关系，毕竟"王冕的父亲死了"仅仅表达陈述义，而无其他含义；"王冕死了父亲"也仅仅表达"一件有陈述价值的事情（遭受义）"，而非陈述事实。这种不同的语义在结构上应该有明确的限定。我们赞同安文一种语义有两种表达式是违反经济性原则的观点。我们主张，题元准则所蕴含的题元和论元之间的一一匹配关系同样适用于句子的结构和意义，一个在线性序列上有歧义的句子必然蕴含着不同的结构。因此，领主句和与之对应的陈述句所蕴含的深层结构的区别一定在于 VP 投射内不同的合并次序。两种结构不同的语义也源自不同的合并次序和名词成分在初始合并时被指派的题元角色。

潘海华、韩景泉(2005)探讨过在动词论元结构中增加题元角色的可能性。比如，形容词 sharp 本质上只具有一个论元(The knife is sharp.)，但是通过添加词缀-en 可以使它增加一个施动的题元角色(Bill sharpened the knife.)；前提是增添的论元必须与动词具有直接的语义关系，而在“王冕死了父亲”中，“王冕”与动词没有直接的语义关系，只有间接的语义关系。我们认为，如果通过“词汇操作规则”来添加题元角色的做法会危及界定论元的客观标准的话(沈家煊 2006:292)，那么推导过程中动词语义变化导致论元增容的做法同样会导致“词无定价”的结果。如果缺乏相对独立的句法证据，随意假设各种语义的轻动词同样也会导致轻动词泛滥。

五　统一领主句中题元和论元的名称

目前研究领主句的汉语文献中，研究者们所使用的论元和题元的名称并不统一。我们首先主张采用领有名词，隶属名词和领属短语分别指称“王冕”，“父亲”和“王冕的父亲”。我们还主张，它们三者都应该获得题元角色，成为论元，并进而得到赋格。题元方面最明显的混乱就是受事/客体同指和遭受者/经历者同指。比如，安文认为，“他死了父亲”中，“他”的题元角色为遭受者，“父亲”的题元角色是经历者(经历“死”这个事件)；而徐杰(1999)认为，“父亲”得到的是施事的题元角色；程杰(2007)认为“王冕”获得的题元角色为“经受者”，等等。我们认为，应该依据英语文献中(比如，Radford 2004:251)对题元角色的定义统一汉语文献中题元角色的名称：施事(AGENT: Entity instigating some action)；客体(THEME: Entity undergoing the effect of some action)；经历者(EXPERIENCER: Entity experiencing some psychological state)。施事是引发某个行为的施动者；客体是受某个行为影响的实体；经历者则指人的心理状态。因此，“父亲”获得施事并不恰当，客体则完全涵盖受事的内容。我们建议领主句中的“父亲”获得的题元角色应该统称为客体，以避免施事/受事/客体引起的误解；而领主句中的“王冕”获得的题元角色不应该是经历者。汉语文献中，认为“王冕”的题元角色为“遭受者”、“经受者”和“经历者”的较多。我们建议，采用 AFFECTEE 的汉语译文“被影响者”，因为领主句包括丧失类和获取类两种语义（王冕死了父亲；王冕来了客人），而“遭受者”的含义仅包括前者。

六 余 论

最简方案探究的是人类语言狭义句法推导中的共性，而各语言间的差异源自词库中词项的个性，换言之，所有独具特色的成分都在词库里，而推导机制对于各种语言都是适用的。我们尝试性地指出，目前对领主句以及相关句型的研究所忽略的正是对汉语词项在词库中的个性特点的探讨。汉语领主句独具特色，而目前的研究却始终着眼于人类语言的共性部分——狭义句法的推导机制，这不符合最简方案的要旨。更适切的做法应该是从各词项在推导之前所具有的语法范畴上去寻找“特色”的根源。限于篇幅，我们将对此另文专题讨论。

综上所述，安文对题元准则的反驳并不具有说服力，而且指责 Burzio 定律过度概括的证据也显得单薄。从理论取向的角度看，在某个理论框架下研究某个结构应该在遵循该理论的原则和规范方面是一贯的：基于认知语言学研究领主句的生成应该坚持其主旨——语言的体验性；具体而言，就是隐喻和转喻机制是如何塑造领主句的结构特征的（沈家煊 2006）；而基于生成语法对领主句生成的讨论应该遵循句法推导的基本原则。本文旨在通过商榷提出拙见，以期为领主句的研究抛砖引玉。

附注：

①这里是“打胜”和“打败”被用作及物时的情形；用作不及物的情形，请参阅下文。

②近期最简方案认为，移位是拷贝＋删除的混合操作。因此，本文采用移位后留下被删除的拷贝的标示。

③非作格和非宾格的区别则主要表现在有无客体（THEME）和施事（AGENT）上（Lin 2001）：

非作格：[$_{vP}$施事 AGENT [$_{v}$施事行为 (DO) [$_{VP}$实义动词]]]

非宾格：[$_{vP}$[$_{v}$状态描述 (BECOME) [$_{VP}$实义动词 客体]]]

④当词汇序列（Lexical Array）中没有 there 时，several windows 发生移位，成为句子的主语。

⑤我们认为，凡是具有歧义的句子必定具有结构方面的差异；而且大多数歧义都和名词性论元具有不同的句法位置有关。

参考文献：

[1]安丰存.题元角色理论与领有名词提升移位[J].解放军外国语学院学报，2007(3).

[2]程杰.论分离式领有名词与隶属名词之间的句法和语义关系[J].现代外语，2007(1).

[3]高明乐.题元角色的句法实现[M].北京：中国社会科学出版社，2004.

[4]顾阳.生成语法及词库中动词的一些特性[J].国外语言学，1996(3).

[5]吕叔湘.汉语语法论文集[M].增订本.北京：商务印书馆，1984.

[6]郭继懋.领主属宾句[J].中国语文，1990(1).

[7]李亚非.论语言学研究中的分析和综合[J].中国语文，2006(3).

[8]潘海华，韩景泉.显性非宾格动词结构的句法研究[J].语言研究，2005(3).

[9]沈家煊."王冕死了父亲"的生成方式——兼说汉语"糅合"造句[J].中国语文，2006(4).

[10]徐杰.两种保留宾语句式及相关句法理论问题[J].当代语言学，1999(1).

[11]徐杰.普遍语法原则与汉语语法现象[M].北京：北京大学出版社，2001.

[12]杨素英.从非宾格动词现象看语义与句法之间的关系[J].当代语言学，1999(1).

[13]朱行帆.轻动词和汉语不及物动词带宾语现象[J].现代外语，2005(3).

[14]Belletti A. The Case of Unaccusatives[J]. Linguistic Inquiry，1988(19).

[15]Boeckx C，Hornstein N. The virtues of control as movement[J]. Syntax，2006(9).

[16]Chomsky N. Lectures on Government and Binding[M]. Foris：Dordrecht，1981.

[17]Chomsky N. The Minimalist Program. Cambridge[M]. Cambridge，Mass.：the MIT Press，1995.

[18]Chomsky N. Derivation by phases[G]//Kenstowicz，M. Hale K：a life in language. Cambridge，Mass.：the MIT Press，2001.

[19]Chomsky N. Three factors in language design[J]. Linguistic Inquiry，2005(19).

[20]Chomsky N. On Phases. [unpublished paper]. MIT，2005.

[21]Chomsky N. Approaching UG from below. [unpublished paper]. MIT，2006.

[22]Grimshaw J. Argument Structure[M]. Cambridge，Mass.：the MIT Press，1990.

[23]Groat E. English expletives：A minimalist approach[J]. Linguistic Inquiry，1995(26).

[24]Gruber J. Studies in Lexical Relation[M]. Cambridge，Mass.：the MIT Press，1965.

[25]Haegeman L. Introduction to Binding and Government[M]. Oxford：Blackwell，1994.

[26]Huang C-T J. Logical Relations in Chinese and the Theory of Grammar[M].

Cambridge, Mass. :the MIT Press,1982.

[27] Huang C-T J. Reconstruction and the structure of VP: some theoretical consequences[J]. Linguistic Inquiry,1993(24).

[28]Landau I. Severing the distribution of PRO from case[J]. Syntax, 2006(9).

[29] Levin B, Hovav M R. Unaccusativity: At the Syntax-lexical Semantics Interface [M]. Cambridge, Mass. :MIT Press,1995.

[30] Lin T-H. Johnah Light verb syntax and the theory of phrase structure[M]. California:University of California,2001.

[31]McCloskey J. Quantifier Float and Wh-Movement in an Irish English[J]. Linguistic Inquiry,2000(31).

[32]Radford A. Syntactic Theory and the S tructure of English: A Minimalist Approach [M]. Cambridge, Mass. :the MIT Press,1997.

[33]Radford A. Minimalist Syntax: Exploring the Structure of English[M]. London: Cambridge University Press,2004.

(马志刚　广东外语外贸大学外国语言学及应用语言学研究中心)

后　记

"语法比较国际学术研讨会"于2007年10月26日至29日在华中师范大学举行，来自美国、加拿大、新加坡、越南、中国等国家和地区的近70名代表出席了会议，列席代表和旁听会议的研究生近200人。此次会议是华中师范大学语言与语言教育研究中心主办的第四届汉语语法系列专题研讨会，集中讨论与语法比较有关的学术问题。

会议共收到论文65篇。论文内容丰富，议题广泛，既涉及不同语言如汉语与外语、汉语与少数民族语言之间的语法比较，又涉及汉语内部如古今汉语之间、不同方言之间、方言与共同语之间的语法比较。这些论文既有宏观的理论探讨，又有微观的个案分析，从一个侧面反映了我国汉语学界在语法比较研究方面的总体水平和未来走向。

会后，由华中师范大学语言与语言教育研究中心主办的学术期刊《汉语学报》，从2008年第2期至2009年第4期，又开辟了"语法比较专题讨论"专栏，重点发表与此相关的理论探讨或个案分析的研究论文，以延展会议取得的成果，将相关讨论进一步引向深入。

为了向学界集中展示这些成果，我们将《汉语学报》上发表的专题论文和"语法比较国际学术研讨会"上宣读的部分论文，编辑成这本论文集，共收论文32篇。由于篇幅所限，未能收入全部会议论文，在此特向有关作者表示歉意。因论文出自众多作者之手，大多已发表于不同刊物，编者大致统一了格式，但对各篇体例不求完全一致。

本书的出版得到华中师范大学出版社的大力支持和华中师范大学语言与语言教育研究中心的经费资助，对此我们深表谢意。

编　者

2011年5月17日